临涣煤矿续志二

（2005-2015）

淮北矿业（集团）公司临涣煤矿 编

中国文史出版社

图书在版编目（CIP）数据

临涣煤矿续志. 二 / 淮北矿业（集团）公司临涣煤

矿编 . -- 北京：中国文史出版社，2016.4

　　ISBN 978-7-5034-7651-8

　　Ⅰ．①临… Ⅱ．①淮… Ⅲ．①煤矿－工业史－濉溪县

Ⅳ．① F426.21

中国版本图书馆 CIP 数据核字（2016）第 071496 号

责任编辑：卜伟欣

出版发行：中国文史出版社

网　　　址：www.chinawenshi.net

社　　　址：北京市西城区太平桥大街 23 号　邮编：100811

电　　　话：010-66173572　66168268　66192736（发行部）

传　　　真：010-66192703

印　　　装：北京京华虎彩印刷有限公司

经　　　销：全国新华书店

开　　　本：787mm×1092mm　　1/16

印　　　张：32.5

字　　　数：480 千字

版　　　次：2016 年 9 月北京第 1 版

印　　　次：2016 年 9 月第 1 次印刷

定　　　价：268.00 元

现任班子合影

王金柱　张友根　张宗标　刘其东　李学良　王志宏　王玉山　卢志强　吴向前　梁峰

矿长 李学良

党委书记 王志宏

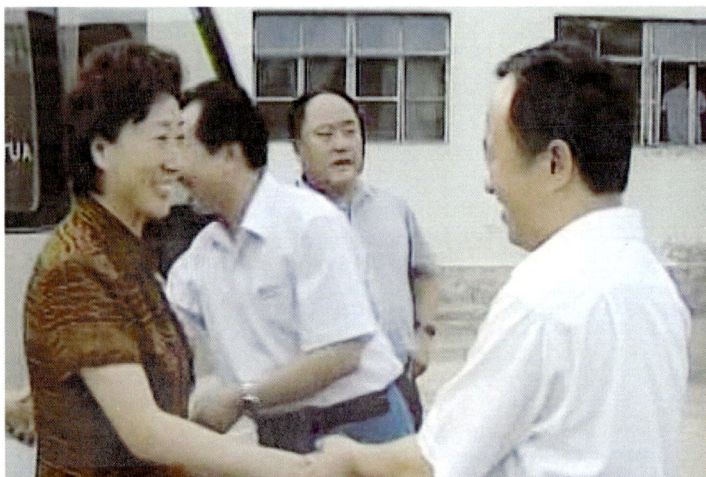

时任淮北市委书记、市人大常委会主任花建慧（左一）检查指导工作（2006年）

时任淮北矿业董事长、党委书记许崇信（右一）检查指导工作（2006年）

淮北矿业董事长、党委书记王明胜（右一）检查指导工作（2010年）

淮北矿业党委副书记、总经理方良才（左中）检查指导工作（2015年）

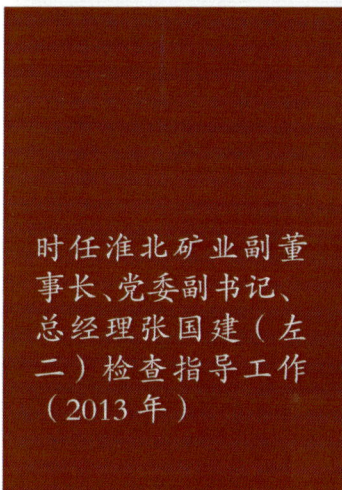

时任淮北矿业副董事长、党委副书记、总经理张国建（左二）检查指导工作（2013年）

淮北矿业党委副书记夏传云（右一）检查指导工作（2014年）

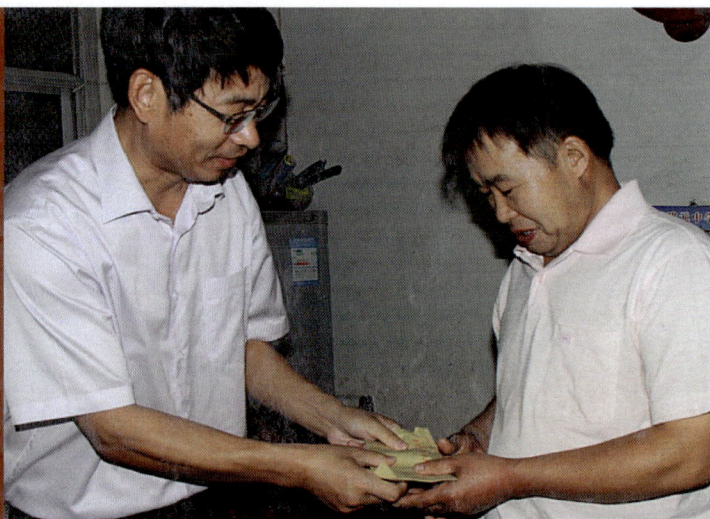

淮北矿业党委副书记、纪委书记袁兆杰（左一）慰问结对子困难职工（2015年）

淮北矿业股份公司总经理李伟（左三）检查指导工作（2014年）

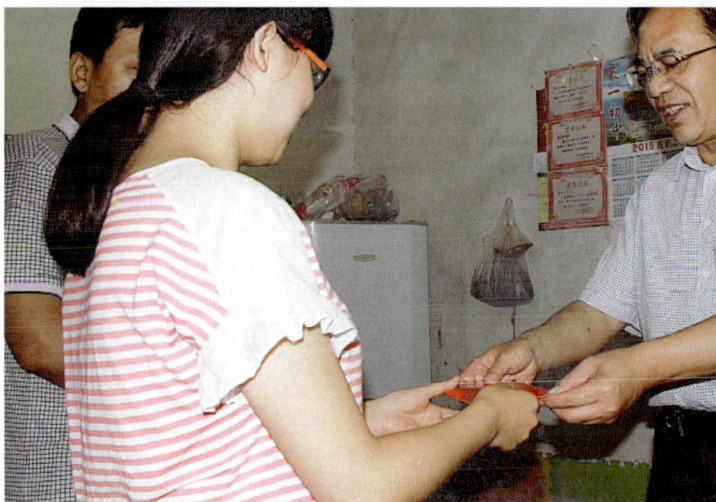

淮北矿业工会主席张宇（右一）发放金秋助学金（2015年）

德国巴斯夫化工公司总裁Kober到矿（2007年）

协安员井口送水饺

党委书记王志宏带队下井检查

矿长李学良带队安全检查

淮北矿业安全生产单位

淮北矿业优秀党委

淮北市先进集体

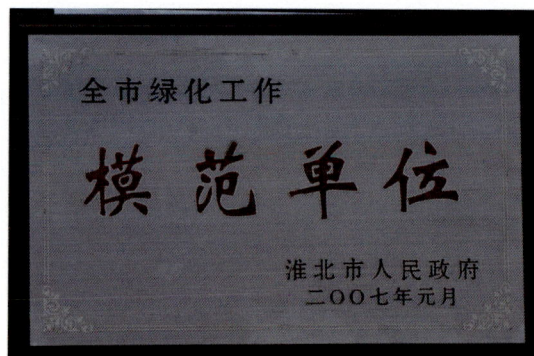
淮北市绿化工作模范单位

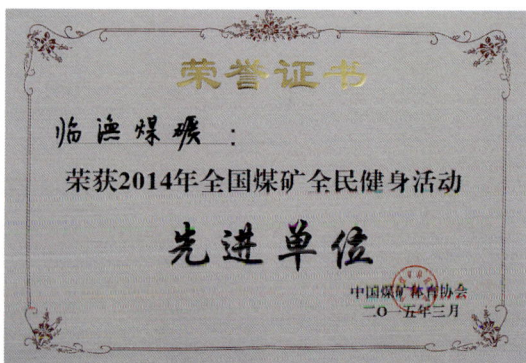
全国煤矿全民健身活动先进单位

煤炭工业先进煤矿

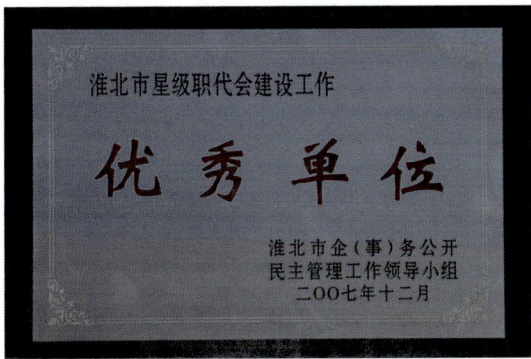
淮北市星级职代会建设工作优秀
单位

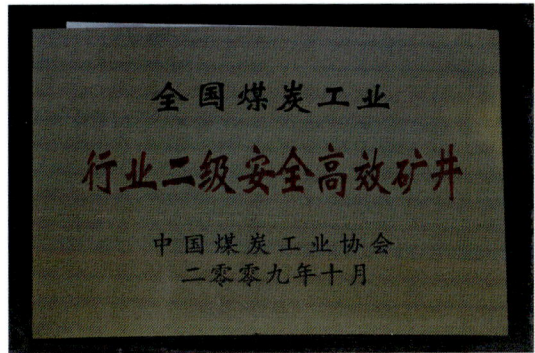
全国煤炭工业行业二级安全高
效矿井

安徽省劳动保障诚信示范单位

安徽省守合同重信用单位

安徽省环保公益活动贡献单位

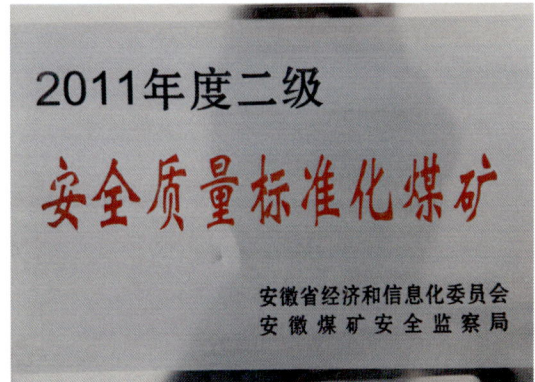
安徽省二级安全质量标准化煤矿

安徽省省属企业文明单位

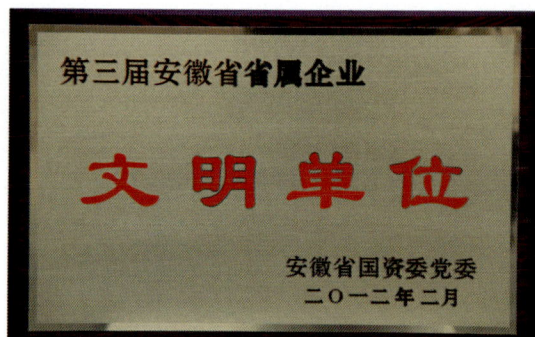

第三届安徽省省属企业文明单位

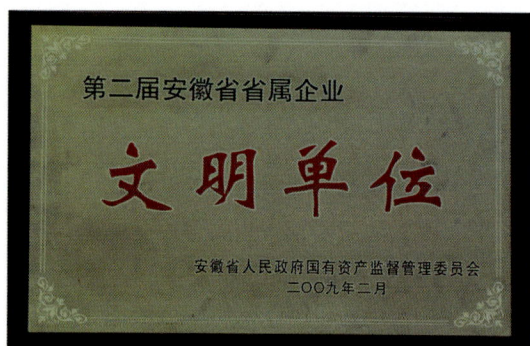

第二届安徽省省属企业文明单位

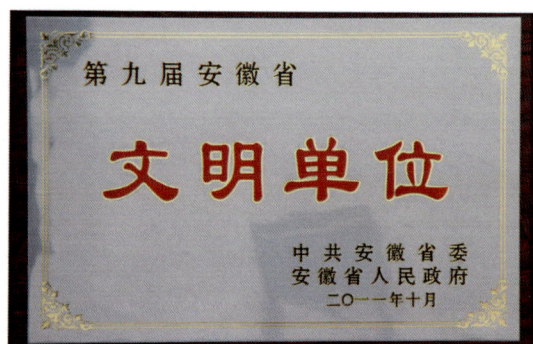

第九届安徽省文明单位

临涣煤矿工业广场

临涣煤矿大门俯拍

临涣煤矿工人村新貌

临涣煤矿招待所

临涣煤矿办公楼俯拍

临涣煤矿办公楼、力源电厂

临涣煤矿地面变电所

临涣煤矿地面皮带集控

临涣煤矿无人值守压风机房

临涣煤矿东部井

临涣煤矿安全生产信息中心

安全确认手指口述大赛

井下候罐室

井下皮带

安全文化长廊

综采工作面

党员身边无事故活动

综掘机入井

迎"七一"党员座谈会

星级支部考核

歌颂建党九十周年

党风廉政建设大讲堂

星级支部表彰

党委工作会议

党员代表大会

"三严三实"专题教育党课报告会

现任领导研究图纸

入党宣誓

换煤电公司首届人才工作会议暨科技工作表彰大会

人才科技大会

技术比武

综采支架万向拆销装置

技术革新

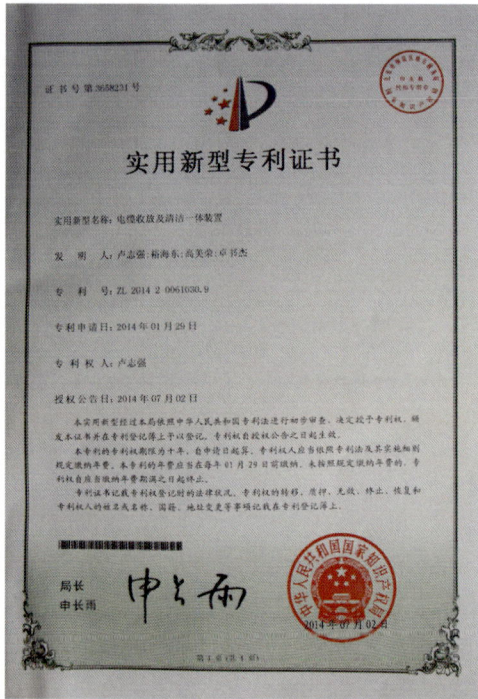

专利 1

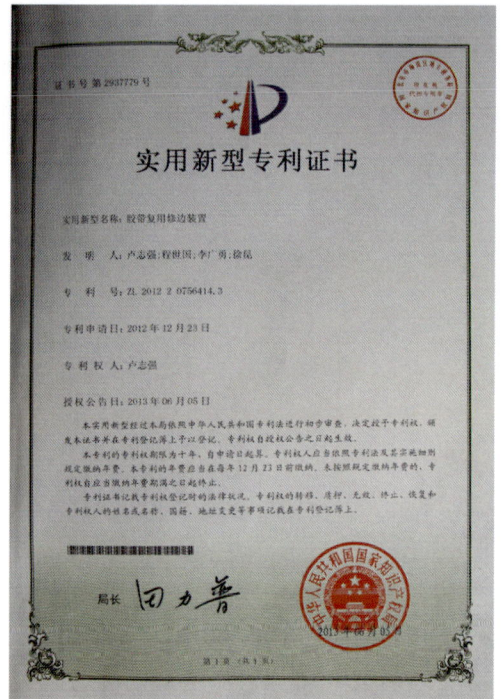

专利 2

专利 3

劳模陆芳芳

职代会

班组成果发布

文艺演出

劳模扣红卫

退休职工周学才剪纸

职工体育场

党委书记王志宏慰问

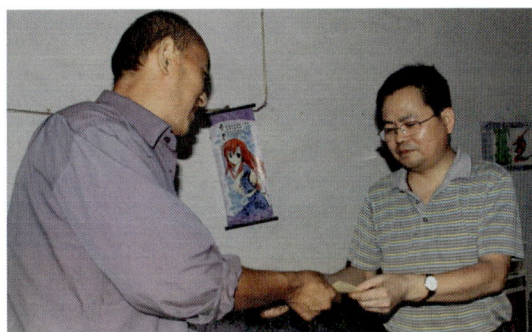
矿长李学良慰问

职工洗衣房

职工食堂

职工宿舍

金秋助学

井下乘人车

地面通勤车

《临涣煤矿续志二》编审委员会

主　　　任：王志宏　　李学良
常务副主任：王玉山　　张宗标
副　主　任：吴向前　　王金柱　　张友根　　刘其东　　卢志强
　　　　　　梁　峰
委　　　员：李　彬　　鲁自盛　　周为军　　胡传利　　陈若爱
　　　　　　程世国　　方宝松　　田伯权　　刘国生　　蔡方和
　　　　　　王　锋　　张从武　　卞朝杰　　毕正强　　赵玉良
　　　　　　任　彬　　刘　涛　　牛心坤　　宫　玺　　马　虎
　　　　　　焦建国　　孟　奎

《临涣煤矿续志二》编审办公室

主　　　任：蔡方和
副　主　任：卞朝杰　　王　锋　　张从武　　毕正强　　赵玉良
成　　　员：杨海林　　孙　杰　　郑　路　　渐怀顺　　方宝松
　　　　　　张训龙　　鲍现宝　　高美荣　　李　金
摄　　　影：刘　辉　　纪　哲　　郜洪田

目录

序言一

　　"盛世修志，志载盛世"，值临涣煤矿建矿三十年之际，我们编辑、出版《临涣煤矿续志二》，这是继《临涣煤矿续志》之后，又一部重要的矿史资料，真实、翔实地记录近十年来矿井改革发展的光辉历程。鉴往昭来是今人义不容辞的责任，也是对矿井三十岁华诞的献礼，更是矿井三个文明建设取得的又一重要成果。

　　百年之前，工业化的步伐终于行进到临涣这片古老的土地；六十多年前，决定中国命运的淮海战役总前委就设在这里，为新中国的诞生奏响了雄壮的序曲；三十年前，数千名创业者汇聚于此，埋头苦干、艰苦创业，用一捧捧乌金为世人发光发热，抒写着辉煌与传奇。

　　转瞬之间，又一十年。自2005年至今，是中国经济高速腾飞、由量变转入质变的十年，也是煤炭行业发展的黄金十年，更是临涣煤矿披荆斩棘、乘势而上的十年。十年间，原煤产量不断创出新高，机械化程度一年上一个台阶，安全管理向纵深推进，党建工作充满活力，职工收入稳步升高，矿区环境根本转变，幸福指数持续增强。登高一呼众人应、旌旗一展十方迎，我们深知，临涣煤矿取得今天的非凡业绩是全矿干部、职工用他们的青春和热血换来的，井下纵横交错的每一条巷道都留下他们追求的足迹，地面高耸的巨大筒仓写满了他们传奇的故事。作为后来者，我们深感自己肩上的责任重大，踏着前人坚实的脚印，继承前人不屈的意志，把临涣煤矿建成安全、高效、和谐的现代化煤矿，是我们孜孜以求的目标。

　　编史修志，是我国延续两千多年的优良传统文化之一。新中国成立后，党和国家重史修志，二十世纪八十年代初，在修方志中并修企业志，开创企业修志先河。企业志，志一企之事，统观全书，《临涣煤矿续志二》详略得当，编排有序，文辞通达，不避过，不溢美，加上编者补阙纠谬，堪称信史，他的编辑和出版，既为后人留下了一份弥足珍贵的历史资料，也为企业的文化建设做了一件十分有益的事情。

"志为信史"，矿志是一个矿历史的真实写照与历史总结，《临涣煤矿续志二》上起 2005 年 7 月 1 日，下讫 2015 年 6 月 30 日，时跨 10 年，体例编排科学，类目设置合理，资料详实可靠，行文规范流畅，体现了较高的编纂水准。志书借鉴方志编纂体例，叙事作录，秉笔直书。不惟其文而为其备，不惟其褒而惟其实，为企业而立言，为创业者而树碑。

修志之意，不仅仅在于记录历史，而在于总结企业发展规律，观史思治，修谱谋远。《临涣煤矿续志二》融连续性、广泛性与科学性为一体，真实、客观地记载矿区安全、生产、经营、管理、党建、文教、卫生、民生等方方面面的历史和现状，是对临涣煤矿十年发展的直陈，可传可信。本矿志的问世，相信一定能够发挥"存史、资政、育人"的作用，培根基、清本源、更加启发人们的创业热情，大力推动临涣煤矿向更高峰攀登。

众手成志，众志成城。《临涣煤矿续志二》的编纂是一项十分庞大且复杂的工作，这项工作从一起步就得到矿党政工的高度重视，抽调骨干力量组成修志队伍，从篇目设计、志稿编写、总纂修改到最后定稿都反复推敲、删削润饰、潜心研讨，终于完成志书的编纂任务。矿志办公室及相关单位人员付出大量的心血与劳动，在此，我谨代表矿党委向全体参与编纂的人员表示衷心的感谢和诚挚的敬意！

临涣煤矿党委书记　王志宏

二〇一五年十二月

序言二

临风抒怀，卅载春秋书锦绣；涣水汤汤，十年岁月写华章。

在临涣煤矿建矿三十周之际，《临涣煤矿续志二》经过全体编纂人员的辛勤努力，顺利完成了续编工作。十载光阴，在漫漫历史长河中只是短暂一瞬，但这期间，临涣人付出艰苦的努力，用智慧和汗水演奏出一首恢宏浩瀚、大气磅礴的华彩乐章，在临涣煤矿的改革发展历程中添上浓墨重彩的一笔。

铜为镜，正衣冠；史为镜，知兴替；人为镜，明得失。《临涣煤矿续志二》镜鉴历史、明正当今，本着尊重历史、严谨细致、实事求是的原则，广征博采、去粗取精，全面客观、真实系统的记述了临涣煤矿从2005年到2015年这十年间的发展历程和取得的成就，具有鲜明的时代特点，展现一幅生动鲜活、真实厚重的矿井发展建设历史画卷。

十载艰辛与跋涉，十载开拓与拼搏，十载探索与积淀，十载希冀与荣耀，临涣煤矿和临涣人承载起历史赋予的光荣使命。

这十年，历任矿党政领导班子励精图治、奋发作为，矿井安全生产、经营管理、党的建设、思想政治、民生工程、科教文卫等各项工作都取得可喜的成绩。特别是新一届领导班子成立以来，夙夜在公、殚精竭虑，严抓管理保安全，细抓经营提效益，科学组织稳产量，强化民生促和谐，矿井上下呈现出安全稳定、政通人和、开拓进取、团结奋进的良好局面。

这十年，全体干部职工和职工家属爱矿如家、无私奉献，与临涣煤矿一起取得 0 一个又一个成绩，矿井实现达产、高产、稳产的跨越式发展。临涣煤矿经历破产重组、挂牌改制、回归主业、升级改造等一系列重大变革，终于破茧蜕变、涅槃重生。原煤年产量从150万吨左右跃升到260万吨左右，具备年产300万吨以上水平，企业走上发展建设的快车道，进入集团公司一类矿井。

这十年，临涣煤矿井下开采逐年深入，生产工艺革故鼎新，安全避险"六大系统"筑起安全屏障，东西两翼皮带化改造打破运输瓶颈，综采综掘快速发展，产能得到持续释放，矿井各项管理卓有成效，企业竞争力不断增强，矿区井下地面发生了翻天覆地的变化。

这十年，临涣煤矿荣誉不断、人才辈出，先后获"全国煤炭系统安全高效矿井"、"煤炭工业先进煤矿"、"全国煤矿全民健身活动先进单位"、"安徽省文明单位"等称号。培育、走出了全煤系统劳动模范、全国优秀农民工、全国煤炭青年"五四"奖章、全国煤炭行业优秀技术能手、安徽省劳动模范、安徽省"五一"劳动奖章、江淮"十大女杰"等一大批先进人物。

"鉴于往事，有资于治道。"《临涣煤矿续志二》是对建矿三十年来光荣历史的传承与发扬，是对近十年来矿井发展建设成就的全方位呈现，更是一部通观全局、文约事丰的存史之册，必将鉴昔昭今，岁月留芳。

《临涣煤矿续志二》即将付梓，皇皇数万言，字字穷千辛。时间之紧、内容之多，搜集材料之艰苦，全体编者夙夜不懈、加班加点、精心研讨，虽难免遗珠之憾，然必有存史之功。在此，向全体修志人员，以及所有为本书出版给予指导、提供帮助、做出贡献的人们表示诚挚的感谢！

存史资政功当代，鉴往知来利千秋。成绩属于过去，未来有待于我们创造。以志为鉴、扬长避短，精诚团结、锐意进取，为建设安全、高效、和谐的临涣煤矿做出新贡献，续写矿井发展建设新篇章！

临涣煤矿矿长

二〇一五年十二月

第一编
改革创新矿井跨越发展
转型升级再续临涣华章
——临涣煤矿 2005 ～ 2015 年发展回眸

　　十年，白驹过隙，弹指一挥间。十年风雨兼程，临涣煤矿步入身强力壮盛年；十年耕耘历练，临涣煤矿迎来枝繁叶茂。十年，既有跌宕起伏，万千感慨，更有众志成城，高歌豪迈。自 2005 年以来，临涣煤矿干部职工在历任党政班子正确领导下，砥砺奋进，不断超越自我，矿井建设全面走上科学发展、安全发展、和谐发展快车道。矿井先后获全国煤炭系统"文明煤矿"、全国"煤矿工业先进煤矿"、"二级安全高效矿井"、安徽省文明单位、国家二级企业、安徽省"最佳效益单位"、安徽省"花园式企业"、安徽省劳动保障诚信示范单位、淮北矿业"优秀党务"等称号。

　　改制转型，内部管理机制推陈出新。改革创新是企业生存发展的动力源。临涣煤矿遵循市场经济运行规律，适应现代企业制度管理需要，牢牢抓住国家政策机遇期，积极谋求自身发展，做精做强做大煤炭主业。2007年 8 月，利用国家政策实施破产重组，2008 年 9 月，顺利完成企业股份制改造，成立临涣煤电有限责任公司（下设投资公司），物业管理处回归主体，剥离社会职能，减员分流 912 人，焕发出矿井二次创业新活力。加快机构人事改革，整合机关基层管理职能，精简单位编制，减人提效，构建精干高效的扁平化管理体系。2007 年 6 月，合并经管办、企管科成立经营管理科，合并计划科、工程科成立计划工程科，合并武装部、保卫科成立武保科，社保科并入工资科，政研室并入办公室，分流机关管技人员 14 名，减少管技岗位 31 个；2008 年，12 月 23 日，合并组织部、宣传部、计生办、团委、职教学校成立政工部，技术科、地测科合并成立生产管理部，调度所、通讯科合并成立安全生产信息中心，合并经营管理部、财务科、工资科、计划工程科成立经营管理部，撤销退离休科党总支，搭建机关"三部一室"架构，管理模式进一步扁平化。改革用人机制，唯才是举，推行管技岗位公开竞聘政策，优胜劣汰，因岗择人，聘任使用。2010 年，改革人才选拔模式，打破身份界限，首次面向全矿公开招聘包括团委副书记、办公室秘书在内的 5 个岗位的 6 名管技人员；2012 年，首次公推公选副总工程师，开创人才选拔公开竞聘和机关逢进必考之先河；试行党支部"公推直选"，全面推行班队长"公推公选"，开启选人用人"五湖四海、任人唯贤，德才兼备、以德为先"新模式。全面引入精细化管理，推行员工 6S 行为养成、工作"日清日结、日事日毕"、"三工转换"，再造管理流程，形成"时时、处处、事事"有人负责的全方位、全覆盖、无死角的管理新机制。2013 年，大力推进信息化建设，依据可视化管理、人员定位等新技术运用，在安全管理、经营管理、现场实时操控等方面转变管理思路，理顺管理机制，整合职能管理。2014 年，加快人力资源规划。对"五铁"、水电、地面工程等方面理清职能归口，提高运作效率。2015 年，搭建架构，盘活内部市场，完善价格体系，理顺管理机制，改进二级市场结算模型、价格结算办法，实现二级市场结算全覆盖，普及"挣工资"理念，调动职工积极性。稳健推进"三清理"工作，坚持减人与提效、减机构与强职能结合，规范人力资源管理，缓解了结构性矛盾。

体系统领，夯实基础力求长治久安。安全是煤矿生存和发展的永恒主题，临涣煤矿始终坚守"安全第一，预防为主"原则，秉承"安全高于一切，责任重于泰山"思想，把守护职工生命安全作为履行企业责任和社会责任的第一使命，建立健全科学的安全管理体系，保障矿井安全生产。推行安全生产体系建设，构筑横到边、竖到底、全方位无死角的安全立体防线。不懈推进安全生产体系建设。安全生产体系是淮北矿业把 50 多年积累的安全管理有效的方式方法集成，由安全支撑体系、安全保障体系、安全防控体系、安全操作体系和安全目标体系五个子体系及 15 项要素构成，涵盖了安全生产各个方面，形成"54321"总体系脉络架构。不懈推进质量标准化创建，巩固安全生产基础。质量标准化是煤矿安全生产的基础和保障，也是安全生产体系建设最核心、最重要的部分。临涣煤矿在淮北矿业安全体系建设试行期间，负责承担工程质量标准化创建试点工作，经过总结探索提炼，形成一巷五点十六条线"1516"工程质量标准化管理法，采取一月一计划一考核一评比的办法，促进动态达标。刷新文明环境，同步推进井下、地面文明环境创建工作，不断提升创建层次，矿井安全生产基础得到进一步巩固和加强，成为集团公司各矿井工程质量标准化创建工作典范。2008年获国家煤炭协会评选的全国煤炭系统安全高效矿井，2009年获淮北矿业集团公司安全示范矿井、质量标准化一级矿井并名列第二位。超前防范，扎实做好"一通三防"和防突、防治水工作，杜绝重大事故发生。2012年2月20日，开工建设新东部回风井（原回风井改为提升井），工程总投资9.9千万元，井深445米，直径6.5米，2013年3月15日投入使用，当日一次性完成通风系统调整，回风量从7900m3／min增加到16000m3／min，彻底解决东翼采区风量问题，为矿井安全生产和产能提升打牢了基础。2011年11月，矿井正式由高瓦斯矿井升级为煤与瓦斯突出矿井，矿上牢固树立全员防突意识，坚持"瓦斯超限就是事故"理念，严格落实"四位一体"综合治理措施，加强防突六项指标考核，坚持瓦斯治理不达标，不掘不采，确保瓦斯"治得住、治得快、治得省"，治得彻底。2005年至2015年，进一步建立健全技术管理体系和"大机电"管理体系，实施瓦斯治理巷道工程9214.5米，钻孔工程1732321万米，保护层开采面积591566万m2，抽采瓦斯6570万万m3，保证了安全生产。按照"安全第一、预防为主"工作要求，以实现"零死亡"为目标，总结提炼出"三为、四预、五化、零事故"临涣煤矿安全文化核心（三为：以人为本、安全为天、预防为主。四预：岗前预教、班前预想、岗位预控、风险预报。五化：质量标准化、确认自主化、行为规范化、现场可视化、管理体系化。零事故：执行零衰减、管理零缺陷、安全零事故），安全自主管理向着自动自发阶段迈进。另外，矿上深入开展"五谈五过关"、"走千米巷道，知亲人艰辛"、"工伤家属现身说法"等活动，让职工认清"三违"危害性和严重性，远离"三违"。2014年下半年，临涣煤矿新一任领导班子针对多年来零星事故多发频发状况，坚持安全生产"零死亡"理念引领，以干部规范管理、职工规范操作"两个规范"为抓手，全面加强"三基"建设；以作风建设为保障，成立督查办、督办组，整治在岗不作为、不履职、不尽责现象，增强干部职工执行力；以技术管理为支撑，优化简化系统，加快新技术、新装备、新工艺应用，改变"人海战术"、"贴身作业"、减少夜班作业班次，保障安全生产；以全员安全培训为根本，规范职工行为，着力提升职工安全意识和安全技能水平。通过打出一系列安全管理"组合拳"，甩掉了安全管理基础积弱的帽子。

突出主业，煤炭生产实现集约优化。由于地质条件复杂，自然环境恶劣，采场块段小、储量小，搬家倒面频繁，临涣煤矿曾被一位专家预言"永远不可能达产"。临涣人不唯上，只唯实，从创新生产管理理念上找出路，提出"让条件适应综采"、"综掘保综采"思路，坚定不移地发展采掘机械化。按照"展开两翼，发展深部"生产规划，积极开拓准备Ⅰ11、Ⅰ13、Ⅰ15、Ⅰ4、Ⅰ6、Ⅱ2、Ⅱ3采区，建立三条综采生产接替线，即东部2条线+西部1条线，开辟战场，为产能提升提供保障。大力发展掘进机械化，推广应用综掘工艺，提高单进效率，为采煤生产准备创造条件。2006年12月19日，首台煤巷综掘机入井服役，成功推广复杂地质条件下综掘工艺，随后陆续建成6条煤巷综掘线，全部推广"无极绳+单轨吊"运输模式，实现掘进后运高效运输连续化，后运机械化程度达到100%，实现综掘保综采的目标。2011年11月16日，首台岩巷掘进机入井服役，结束岩巷无综掘的历史。2013年12月份，全月单进1838米，当年进尺19650米，双双创下历史新高。消灭炮采工作面，综采机械由轻型支架放顶煤向高阻力支架大功率综采过渡，逐步形成"三综"生产格局。优化设备选型和"三机配套"，发挥综采设备效率，规范设备管理，释放采区产能；创新生产组织，打破"三八制"生产贯例，综采工作面以产定人，适时采取"四班三八制"、"双十制"、"两九一六制"等方式，向生产组织要效率效益，实现采煤生产集约化。2007矿井原煤生产1830303吨，实现建矿23年的第一次达产。不仅打破矿井永远都不能达产的"宿命论"，更为淮北矿业南部矿区类似复杂地质条件下的综采工艺推广应用，探索出一条成功之路。达产是临涣煤矿成功走向跨越发展道路的一个拐点，2006年，矿井生产能力核定为185万吨，2009年核定生产能力为240万吨，产能重新定位给矿井发展注入新动力，临涣煤矿乘势而上，2008年矿井年产1839988吨，实现达产起步的稳定，2009年矿井原煤产量突破2239709吨，这三年临涣煤矿实现了达产、稳产、高产的"三步曲"。2010年原煤再创新高，达到了275万吨，矿井实现了产量翻番，三年增产122万吨，再造了一座新矿井。2011年矿井核定生产能力为300万吨。为解决采煤生产运输瓶颈，2011年5月24日，临涣煤矿Ⅱ2强力皮带一次性试车成功，实现了矿井西部原煤运输皮带化，彻底结束了井下矿车拉煤的历史，2013年12月份月单产达到27万吨、全年产量达到2810068吨，再次刷新历史记录，在生产建设上走出了一条不屈不挠、跨越发展、可持续发展的创新之路。

提升"双效"，内部市场化落地生根。内部市场化是企业根据市场经济运行规律，模拟市场交易方式来组织企业内部生产经营活动。2008年，下发《临涣煤电公司内部市场化管理运作实施意见》，成立市场化办公室，围绕成本、质量、安全三大控制体系，建立资金、物资、人力资源、设备租赁、运输五大市场，清晰界定内部"二、三、四"三级市场主体关系，理顺经济往来关系，实行链式结算，有偿服务，引导职工树立"成本就是工资，节约就是增收"生产经营意识。矿井推行内部市场化以来，内部实现优化生产要素配置、降低生产成本、提高劳动生产效率和经济效益的目的。至2015年7月临涣煤矿用工总量3801人，较2005年下降26.6%，产量增长86.1%。推进安全技术经济一体化论证。建立安全技术经济一体化论证例会制，优选设计、重大生产投入、项目建设、工程施工等论证方案，寻找费效比最佳平衡点，杜绝无效投入，争取效益最大化，如Ⅱ1032工作面经过论证，在保证安全生产和巷道不增加、设备不投入的情况下，向外推采20米，多出原煤2万余吨，直接增效600余万元。严格材料投入，建立"一面一档"管理制度，对所有材料投入建档管理，后期全部对帐回收，做到应收尽收。改进支护工艺，发展锚网支护，合理支护强度设计，减少不必要投入，10煤层煤巷全部实现锚网支护。严格设备管理。矿管设备实行租赁制，延时罚款，提高设备使用效率；统管设备严格按生产计划控制投入和退出时间，杜绝无效租赁。按照"修前鉴定、修中监督、修后验收"加强设备修理管理，能自修的严禁外修，未经联合验收的一律不准投入使用，野蛮使用或超负荷使用造成损坏的，追究单位经济责任。加大回收复用力度，制定政策激励，成立机厂，拓宽自修业务范围，向物资循环利用要效益。合理物资储备，2007年10月29日，物资井口超市投入使用，2013年全面取消基层单位二级库，减少资金占用。严格煤质管理。树立"降灰就是创收"意识,抓设计源头,工作面安排尽量避开断层和煤层变薄区,加大工作面走向长度和切面长度,把工作面控制到最佳限度,实现大走向、大储量开采。持续推进人力资源规划,优化队伍结构。按照控总量、调结构、提素质原则,不断优化内部人力资源配置,配齐配足配强一线、精简辅助、控制地面机关人员,以减岗实现减员,加快富余人员分流,促进内部岗位人员流动,使岗位人员设置更加高效精干,十年精减机构12个,定员减少1379人。

科技兴企,矿井发展全面提速。科技是第一生产力,临涣煤矿积极实施科技兴矿战略,加快技术改造和装备升级,为安全生产提供支撑和保障。推动科技进步,人才是基础。临涣煤矿高度重视人才队伍培养,下发了《关于临涣煤矿进一步加强和改进人才工作的意见》,从制度上给想干事的人畅通渠道,给能干事的人搭建平台,给干成事的人予以褒奖,在政治上优待、经济上倾斜、生活上关心,促进专业技术人才、管理人才和技能人才"三支人才"队伍的全面发展,为矿井可持续发展提供强大智力支持。大力推广应用新技术、新装备、新工艺,加大技改投入,加快采掘机械化进步,升级运输、提升系统,优化简化生产系统,走生产集约化发展道路。经过10年的发展,临涣煤矿从无到有,建成3条综采线、6支煤巷综掘线和4支岩巷炮掘线,综采机械化达到100%、掘进后运全部实现连续化,生产效率大幅提高。2007年6月28日,九采区450米15°上山架空乘人器投入使用,结束该矿22年来采区爬上山的历史,极大减轻职工劳动强度,让职工把更多的精力投入安全生产。2008年12月11日,井下运输轨道道岔实现"气动化",2009年,完成运输大巷"信集闭"系统改造,井下电机车运输能力大为提高。大力开展"五小"革新活动,凝聚群众智慧促进技改进步。由技术科牵头开展"五小"活动,基层围绕解决生产实际问题申报课题,矿上给予技术、资金支持,以较少的投入取得丰硕的成果。2009年,综采一区研制的"自移式压风管路",仅工时费用一项每年可节省开支30.66万元;机电科自制加工的"电缆传动装置",结束工盘放电缆的历史,盘放电缆的工效提高3倍以上。2011年12月8日,淮北矿业在会议中心举行淮北矿业首届"五小"实用技术成果展示会,杨振洲设计完成的"远距离嵌入式风动保险档"获特等奖。加快人才培养,人才高地硕果累累。先后启动专业技术人员"星级成长通道"、"乌金蓝领"

工程、技术大拿领跑团队、师带徒等人才培养工程，建成淮北矿业临涣机电维修实训基地、扣红卫工作室、杨友彪工作室，打通人才成长高速路和快车道。十年的辛勤耕耘，一大批人才迅速成长。2009年10月，临涣煤电公司职工扣红卫在"兖矿杯"第三届全国煤炭行业职业技能大赛中夺得"矿井维修电工"专业第九名，并获"全国煤炭行业优秀技术能手"称号；2011年5月，卢志强、陈超杰撰写的《强力胶带机的安全运行》研修获得特等奖；2012年在淮北矿业第十次人才工作会议暨第十二次科技大会上，该矿周为军、扣红卫、张连福、杨友彪、姜兴辉、汪洋受到表彰。周为军被授予"淮北矿业首席专家"称号，扣红卫被授予"淮北矿业首席技能专家"称号并享受矿副总年薪待遇，张连福、杨友彪被授予"淮北矿业拔尖专业技术人才"称号，姜兴辉、汪洋被授予"淮北矿业优秀技能人才"称号。2012年12月19日，集团公司第三届"名师高徒"大赛上，临涣煤矿总分名列第一，被评为"优胜单位"。

加强党建，凝心聚力引领发展。按照"参与管理起作用，围绕中心谋大事"职责要求，临涣煤矿党委始终将安全生产、提高双效、增进和谐、加快发展作为党建工作的出发点和着力点，充分发挥党组织三大作用，不断提升党建工作科学化水平，为矿井发展保驾护航。"打铁还需自身硬"，矿党委把两级班子建设抓在手中，着力打造"理论学习好、团结协作好、作风形象好、工作实绩好"四好班子，不断提高两级班子领导能力。干部作风是事业成败的关键。2014年下半年，矿党委针对机关和干部队伍中存在的"庸、懒、散、软、慢"等作风问题，创新开展"机关效能建设、管技争优和'八能'（张口能讲、动手能干、提笔能写、有事能办、无事能思、下井能查、奉公能廉、工作争先）干部建设"等活动，月考核季通报，点评到人、奖罚到人、问责到人，同时，推行干部工作清单制，强化工作落实，激发机关基层活力，增强争先进位意识，改进工作作风，锻造一支纪律严明、勇于担当、敢打硬仗的干部队伍。深化民主集中制。坚持党政联席会制度，重大问题集体讨论、民主决策，提高领导班子决策科学化水平。定期召开民主生活会，开展批评与自我批评，解决制约发展的思想问题，增进班子团结，形成工作合力。坚持从严治党，强化党建引领作用。先后领导开展"深入学习实践科学发展观、保持党的纯洁性教育实践活动、科学发展观教育实践活动、保持党的先进性教育实践活动、党的群众路线教育实践活动、'三严三实'专题教育活动",进一步改造党员思想,增强党员宗旨意识、政治意识、纪律意识、大局意识。加强基层党组织建设,推动基层支部工作自转。在做好支部建设、"三会一课"、党员发展、换届选举等基本动作的同时,延伸党支部、党员"双目标"管理,创新党建自选动作,增强组织活力,凝聚正能量,促进矿中心开展。2012年实施"五星级党支部"、"红领工程"创建活动,将基层单位安全生产、经营管理、班组建设、支部建设、党员管理等工作全部纳入考核,激励基层支部创新党建活动,形成追赶先进,争当标杆的良好工作氛围。2013年,煤炭市场寒冬袭来,作为集团公司主力矿井,临涣煤矿积极为集团公司分忧解困,适时启动党建"六大工程"(班子建设关键工程、支部建设堡垒工程、职工培训基础工程、企业文化塑魂工程、党风廉政阳光工程、群众工作民生工程)建设,选树"六个一"标杆,引导基层支部自主开展创优争先活动。建立健全惩治和预防腐败工作体系,形成结构合理、配置科学、程序严密、互相制约的有效机制。加强廉洁文化传播,守住廉政建设思想防线。围绕"干净、干事"廉能核心理念,制定《关于深入推进廉能文化"1353工程"建设、优化矿井政治生态的实施意见》,规范权力运行,净化政治生态。加强廉政制度建设,制定惩防体系建设五年工作规划,出台《临涣煤矿关于廉洁风险防控"三项机制"实施意见》,突出"一述廉、二测评",廉洁风险超前预测预警,把廉洁风险消灭的萌芽状态。建立矿、科区二级公开制度,围绕职工群众关心的人事管理、干部任用、工资奖金分配、干部作风、工程招投标、廉租房分配、金岩和相南小区售房等热点焦点问题,及时对外公开发布。推进企业文化建设,向管理领域延伸,向基层区队、班组渗透。知行结合,塑造学习文化。大力倡导学习工作化,工作学习化,鼓励干部职工不断把学到的知识转化为生产力,适应矿井科学发展的需要。推行"12577"新班组管理法,着力打造"七能"型班队长,促进基层班组自主管理水平不断提升;以人为本,塑造安全文化。坚持人文管理,强势宣贯安全生产体系建设,营造浓厚的安全氛围,为矿井长治久安提供保证。务实高效,塑造执行文化。倡导"说了就干,定了就办,严格落实抓兑现"高效执行、长期坚持的执行文化,坚持"雷厉风行,执行到位,令必行、禁必止"工作作风,落实复查复办制、24小时复命制。通过文化建树,提升核心竞争力,加快临涣煤矿安全、高效、和谐发展。临涣煤矿多次被评为集团公司优秀党委和全国煤炭系统、省国资委文明单位。

改善民生，努力打造和谐临涣。坚持和发展民主管理机制，保障职工主人翁地位。定期召开年度职工和工会会员代表大会，审议和监督安全、生产、经营以及职工劳动保护、教育培训、生活福利等工作，基层单位工资、资金、工分分配引入职工代表监督机制，未经通过会签的分配方案不予入帐，保障职工切身经济利益不受侵犯。以守护职工生命安全为最大责任，加大安全投入，大力推进井下工程质量标准化创建，积极实施安全技改项目，十年间先后投入安全专项资金79937.18万元。为减轻职工劳动强度，井下采区长距离上、下山人行全部安装乘人器，不断改善职工作业环境。2010年，东部大巷投入运行新式乘人车，建成"乘人公交化"运输线，改善职工乘车环境。加大撇勾延点治理力度，实行集体升入井制度，严禁超时作业，井下乘人车定点发送，开通东部井通勤车，减少东十一、十三采区井下作业职工路途时间约1小时。坚持困难职工帮扶制度，建立"三级联动帮扶机制"，矿领导、副总、科区级领导与困难职工结对子，个人出资为职工排忧解难。关心职工生活，加大民生工程投入，建成工人村污水处理站，生活污水全部得到达标处理。同年，建成占地面积7747平方米职工综合体育场，含有1个排球场、2个篮球场、6个羽毛球场、100米标准塑胶跑道，260米弧形跑道，另设有大量健身器材，丰富职工业余生活；2010年，改造工人村3条主干道，路面拓宽至10米，两侧修建3.5米人行道，安装太阳能路灯，新植香樟树200多株及其它大量观赏性植物，工厂小区环境园林化、景观化；先后在烈山留守处、矿工人村建成25栋720套廉租房，严格按照分配方案分配给无房困难职工居住；在工人村集资建房16栋480套，解决了职工住房难的问题。投入200万元对工人二村22栋近40000平方的老化清水墙进行处理；建成两栋旅馆化职工宿舍楼，投入100多万元改造3栋单身宿舍楼，让全矿单身职工喜迁新居。贴近职工群众，加强宣传思想工作，维护矿井稳定。充分发挥"一廊、一道、二栏、二室"及广播电视、矿内部网站、井口电子大屏的作用，使职工学习有阵地、时时听声音、处处能看到；副总工程师以上领导和机关科室人员做"政策的宣讲员，工作的指导员，问题的调解员"；建立矿情发布"制度，开展"政策下基层"活动，完善"老同志形势报告会"制度。畅通民情传递渠道，在社区聘请了20名"民情联络员"，充分发挥了他们"下情上传，上情下达"的桥梁和传导作用。大力开展精神文明创建活动，积极贯彻落实《公民道德建设实施纲要》。担当企业社会责任，促进区域经济发展。临涣煤矿工人村身处临涣工业园、袁店一矿、小胡孜铁运处、青东矿腹地，加上周边聚集大量的搬迁村庄，商业功能十分突出。十年间，矿上持续加大投入，搭建就业平台，改善基础环境，先后改造菜市场，兴建超市、商铺、美食城、小吃一条街，搞活区内经济，鼓励职工家属自主就业，至2015年矿安置工人村个体经营户27家，缓解矿区就业压力，提高职工家属生活幸福指数。

抚今追昔，继往开来心更远；展望未来，重担在肩志弥坚。临涣煤矿干部职工站在新的起点上，正顽强拼搏，破浪前行，用自己的智慧描绘更加壮丽的画卷，用辛勤的汗水再创更加辉煌的十年。

第二编 特载

一、党代会决议

中共临涣煤电公司第一次党代会关于
党委工作报告的决议
（2009年10月28日审议通过）

中国共产党临涣煤电公司第一次代表大会听取并审议武怀黎同志代表中共临涣煤电公司委员会所作的题为《坚持科学发展、创新党建工作，为全面打造一流企业而奋斗》工作报告，大会同意并批准这个报告。大会认为，过去的十年，是临涣煤电公司发生重大而深刻变化的十年。公司内部改革不断深化，原煤产量屡创新高，质量标准化创建和环境整治工作取得显著成效，三个文明和谐发展，文化氛围凝心聚力，学习创新不断增强，干部职工队伍素质明显改善，职工收入不断增多，各项工作实现争先进位，公司综合实力大幅提升，开创临涣煤电发展新局面。大会认为，报告确定"坚持科学发展、创新党建工作，为全面打造一流企业而奋斗"的主题，体现临涣煤电公司快速发展的要求，符合公司实际和广大干部职工的意愿。报告对过去工作的总结是实事求是的，对临涣煤电公司实现新发展所面临的形势与任务的分析是客观实际的，对公司今后五年的工作提出的指导思想和工作目标是科学合理的，对公司党建思想政治等各项工作的总体布署是切实可行的，充分表达全公司广大党员和干部职工的共同愿望，对开创今后的工作具有较强的指导意义。大会号召，面对新形势、新任务和新挑战，公司各级党组织和广大党员要在公司党委的领导下，按照会议要求，振奋精神，抢抓机遇，团结一致，锐意进取，为开创公司各项工作新局面而努力工作，为全面打造一流企业而努力奋斗，为创造更加美好的临涣煤电做出新的更大贡献！

二、临涣煤矿"十二五"规划（摘要）

（一）矿井"十二五"规划的编制原则

1. 强化管理，保障安全。按照安全发展的要求，坚持"安全第一、预防为主、综合治理"的方针，从安全文化、安全法制、安全责任、安全科技和安全投入等方面加强建设，完善安全生产管理体系，处理好安全与生产的关系，全面提高煤矿安全生产水平。

2. 全面落实科学发展观，围绕集团公司跨跃式发展的战略目标，大力推进改革调整，增强企业发展动力和活力。坚持"好字当头、好中求快"的矿区发展指导原则，解放思想，创新管理，不断提高生产效率和经济效益。

3. 依靠科技进步，优化设计，优选工艺，简化系统，实现减头、减面、减系统，减少用工。大力发展采掘机械化，不断加大装备投入，抓好职工培训，提高职工操作技能，充分发挥机械化的作用，促进安全高效生产，为提高生产集中度创造条件。继续推广应用高新技术和先进适用技术，加快对现有煤矿技术的改造，提高矿井装备现代化、系统自动化、管理信息化水平，加快安全高效矿井建设。

4. 突出抓好新采区开拓、新水平延深和综采综掘战场的接替，精心组织，合理安排开拓力量，确保矿井生产正常接替。认真落实集团公司生产准备安排意见，坚决防止抽、掘、采失调。本着"立足当前，稳定中部，兼顾长远，开拓两翼"的基本思路，优化设计，合理布局，重点加快十三采区、十五采区及Ⅱ3采区的开拓准备工作，保证矿井发展后劲。根据矿井生产布局及生产接替时序安排，编制迁村计划，增强征迁工作的超前性和计划性。严格执行集团公司征迁复垦管理办法，加强沟通协调，切实做好征迁工作。

5. 优化资源配置，切实加强煤质管理，实现科学合理配采。加强采煤工艺研究，抓好现场管理和过程控制，防止割顶、割底，减少外部矸石混入，充分发挥拣选、筛分的作用，抓好配采、配装、配运，努力提高原煤质量。

6. 深入推进内部市场化建设，增强全员成本意识，努力提升经营管理水平，增强企业盈利能力。继续完善内部价格体系，建立以市场化结算为主要方式的考核分配体系，逐步推行科区全面预算管理，发挥科区作为内部市场主体的作用，做好超前控制和过程控制。强化成本控制，防止不合理投入，杜绝无效投入，降低各类消耗。重点抓好井下成本管理，从技术设计抓起，加强源头控制，做好投入产出论证，优化布局，简化系统，优选工艺和设备，降低初始投入和生产成本，提高科技贡献率。

（二）生产能力定位

临涣煤矿地质条件复杂，可圈储量与勘探可采储量相差较远，适合机械化回采的块段较少，随着矿井开采年限的增加，矿井储量逐年减少，运输距离逐年加大，对矿井的产量造成很大影响。受地质条件的限制，矿井机械化高产高效的特点不能充分发挥，生产准备工程量大，周期较长，经常出现局部接替紧张的局面，是制约矿井生产能力提高的一个重要因素……。综上述，矿井生产准备工作量大，生产能力很难提高。矿井生产能力定为 160 万吨 / 年较为合理。

（三）采区及接替水平安排

II_2 采区————→ II 3 采区（2016 年）

I_4 采区————→ I 11 采区（2009 年 7 月）

I_3 采区————→六采区（2011 年 9 月）

I_9 采区————→十三采区（2012 年 6 月）

I_{11} 采区————→十五采区（2016 年 3 月）

"十二五"期间，新投产的采区为十三采区和六采区，正在开拓准备的采区为 II 3 采区和十五采区。

（四）主要技术经济指标

指　标	单　位	2011	2012	2013	2014	2015
原煤总产量	吨	1600000	1600000	1800000	1800000	1800000
其中：机采	吨	1050000	1050000	1531550	1529500	1529800
掘进总进尺	米	21000	23300	22000	21200	21000
其中	开拓	米	5600	5700	4950	3830	3855
	重点	米	5600	5700	4950	3830	3855
	锚网	米	6000	6000	6000	6000	6000
	综掘	米	6500	6520	6215	6565	6305
商品煤灰份	%					
原煤电耗	度/吨	46.35	46.78	47.19	48.23	48.91
企业炸药	kg/万吨	2600	2650	2620	2600	2600
企业雷管	发/万吨	5200	5300	5200	5200	5200
企业坑木	m³/万吨	28	32	30	29	28

（五）矿井改扩建方案和安全生产环节改造项目

1.主井南勾提升系统改造为提矸系统，工作量785万元（安全改造项目）

（1）将原提煤系统改为提矸系统

原系统为提煤系统，各环节设备均为出煤设计，为适应提矸要求，需对主井南勾翻车机、给煤机、刮板输送机、箕斗、定量斗进行全面改造。

（2）主井南勾电控系统改造增加一套可控硅整流全数字调速系统，控制系统利用plc实现逻辑控制。

2.矿车运输方式改造，工作量100万元。（安全改造项目）

临洮煤矿阶段车场以外矸石、散煤、井下用料等均采用3吨矿车运输，系统复杂，操作困难，职工劳动强度大，严重影响单进，在矿井大巷运输皮带化改造完成以后，建议将3吨固定式矿车运输改为1吨矿车直接运输，将900毫米轨距改为600毫米轨距，以改善井下运输安全环境，降低职工劳动强度。

3.东、西风井4台抽风机更新，工作量520万元（安全改造项目）

临洮煤矿东、西风井4台抽风机均为离心式通风机，型号为K4-73-02N0280（D），为70年代产品，超期服役，不符合《煤矿安全规程》要求，且该矿Ⅰ11、Ⅰ13采区投产后，矿井的需用风量增加，现有的风机届时不能满足通风的需求，必须进行更新。

（六）迁村安排意见

根据临涣煤矿生产接替计划安排，东十一、东十三、西六采区相继投入生产，预计东十一采区于 2009 年 8 月投入生产；东十三采区 2013 年 2 月投入生产；西六采区于 2013 年 6 月投入生产。因此新采区的投入生产，将加大该矿迁村的工作量。

（七）补充勘探安排意见

1. 2005 年，继续在大吴家断层以北（东翼）施工 10 个钻孔，工程量 7360 米，三维地震工程量 2.1 平方千米；六采区施工 2 个钻孔，工程量 1120 米，三维地震工程量 2.0 平方千米；三下采区施工 3 个钻孔，工程量 2600 米，同时需在东风井施工太灰长观孔 1 个，工程量 350 米。

2. 2006～2010 年间，需在七下采区及大吴家断层以北（西翼）进行补勘，钻探 17 个孔，工程量 12756 米，三维地震工程量 7.0 平方千米 2。

（八）技术创新计划

1. 建立矿井信息化网络系统，以信息化带动煤炭工业化，逐步完善矿井安全生产综合自动化监测监控系统，对矿井变电所及重要生产场所设备实现远程监控，力争在"十二五"期间，使信息化技术融入矿井生产的各个领域，实现生产过程自动化、安全监测数字化、企业管理信息化、信息管理集约化。

2. 加大围岩治理力度，积极探索新的支护方式。十二五期间，将重点与科研院校合作，探索软弱围岩巷道施工艺，提高新掘巷道支护等级，重点解决巷道的重复支护问题。

3. 继续推广应用综采、综掘技术，重点研究复杂地质条件下如何提高综采单产、综掘单进，以综掘保综采，确保矿井正常接替。

（九）人力资源规划

2010 年，预计在岗人员 3848 人，其中物业人员 356 人；

2011 年，十一采区投产，需增加保运机械化、运输等工 40 人，预计在岗人员 3888 人；

2012 年，保持 2011 年在岗人数不变；

2013 年，十三采区和六采区投产，需增加保运、运输、修护等辅助工 60 人，预计在岗人员达 3948 人；

2014 年，保持 2013 在岗人数不变；

2015 年，十五采区投产，由于生产战线较长，需增加 60 人，预计在岗人员达 4008 人。

(十) 存在的重大问题与建议

1. 东部排矸系统运输距离远，压力大、

"十二五"期间，十三、十五、十七采区相继开工，矿井岩巷工程主要集中在东部，井下运矸量大，……。井下排矸运输能力、副井提升能力、地面矸石山排矸能力不能满足生产要求，建议开工建设东部混合井，缓解上述环节生产能力不足的状况。

2. 生产准备任务重，掘进力量相对薄弱

"十二五"期间，临涣煤矿开拓任务重，六采区、II 3 采区、十三采区、十五采区、十七采区相继进行开拓，就该矿掘进力量而言，只能维持矿井正常生产接替，开拓力量严重不足，请集团公司解决以上采区开拓力量问题。

3. 通风能力不足，需对薄弱环节进行改造

东、西风井 4 台抽风机均为离心式通风机不能满足通风需求，需对风机进行更新。十一采区回风道是按一个采区的通风要求设计的，当十一、十三采区同时生产利用此巷道回风时，巷道断面小，不能满足回风需要，建议重新补打一条回风道。

4. 十一、十三、十五采区投产前需加大瓦斯综合治理力度

十一采区 7114、7112 运斜临近揭煤时，出现瓦斯突然变大，掘进工作面被迫停头打瓦斯释放孔释放瓦斯，以此推断大吴家断层以北十一、十三、十五采区煤体瓦斯较大，为确保安全，施工准备时需采取瓦斯抽放措施，回采期间要加大瓦斯治理力度。

三、临涣煤矿"十三五"规划调整方案（摘要）
（二〇一五年七月八日通过）

2015 年 5 月 30 日，集团公司对《临涣煤矿煤炭生产及灾害防治五年规划》（十三五规划）进行第二次审查，审查中提出，矿井保持东翼一条综采线，西翼由一条综采线，逐渐过渡为西翼两条综采线，针对提出的接替方案，该矿经过多次论证，对原接替方案进行调整。

（一）"十三五"规划接替方案调整理由

该矿原接替方案为矿井东翼两条线、西翼一条线，由于矿井东翼采区处于突出危险区域，瓦斯治理工程量大，原煤自然灰分高，煤种差，地面村庄搬迁量大，开采投入费用高，开采经济效益差；鉴于矿井Ⅱ3采区及矿井西翼煤质、煤种较好，具有资源优势，开采经济效益较好；是临涣煤矿及集团公司效益的保障，矿井接替调整为保持东翼一条综采线，西翼由一条 10 煤综采线，逐渐过渡为西翼两条综采线（一条 10 煤线、一条中组煤线）。

（二）生产接替方案

1. 采区接替安排

按照稳定矿井产能，保障矿井煤质、煤种优势，加快六采区开拓，增强矿井发展后劲，安排采区接替，采区接替如下：

临涣煤矿各采区接替一览表

生产采区		接替采区		采掘工作面数		采掘比	万米掘进率					
		名称	接替时间	采煤工作面数	掘进工作面数		2015年	2016年	2017年	2018年	2019年	2020年
西翼	Ⅱ2采区	六采区西八块段	2017.7.1 2023.1	2016 年 2.4 个采煤面，2017 年及以后 3 个采煤面	共 12 个掘进队，其中矿 6 个煤巷综掘队，4 个岩巷队，工程处 2 岩队	1:4	61	68	62	61	56	55
	Ⅱ3采区	Ⅲ2采区	2028.10									
东翼	Ⅰ11采区	Ⅰ13采区 Ⅱ13采区 Ⅰ15采区	2016.4 2020.1 2027.7									

2. 与原方案对比

（1）延缓Ⅰ15采区的开拓，采区接替压力小，接替时间充足。

（2）Ⅰ15采区地面有6个村庄，搬迁工程量大，延缓大量搬迁费用投入。

（3）降低突出区域的开采强度，瓦斯治理工程量大幅下降，其中瓦斯治理巷道工程减少5544米，瓦斯治理钻孔工程减少85.4万米。

（4）降低东翼高灰面的开采强度，加快西翼优质煤的开采，矿井煤质、煤种得到保障，矿井效益明显。

......

3. 生产准备重点：

（1）延缓Ⅱ13采区开拓，减少岩巷工程量投入

至2015年6月底，Ⅱ13采区主体巷道剩余2000米，由于矿井东部采区开采强度放缓，该采区首采面投产时间延缓至2020年1月，根据生产接替安排，该处施工的2个队外委队2016年8月中旬停止施工，核减2个外委队。

（2）加大六采区开拓力度，缩短投产工期

六采区为矿井的重点开拓采区，至2015年6月底，剩余投产工程量为5200米（煤巷2200米，3000米）。安排工程处2个队施工六采区上部车场（轨道大巷）、六采区运输上山（运输大巷），2015年8月，再增加一个岩巷队，施工六采区变电所、瓦斯泵站、阶段巷道。2015年三季度，在六采区运输大巷上一条综掘线，提高单进效率，加快六采区开拓、准备。2016年6月，主体巷道形成正规通风系统，2016年10月，煤巷进队，2017年4月，煤巷贯通，2017年6月具备投产条件，投产时间较原计划提前6个月。

（3）接替调整后产能定位（2015-2020年）

指 标	单位	2015年					2016年	2017年	2018年	2019年	2020年
		1-6月实际完成	7-12月预计完成	全年预计完成	全年计划	计划对比					
原煤总产量	万吨						230	260	260	260	260
		131	129	260	260	0					
掘进总进尺	米	8066	7500	15566	15000	566	15700	16200	16000	14600	14200
其中	岩巷	米	3580	2800	6380	6000	380	5200	6200	6000	3600	3300
	煤巷	米	4486	4700	9186	9000	186	10500	10000	10000	11000	10900

（三）经营效果情况分析

2016年按完全市场调整接替前后对比分析

1. 产量：调整前（东部2条线、西部1条线）260万吨，调整后（东部1条线、西部1.4条线）230万吨，产量减少30万吨。西部焦煤产量由86万吨增加到120万吨，东部肥煤产量由174万吨降到110万吨。

2. 煤质与销售：调整前43.5%，收入69388万元，调整后41.5%，收入70341万元。煤质降2%，在产量减少的情况下，收入增加953万元。

3. 原煤成本：调整前83493万元（321.13元/吨）调整后71622万元（311.4元/吨），成本降11871万元。主要因素：工资及附加减少1433万元（人员减少200人）、安全投入减少3593万元（钻孔减少9.9万米、安全巷道进尺减少650米）、生产巷道费用降低2444万元（减少900米）、租赁费降低1200万元、固定费用提取减少1000万、电费及拆装劳务费减少800万。

4. 盈亏：调整前 -15571万元，调整后 -2640万元，减亏12931万元。

（四）2017年及以后按完全市场调整接替前后对比分析

接替调整后，2017年恢复三条线生产，其中西部主焦煤两条线、东部肥煤一条线，产量260万吨，煤质灰份40%，较调整前降1%；按完全市场结算可实现收入82300万元，较调整前增收3500万元；总成本77030万元，较调整前降1120万元；利润实现3000万元。2018年以后，由于10煤比重进一步加大，煤质综合灰份控制在40%以内，实现持续盈利。

四、临涣煤矿二○一六年增效方案（摘要）

总体思路：2016年定为"矿井调整年"，按照"保安全、转战场、优品质、强攻坚、提双效"的原则，以增效为主线，扭亏为目标，通过调整采场布局、简化生产系统、提高采掘效率、改善煤质煤种结构、强推减员提效等措施，严控亏损源，扎死出血点，实现安全、提质、减员、降本、增效。

（一）2016年矿井经营目标

1. 产量：商品煤产量200万吨，比2015年实际下降40万吨。其中焦煤占65%，肥煤占35%。

2. 进尺：总进尺12000米，比2015年实际下降3000米，其中外委岩巷下降1500米。

3. 质量：商品煤灰分控制在37%以内，比2015年实际下降五个百分点。

4. 减员：按照集团公司科级机构设置指导意见及人力资源规划的要求，合并撤销科级机构10个；用工总量力争控制在2526人以内，比2015年定员减少827人。

5. 收入：实现收入48034万元，较2015年实际减收9013万元。

6. 成本：综合成本控制在281.41元／吨，较2015年实际下降63.54元／吨。

7. 盈亏：亏损-9190万元，较2015年实际减亏17160万元。

（二）生产接替安排

通过对矿井各采场主要安全、技术、经济指标的分析及东翼Ⅰ11、Ⅰ13采区各工作面的安全技术经济一体化论证，结合当前严峻的煤炭市场形势，必须加快六采区的准备，主采西翼采区；根据矿井产量适度开采Ⅱ3采区；缓采东翼采区，具有开采价值的9114、9111工作面回采结束后，暂停东翼采区准备，对于未形成全负压通风的巷道进行封闭，东部井风机保持低负荷运行，同时东部井提升及排矸系统停止运行，待煤炭市场形势好转，适时恢复东翼采区准备。

......

（三）矿井接替方案优化、产量定位、进尺安排及提效措施

1.矿井接替建议方案

根据矿井开采经济效益分析，生产接替方案建议调整为：主采西翼，适度开采Ⅱ3采区，缓采东翼；2016年矿井保持东翼1条线、西翼1条线，2017、2018年保持西翼2条线。

2.产量定位及提效措施。

产量定位。2016年产量定位在200万吨，2条线满负荷，效率高，用工少，亏损额度小，相比较经营效果好。待煤炭市场形势好转，恢复东翼开采，矿井保持3条生产线。提效措施：单产7.8万吨/个/月。保障措施：加强注浆减沉技术研究，合理组织施工，力争注浆减沉工作面单产由6.8万吨/个/月增加到7.8万吨/个/月。坚持"32"字方针，优化简化生产系统，实现连续开采。根治灾害威胁，加大Ⅱ3采区瓦斯及Ⅱ2采区水害治理力度，实现安全高效开采。优化劳动组织，配精配强一线人员，充实一线力量。

3.进尺安排及提效措施

进尺安排：

总进尺：2016年矿井计划12000米），比2015年减少3000米。其中：

煤巷综掘进尺：计划7000米，比2015年减少2000米。

岩巷进尺：计划5000米，比2015年减少1000米。

自营岩巷进尺：计划3000米，比2015年增加500米。

外委岩巷进尺：计划2000米，比2015年减少1500米。

锚网支护：计划10800米，比2015年增加300米。

提效措施。提效目标：综合单进：计划114米/队/月，比2015年提高6米/队/月，提高5.6%，确保西六采区2017年上半年投产，Ⅱ1023工作面2016年11月投产。保障措施：大力推广锚网支护，在10煤（含沿空掘进）及9煤顶板无8煤的地段实施锚网支护。优化巷道设计，根据巷道不同用途、服务时间，选择断面、支护方式。优化劳动组织，强化内部管理，加强设备维护，提高综掘机开机率。积极推广综掘机械化、后运连续化、控制自动化，配强机电人员，减少后运人员，充实一线人员。合理安排灾害治理与掘进施工的关系，盯住关键工程工期，减少相互影响。

（四）矿井队伍安排

1. 自营队伍情况

采煤队伍： 2016年两条综采接替线，安排2个综采区，比2015年减少1个综采区。

掘进队伍： 2016年安排8个掘进队（4个煤巷综掘队、4个岩巷队），比2015年减少2个煤巷综掘队。

巷修队伍：目前有2个修护区，6个修护队，2016年整合为1个修护预备区（3个修护队，1个预备队）。

钻机队伍： 2016年将充实自营队伍人员，配齐6个机组，减少矿井外委机组。

2. 外委队伍情况

岩巷队伍： 2016年矿井保持2个外委队，比2015年初减少2支外委队。

钻机队伍： 2016年外委机组缩减至7个，比2015年减少7个。

（六）提质目标及措施

1. 目标：计划煤质灰分37%，比2015年实际下降五个百分点。

2. 降灰提质、煤种增效措施： （1）加大10煤比重提煤质。（2）控制东翼中组煤产量提煤质。（3）加强管理提煤质。（4）优化筛分系统，向筛上物要效益，全年预计可回收8万吨，创效400万元以上。

（七）灾害治理及保障措施

1. 瓦斯灾害治理及保障措施。 （1）瓦斯治理方案区域瓦斯治理：优先开采保护层，对处于突出危险区的保护层工作面以及不具备保护层开采的，采用穿层钻孔预抽煤巷条带，顺层钻孔与穿层钻孔相结合面内消突的区域瓦斯综合治理措施。 （2）局部瓦斯治理：工作面回采期间主要采用顺层钻孔、高位钻孔以及上隅角埋管相结合的局部瓦斯综合治理措施；针对9煤层作为保护层的突出危险区工作面，除上述措施外，采用地面井、高位拦截钻孔抽采治理本煤层瓦斯及被保护层卸压瓦斯。

瓦斯治理工程量及投入。根据生产接替安排，2016年区域瓦斯治理钻孔工程量6.3万米，工作面瓦斯治理钻孔工程量7.9万米，石门揭煤钻孔工程量1.5万米，增加大功率钻机6台，需更新移动瓦斯抽采泵4台，总投入费用2632.98万元。

2. 水害治理及保障措施。（1）防治水方案。采用区域疏放，掘进期间超前探查，回采前电法勘探、钻探验证。(1) 防治水工程：2016年设计地面水位长观孔5个工程量2560米；井下钻探工程量4400米，近灰岩近断层掘进工作面瞬变电磁法超前探水21次，10煤工作面音频电透视法勘探2次，顶板砂岩水防治电法勘探1次；水位观测分站4台，防治水设备7台，总投入492.1万元。(2) 地质补勘工程：2016年设计地面煤田钻孔5个，总工程量5090米；井下钻探工程量11920米/177孔，坑透物探工程5次，总投入629.92万元。

3. 新采区安装投入。为保障六采区按期投产，2016年一季度安装轨道绞车；二季度安装六采区下部变电所、上部变电所、1#、2#强力胶带输送机、瓦斯泵站、乘人器，三季度安装排水泵房，四季度安装采区充电硐室。设备费用1949万元，大型材料费用609万元，安装费用630万元，合计总费用为3188万元。

（八）征迁工作建议

鉴于集团公司当前严峻经营形势和资金紧张局面，2017年回采的Ⅱ1036工作面影响的南小庄，采用注浆减沉不搬迁，注浆减沉在保护南小庄的基础上，同时保护部分沟东村，如多布置两个注浆钻孔，注浆费用预计增加240万元，即可保护沟东村暂不搬迁，建议沟东村推迟三年、待开采中组煤时再搬迁。

（九）优化人力资源配置

1. 机构设置。2016年科级机构编制由35个压缩至25个，其中：机关单位9个，采、掘、修单位6个；生产辅助单位6个，地面后勤单位4个。

2. 用工总数。在岗用工总量力争控制在2526人以内，其中机关130人、采煤系统340人、掘修系统909人、辅助系统889人、地面后勤系统258人。较2015年定员3353人减少827人。人力资源支出比2015年减少7441万元。

（十）矿井增效措施

1. 向安全技术经济一体化论证要效益。（1）优化接替方案，暂停 II 13 采区主体巷道开拓，2016 年减少岩巷工程 1500 米，东部井停止运行减少运营费用 900 万元。（2）优化 II 1034 工作面顺层钻孔施工，一次性覆盖工作面，减少顺层钻孔工程量 3600 米，减少抽采管路 500 米，减少底抽巷钻场 7 个，共计节约投入 120 万元。

2. 向强推内部市场化降本要效益（1）严控材料投入：推广锚网支护、加大材料回收复用、修旧利废力度和拓宽矿机厂自制加工范围，力争减少投入 500 万元。（2）降低电力消耗：通过采取延缓 II 13 开拓准备、优化系统、集中交窑、提高设备运载率、调荷避峰、优化井下照明等举措，力争减少投入 200 万元。（3）压缩设备占用量：调整采场布局，优化、简化生产系统；加快东翼采区闲置设备的回收，力争减少投入 300 万元。（4）严控修理费用：加大设备修理力度，能自修的坚决不外修，2016 年修理费控制在 400 万元以内。（5）严控外委工程：利用富余人员配足配强钻机队伍，组建综合安装队承担西六采区安装任务，实现钻孔外委转自营费用 865 万元，采区安装外委转自营费用 390 万元。加强外委工程监督，严格按设计施工、验收；强化特殊地段签证变更，确保生产成本巷道造价下降 10%。（6）压缩"四项费用"等非生产性支出：进一步压缩"四项费用"，力争比 2015 年下降 30%；严格控制排矸费、供汽费、劳务费等非生产性支出，力争比 2015 年下降 20%

3. 其他方面增效。（1）积极做好 II 923、II 1021 工作面注浆减沉基础资料收集及账务核算，力争资源税减免额达到 260 万元。（2）配合集团公司做好研发费用项目台账整理及账务核算，力争为集团公司减免企业所得税 100 万元。

五、临涣煤业有限责任公司关闭破产资产重组方案（摘要）

为充分利用各类有效资产，根据国家有关政策，最大限度地安置破产企业职工，顺利推进临涣煤业有限责任公司关闭破产工作，特制定本重组方案。

（一）重组的原则和范围

1. 原则。

坚持保护和发展生产力的原则，使矿井能力得到发挥，效益得到提高，对部分具有生存能力和发展前途的单位，在破产后进行资产重组，发挥有效资产的效能；坚持改革的原则，改变过去产权单一的形式，对重组企业努力实现投资主体多元化，深化干部人事、劳动用工、经济分配等方面的改革，转换经营机制，激活企业；坚持"三改一加强"的原则，对重组企业实行分类指导，改组、改革、改造与加强管理相结合，提高企业整体素质和市场竞争力。

2. 范围。

根据现有情况，临涣煤业有限责任公司破产后，以煤业为依托，坚持煤业为本，多业并举，大力发展非煤产业，调整产品结构，实行煤电联营，以煤保电，以电养煤，提高综合效益，扩大关闭破产后职工的安置渠道。拟对原煤生产、矸石发电和有生存能力及发展前景的几个多种经营厂点进行重组，大力培育新的经济增长点。

（二）资产重组方案

临涣煤业有限责任公司自宣布破产后，开始实施资产重组。具体方案是：对临涣煤业有限责任公司各类有效资产实行整体重组，按照投资主体多元化、生产经营多样化、企业组织科学化和建立现代企业制度的要求，组建新的公司制企业。新组建的公司集原煤生产、矸石发电、生产服务、多种经营等多种生产经营模式，实现投资多元化、独立核算、自负盈亏的目的。新公司按照现代企业制度要求，设立法人治理结构，依法规范运作，实行"四自"经营。

（三）转换企业经营机制

重组企业实行新企业新机制，按照市场经济体制要求，建立健全公司法人治理结构，形成科学的决策机制、精干高效的管理体制和严密的经济运行机制，规范公司运作。

六、矿井重大工程项目

（一）I11 采区开拓准备

I11 采区位于矿井东翼，开拓巷道有一条回风上山、一条回风大巷、一条轨道大巷、一条运输大巷，开拓工程量分别为 409 米、1090 米、1460 米、1600 米。2005 年 6 月，该矿开始施工回风上山，2010 年 5 月，首采面 7114 工作面投产。

（二）I13 采区开拓准备

I13 采区位于矿井东翼，开拓巷道有一条运输大巷、一条回风大巷、一条轨道大巷，开拓工程量分别为 1100 米、1100 米、1000 米。2008 年 6 月开始施工回风大巷，首采面为 9133 工作面，至 2015 年 6 月，进入回采巷道施工。因生产布局调整，2015 年 9 月暂停施工。

（三）I15 采区开拓准备

I15 采区位于矿井东翼，2011 年元月，开始施工采区回风大巷，因矿井接替方案调整，2012 年底，该采区停止开拓准备。

（四）Ⅱ3 采区开拓准备

Ⅱ3 采区位于矿井东翼，该采区开拓巷道运输上山、轨道上山、回风上山、主斜井各一条，开拓工程量分别为1190米、1245米（含上、下部车场）、1230米、2105米（含上部车场、配电硐室）。2010年元月，该采区开拓巷道开始施工，首条巷道为Ⅱ3采区回风上山及上部车场，首采Ⅱ1031工作面于2014年3月投产，。

（五）Ⅰ六采区开拓准备

Ⅰ六采区位于矿井西翼，该采区开拓巷道有一条轨道上山、一条运输上山、一条回风上山、一条轨道大巷、一条运输大巷、一条回风大巷，开拓工程量分别为960米（含回风道）、995米、835米（含联巷）、3400米（含上部车场）、3070米、3060米。2011年4月，该采区开拓巷道开始施工，至2015年6月，轨道上山、运输上山、回风上山、回风大巷外段施工完毕。

（六）二水平延伸工程

临涣煤矿为保证矿井采掘正常接替，保持采掘平衡，需进行二水平延伸工程。临涣煤矿二水平标高为-650米，至2015年6月，已经生产的二水平采区有Ⅱ3采区、Ⅱ2采区，分别位于矿井的东、西翼。Ⅱ13采区为二水平开拓准备采区，2011年9月，开始施工Ⅱ13轨道上山，该采区三条主体上山已施工完毕，二水平大巷未施工完。因矿井接替调整，Ⅱ13采区于2015年9月停止开拓。

（七）东部运输系统改造

2008年2月，临涣煤矿开始施工东翼回风石门，巷道全长4360米，设计三条胶带输送机。2010年5月，胶带输送机安装投入运行，该矿东部原煤实现胶带化运输。

序号	名称	安装时间	皮带机型号	运输距离	带速	巷道坡度	制造厂家	皮带型号	皮带制造厂家	减速机型号	张紧装置	电机	电控
\multicolumn{14}{c}{东翼1、2、3号主运胶带输送机特征表}
1	东翼1#	2010	DTL100/80/2*200	570米	2.5m/s	10°	安徽矿业机电制造公司	PVC2000S	淮北中意	ML3PSF80+2FAN，i=31.5	ZY-400/徐州五洋	YB2-315S-4/南阳	KHP144-K/淮南万泰
2	东翼2#	2011	DTL100/80/3*200	2150米	2.5m/s	0°	东莞奥能	PVC2000S	淮北中意	ML3PSF80+2FAN，i=31.5	ZY-400/徐州五洋	YB2-315S-4/南阳	KHP144-K/淮南万泰
3	东翼3#	2011	DTL100/80/2*200	1640米	2.5m/s	0°	东莞奥能	PVC2000S	淮北中意	ML3PSF80+2FAN，i=31.5	ZY-400/徐州五洋	YB2-315S-4/南阳	KHP144-K/淮南万泰

（八）西部运输系统改造

2009 年 4 月，临涣煤矿开始施工西翼皮带大巷机头硐室，巷道全长 1920 米，设计三条皮带，2011 年 5 月，皮带机安装投入运行，该矿西部原煤实现胶带化运输。

西翼1、2、3号主运胶带输送机特征表

序号	名称	安装时间	皮带机型号	运输距离	带速	巷道坡度	制造厂家	皮带型号	皮带制造厂家	减速机型号	液力耦合器	制动器	张紧装置	电机	电控
10	西翼1#	2011.05	DTL120/80/2*110	150米	2.5m/s	12°	安徽矿业机电制造公司	PVC2000S	淮北中意	ML3PSF60+2FAN、i=31.5	无	无	ZY-400/徐州五洋	YB2-315S-4/南阳	KHP144-K/淮南万泰
11	西翼2#	2011.05	DTL120/120/3*500	1550米	2.5m/s	15°	安徽矿业机电制造公司	钢丝绳芯3150S	淮北天地人	ML3PSF110+2FAN、i=40	YOTcs650B/广东中兴	KZP1400/152	ZY-400/徐州五洋	YB-450M2-4/南阳	KHP144-K/淮南万泰
12	西翼3#	2011.05	DTL100/100/2*110	220米	2.5m/s	12°	安徽矿业机电制造公司	PVC2000S	淮北中意	ML3PSF60+2FAN、i=31.5	无	无	ZY-400/徐州五洋	YB2-315S-4/南阳	KHP144-K/淮南万泰

（九）地面排矸系统改造工程

临涣煤矿随着矿井生产能力的提升，东翼采区岩巷开拓量较大，瓦斯升级带来的岩巷掘进工程量增大，利用大巷矿车出货排矸，受副井设计提升能力的限制，原排矸系统无法满足矿井生产需要，制约矿井发展。2010 年 12 月，临涣煤矿排矸系统胶带化技术改造工程开始施工，该工程利用已经建成的东翼运输主运系统胶带输送机作为东翼大巷排矸主运皮带，在胶带输送机处新建矸石仓一座，集中东翼采区（I11、I13、I15 采区）矸石；东翼采区各岩巷掘进工作面均实现后运连续胶带化；对主井量煤器南勾系统恢复改造、主井南勾提升系统恢复改造，主井将采区的矸石提升至地面；新建地面排矸系统，安装胶带输送机 4 部，将主井提升的矸石运至矸石山。2011 年 8 月，该矿排矸系统胶带化技术改造工程完毕，在保障矿井原煤提升能力的同时，井上下胶带运输系统、主井提升系统、地面生产系统实现分时排矸、运煤，彻底解决制约矿井因扩能改造后副井及矸石山排矸能力不足的问题。

（十）东部井工程

临涣煤矿根据"十五"规划，为更好解决东部采区开拓准备的通风、压风、供电，于 2005 年提出建设东部井。东部井属临涣矿井田，由大吴家断层的分割而形成的区域，位于临涣煤矿井田东北端，储量中心距矿工业广场直线距离约 6 千米。

东部井初步设计为：新建一个东进风井，实现矿井分区式通风，井筒为净直径 4.5 米，井深 481 米，其设计标高采用绝对标高系，井口的相对

标 ±0.000 米，相对于绝对标高为 29.7 米，自然地坪标高 27.86 米。新建一座 35kV 变电所，变电所室内地坪标高为 29.7 米，供电电源引自临涣煤矿 35kV 变电所母线，35kV 侧为全桥接线，6kV 侧为分段单母线接线，所内设有 SZ9-6300/35/6 主变压器 2 台，35kV 侧采用 KYN-40.5A 型手车式成套配电装置 8 台，6kV 侧采用 KYN28A-12A 型手车式成套配电装置 12 台。新建地面空气压缩机车间，该工程为框架结构一层，建筑尺寸为 26.4m*10.9 米，室内设有配电室、空气压缩机室，室外设有储气罐淋雨棚，有 GGD2 馈出柜一台，KYN28A-12 型 6KV 高压柜 9 台，ML-300 空气压缩机 1 台，ML-200-2S 空气压缩机 2 台，4 立方 0.8Mpa 储气罐 2 台，6 立方 0.8Mpa 储气罐 1 台，地面压风管路 81.4 米。

2009 年 9 月，东部井初步设计工程经验收合格后投入运行，该工程的建设解决了东部采区的通风、供风及供电问题。

2012 年 2 月，临涣煤矿对东部井进行改扩建，此工程被列为淮北矿业股份公司十大安全改扩建工程之一。2012 年 8 月 2 日，新建东部井通风机房，该工程为框架结构，单层。工程 ±0.000 相当于绝对标高 29.7 米，通风机房主要由机房扩散器、电动机房、高压及低压配电室组成。2013 年 4 月 6 日，通风机房建成，安装两台 GAF33.5-17-1 轴流式鼓风机，两台 YR710-8 异步电动机。2013 年 9 月通风机房正式运行，运行后调整矿井原供风方式，停掉原东风井两台风机，东部采区通风完全依靠东部井供风。

2013 年 2 月 22 日，将东部井原进风井井筒装备拆除，在东部井进风井安装箱型井架，井架高 34.1m，井架基础深－4.6m，相当于绝对标高 29.7m，J－1 基础两个，平面尺寸 6.0m×5.0m，顶面中心点标高标高－0.800m，基础混凝土强度等级为 C30，混凝土基础下有 8.00m 厚 C30 混凝土承合，200mm 厚碎石垫层 100mm 厚 C15 砼垫层。

2013 年 5 月 10 日，新建东部井地面排矸轨道工程，该工程起点 K0+000，终点 K1+465.205，其中两股窄轨铁路铺轨长度为 1465.205m，宽为 900mm，沿途设 11 个道涵管。该工程于 2013 年 12 月 31 日建成，直通东九采区塌陷坑，将东部采区的矸石回填到塌陷坑内，解决东部采区内部的排矸问题和矸石外运的问题。

2013 年 5 月 11 日，建设东部井提升机房工程。该工程为单层钢筋砼框架结构建筑，占地面积 332.51 平方米，建筑高度 17.1 米。一层为提升机房、配电室、司机室、液压站等,标高 12.6 米,牛腿上安装吊车,梁内设一台起重量为 20T 的电动单梁起重机,该工程于 2014 年 4 月 3 日建成。建成后将东部采区内部的矸石提升至地面,经翻车机装车到翻斗车,进而通过排矸道运输至东九塌陷坑。

2013 年 11 月 5 日,建设东部井瓦斯抽采泵站,安装两台 2BEY72 型水环式真空泵(Q=630m³/min,n=390r/min),一用一备;防爆电动机两台,型号为 YB2－5003－4,6KV;减速机两台,型号为 H1SH13,i=4.5;汽水分离器两个,型号为 2BEYFLQ。低浓度气管路主管路为 DN700 管路,排气管路为 DN500 管路,沿管路桥架敷设。该工程解决了东部采区的瓦斯抽放,同时为下一步瓦斯电厂的建设做好准备。

2013 年,建设东部井地面充电室及电机修理车间工程。该工程为框架结构一层,顶层高为 8.15m,建筑尺寸为 35m*10m,室内设有充电室、蒸馏室、硫酸存放室、维修车间等,现有 GGD2 馈出柜三台,ZBC100/288K(A) 防爆型充电机三台,蒸馏锅两台,硫酸搅拌机一台,CTL12/9GP(A) 永磁隔爆型蓄电池电机车四台,10T 单梁起起机一台。建成后保证电机车的维护、保养,方便特殊材料的保存与管理。

2014 年 4 月 8 日,临涣矿东部井各项建设、安装工程全面竣工,正式投入使用,解决矿井东部采区通风、提矸和人员上下问题。

(十一)重要瓦斯治理工程

2012 年,临涣煤矿完成各类钻孔工程量 19.7 万米。其中:地质探查钻孔 2.3 万米、顺层钻孔 4.3 万米、穿层抽采钻孔 10.8 万米、卸压排放钻孔 1.6 万米、高位抽采钻孔等其他钻孔 0.7 万米。9 煤层顺层钻孔单孔最深突破 70 米,7 煤层顺层钻孔单孔最深突破 100 米,顺层钻孔施工深度的大幅度提高,为矿井瓦斯综合治理积累施工技术经验。

2013 年,临涣煤矿完成各类瓦斯治理钻孔 30.31 万米,钻孔施工效率及效果有较大提升。实现安全揭煤 12 处,揭开(穿)煤层 13 层,完成突出危险区揭穿 2 处,即西翼轨道上山、Ⅱ3 主斜井、Ⅱ924 运斜和材斜、9134 材斜、9134 外风联巷,确保西翼轨道上山和 Ⅱ3 主斜井重点工程的按期顺利贯通。开采保护层开采面积实际完成 17.73 万平方米。其中 7116

工作面完成开采面积分别为 13.42 万 平方米、7112 工作面开采面积分别为 4.31 万平方米。

2014 年，对瓦斯涌出量相对较大的 7118 上、Ⅱ1032 工作面，回采前采用顺层钻孔预抽，回采期间采用高位钻孔结合老塘埋管等抽采措施，通过瓦斯综合治理，工作面上隅角及回风流瓦斯浓度均在 0.3% 以下。完成西六采区突出危险性评估工作及 7、8、9、10 煤层瓦斯参数测定；在 9133 机风巷底板巷、9136 机巷底板抽排巷、9111 机风巷底板抽排巷、9113 机巷底板抽排巷等地点对 8、9 煤层瓦斯参数共进行 38 组测定；在西六回风大巷、Ⅱ1033 机巷底板抽排巷对 10 煤层瓦斯参数测定 13 组。大量瓦斯基础参数的测试保证该矿对原区域瓦斯治理方案的优化，使得调整后的瓦斯治理方案更加有针对性和有效性。针对Ⅰ13 总回穿层孔施工顶板破碎，钻孔抽采浓度低的问题，该矿改进施工工艺，采取注水泥浆和聚氨酯相结合多次反复注浆，提高该处穿层孔抽采浓度，使得该处抽放点浓度都在 30% 以上，完成Ⅱ1031 及Ⅱ1032 高瓦斯工作面抽采达标评价。

2015 年上半年，实现 9111 风巷、Ⅱ1034 运斜、Ⅱ1033 底板抽排巷突出危险区安全揭煤；严格按设计执行测压钻孔、突出危险性预测、含量测定等区域效果检验；强化 7118 工作面、Ⅱ924 工作面、9111 机风巷、9133 机风巷等地点防突管理，做好标点、编号、挂牌管理，严禁超采超掘。完成《9111 机风巷条带煤层瓦斯区域治理防突措施效果评价》和《9133 机风巷条带煤层瓦斯区域治理防突措施效果评价》。

七、重要技术改造工程

（一）主井、副井提升机电控系统技术改造

临涣煤矿主井、副井各有两套提升系统，电控系统均采用 70 年代上海成套电器厂生产的 JKDF-3 型继电器控制与同步机发电机组变流系统，主要缺点：设备多、体积大、费用高、效率低、噪声大、控制系统复杂、故障率高，维护工作量大，直接影响主井、副井安全提升。2006 年，该矿分别对主井、副井的电控进行升级改造，均改造为 PLC 控制的 ZTDK-ZN-01SP 智能直流提升机电控系统。该系统由带显示屏的主控台（S7-300 西门子可编程控制器）、西门子 6RA70 装置 12 脉动直流调速柜、励磁柜、直流切换柜、直流快速开关、空心均流电抗器、整流变压器、励磁变压器、附件等组成。改造后的控制回路取消了大量的接触器、继电器，最大限度地实现了无触点化和数字化。

（二）西风井抽风机高压变频调速技术改造

临涣煤矿西风井担负井下西翼 3 个生产采区与 1 个开拓采区的通风任务，地面风机房装有离心式主通风机两台，工作方式为一台正常使用，一台备用。两台抽风机型号为：K4－73－02N028，风量 784800m³/h，全压 3920Pa，电动机为绕线式异步电动机，风量调节方式为立闸门调节，正常情况下需用风量为：10790m³/h，负压为：3200 Pa，设计闸门高度为 4 米，由于正常生产时需用的风量远小于额定风量，采用立闸门开度调节，正常开启高度为 2.5 米，造成大量电能浪费。2008 年 12 月。该矿对西风井抽风机改造为大型离心式抽风机变频及自动控制系统。该改造实现风门全开，节能效果显著；变频器输出频率稳定，电机启动电流小，风机运行平稳，振动和噪声显著降低；采用集中控制装置后，由一个司机在控制台上就可对两台风机进行各种工作方式的操作，每种工作方式的操作完成时间均在 10 分钟之内，风机运行安全可靠性得到提高；通过上位机可随时显示风机运行参数和各设备状态，便于司机观察和掌握风机运行情况。当运行风机

发生故障时，利用运行记录的曲线对故障进行分析和处理，缩短处理事故的时间。

（三）地面高压开关柜真空化、微机化技术改造

临涣煤矿主井、副井、压风机房、东风井、圆煤仓几个主要车间共49台高压开关柜，为少油断路器开关柜，继电保护方式采用 GL 型反时限过流保护，属于国家明令淘汰的产品工艺。当发生故障中断供电时，无法准确即时辨别事故原因及故障点，有时甚至故障后试合开关会造成越级跳闸。2009年，该矿对以上车间进行了高压开关柜真空化、微机化技术改造，将少油断路器更换为真空断路器，更换高压开关柜面板及控制回路改造，实现微机综合保护。通过微机分析数据，自动识别故障。可实现远程控制，并在最小范围内自动切除对故障点的供电，为矿井下一步综合自动化做好准备，变电所可以实现无人值守。

（四）压风机组恒压供风节能控制技术改造

临涣煤矿压风机房有4台螺杆式压风机，2011年5月，该矿完成了对压风机组恒压供风技术改造，该改造是根据煤矿压风机系统工况的特点，采用变频器、可编程控制器、触摸屏、工业计算机、传感器等技术，实现压风系统的恒压供风、远程自动控制、远程可视控制功能。改造后，系统运行良好，保持系统内空气压力稳定，调整整体负载平衡，减少排气放空，节约更多能源，提高监控系统全面有效性，真正实现了无人自动化操作。

（五）量煤器装载及信号系统自动化改造

临涣煤矿主井量煤器装载控制、信号系统为90年代产品，使用年限长，自动打点信号但人工转发，不能做到自动转发，效率低。2011年，该矿对原有的装载、信号装置改造为装载与信号发送达到自动化一体化系统，提高装载、信号转发效率，进而提高主井提升效率，改造后每勾可节省3-4s时间。量煤器装载系统改为 PLC 控制，操作方式灵活，可以做到全程自动化装载，提高系统运行的稳定性和安全性。控制回路简单，基本免维护，加设防二次装煤保护，消除不安全隐患。量煤器自动化装载全过程装载、发信号，提高运行效率；增加防二次装煤，提高安全性；完善定重控制，

系统更加安全可靠；技术先进，增加上位机监视功能，达到全过程监控。

（六）地面生产系统集控系统改造

临涣煤矿井地面生产系统分为南、北勾运煤皮带系统、排矸石皮带系统、装车系统。南勾皮带系统运煤，北勾皮带系统采用分时运煤运矸。

2009年、2011年，该矿分别对北勾、南勾地面生产系统进行了集控改造，该改造采用西门子S7-300PLC、双上位机组成控制与通讯传输网络，实现对现有设备集中控制、对系统内胶带、给煤机、震动筛的全工作过程的视频监控。该系统2011年6月投入运行，集控系统与视频监视系统运转正常，性能稳定，实现地面生产系统一人操作的自动化目标。

（七）一水平、二水平变电所升级改造

临涣煤矿随着矿井升级为双突矿井，原井下一、二水平中央变电所内高、低压开关为KY型，不符合突出矿井要求。2012年9月，该矿对井下一水平中央变电所、二水平变电所进行改造，将KY型设备全部更换为隔爆型设备。此次改造更换高爆开关50台、低压馈电开关30台，保证井下供电的安全、连续，提高供电的可靠性。

（八）焦煤、焦肥煤、矸石分装分运技术改造工程

临涣煤矿井下原煤生产分为东、西翼，原煤品种分为两种。以采区划分Ⅰ3、Ⅱ2、Ⅰ4、Ⅰ6采区为焦煤，Ⅰ9、Ⅰ11、Ⅰ13采区为1/3焦煤；即Ⅰ3采区及西部采区为焦煤，其余东部采区为焦肥煤。集团公司要求焦煤、焦肥煤配比为6:4。

该矿井3个综采工作面（一般情况下，东翼2个、西翼1个），改造前时常会出现煤种差异现象，煤种配比不能达到要求。该矿主井为双勾双箕斗提升系统，主井南勾提升矸石，主井北勾提升原煤；井底车场主井装载硐室有两套装载系统；地面生产系统、地面排矸系统胶带化连续运输已经形成，具有原煤分装分运、矸石分时提升改造条件。2013年始，焦煤、焦肥煤、矸石分装分运技术改造工程施工，施工内容：在东翼1#主运胶带机巷新做一条分煤胶带机巷，长度135米，安装胶带输送机及相应设施，把东翼原煤分流一部分至主井南勾，主井南勾翻车机改造为1.5t翻车机，

用于矿井散煤集中。主井南勾由原来提矸改成提升原煤至地面，主井北勾焦煤配比达到集团公司要求。地面恢复主井南勾至地面西煤仓生产系统振动筛、胶带机及相应设施，将原煤运至西煤仓。井下对主井北勾翻车机改造为1.5t翻车机，用于矿井矸石集中；主井北勾由原来提煤改为分时提矸、提煤；地面北勾生产系统2#胶带输送机改造为运煤、运矸两用输送机；通过地面生产系统运输分别将原煤运至煤仓、矸石运至排矸大皮带。2013年6月15日始，东、西部焦肥煤进行分装分运，实现煤和矸石的分装、分运。

第三编 大事记

2005 年

7 月 18 日，根据淮北矿业公司淮煤人〔2005〕150 号文件，谢清焕不再兼任临涣煤矿矿长；韩流任临涣煤矿矿长；袁兴全任临涣煤矿副矿长；周曙光任临涣煤矿安监处处长；王大田调任袁庄矿矿长。根据中共淮北矿业集团公司委员会淮矿发〔2015〕66 号文件，韩流任临涣煤矿党委委员。

7 月 26 日，临涣矿召开权力运行和监督管理制度调研领导小组及成员会议，学习贯彻集团公司《建立健全教育、制度、监督并重的惩治和预防腐败体系实施意见》。

8 月 18 日，淮北矿业集团公司"四五"普法检查组对临涣矿"四五"普法依法治企工作进行检查验收。

8 月 26 日，安徽煤矿安全监察局局长徐安崑到临涣矿视察安全文化建设工作。

9 月 6 日，临涣矿全方位精细化管理工作全员军训拉开帷幕，分期、分批、全脱产对全矿 38 个单位干部职工进行军训。

9 月 6 日，临涣矿与临涣矿物业处签订"淮北矿业集团临涣矿 2005 年度后勤服务协议书"。

10 月 2 日，集团公司董事长、党委书记许崇信到临涣矿调研技术管理、精细化管理及安全生产工作。

10 月 13 日，临涣矿管理干部业余夜校首次开课。

10 月 21 日至 12 月 30 日，临涣矿举行第十八届职工技术比武运动会。

11 月 8 日，淮北矿业集团公司在临涣矿召开 2006 年安全工作研讨会。

12月13日，安徽煤矿安全监察局副局长周开才一行，到临涣矿进行冬季及"两节"期间安全生产工作大检查。

12月30日，根据淮煤人字〔2005〕319号文件，集团公司研究决定何爱忠任岱河矿副矿长，免去临涣矿副矿长职务；朱世奎任临涣矿副矿长。

是年，临涣矿被安徽省劳动和社会保障厅授予"安徽省劳动保障诚信示范企业"称号。

是年，临涣矿获淮北市"2005年安全生产先进集体"称号。

是年，原煤生产1513799吨，掘进进尺18029米。

2006 年

1月22日，临涣矿召开四届六次职工、四届三次工会会员代表大会暨2006年度工作会议。会议确定2006年全矿工作思路是：认真贯彻党的十六大和十六届五中全会精神，以党建和思想政治工作为动力，以矿区稳定和谐为目标，以转变干部工作作风为关键，以精细化管理为中心，以科技进步为先导，认真抓好安全质量标准化、环境整治、经济效益和精神文明四项重点工作，全面提升我矿各项工作管理水平，促进临涣矿的和谐发展。

2月10日，安徽省发改委、安徽煤矿安全监察局淮北分局领导，在集团公司总经理张国建等陪同下，深入井下检查临涣矿安全生产情况。

2月22日，临涣矿物业处召开一届四次职工代表暨2006年工作会，就2006年的工作进行部署。

3月9日，安徽煤矿安全监察局局长徐安崑、安徽煤矿安全监察局助理巡视员、淮北分局局长于宗立，在集团公司副总经理、安监局局长曹荣平等人的陪同下，到临涣矿开展安全执法监察。

3月21日，安徽省国资委主任桂建平一行3人，在集团公司董事长、党委书记许崇信、副总经理杨军等陪同下到临涣矿调研指导工作。

3月，临涣矿被中国煤炭职工思想政治工作研究会命名为"全国煤炭系统文明煤矿"。

4月3日，临涣矿在综采机组中首次投入使用了1000千瓦的综采破碎机。

4月25日，绿源公司104名职工成建制调到临涣煤矿。

4月28日，临涣煤矿召开企业文化宣贯大会，集中开展淮北矿业形象识别系统宣贯工作。

5月11日，临涣煤矿组织中层干部及副总以上矿领导家属一行80余人，前往安徽省宿州女子监狱接受警示教育。

5月16日，临涣煤矿向涡北矿筹备处输送45名机电、通风、保运、运输等工种的技术工人。

5月19日，安徽省政协原副主席张润霞、省委宣传部原常务副部长、省政协人资环委主任窦永记、省煤炭工业局原局长、党组书记、省政协人资环委副主任尹国媛、省林业厅原厅长、省政协人资环委副主任周蜀生，在集团公司党委副书记、纪委书记时宗锦陪同下，来矿调研考察工作。

5月21～31日，临涣煤矿矿组织10名干部前往山东枣庄矿业集团蒋庄煤矿挂职学习精细化管理。

6月17日，集团公司党委研究决定，淮矿发〔2006〕53号，杨军任临涣矿党委委员、书记；谢清焕任临涣矿调研员，免去临涣矿党委书记、委员职务；徐崇建任双龙矿业公司党委委员、书记（任期三年，试用期一年），免去临涣矿党委副书记、委员职务；潘富宝同志任临涣矿党委委员、副书记；根据淮煤人〔2006〕155号，胡海任临涣矿副矿长；免去李长明临涣矿副矿长职务；免去饶志强临涣矿总工程师职务，另行安排工作。

7月31日，淮北市市委书记花建慧、市委副书记、代市长梅劲，在淮北矿业集团公司董事长、党委书记许崇信等集团公司领导的陪同下到临涣矿调研工作，

10月1日，上午8点18分，临涣矿在工业广场举行隆重的升国旗、淮北矿业旗帜仪式，庆祝建国57周年。

11月3日，临涣矿举行第七届职工体育运动会。

12月5日，临涣矿区第一台综掘机在临涣矿地面试车成功，该套综掘机的使用打破了集团公司复杂地质条件下无法上综掘机械化的历史。

是年，临涣煤矿被安徽省委、省政府授予"安徽省文明单位"。

是年，原煤生产1605976吨，掘进进尺18563米。

2007 年

1月5日，临涣矿召开安全质量标准化总结表彰会，对2名集团公司拔尖人才各嘉奖20000元。

1月14日，临涣矿日产原煤7298吨，刷新建矿21年来日产最高纪录。

1月15日下午，安徽煤矿安全监察局副局长周开才在集团公司领导陪同下，到临涣矿进行调研指导安全生产工作。

1月17日，烈山区八届人大代表培训班在临涣矿开课，31名人大代表参加了集中培训。

1月26日，临涣矿召开四届八次职工、四届四次工会会员代表大会。会议确定2007年全矿工作思路是：认真贯彻落实党的十六届六中全会和集团公司工作会议精神，以精细化管理统领各项工作，进一步转变干部工作作风，推行市场化运作，以安全质量标准化为主线，强化"三基"建设，夯实安全基础，推进管理创新，实现争先进位，建设安全高效和谐的临涣矿。

2月6日，临涣煤矿工会主席颜庆玉离岗任调研员，党委副书记潘富宝兼任工会主席。

3月7日，安徽省煤矿安全评估团对临涣矿2007年矿井安全程度进行评估。

3月22日，临涣矿四届十五次职工代表团（组）长联席会，审议通过了《临涣煤矿员工惩处暂行规定》。

4月，临涣矿被淮北市政府授予"全市绿化工作模范单位"。

4月23日，集团公司董事长、党委书记许崇信、副总经理杨军到临涣矿调研工作。

5月8日，临涣矿职工陆芳芳被命名为"安徽省劳动模范"。

5月17日，安徽省国土资源管理厅资源回收检查组对临涣矿2006年度煤炭资源回收情况进行检查指导。

5月，临涣煤矿获"安徽省省属企业文明单位"。

6月1日，临涣煤矿通过安徽煤矿安全监察局及其淮北分局组成的煤矿安全培训专项监察及四级煤矿安全培训机构复审团的四级安全培训机构复审。

6月，临涣煤矿被安徽省国资委授予第一届"安徽省省属企业文明单位"。

6月15日，临涣煤矿撤销采煤三区、基建七区，原轻放四区改为综采一区，轻放五区改为综采二区，掘进二区改为综掘区，掘进三区改为掘进二区，掘进四区改为掘进三区，基建五区改为掘进四区，基建六区改为掘进五区；经营管理办公室与企业管理部合并，成立经营管理部；计划科与工程科合并，成立计划工程科；武装部与保卫科合并，成立武保科；社保科并入工资科；审计科并入纪检监察科，政研室并入办公室。

6月25日，集团公司组织对临涣矿东部井35KV架空线路（全长8900米）工程进行验收。

6月28日，临涣矿九采区450米15°上山架空乘人器投入使用，结束了22年来职工爬采区上山的历史。

6月30日，临涣矿实现安全生产451天，原煤产量突破98万吨，进尺9400米。

7月6日，由国家外专局法规司与联络司新闻处副处长邝马华、人民日报主任记者李景卫、经济日报主任记者韩霁、中国国际人才交流协会国际人才交流编辑部记者陈伟源、中国国际人才交流协会美大一部部长田涛、中国国际人才交流协会赖赤宇、安徽省外专局副局长许维荣、安徽省外专局正处级调研员李廷伦、安徽日报高级记者杨犀利等组成的"引进国外智力与煤矿安全生产"采访报道团一行到矿采访。

7月9日，集团公司董事长、党委书记许崇信一行到临涣矿就上半年总体生产经营运行情况、东部井建设情况等进行调研指导。

7月25日，临涣矿"创新管理学枣矿回头看"学习考察团一行31人，到枣矿集团柴里矿参观学习。

8月1日，成立了"临涣煤电公司"组建筹备组，着手新公司筹备工作。

8月30日，临涣矿撤消物业处经营部、撤消物业处综合办公室，矿工会队建办职能并入工会生产部。

9月5日，安徽煤矿安全监察局副局长周开才带领淮南监察分局、淮北监察分局等一行10余人，到临涣矿进行"一通三防"专项安全监察。

9月12日至24日，临涣矿组织80余中层领导干部，分两批前往上海复旦大学学习，并参观了上海宝钢、上海大众等国际知名企业。

9月20日至25日,临涣矿职工董长胜在安徽省武术拳击运动管理中心、安徽省武术协会联合举办的"2007安徽省太极拳（剑）、木兰拳系列比赛"中，获男子中年陈式太极拳、42式太极剑双项冠军。

9月25日，临涣矿职工郭家标被评为"全煤系统劳动模范"，赴京接受表彰，受到了中共中央政治局常委、国务院总理温家宝的亲切接见。

10月2日，集团公司董事长、党委书记许崇信等一行到矿进行节日慰问。

10月16日，淮北市中级人民法院向淮北临涣煤业有限责任公司下达了破产终结裁定书，裁定淮北临涣煤业有限责任公司破产终结

10月23日，由中国煤炭报社驻安徽记者站站长丁记民、中国企业报社驻安徽记者站记者郝玲、安徽日报社记者吴永红、江淮时报栏目主编裴支前、淮北日报记者黄顺组成的新闻媒体记者，到临涣矿采访全煤系统劳动模范郭家标。

10月25日，中国煤矿文工团到临涣煤矿举行"牵手走进新时代，同普临涣新篇章"大型慰问演出活动。

10月26日，河南电视台《梨园春》栏目应邀到临涣矿进行戏剧专场演出。

10月29日，临涣矿物资井口超市正式投入使用。

11月1日，建筑面积1054平方米临涣矿工人村职工浴池正式投入使用。

11月2日，德国巴斯夫（BASF）煤矿安全产品现场交流会在临涣矿举行。

11月7日，临涣矿烈山留守处、小湖孜工人村11栋220户廉租房竣工，并通过了集团公司验收。

11月11日，临涣矿4名技术人员到北京中纺锐力机电有限公司实地学习采煤机主控器维修技术。

12月6日，临涣矿首台螺杆式压风机正式投入运行。

12月13日，集团公司董事长、党委书记王明胜、党委副书记夏传云到临涣矿就西南矿区5对矿井生产情况进行调研。

是年，临涣矿对副井南钩进行了电控改造，项目资金346.92万元。

是年，临涣矿实现安全年，并连续安全生产636天。

是年，临涣矿生产原煤1830303吨，实现建矿23年来的首次达产，掘进进尺19118米。

2008 年

1月9日，淮北力源热电有限责任公司 2008 年召开股东大会，审议通过"关于改善淮北力源热电公司经营状况的决议"，通过修改的"淮北力源热电公司章程"；选举韩流、杨军、任斌（职工董事）、常城、张国明为董事会董事；选举潘富宝（职工监事）、潘俊行、李洋为监事会监事。在随后举行的公司二届一次董事会上，韩流当选为董事长，并表决通过了经理层人选。在公司二届一次监事会上，潘富宝当选为监事会主席。

1月16日，临涣矿召开 2008 年安全工作会议。

1月25日，临涣矿召开四届九次职工代表、四届五次工会会员代表大会暨 2008 年度工作会议。2008 年工作的基本思路是：认真贯彻落实党的第十七大和集团公司工作会议精神，坚持科学发展观和安全发展观，以管理效益为主题，以管理创新为动力，大力加强安全自主管理，为建设平安、高效、和谐、活力的临涣矿而努力奋斗。

2月4日，安徽煤矿安全监察局副巡视员吴平友、省煤矿安全监察局一处副处长胡能应、省煤矿安全监察局人事培训处副处长柳兴江、省煤矿安全监察局一处副调研员林玄通一行到临涣矿慰问，并检查安全工作。

2月21日，淮北市集邮协会和临涣矿集邮协会联合举办的"迎奥运矿区行"集邮巡回展览在该矿工人村俱乐部大厅举行。

2月26日，临涣煤电有限责任公司筹备领导小组，通过公司创立暨首次股东会的具体日程。

3月3日，淮北临涣煤电有限责任公司创立暨首届股东大会召开。会议通过了临涣煤电有限责任公司章程，选举韩流、杨军、潘富宝、袁兴全、朱世奎为董事会董事。选举杨守富、孟凡春、潘俊行为监事会监事。3月3日，召开了一届一次董事会会议，选举韩流为临涣煤电有限责任公司董事会董事长；选举杨守富为临涣煤电有限责任公司监事会主席。聘任韩流为临涣煤电有限责任公司总经理，聘任袁兴全、胡海、朱世奎、董启民、周曙光为临涣煤电有限责任公司副总经理。

3月11日，安徽煤矿设计院华泰公司到临涣煤电有限责任公司，对矿井安全程度进行评估。

3月18日，中央电视台到临涣煤电公司采访离休老干部桑瑞成、退休高级工程师年介勇、退休劳模周大华。

4月15日，临涣煤电公司举行第二十届职工技术比武运动会。

4月22日，临涣煤电公司举行反腐倡廉制度建设推进年活动启动仪式暨副科级以上干部廉政学习班。

5月8日，安徽省资源储量核查团到临涣煤电公司对2007年度矿产资源利用开发进行专项检查。

5月14日，中瑞合作"淮北市城市空间发展战略规划"考察团到临涣煤电公司就矿井生产、塌陷区水资源利用等进行考察。

5月26日，临涣煤电公司烈山留守处、临涣煤电公司工人村两地建设廉租房220户投入使用。

5月，临涣煤电党委决定，撤销物业科党总支。

6月11日，临涣煤电公司东部井通过集团公司单项进度验收，标志东部井基本具备供风条件。

7月14日，集团公司"与不安全行为告别，做有素养的安全人"活动南部矿区考评会，在临涣煤电公司召开。

7月18日，临涣煤电举行"保奥运安全"签名承诺仪式，全矿干部职工在印有"治理隐患、防范事故、安全生产、奥运平安"的横幅前宣誓。

7月20日，临涣煤电公司获"安徽省环保公益活动贡献单位"。

8月5日，安徽淮北矿业集团临涣煤电公司退休干部周学才巨幅剪纸长卷《喜迎奥运》，获中华民族文化促进会剪纸艺术委员会举行的"东风颂·中国剪纸艺术"展银奖

8月6日，临涣煤电公司75岁退休职工樊玉生历时3个多月，骑行1100余公里进行奥运宣传，先后受到了《工人日报》、《中国煤炭报》、《中国安全生产报》等媒体的关注，并得到中国煤矿文工团团长瞿弦和等文化体育界名人的接见。

8月8日，安徽省国资委领导到临涣煤电公司检查指导工作。

8月12日，临涣煤电公司Ⅱ2采区强力胶带输送机电控技术改造成功。

8月14日，临涣煤电公司20名采煤工赴涡北矿支援新区建设。

8月20日，临涣煤电公司东部进风井通风系统调整方案顺利通过集团公司验收。

9月15日，根据淮北矿业集团公司党委淮煤发〔2008〕52号文件，

武怀黎任临涣煤电公司党委书记，杨军调任南平煤化工筹备处主任，袁兴全调任刘店煤矿副矿长。

9月16日，"淮北临涣煤电有限责任公司"揭牌仪式在集团公司会议中心举行。

9月20日下午，淮北市政法委书记、公安局局长张峰、政法委副书记王明新到临涣煤电公司调研社会治安管理、信访工作。

9月17日，临涣煤电公司获集团公司第九届职工技术比武运动会"技术比武优秀组织单位"。

10月15日，临涣煤电公司召开第二次股东大会，增补武怀黎为公司董事会董事、同时免去杨军、袁兴全公司董事会董事职务。

10月30日，淮北矿业集团当时最大的一台开关磁阻大功率牵引采煤机组（MG-450/1050-WDK型），在临涣煤电公司组装试车成功。

10月30日，临涣煤电公司召开第一届人才工作会议暨科技表彰大会。会议表彰了在人才和科技创新、管理创新工作中做出突出贡献的先进集体、优秀个人，部署了当前和今后一段时期人才工作和科技创新、管理创新的重点任务。

11月7日，淮北矿业董事长、党委书记王明胜在临涣矿区调研安全生产经营、党建和干部队伍建设、职工思想政治工作。

11月，临涣煤电公司职工周亚鲁在全国农民办开展的评选"优秀农民工"活动中被评为全国"优秀农民工"，并11月16日参加了在北京人民大会堂举行的全国优秀农民工表彰大会。

12月11日，淮北矿业集团临涣煤电公司井下运输轨道道岔实现"气动化"，为井下电机车提速、提高运输能力和职工人身安全奠定基础。

12月23日，临涣矿党委决定，将组织部、宣传部、计生办、团委、职教学校合并成立政工部；撤销退离休科党总支。

12月23日，临涣煤矿决定，技术科、地测科合并成立生产管理部；调度所、通讯科合并成立安全生产信息中心；经营管理部与工资科、计划工程科整合组建新的经营管理部。

是年，临涣煤电公司完成西风井电控改造，项目资金292.07万元。

是年，临涣煤电公司完成安全监控系统改造，项目资金212.39万元。

是年，临涣煤电公司完成井下泄漏通讯系统改造，项目资金114.86

万元。

是年，临涣煤电公司被安徽省环境保护宣传教育中心授予"环保公益活动贡献单位"称号。

是年，临涣矿被安徽省人民政府授予"安徽省第八届文明单位"称号。

是年，临涣煤电公司原煤生产 1839988 吨，掘进进尺 18966 米。

2009 年

1月16日，淮北临涣煤电有限责任公司一届一次职工、工会会员代表大会暨 2009 年工作会议隆重召开，工作基本思路是：认真学习实践科学发展观，坚持稳定煤炭生产主业，认真经营好发电辅业，积极拓展综修副业，不断提高经济效益，确保职工工资收入，强化安全自主管理，建设安全高效和谐的临涣煤电公司。

1月份，临涣煤电公司职工书屋被省总工会授予省"职工书屋"示范点。

2月14日，临涣煤电公司在集团公司第一家实现井下、地面主要生产运输系统可视化、信息化。

3月，临涣煤电公司工会女工部获淮北市总工会授予的"2007～2008年度先进女职工集体"。

3月23日，临涣煤电公司举行深入学习实践科学发展观活动动员大会。

4月14日，临涣煤电公司 18 名采煤工赴涡北煤矿支援新区建设。

5月23日，临涣煤电公司当日生产原煤 8268 吨，创建矿以来最高日产纪录。

5月29日，临涣煤矿决定，撤销房地产科，计生工作划归工会女工部管理。

6月16日，集团公司董事长、党委书记王明胜到临涣煤电公司分别对安全生产、经营管理、质量标准化创建、学习实践科学发展观活动开展、干部队伍建设等工作进行调研指导。

6月18日，集团公司班组建设工作座谈会在临涣煤电公司召开。

6月24日，淮北矿业集团第八届安全文艺汇演（西南片区）在临涣煤电公司举行。

7月25日，临涣煤电公司围棋队在集团公司第三届职工运动会围棋比赛夺得团体第一名。

8月26日，欧盟对华投资与创新中心负责人克里斯蒂娜在淮北市委常委、副市长杨军的陪同下，到临涣煤电公司考察。

8月29日，临涣煤电公司荣获集团公司深入学习实践科学发展观活动先进单位。

8月，临涣煤电公司综采一区共产党员谢时中，被安徽省国资委授予省属企业"优秀共产党员"称号。

9月9日，临涣煤电公司东部井工程通过集团公司相关部门验收。

9月9日，临涣煤电公司东部井工程通过集团公司相关部门验收。该风井为公司矿井东翼十一、十三、十五采区进风井，直径4.5米，深466米，工程由淮北矿业集团工程建设公司施工，于2007年初开始前期准备工作，2007年9月份井筒开始掘砌，2008年4月贯通，地面相关土建及安装工程于2009年4月份竣工。工程概算投资24989.27万元，实际投资6978.57万元。

9月16日，经国家安全局、国家煤炭技术学会鉴定，具有世界先进水平、国内首台矿井提升机HLB型感力机械手捕绳式防滑溜车保护装置，在临涣煤电公司主井提升系统中经过一年的工业性试验后正式投入使用。

9月日，临涣煤电公司原采煤一区改为综采三区，公司形成"三综一炮"生产格局。

10月1日，安徽省劳动保障厅负责人来临涣煤电公司慰问节日期间坚守岗位的干部职工。

10月，临涣煤电公司职工董长胜在2009年安徽省太极拳、木兰拳比赛中夺得四项比赛第一名。

10月，临涣煤电公司职工扣红卫在"兖矿杯"第三届全国煤炭行业职业技能大赛中夺得"矿井维修电工"专业第九名，并获"全国煤炭行业优秀技术能手"称号。

10月，临涣煤电公司党委决定，采煤一区党支部更名为综采三区党支部，采煤二区党支部更名为炮采区党支部。

10月16日，临涣煤电公司门球队在2009年中国门球冠军赛（安徽赛区）淮北市选拔赛暨淮北市第九届老年人门球赛比赛中夺得亚军。

10月28日，中国共产党淮北临涣煤电有限责任公司第一次全体代表大会隆重召开，会议审议通过党委书记武怀黎所作的党委工作报告，选举产生武怀黎等7人组成的党委会，孟凡春等5人组成的纪律检查委员会。

10月，临涣煤电公司通过中国煤炭工业协会行业二级安全高效矿井验收。

11月19日，淮北市总工会主席王琳一行到临涣煤电公司就"双走访、促三保"活动进行调研。

12月21日，临涣煤电公司通过安徽省建设工程质量认证站质量认证，矿井扩建工程质量合格。扩建后年产量由为185万吨/年提升至240万吨/年。

12月31日，临涣煤电公司完成地面皮带集中控制系统，并正式投入使用。

是年，临涣煤电公司完成东部井工程，项目总资金7059万元。

是年，临涣煤电公司完成高压开关柜少油断路器BGL型继电保护改造，项目总资金145.13万元。

是年，临涣煤电公司完成主井提升系统改造，项目总资金293.77万元。

是年，临涣煤电公司完成运输大巷"信集闭"系统改造，项目总资金200.09万元。

是年，临涣煤电公司完成地面35KV变电所开关改造，项目总资金90.06万元。

是年，临涣煤电公司荣获第二届安徽省省属企业"文明单位"称号。

是年，临涣煤电公司获2009年度淮北矿业集团公司安全示范矿井。

是年，获2009年度淮北矿业集团公司质量标准化一级矿井，并名列第二位。

是年，临涣煤电公司原煤生产2239709吨，掘进进尺18858米。

2010 年

1月6日，淮北临涣煤电有限责任公司召开2010年股东大会，选举、聘任李明好为公司董事会董事长、总经理，同意韩流辞去董事长、总经理职务。

1月19日，集团公司董事长、党委书记土明胜到临涣煤电公司调研安全生产工作。

1月19日，淮北矿区利用"GPS"检测矿区大面积地表沉降会议在临涣煤电公司举行。

1月28日，临涣煤电公司召开一届二次职会暨2010年工作会议。2010年工作基本思路是：认真贯彻落实集团公司第四次党代会和2010年度工作会议精神，以科学发展观为统领，以经济效益为中心，以质量标准化建设为主线，以责任落实为抓手，坚定信心，攻坚克难，确保职工工资收入，夯实安全基础，建设安全高效一级矿井。

1月，获2008年度国家煤炭协会评选的全国煤炭系统安全高效矿井。

1月，获2009年度淮北矿业集团公司安全示范矿井。

1月，获2009年度淮北矿业集团公司质量标准化一级矿井，并名列第二位。

1月，荣获2009年度淮北矿业集团公司安全文化建设优秀单位。

1月，临涣煤电公司机电科职工刘汉军冒严寒跳冰水舍己救人的故事评为淮北矿业集团公司2009年第四季度"十件好事"。

2月26日，临涣煤电公司党委获2009年度集团公司"优秀党委"。

2月，临涣煤电公司制定下发《临涣煤电公司安全生产管理特别规定》。

3月22日，临涣煤电公司的26名职工赴袁店二矿支援新区建设。

4月，临涣煤电公司投入使用四台虹膜考勤机，实现入井考勤的信息化。

4月6日，集团公司对临涣煤电公司矿处级领导班子及领导人员进行综合考评。

4月8日，临涣煤电公司关工委获淮北矿业集团"2008～2009年度关心下一代工作先进单位"。

4月28日，临涣煤电公司为玉树地震灾区举行捐款仪式，当日募得爱心捐款24945元。

5月，临涣煤电公司退休职工王斌喜的《孔雀》等结艺作品在上海世博会"安徽地方工艺精品馆"展出。

4月29日，临涣煤电公司获淮北市"2007～2009年度先进集体"称号。

4月30日，临涣煤电公司被集团公司党委、集团公司、集团公司工会授予"文明矿"称号。

5月9日，中国煤矿文工团到临涣煤电公司举行慰问演出。

5月，临涣煤电公司生活服务公司职工陈彬的邮集《索桥》获2010济南第四届全国一框邮展银奖，

5月31日，临涣煤电公司完成井下东翼胶带运输系统改造工程，并投入运行，结束东部采区25年来用矿车运煤的历史，使矿井生产发展步入到快车道。

6月14日，临涣煤电公司职工工资综合查询系统投入使用，可即时查询出勤、工资、工分等信息，增强经济公开的透明度。

6月18日，临涣煤电公司对工人村三条主干道进行全面改造，路面拓宽至10米，两侧修建3.5米人行道。

6月20日，根据淮矿人函［2010］42号文，临涣煤电公司董事会聘任卢志强为临涣煤电公司机电副总经理。

7月，临涣煤电公司被集团公司评为2009年度"法制宣传教育依法治企"先进单位。

7月5日，安徽省淮北市2010年COD减排项目，工人村污水处理站建成，并试车成功。

7月9日，临涣煤电公司进行机构调整，原综掘区更名为综掘一区。原掘进一区更名为综掘二区，并调整组建第四支综掘队。

7月27日，临涣煤电公司参照城市地铁标准在井下东部大巷投入运行新式乘人车，打造"运输国铁化、乘人公交化、行人监视化"的三化精品运输线。

9月10日，集团公司董事长、党委书记王明胜到临涣煤电公司就安全生产、经营管理、党建、班子建设、民生建设等方面进行视察和调研。

9月28日，临涣煤电公司综采二区194名职工赴袁店二矿支援新区建设。

9月29日，临涣煤电公司重新组建综采二区。

10月18日，临涣煤电公司原煤生产突破220万吨，提前74天完成了集团公司下达的全年生产任务。

10月27日，临涣煤电公司顺利通过四级煤矿安全培训机构复审。

11月3日，安徽省按比例安排残疾人就业鉴定审查委员会连同省残联、

市残联、安医大附属医院专家等单位，莅临临涣煤电视察残疾人就业落实情况，并对现有残疾人进行抽样鉴定。

11月9日，淮北矿业首届"名师高徒"大赛监测工技术比武在临涣煤电公司举行。

11月9日，临涣煤电公司综采一区、综掘一区、物管科和武保科四家基层单位，根据《中国共产党基层组织选举工作暂行条例》、《临涣煤电公司基层党支部换届"两推直选"暂行办法》相关文件精神，通过"两推直选"完成换届选举工作。

11月16～17日，2010年煤炭企业家高层论坛暨煤炭行业表彰大会在北京召开，在本次大会上，临涣煤电公司获"煤炭工业先进煤矿"、"二级安全高效矿井"等称号，董事长、总经理李明好被中国煤炭工业协会授予"煤炭工业双十佳矿长"称号。

11月25日，临涣煤电公司隆重举行职工体育场落成剪彩仪式。新体育场占地面积7800平方米综合性职工体育场，包括1个排球场、2个篮球场、6个羽毛球场、100米标准塑胶跑道，260米弧形跑道，另设有各类健身器材。

11月30日，临涣煤电公司获淮北矿业第九次人才工作会议暨第十一次科技大会"人才与科技进步工作先进单位"称号。

12月31日，临涣煤电公司召开2011年度安全工作会议。

是年，临涣煤电公司原煤生产2753438吨，掘进进尺18822米。

2011 年

1月5日，临涣煤矿隆重召开第九届人才与科技工作暨矿井投产25周年庆祝大会，对5名拔尖人才、15项科学技术项目进行表彰奖励。

1月10日，临涣煤矿4辆崭新的通勤客车投入运行。

1月18日，临涣煤矿召开五届四次职工工会会员代表大会暨2011年工作会议。2011年工作思路是：认真贯彻落实集团公司2011年度工作会议精神，坚持以科学发展观为统领，以提高经济效益为中心，深入推进安全体系建设，不断提升机械化水平和矿井生产能力，突出抓好安全生产、煤质管理、生产接替、经营管理、民生建设五件大事，努力建设年产300

万吨安全高效一级矿井。

1月18日，中国煤炭工业协会房建国处长一行到临涣煤矿调研2010年节能减排工作。

1月28日，临涣煤矿举办第二届"班前礼仪、安全确认、手指口述"大赛。

2月3日，淮北矿业党委副书记、纪委书记袁兆杰到临涣煤矿慰问节日期间坚守岗位的干部职工。

2月6日，临涣矿Ⅱ824综采工作面安装支架时发生一起因支架下滑挤人致死事故。

2月17日，临涣煤矿举行盛大焰火晚会，全矿欢度元宵佳节。

3月5日，安徽省煤矿安全评估团对临涣矿进行全面安全现状评估。

3月5日，政工部（团委）组织青年志愿者参加淮北矿业"千名青年志愿者春风大行动"活动。

3月11日，由安徽省环保厅和淮北市环保局一行专家组成的环境质量评估小组来到临涣煤矿视察矿井环保工作。

3月23日，淮北矿业副董事长、党委副书记、总经理张国建等到临涣矿西翼运输系统改造和瓦斯治理工作进行调研。

3月31日，临涣煤矿获淮北矿业集团公司2010年度"环境保护工作和征迁复垦工作"先进单位。

4月26日，淮北矿业现场工伤急救知识培训班在临涣煤矿通讯楼四楼会议室开班授课。

4月，临涣煤矿投入近200万元对工人二村22栋住宅楼房近40000平方的墙面进行维修。

5月6日，临涣煤矿分别获得淮北矿业集团公司"节能工作先进单位"、"节能先进集体"。

5月，临涣煤矿为2100余名在职职工免费进行健康体检。

5月，临涣煤矿获得淮北矿业集团2010年度"专题研修继续教育"工作先进单位称号。其中，由临涣煤矿卢志强、陈超杰撰写的《强力胶带机的安全运行》研修获得特等奖。

5月24日，临涣煤矿Ⅱ2强力皮带一次性试车成功，实现矿井西部原煤运输皮带化，结束了临涣煤矿井下矿车拉煤的历史。

5月25日，淮北矿业副董事长、党委副书记、总经理张国建，到临涣煤矿检查指导停产检修工作，并就主井南钩分时、分矸、分运进行调研。

6月2日，临涣煤矿进行机构设调整：成立防突区、瓦斯办；机电科分离为机电科、保运一区，原保运区更名为保运二区。

6月8日，安徽煤监局孙修凯处长来矿进行安全生产许可证审查。

6月13日，淮北矿业集团公司决定，王大田任临涣煤矿矿长、张连福任总工程师，免去李明好矿长职务调集团公司待分配，免去周曙光安监处长职务、任安全副总（主持工作），免去郭家标总工程师职务、任副总工程师。

6月23日，中共淮北矿业集团公司党委决定，刘险峰调任临涣煤矿党委书记；免去武怀黎临涣煤矿党委书记职务，调任刘店煤矿党委书记。

6月30日下午，临涣矿在职工体育馆隆重举行"最美的赞歌献给党"职工大合唱比赛。

7月12日上午，淮北矿业董事长、党委书记王明胜，副总经理王世森带领有关部门负责人，到临涣矿进行调研指导工作。

7月25日下午，临涣矿召开下半年工作会议。

8月27日下午，淮北市委常委、常务副市长叶露中，淮北矿业董事长、党委书记王明胜，副总经理吴长荣在相关部门负责人的陪同下，到临涣矿检查指导工作。

11月16日，临涣矿首台岩巷掘进机下井"服役"，结束临涣煤矿岩巷无机械化掘进的历史。

11月22日，淮北矿业临涣机电维修实训基地揭牌仪式暨首期井下电钳工培训班典礼在临涣矿职工教育学校举行。

12月21日，临涣煤矿地面排矸系统进入试运转。

是年，临涣煤矿原煤生产2480939吨，掘进进尺18813米。

2012 年

1月7日，临涣煤矿召开五届五次职工、工会会员代表大会，会议指导思想是："12578"即一个统领：以安全体系建设为统领；两个重点：

以安全管理和成本管理为重点；五大攻坚战：安全生产攻坚战、瓦斯升级攻坚战、生产准备攻坚战、经营管理攻坚战、队伍素质提升攻坚战；七项目标：八件实事。

1月12日，797切眼发生冒顶事故，造成一起2人死亡事故。

2月20日，淮北矿业2012年重大安技工程，临涣煤矿东（部）风井正式开工建设，该工程总投资9.9千万元，2012年底投入使用。

1月27日，淮北矿业董事长、党委书记王明胜，淮北矿业股份公司总经理李伟到临涣矿看望慰问干部职工。

4月1日，临涣煤矿决定，将生产管理部地质测量工作职能分离出来，成立地质测量科。

4月12日，淮北矿业副总经理王世森带领机电处、通讯处相关负责人到临涣矿调研矿井自动化、信息化建设工作。

4月24日，临涣矿举行"乌金蓝领"工程启动仪式暨第十一职工技术比武运动会开幕式。

5月1日，临涣矿五届职代会第十三次代表团（组长）联席会在招待所报告厅召开。会议审议通过了《临涣煤矿关于淮北矿业宿州居住园二期改善型职工住房出售实施细则》。

5月7日，临涣煤矿首次举行采煤副总工程师公推公选。

5月8日，淮北矿业股份公司总经理李伟、副总经理程真富在相关部门负责人的陪同下，到临涣矿检查指导东部井建设工作。

5月11日，临涣煤矿获安徽省国资委"第三届省属企业文明单位"。

5月11日，临涣煤矿分别获淮北矿业集团公司"节能工作先进单位"、"节能先进集体"。

6月12日，淮北煤矿安全监察分局副局长陈良法带领检查组到临涣矿进行安全检查。

6月20日，中共淮北矿业集团公司党委决定：张清任临涣矿党委委员、矿长；周曙光提任临涣矿后勤副矿长；免去王大田矿长职务，到新疆能源公司工作。淮北矿业副董事长、党委副书记、总经理张国建到矿宣布任命并作重要讲话。

6月25日，淮北矿业副董事长、党委副书记、总经理张国建，副总经理程真富在相关部门人员的陪同下，到临涣矿检查指导东部回风井建设工作。

7月6日，临涣矿在调度所一楼会议室召开"保持党的纯洁性、迎接党的十八大"主题教育实践活动暨"红领工程"建设活动动员大会。

7月12日，淮北矿业总会计师王言彬带领集团公司各业务处室人员组成的调研组到临涣矿开展经营管理综合调研工作。

7月13日上午，淮北矿业股份公司总经理李伟到临涣煤矿，检查指导矿井安全生产整治工作。

7月31日，临涣煤矿被淮北矿业集团公司评为"拥军优属工作先进单位"。

8月15日下午，临涣矿在调度楼一楼会议室召开下半年工作会议，动员全矿上下坚定不移地打好安全生产和经营管理两大翻身仗。

8月29日，淮北矿业第三期西门子PLC及直流调整装置培训班在临涣矿职工实训基地开班。

9月7日，临涣煤矿派驻安监员上岗动员大会在职教学校召开。。

9月14日，临涣矿新单身宿舍楼正式投入使用，全矿665名单身职工将陆续搬入新宿舍。

9月20日，淮北矿业董事长、党委书记王明胜，副总经理王世森，在相关部门负责人的陪同下到临涣矿调研指导工作。

9月25日，临涣矿党委举办的党支部书记论坛发布会，来自基层党支部的10名支部书记进行了工作经验交流。

9月28日，临涣煤矿被集团公司授予第十一届职工技术比武运动会"优胜团队"称号。

10月1日，淮北矿业党委副书记夏传云在相关部门负责人的陪同下到临涣看望慰问节日期间坚守岗位的干部职工。

10月3日，临涣煤矿决定：撤销原政工部，宣传部职能独立，团委并入工会，职教学校并入组织部，成立新政工部；撤销水电科、生活管理科，成立物业科；撤销原经营管理部，工资、财务、计划部门职能独立，合并经管办、征迁办，成立经管部。

10月16日，安徽省经信委煤炭办副主任方恒林带领检查组到临涣矿，对矿井东部井建设项目进行工程质量和安全生产检查。

10月25日，临涣矿举办班组长论坛发布会，9名班组长发布班组建

设的经验,

10月30日,淮北矿业第三届名师高徒大赛综采支架工比赛在临涣矿开赛。

11月18日,临涣煤矿东部井贯通,工程进尺447.9米,其中冻结段266米,基岩段181.9米。

11月27日上午,淮北矿业副董事长、党委副书记、总经理张国建,副总经理程真富在相关部门人员的陪同下到临涣矿,检查指导东部井建设工作。

11月29日下午,临涣矿井下人员定位系统顺利通过集团公司检查组检查验收。

12月4日,安徽监察分局对矿井进行安全生产检查。

12月11日,淮北矿业副总经理、安监局长谢道成带领检查组到临涣矿,对矿井进行安全生产动态检查。

12月12日,临涣矿召开科技创新与人才培养专题会议。

12月17日,中共淮北矿业集团党委决定:刘其东任临涣煤矿党委委员、经营副矿长;免去胡海经营副矿长职务,调任环保处任副处长。

12月18日,安徽省水资源办检查组莅临力源热电厂检查指导取用水管理工作,市、濉溪县水资源办及相关人员参加了检查活动。

12月19日,集团公司第三届"名师高徒"大赛颁奖会上,临涣矿10名职工获"首席名师"、"首席高徒"称号,矿井总分名列第一,并被评为"优胜单位"。

12月28日,临涣煤矿与合肥工业大学合作的"主井井塔应力响应安全性研究"科研项目,通过淮北矿业集团公司鉴定。

是年,临涣煤电公司原煤生产2658836吨,掘进进尺20337米。

2013 年

1月1日,淮北矿业副董事长、党委副书记、总经理张国建在相关部门人员的陪同下到临涣矿看望慰问节日期间坚守岗位的干部职工,指导安全生产。

1月8日，临涣矿被授予2012年度"安徽省劳动保障诚信示范单位"称号。

1月11日，中共淮北矿业集团公司党委决定，潘富宝任集团公司党委宣传部副部长（主持工作），免去临涣煤矿党委副书记、工会主席、党委委员职务；王玉山任临涣煤矿党委委员、纪委书记、工会主席；何健同志任临涣煤矿党委委员、驻矿安监处处长。

1月18日，临涣煤矿召开五届六次职工工会会员代表大会，会议明确2013年工作指导思想：深入贯彻集团公司会议精神，以质量、效益为核心，围绕"123456"（即：一个稳定：稳定采区产量；双保：保安全、保效益；三个支撑：优化系统、技术先行，提升装备水平，提升管理水平；四个开拓准备方向：Ⅱ3、Ⅰ13、Ⅰ6；五大攻坚战：安全生产攻坚战、瓦斯治理攻坚战、生产准备攻坚战、经营管理攻坚战、队伍素质提升攻坚战；六个奋斗目标）工作重点，解放思想，加快转型，进一步巩固安全成果，深入推进集约高效生产，全面加强市场化建设，持续改进干部作风，努力增进职工福祉，全面提升我矿综合管理水平。会议以无记名投票的形式对矿领导干部进行了民主评议。

1月22日，淮北矿业副总经理王世森在相关部门人员的陪同下到临涣矿检查指导工作。

1月29日，淮北矿业中南片区迎新春文艺汇演在在临涣矿工人村俱乐部举行。

1月，临涣矿研制申报的"矿井提升机直流调速实训操作控制平台的研究与应用"项目通过省科技厅专家鉴定委员会审核。

2月4日，淮北矿业副总经理、安监局长谢道成带领安全检查组到临涣矿，对矿井进行安全生产动态大检查。

2月6日上午，淮北矿业党委副书记、纪委书记袁兆杰看望慰问困难职工。

2月10日，淮北矿业股份公司监事会主席刘杰在相关部门负责人的陪同下到临涣矿，看望慰问坚守岗位的干部职。

2月14日，淮北矿业董事长、党委书记王明胜在相关部门负责人的陪同下到临涣矿，看望慰问干部职工，送上新年祝福。

2月16日，淮北矿业决定，张连福不再兼任临涣矿掘进副矿长职务，王金波负责临涣矿掘进管理工作。

2月19日，临涣矿首次进行整机大修的一台综合机械化采煤机试运转成功。

2月22日上午，临涣矿举行欢迎仪式，隆重欢迎桃园煤矿365名干部职工到临涣矿支援矿井生产建设。

3月15日，临涣矿东翼采区通风系统调整一次成功，彻底解决东翼采区回风难题。

3月19日，临涣煤矿举行职工食堂改造工程开工典礼。

3月19日上午，安徽煤矿安全监察局副局长周德昶带领检查组，在淮北矿业股份公司总经理李伟的陪同下到临涣矿就瓦斯综合治理、安全隐患排查整治、生产接替等工作进行专项安全检查。

3月27日下午，临涣矿召开全矿干部会议，通报2012年度科（区）领导班子、管技人员及基层班队长综合考核情况，宣布关于机构更名。

3月28日上午，淮北矿业副总经理、总工程师葛春贵带队到临涣矿，对矿井一季度安全生产体系建设工作进行专项检查。

4月15日上午，临涣煤矿欢送综掘一区综掘一队77名干部职工支援邹庄煤矿生产建设。

4月30日，淮北矿业股份公司监事会主席刘杰在相关部门负责人的陪同下到临涣矿看望慰问坚守岗位的干部职工并指导工作。

5月6日，临涣煤矿保运一区职工工扣红卫获得首届"全国煤炭青年五四奖章"。

5月7日，淮北矿业股份公司总经理李伟，副总经理、安监局长谢道成带领检查组到临涣矿，开展防范重特大事故专项检查。

5月17日，临涣矿举办"十大工种"技术比武开幕会。

5月25日上午，临涣矿欢送支援该矿生产建设的桃园矿职工返矿。

6月1日上午，临涣矿东部井主斜井架一次成功吊装到位。

6月7日上午，淮北矿业副总经理王世森在相关部门人员的陪同下到临涣矿，检查指导安全生产工作。

6月15日，临涣煤矿东、西部煤炭分装分运系统改造完成，实现了焦煤和肥煤分开装运。

6月29日，临涣矿举办第五届班前礼仪"手指口述"安全确认大赛，全矿 17 家采掘辅助单位的 500 余名干部职工登台展示风采。

7 月 17 日，烈山留守处移交现场会在杨庄矿召开，临涣矿烈山留守处顺利移交杨庄矿管理。

7 月 25 日上午，中共淮北矿业集团公司党委决定张连福任亳州煤业股份公司党委委员，拟推荐为亳州煤业股份公司董事长、总经理人选，免去临涣矿党委委员、总工程师职务；临涣矿党政联席会决定，郭家标负责矿全面技术管理工作。

7 月 26 日，由湖南省煤炭职业技能鉴定中心主任郑青云带队，潞安集团、煤炭工业出版社、陕煤化集团相关人员组成煤炭工业职业技能鉴定指导中心专家组到临涣矿，就扣红卫技能大师工作室申报评选工作进行调研。

8 月 1 日，临涣矿团委被共青团安徽省委授予 2012 年度省属企业"五四红旗团委"称号。

8 月 1 日下午，中共淮北矿业公司党委决定：张绍德任临涣矿党委委员、书记，同时兼任临涣投资公司执行董事、总经理；刘险峰任孙疃矿党委委员、书记，免去临涣矿党委书记和党委委员职务，同时免去临涣投资公司执行董事、总经理职务；杨振洲同志任孙疃矿采煤副矿长，免去临涣矿采煤副矿长职务；张宗标同志任临涣矿党委委员、工会主席，同时分管后勤工作；周曙光同志改任调研员。

8 月 13 日，安徽省国土资源厅副巡视员徐铁军带领省安全生产大检查第八督查组到临涣矿，淮北矿业党委副书记夏传云，淮北矿业股份公司监事会主席刘杰陪同，对采煤沉陷区综合治理工作进行督查。

8 月 14 日上午，由安徽煤矿安全监察局事故调查处处长刘晓芳带队，淮北分局副局长高云魁，省局、市局相关处室人员以及特邀技术专家组成安徽煤矿安全监察局国有煤矿安全督察组到临涣矿，对矿井安全生产管理工作进行专项检查，淮北矿业副总经理、安监局长谢道成以及安监局相关处室负责人陪同检查。

8 月 26 日，淮北矿业副董事长、党委副书记、总经理张国建，副总经理程真富，副总工程师邵东亚在相关部门负责人的陪同下到临涣矿东部井检查指导工作。

9 月 5 日，淮北矿业副总经理王世森在相关部门负责人的陪同下到临涣矿检查指导工作。

9月12日,安徽省安全生产专项检查组到临涣矿,对矿井安全避险"六大系统"进行检查验收。

9月12日上午,由安徽煤监局副局长吴卫龙带队,省安委会相关部门负责人组成省安委会第七督查组到临涣矿进行安全生产督查,淮北矿业股份公司总经理李伟和相关业务处室负责人陪同督查。

9月25日,淮北矿业副总经理王世森带领检查组到临涣矿,对矿井安全隐患排查整改情况进行检查落实,并指导安全生产工作。

10月1日,淮北矿业副董事长、党委副书记、总经理张国建到临涣矿,看望慰问节日期间坚守岗位的干部职工,并指导安全生产工作。

10月2日,淮北矿业董事长、党委书记王明胜,淮北矿业党委副书记、纪委书记袁兆杰到临涣矿进行节日慰问并指导安全生产工作。

10月6日,炮采区60名干部职工顺利完成支援海孜矿生产建设任务。

10月15日,临涣矿在工会会议室召开五届职代会第十三次职工代表团(组)长联席会议,审议通过了《临涣煤矿西风井廉租房分配方案》。

10月25日,淮北矿业副总经理程真富在相关部门人员的陪同下到临涣矿,检查指导东部井建设和安全生产工作。

10月31日,临涣矿在调度所会议室举行公推公选会议,公推公选地质副总工程师正式候选人。

11月1日,临涣矿召开党的群众路线教育实践活动专题民主生活会,淮北矿业党的群众路线教育实践活动第六督导组组长、集团公司党委常委、股份公司总经理李伟到会进行督导并对临涣矿领导班子提出具体要求。

11月9日,临涣矿组织人员前往平煤股份八矿就矿井综合自动化、信息化系统建设进行学习调研。

11月11日,临涣煤矿决定,成立综采预备一区,撤销综采预备区;成立综采预备二区,撤销炮采区;成立修护一区,撤销修护区;成立修护二区,撤销掘进六区;成立机厂,撤销支护科;成立党委组织部,撤销政工部。

11月12日午,淮北矿业副总经理王世森在相关部门人员的陪同下到临涣矿,检查指导安全生产工作。

11月14日,临涣矿召开党建"六大工程"选点推进经验交流会,总结矿井党建思想政治工作的经验，推进矿井党建思想政治工作健康发展。

11月26日，淮北矿业副董事长、党委副书记、总经理张国建，副总经理程真富在相关部门人员的陪同下到临涣矿，检查指导东部井建设和矿井安全生产工作。

12月4日，淮北矿业副总经理王世森带领检查组到临涣矿，对矿井进行安全生产大检查。

12月17日，临涣矿129个无房户职工家庭领到廉租房钥匙，圆了他们多年的"安居梦"。

12月24日上午，淮北矿业副总经理王世森，副总经理、总工程师葛春贵带领检查组到临涣矿，检查矿井四季度安全生产体系建设工作。

是年，临涣煤电公司原煤生产281万吨，掘进进尺19650米。

2014 年

1月1日，淮北矿业副总经理程真富在相关部门人员的陪同下到临涣矿，看望慰问节日期间坚守岗位的干部职工并指导安全生产工作。

1月7日，临涣矿东部井机电运输系统通过淮北矿业专家组竣工验收，投入试运行。

1月10日，淮北矿业股份公司总经理李伟等到临涣矿东部井检查指导工作。

1月20日上午，临涣煤矿召开五届七次职工工会会员代表大会暨2014年工作会议。临涣煤矿2014年指导思想：认真贯彻集团公司工作会议精神，以改革创新为主题，以体系建设为统领，以党建工作为保障，转变观念、强化管理，改进作风建设，加快生产效率和队伍素质提升，深入推进内部市场化建设，进一步优化人力资源结构，着力改善民生，凝聚发展合力，为完成全年目标任务而努力奋斗。

1月22日，淮北矿业党委副书记、纪委书记袁兆杰到临涣矿看望慰问困难职工。

1月23日上午，安徽煤矿安全监察局科技装备处处长张超英一行在淮北矿业股份公司总经理李伟等陪同下到矿视察东部井矿井综合自动化、信息化建设工作。

1月31日，淮北矿业副董事长、党委副书记、总经理张国建在关部门负责人的陪同下，到临涣矿进行节日慰问。

2月7日，淮北矿业党委委员、副总经理王世森带领相关部门人员到临涣矿，检查指导安全生产工作。

3月4日，临涣矿在调度楼一楼会议室召开2014年党委工作会议。

3月5日，安徽煤矿安全监察局局长桂来保、副局长周德昶带领省局、市局相关人员组成的检查组，在淮北矿业副董事长、党委副书记、总经理张国建，淮北矿业副总经理、安监局长谢道成的陪同下，到临涣矿开展以瓦斯综合治理和采场接替为重点的安全生产的专项检查。

3月13日，淮北矿业副总经理王世森带领安监局、通防处、机电处相关负责人到临涣矿开展安全生产检查。

4月8日，临涣矿东13采区作业的120余名干部职工，乘坐通勤客车前往东部井，首次从东部井下井作业。

4月18日，淮北矿业党委副书记、总经理方良才到临涣矿检查指导工作。

4月22日，淮北矿业副总经理程真富带领专家组到临涣矿，对矿井东部井建设工程进行检查验收。

5月3日，淮北矿业股份公司监事会主席刘杰在相关部门负责人的陪同下到临涣矿，看望慰问坚守岗位的干部职工。

5月13日上午，安徽省经信委煤炭办副主任林金松带领省经信委、煤监局相关人员和专家组成员到临涣矿，对矿井安全改建（东部井）工程联合试运转方案进行审查，淮北矿业副总经理程真富及相关业务处室负责人陪同审查。

5月23日，临涣煤矿东部井安全改建工程通过煤炭工业安徽建设工程质量监督中心站组织的专家组审查认证。

5月28日，安徽煤矿安全监察局处长赵焕中带领省局、淮北分局相关人员组成的检查组到临涣矿，对矿井进行安全生产许可证审查，淮北矿业股份公司总经理李伟陪同审查。

6月17日下午，中共淮北矿业集团公司党委决定：李学良任临涣矿党委委员、矿长；王志宏任临涣矿党委书记；吴向前任临涣矿党委委员、采煤副矿长；张友根任临涣矿党委委员、安监处处长。同时，宣布了张清、张绍德到集团公司党委工作部待分配；撤销周耀光采煤副矿长职务；何健到集团公司党委工作部待分配。

6月27日，淮北矿业瓦斯抽采"钻、冲、采、运"一体化增效技术现场会暨月度"一通三防"工作例会在临涣矿召开。淮北矿业副总经理、总工程师葛春贵及关业务处室负责人参加会议。

7月2日，淮北矿业董事长、党委书记王明胜带领相关部门负责人到临涣矿调研指导工作。

7月13日，淮北矿业党委副书记、总经理方良才来矿检查指导工作。

7月16日，安徽省经信委煤炭办主任夏云天，副主任方恒林带领检查组到临涣矿，对矿井安全生产管理工作进行动态检查。淮北矿业副总经理、总工程师葛春贵陪同检查。

7月17日，淮北矿业第12届职工技术比武矿井维修电工工种实操比赛在临涣矿举行。

7月21日，中共淮北矿业党委决定：王玉山任临涣煤矿党委委员、党委副书记、纪委书记。

7月29日，淮南矿业瓦斯管理研究院相关负责人带领淮南矿业部分生产矿井瓦斯防治技术管理负责人到临涣矿，就矿井瓦斯治理打钻视频验收等工作进行交流学习。

8月1日上午，淮北矿业第十二届职工技术比武运动会井下电钳工实操比赛在临涣矿举行。

8月，临涣煤矿原综采预备一区成建制划入工程建设公司，隶属我矿原党支部自然撤销。

8月13日，安徽煤矿安全监察局淮北分局党总支书记张晓彤，副监察专员高云魁，副调研员张献超带领检查组到临涣矿，开展瓦斯治理专项检查，通报安徽煤监局对临涣矿"6.14"事故的处理决定。

9月1日，安徽煤矿安全监察局组织专家组到临涣矿，进行煤矿职业病防治现场检测。

9月10日，淮北矿业股份公司总经理李伟，淮北矿业副总经理、总工程师葛春贵带领相关业务处室负责人到临涣矿对矿井安全生产工作进行专题调研。

9月16日，淮北矿业征迁重点工作座谈会在临涣矿举行。

9月30日，临涣煤矿被淮北矿业集团公司评为第十二届职工技术比武运动会"优胜团队"。

10月1日，淮北矿业副总经理黄建宇到临涣矿看望慰问坚守岗位的干部职工。

10月14日上午，省煤矿安全监察局淮北分局副局长高云魁带领检查组到临涣矿进行安全生产例行检查。

10月27日，淮北矿业集团公司决定：梁峰任临涣矿代理总工程师职务，免去郭家标原总工程师职务，调任地质灾害防治院工作。

11月6日，淮北矿业第五届"名师高徒"大赛矿井维修电工实操比赛在临涣矿举行。

11月7日，临涣矿杨友彪工作室正式揭牌。

11月13日，临涣矿安全改建工程安全设施条件及职业病防护设施通过淮北矿业联合检查验收组验收。

11月14日上午，淮北矿业股份公司总经理李伟及相关业务处室人员到临涣矿东部井运行和矿井2015年安全生产工作进行检查调研。

12月15日，由安徽煤矿安全监察局淮南分局副处级监察专员李强带队组成安徽省煤矿隐患排查治理第八检查组到临涣矿进行为期一周的安全大检查。

是年，临涣煤电公司原煤生产270.6万吨，掘进进尺20006米。

2015 年

1月7日，淮北矿业党委副书记、总经理方良才，股份公司总经理李伟，副总经理孙方、陈亚东带领相关部门人员到临涣矿调研力源热电公司生产经营情况。

1月16日，临涣煤矿召开六届一次职工、工会会员代表大会2015年度工作会议暨2014年度综合表彰会，大会确定2015年临涣煤矿工作指导思想是深入贯彻集团公司会议精神，以"稳中精进、转型升级、聚焦双效、实干兴企"总基调为指引，紧紧围绕"1233"工作重点，即揹住一条主线，实现安全年；抓住两个重点，提质增收和降本增效，力保职工收入不下降；优化三条生产接替线，用 2.5 个面保 265 万吨产量；实现三个目标，1. 完成全年奋斗目标。2. 安全体系建设进入集团公司前十名。3. 矿井"双效"考核进入集团公司第一方阵。建树临涣新形象。大会选举产生张宗标等人组成的临涣矿工会六届委员会，选举产生了张宗标等 5 人组成的工会委员会常委会、主席、副主席，张宗标任工会主席，赵玉良任工会副主席。选举产生了赵玉良等人组成的工会经费审查委员会，赵玉良任经审委主任。

1 月 27 日，淮北矿业股份公司总经理李伟，淮北矿业副总经理、总工程师葛春贵在相关部门人员的陪同下，到临涣矿调研指导工作。

2 月 4 日，安徽煤矿安全监察局淮北分局副局长林元通带领检查组到临涣矿，对矿井安全生产管理工作进行动态监察。

2 月 14 日上午，淮北矿业党委副书记、纪委书记袁兆杰在相关人员的陪同下到临涣矿，看望慰问困难职工。

2 月 24 日上午，刘店矿煤巷综掘队 90 名干部职工成建制调到临涣矿工作。

3 月 16 日，由安徽煤矿安全监察局淮南分局副处级监察专员李强带队组成的安徽省煤矿隐患排查治理第八检查组到临涣矿开展隐患排查治理行动"回头看"。

3 月 25 日，淮北矿业党委副书记、总经理方良才，在淮北矿业副总工程师宋庆尧和相关部门人员的陪同下到临涣矿检查指导工作。

3 月 25 日，临涣矿获淮北矿业集团公司 2014 年度征迁复垦工作和环境保护工作两项先进单位称号。

3 月 27 日，临涣矿召开 2015 年党委工作会议。

4 月 10 日，临涣矿召开第六届职代会第一次代表团（组）长联席会议，审议通过了临涣矿《关于调整 2015 年工资分配政策的有关规定》。

4 月 15 日至 18 日，安徽煤矿安全监察局淮北分局副局长林元通带领检查组到临涣矿，对矿井进行解剖式安全监察。

4 月 16 日上午，安徽省国土资源厅第二专家组到临涣矿对矿井开展矿山储量年报现场检查。

4 月 23 日，临涣矿公推公选 2 名副总工程师，确定 2 名同志为安全副总工程师正式候选人，2 名同志为机电副总工程师正式候选人。

4月29日，临涣矿东部井乏风余热利用项目通过淮北矿业专家组竣工验收。

4月，临涣煤矿获中国煤矿体育协会2014年度"全国煤矿全民健身活动先进单位"称号。

5月10日，安徽煤矿安全监察局立井深井提升设备电控运行状况调研组到临涣矿开展专题调研。

5月20日，由安徽煤矿安全监察局副局级巡视员张超英带队，省局、淮北分局以及相关专家组成安徽煤矿安全监察局检查组到临涣矿开展机电安全管理专项监察。

6月4日，淮北矿业决定决定：王金波任神源煤化工公司党委委员，推荐为副总经理人选，主持行政全面工作，并作为董事长人选，免去临涣煤矿掘进副矿长职务。王金柱主持临涣矿掘进工作。

6月，临涣矿工会被授予安徽省"职工互助保障先进单位"荣誉称号。

8月5日，淮北矿业集团公司决定：梁峰拟提任临涣矿总工程师，王金柱拟提任临涣矿掘进副矿长。

第四编　煤矿地理和煤田地质

第一章 地理位置

第一节 位置与交通

一、位置

临涣矿区位于安徽省宿县矿区的西部。

临涣煤矿位于临涣矿区的中偏北部，座落在淮北市西南部濉溪县韩村镇境内，北距淮北市 40 千米，东距宿州市 30 千米，临涣镇是淮海战役期间总前委驻地，矿井以此命名为临涣煤矿。矿井地理坐标为东经 116°34′25″—116°44′27″，北纬 33°36′50″—33°40′47″，主井口坐标：x=3722987.999，y=39465994.920。

二、交通

矿区交通十分方便，主要公路有宿县～涡阳、濉溪～蒙城；铁路除东部 30 千米处有京沪线外，尚有濉（溪）阜（阳）铁路在矿区北部通过，运煤铁路专用线在小湖集站与青（疃）芦（岭）支线接轨；涡河位于矿区南部，可全年通航。交通位置见图 4-1-1。

图 4-1-1 临涣煤矿交通位置示意图

第二节 地形地貌

一、地形

临涣井田位于淮北平原，地势平坦，海拔标高 +20.78 米 ~ +28.58 米，一般为 +27 米左右，西北高东南低。该井田煤系地层被 170 ~ 249 米厚的第三系、第四系新地层覆盖，为湖漫滩相沉积和河床相沉积。浍河从矿区中部通过，为一中小型季节性河流，它发源于河南省商丘市附近、上游由东沙河、包河在临涣集附近汇合而成。1967 年以前，7 至 8 月份雨季时，降水不能排泄，常形成内涝，秋冬季水位很低甚至断流。据历史资料记载，最大的一次水灾是 1909 年农历 6 月 28 日，黄河泛滥，淮北平原水流遍地，一片汪洋。二十世纪五十年代以来发生 3 次水灾（1954 年 7 月 17

日、1963年6月30日、1965年7月16日），其中1965年7月16日水灾最大，临涣集浍河水文站测得最大洪峰流量为865m³/s，该地区普遍积水0.5～1.2米，最高洪水位标高为＋28.34米。1967年以来，由于新㲈河的开挖，增强了泄洪能力，减少了浍河的负荷，基本上消除了水患。目前地表水主要为塌陷区积水，水深最深约14米，对矿井开采及矿区建设没有危害。临涣煤矿地形示意图见图4-1-2、临涣煤矿工业广场示意图见图4-1-3。

二、地貌

临涣井田地面主要为农田和村庄，目前区内有未搬迁村庄47个，还有1条通勤路和1条运煤铁道专用线在区内。临涣煤矿经多年的开采，塌陷区的总面积已达13216435平方米。塌陷区大部分地表下沉量1.2～1.7米，常年无积水，2005年以来已投入了819.7439万元，复垦土地480.68亩；现塌陷区积水区面积3532893平方米，平均水深3.45米，积水量12188480立方米，不具备复垦条件的范围已被当地村民开发，多用于养鱼、养鸭等养殖业。

第三节 气候

矿区地处淮北平原中部，该区气候温和，属季风温暖带半温润性气候。

一、气温

冬季寒冷多风，夏季炎热多雨，春秋两季温和。年平均气温14.3℃。一年之中7～8月天气最热，最高温度40.3℃，最低温度零下23.2℃。最大冻土深度为15c米。气压以12月最高，为780毫米汞柱。

二、降水

年平均降水量为900毫米，最大降雨量为1481.3毫米。降雨多集中在6～8月份的雨季。年平均于12月中旬出现初雪，最大积雪深度22厘米。

土壤冻结一般出现在 12 月下旬至次年 2 月中旬，最大冻土厚度 15 厘米。

三、日照

年平均日照时数 2325.7 小时，年承受的太阳辐射总量为 124.5 千卡 / 厘 m2。其中 6 ～ 8 月日照时数最多，12 月最少。年平均蒸发量 1300 ～ 900 毫米。年平均无霜期 210 天。

四、风向

春秋季多东北风，夏季多东－东南风，冬季多北－西北风。最大风速为 20m/s。主导风向为东北风。春末夏初常有干热风。

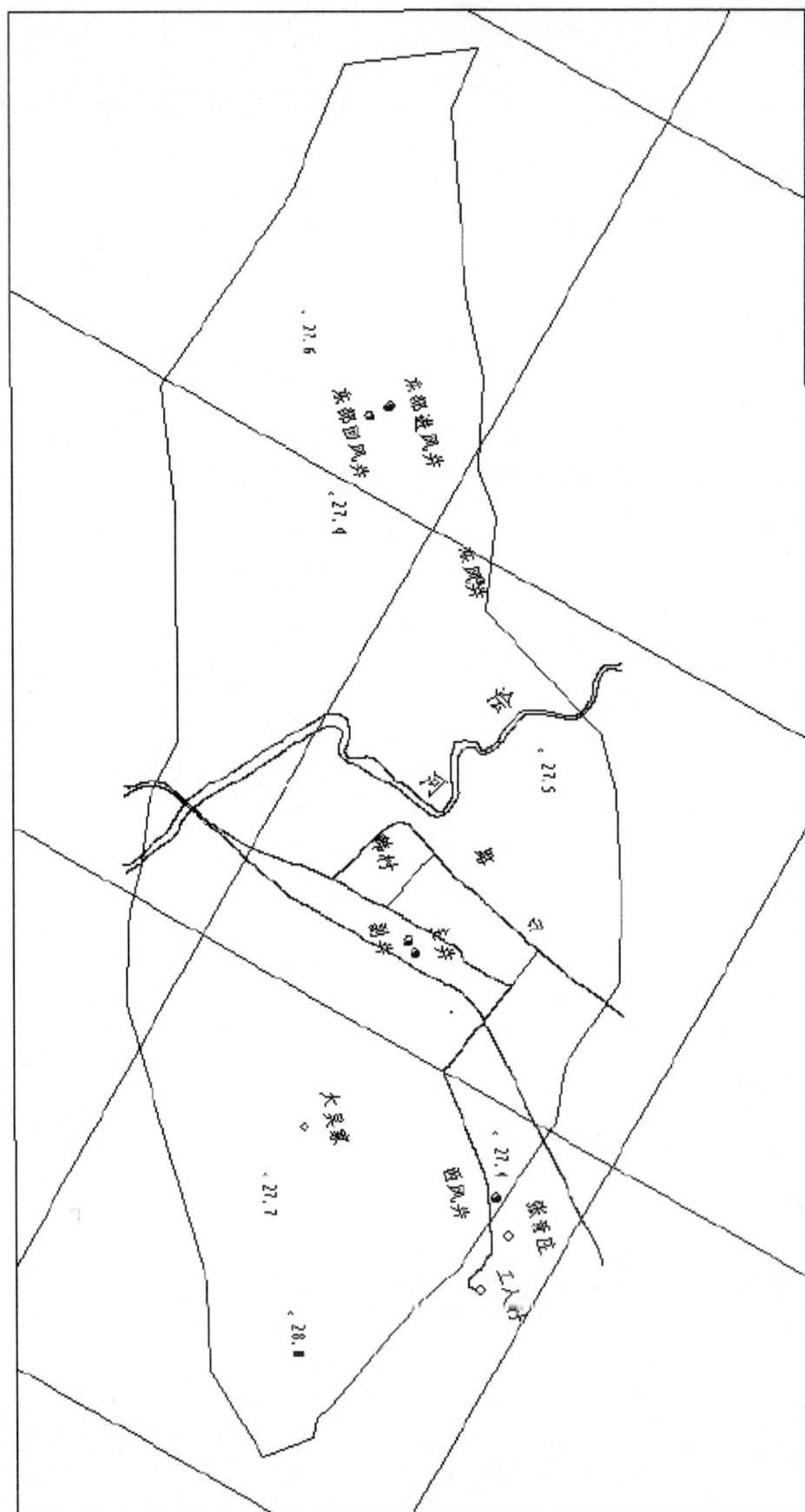

图 4-1-2 临涣煤矿地形示意图

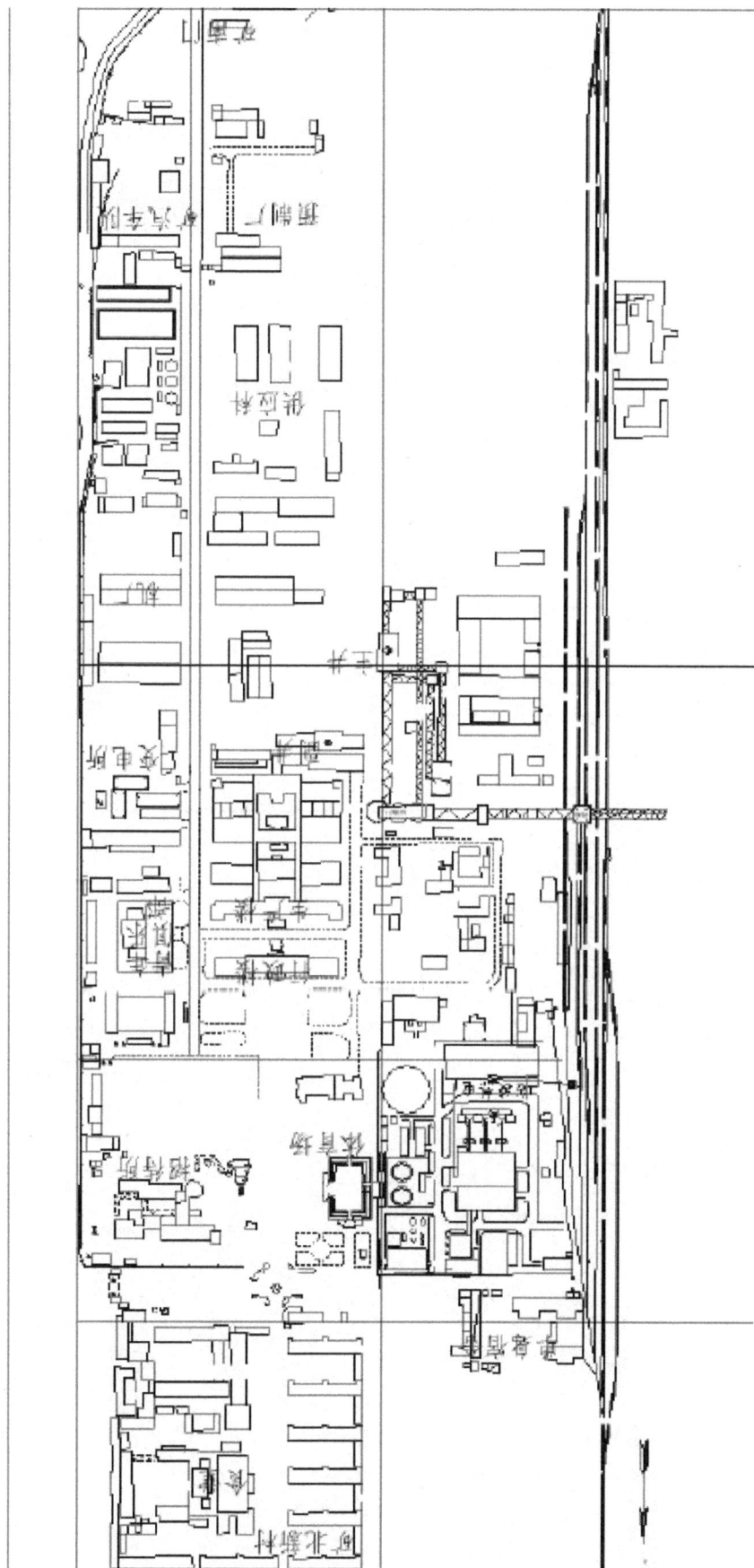

图 4-1-3 临涣煤矿工业广场示意图

第四节 地震

　　淮北矿区位于苏豫皖交界地区，东有郯庐大断裂，西有阜阳麻城断裂，北有秦岭纬向构造带，南有宿南断裂（五河利辛断裂）。

　　据"宿县行署地震局"1986年提供的地震资料宿县地区近一千年来共发生有感地震50多次，其中有害地震3次，震级属4～6级，萧县12次，濉溪县9次，怀远县4次，砀山县1次。1961年以来，本区发生4级以上地震有5次（见表4-1-1），根据"皖革发(79)151号文"，本区地震烈度为7度。

表4-1-1 淮北矿区地震情况一览表

时　间	地　区	地震级别
1965.3.15	固　镇	4.0级
1973.9.22	临　涣	4.5级
1979.3.22	固　镇	5.0级
1981.12.20	固镇连城	5.3级
1983.11.07	砀　山	4.2级

第二章 煤田地质

第一节 地测科机构设置

临涣煤矿建矿以来，地质测量科与技术科几经分合 2008 年 12 月 23 日至 2012 年 4 月 1 日，地测科和技术科合并到生产管理部，设地质、测量 2 个组。2012 年 4 月 1 日恢复地质测量科，有职工 21 人，其中：科长 1 人，副科长 2 人，技术主管 1 人，技术员 7 人，地质工 4 人，测量工 5 人，绘图工 1 人。

第二节 井田范围与地质状况

一、井田范围

井田位于童亭背斜北部倾伏端，西以骑路周断层为界，西北以骑路周断层与海孜矿为界，东至大辛家断层，南至东南以赵口断层和小陈家断层为界，并分别与童亭矿和杨柳井田接壤，西南起太原组顶界，矿井东西长 13 千米，南北宽 4～5 千米，矿区面积 49.6624 平方千米。

二、地质状况

临涣井田地层属华北型沉积，揭露地层有：奥陶系、石炭系、二迭系、第三系和第四系，地层总厚度大于 1228.28 米。含煤地层为石炭、二迭系，沉积环境体系为：陆表海沉积、碎屑滨岸带、三角洲和河流体系。石炭系煤层不发育，未作勘探对象，二迭系地层含 10 个煤层组（临涣煤矿地层柱状见图 4-2-1）。由老到新综述如下：

(一)陶系中下统老虎山组（O2l）—马家沟组（O1m）

据 039 孔揭露地层厚度 27.90 米。岩性为灰—浅灰色，中厚—巨厚层豹皮状白云质灰岩及石灰岩，细晶质结构，方解石自形程度较高。

（二）石炭系上统太原组（C3t）

界	系	统	组	柱状	层厚（m）	累计厚（m）	岩　　性
新生界	第四纪	全新统			34.00	34.00	土黄色，以粉砂和粘土质砂为主。
		更新统			46.00	80.00	土黄色，上部为粘土，夹较多砂夹层；下部为棕黄砂夹粘土。
	第三纪	上新统			147.00	227.00	顶部以土黄色、棕黄色粘土与砂质粘土为主，是第四系与第三系的分界标志。中上部为棕黄色、皮棕红色、灰白色细砂、中砂为主。为棕黄和棕红色粘土质为主。中下部以灰黄色厚层粘土与砂质粘土为主。底部以灰白色、灰黄色等杂色细砂和砂质粘土呈互层状。
上古生界	二迭纪	上统	上石盒子组		464.00	691.00	1煤上，厚度大于463 时米，岩性变化复杂。含石英杂砂岩、石英砂岩、粉砂和泥岩、1煤层。 1煤下2煤：长石石英砂岩、石英砂岩、粉泥岩、2煤层一般2-4层，灰黄色块状、团状为主，属半亮型。 2煤下一煤：石英砂岩、粉砂和泥岩、泥岩、3煤层一般发育有1-3层，灰色、块状—棒状，玻璃光泽，亮煤为主，属半亮型。
		下统	下石盒子组		258.19	949.19	3煤下一煤：石英砂岩（长石砂岩）、长石石英砂岩、粉砂和泥岩、泥岩、4煤层一般发育有2-3层，灰色，砂块状—棒状，亮煤型。 4煤—5煤：石英砂岩、粉砂和泥岩、5煤层一般发育有2-4层，5煤层发育较好，5煤层为灰色，砂块状为主，玻璃光泽，亮煤夹暗煤，属半亮型，灰分高。5煤为灰色，棒状为主，玻璃光泽，亮煤为主，属半亮型。 5煤下一煤：石英砂岩、粉砂和泥岩、6煤层、7煤层一般发育1-2层，灰色。 7煤下一煤：石英砂岩、粉砂和泥岩、泥岩、煤层发育2-4层。
			山西组		110.36	1059.55	9下煤—10煤：碳质泥岩、底部分选砂岩、细砂岩及泥岩、粉砂和泥岩、泥岩、10煤层一般发育1-2层，灰色。 10煤下—11煤：主要为砂岩和泥岩呈互层为主。
	石炭纪	上统	太原组		140.12	1199.67	据039孔揭露27.90米，岩性为灰—浅灰色中厚—巨厚层豹皮状白云质灰岩及石灰岩，细晶质结构，方解石自形程度较高。
下古生界	奥陶纪	中下统	老虎山组—马家沟组		27.90	1227.57	

图 4-2-1 临涣煤矿地层柱状示意图

太原组地层厚度 133.81－144.01 米，平均 140.12 米。岩性由灰－浅灰色石灰岩、灰色细砂岩、灰－深灰色粉砂岩、深灰色泥岩组成。共含灰岩 9 层，编号为 1 灰、2 灰、3 灰、4 灰、5 灰、9 灰、10 灰、11 灰、12 灰，总厚 59.94 米，缺失 6 灰、7 灰、8 灰。自 5 灰始各层灰岩底部均发育薄煤层，共含煤 6 层，总厚 2.61 米，不作为勘探对象。与下伏奥陶系呈假整合接触。

（三）二迭系（P）

1. 下统山西组（P1sh）

位于太原组 1 灰（K1）顶界面至铝质泥岩下底部分界砂岩（K2 骆驼脖子砂岩）底界面之间，厚度 92.0－154.2 米，平均 110.36 米。岩性由砂岩、砂泥岩互层、粉砂岩、泥岩等组成，含 10、11 煤层。10 煤层发育较好，11 煤层极不发育。与下伏太原组呈整合接触。

2. 下统下石盒子组（P1x）

位于底部分界砂岩（骆驼脖子砂岩）底界面至 K3 砂岩底界面之间，厚度 217.3－295.2 米，平均 258.19 米。岩性由砂岩、砂泥岩互层、粉砂岩、泥岩、铝质泥岩等组成，含 4、5、6、7、8、9、9 下煤层。7、9 煤层发育较好，51、52、8 煤层发育较差，4、6 煤层薄且不连续。与下伏山西组呈整合接触。

3. 上统上石盒子组（P2sh）

位于 K3 砂岩底界面之上，厚度大于 583.76 米。岩性由砂岩、粉砂岩、泥岩等组成，含 1、2、3 煤层。32 煤层发育较好，31 煤层发育较差，1、2 煤层薄且不连续。与下伏下石盒子组呈整合接触。

（四）新生界（Kz）

1. 第三系上新统（N2）

与下伏二迭系呈不整合接触，厚度 95.0－154.0 米，平均 147.0 米。

底部以残积物和冲、洪积物为主，岩性较复杂，为深黄色、灰白色、灰绿色等杂色细砂、砂质粘土、粘土质砂呈互层状，部分地带砂砾层发育。

中下部以湖相沉积为主，岩性以灰绿色、灰黄色厚层状粘土和砂质粘土为主，夹 2－3 层薄层砂或粘土质砂。

中上部以棕黄色、浅棕红色、灰白色细砂、中细砂、中砂为主，次为粉砂、粘土质砂，间夹 4－5 层粘土、砂质粘土组成。

上部以土黄色、棕红色、灰绿色粘土和砂质粘土为主，夹 1－3 层薄层砂，顶部含较多钙或铁锰质结核，是第三系与第四系的分界标志。

2. 第四系（Q）

与第三系呈假整合接触，厚度 65.0 — 96.0 米，平均厚度 80.0 米。

(1)更新统（Q1 — 3）

下部以细砂、粉砂为主，夹 3 — 5 层粘土或砂质粘土，在粘土或砂质粘土中含有钙质团块及铁锰质结核。上部以土黄、褐黄、浅棕红色粘土及砂质粘土为主，顶部粘土或砂质粘土含有钙质砂姜及铁锰质结核。

(2)全新统（Q4）

与更新统呈假整合接触。

土黄、棕黄色，局部黑灰色，以粉砂、粘土质砂为主，夹薄层粘土和砂质粘土，局部含有小螺壳化石，距地表 0.5 米，为黑灰色耕植土壤，垂深 3 — 5 米处富含砂姜块，在深度 20 米左右，普遍有一层黑色有机质腐殖质层。

三、地质构造

临涣井田处于童亭背斜北部倾伏端。临涣井田总体构造形态为一走向近东西，呈"S"形向北倾斜的单斜构造，区内构造的主要特点是张性断裂及次级褶曲发育（临涣煤矿基岩地质见图 4-2-2）。

（一）褶曲

该区地层走向变化较大，但其基本规律较为明显。补 1 线至 B1 线地层走向近于东西，B1 线以西渐变为 N40°W，倾角一般 10°～15°，补 1 线以东走向渐变为北东～东西～南东，呈一向北倾伏的弧形构造，该部位处于走向南北的童亭背斜北部倾伏端，故受童亭背斜控制，总体构造线方向与童亭背斜一致，背斜北部次级褶曲较发育，补 2 线与西四线走向急剧转弯处，地层倾角突然变陡，一般 40°～60°，局部达 70°～80°，甚至直立。地层走向变化形成补 1 线以西为单斜，补 1 线至补 4 线为向北西伸展的不规则向斜，补 4 线以东则为向北倾伏的开阔背斜，其产状变化也基本控制，其它地段地层产状正常。

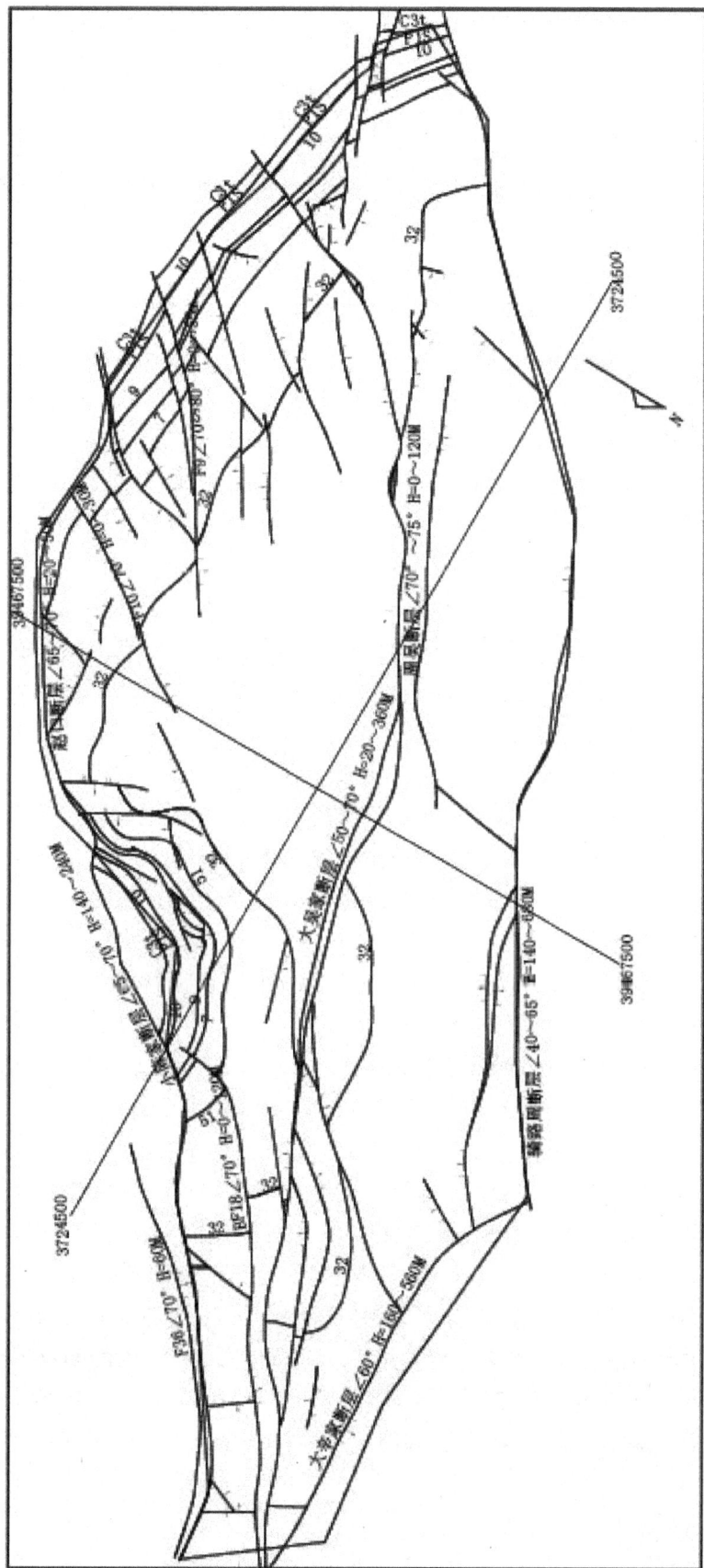

图 4-2-2 临涣矿井基岩地质图

（二）断层

1. 井田断裂构造特征

2000年5月，淮北矿业（集团）公司临涣煤矿提交《临涣煤矿矿井地质报告》查出断层86条，其中正断层77条，逆断层9条。1999年以来，根据生产揭露以及对三维资料成果重新处理，否定F6、F14、F16、F29、F32、F36、F3-3、F3-4、BF2、BF3、BF5、BF9、BF11、BF12、BF15、BF22、BF24、SF1、SF10断层19条，发现BF7、BF26、大吴家支2. 大吴家支3. 大吴家支4.SF11、SF13～SF15、SF21、SF127、SF142等断层201条。井田内历次勘探、生产揭露落差大于5米断层总计268条，其中正断层261条，占97.4%，逆断层7条，占2.6%。

落差大于100米的断层11条，其中正断层7条，逆断层4条；落差在50～99米的断层有7条，其中正断层6条，逆断层1条；落差在30～49米的断层有24条，其中正断层23条，逆断层1条；落差在20～29米的断层有15条，全部为正断层；落差小于20米的断层有211条，其中正断层210条，逆断层1条。

2. 二水平断裂构造特征

《临涣煤矿矿井地质报告》共查出断层66条，其中正断层59条，逆断层7条，通过补充勘探、生产揭露以及对原有地质资料重新处理，否定F36、F3-3、BF12、BF30、F32、BF11、BF9、BF5、BF24、F6、F14、F16、F3-4、JF2、SF2、SF3断层16条，新组合BF23、F19、F23、SF15、SF9、BF10、BF27、DF1、DF10断层9条，发现断层DF12～DF15、DF17～DF19、DF21、DF23～DF27、DF30～DF40、DF42～DF44、DF46～DF89、DF93～DF102、DF105～DF107、DF109～DF111、DF114～DF122、DF126、DF131、DF135、DF136、DF138～DF144、DF149～DF154、DF156、DF160、DF161、DF163、DF164、DF169、DF170、DF191、DF193、大吴家支2～4、Ⅱ2F20断层126条，二水平共组合断层185条，其中正断层178条，占96.2%，逆断层7条，占3.8%。

落差大于100米的断层11条，其中正断层7条，逆断层4条；落差在50～99米的断层有7条，其中正断层6条，逆断层1条；落差在30～49米的断层有20条，其中正断层19条，逆断层1条；落差在20～29米的断层有12条，全为正断层；落差小于20米的断层有135条，其中正断层134条，逆断层1条。

根据地震、钻探、巷道控制情况，将区内断层控制程度划分为可靠、较可靠和不可靠。

可靠：有1个以上钻孔穿过，又有一定数量的地震A级和B级控制点，或是钻探虽无控制点，但有多个地震A级和B级控制点，或是巷道穿过的断层，属可靠断层。有骑路周、大辛家、小陈家、赵口、大吴家、周吴、F3、F9、F39、F40、F2等234条断层。

较可靠：有1个钻孔穿过，上下盘层位确切，又有一定数量的地震控制点控制的断层，属较可靠断层。有BF4、F4、BF25、F1、F35、F19、DF11、DF21等22条断层。

不可靠：达不到上述条件而只有一个钻探控制点，又无地震控制点，或有少量地震点控制，但无钻探控制点控制的断层，属不可靠断层。有BF20、BF21、F30、F34、F21、F22、BF17等12条断层。

井田边界断层和起控制作用的断层基本特征、延展情况、控制程度见表4-2-1。

（三）井田小构造特征

该井田小构造特别发育，生产实践证实，小构造已成为影响矿井生产的主要因素。小构造改变了煤层的空间排列关系，导致在采掘活动中增加无效进尺，中断生产，煤质变差，甚至导致采掘失调，接替紧张。由于小构造发育，机械化采煤难度较大，严重制约了矿井产量和经济效益。

经统计，生产揭露落差1～5米小断层799条，其中正断层750条，占93.9%，逆断层49条，占6.1%。NNE和NE向共508条，占63.6%，NW向245条，占30.7%，其余46条，占5.7%。小断层统计结果以走向玫瑰花图表示（见图4-2-3）。

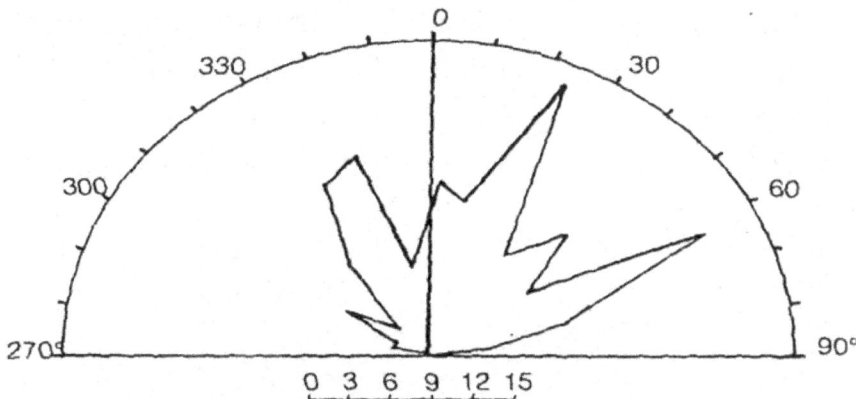

图4-2-3 临涣矿井小断层走向玫瑰花图

（四）断层组合

根据断层的展布方向，井田内落差大于5米断层286条分为四组，以北东向和北北东向为主，其次为北西向和东西向。

(1)北东向和北北东向，以大吴家断层为代表，倾角一般65°～75°，以正断层为主，共167条，占62.3%，分布于全井田，由于童亭背斜构造影响，井田应力方向为北西～南东，在与之垂直的方向上发育张性断裂。

(2)东西向，以大辛家断层为代表，倾角一般55°～70°分布于矿区东北边界，共9条，占3.4%，为东西向压应力形成的张扭性和压扭性断裂。

(3)北西向，以F17断层为代表，倾角一般55°，共46条，占17.2%，分布于矿区东北角、西北角和五采区，全为扭性断裂。

从断层切割关系来看，北东向骑路周断层与东西向大辛家断层相交，而北东向断层斜切东西向断层，北东向断层形成较晚，而东西向断层形成较早。井田发育了密集的北东向正断层，这种断层横切整个矿区，向北东方向收敛，童亭背斜被切割，轴向发生逆时针偏转，对北北东向褶皱有明显切割改造作用。从断层倾角来看，正断层倾角为50°～80°，一般为70°，逆断层倾角为40°～55°。除了上述较为典型的落差大于5米的268条断层外，生产揭露矿井小断层极发育，共揭露小断层799条，以北北东向和北东向为主，与大断层的分析基本吻合。

（五）构造复杂程度评定

井田构造的主要特点是张性断裂构造和次级褶曲发育，发育大、中型断层268条，其中正断层261条，逆断层7条。按井田面积50平方公里计算，每平方公里断层为5.36条，断层总长度为177.18千米，每平方公里断层长度为3.54千米。断层之间相互切割交叉，严重影响采区的合理划分。次级褶曲只在补2线至西4线地段发育，其它地段地层产状正常。

根据《矿井地质规程》有关矿井地质条件分类的规定，该井田断裂构造复杂程度为Ⅲa类。

表4-2-1 临涣矿井断层情况一览表（1）

落差范围(m)	性质	断层名称	走向(°)	倾向(°)	倾角(°)	落差(m)	延展长度(km)	钻探穿过点	地震控制点 A	B	C	控制程度	备注
≥100	正	骑路周断层	SE~NE	SE	40~75	200~690	12.5	$5-6_{10}$、5_8、B109、2_9、$5-6_{24}$、$2-3_{12}$、1_7、1_9、补4、补14、补9、补7	18	23	9	可靠	
	正	大辛家断层	SE~NE	NE	60~70	100~650	7.0	$3(三)_5$、$4(三)_7$、$7(四)_3$	2	4	2	可靠	
	正	小陈家断层	NE	NW	50~70	150~240	7.0	067、$1(三)B_1$、$3(三)_3$、西$1-1_3$、$4(三)_8$、$5(四)_3$、$7(四)_3$、$2(三)_{10}$	1	6	2	可靠	
	正	赵口断层	NEE~NE	SE	60~70	20~270	7.0	$3-4_2$、2_3、044、$1-2_{10}$、构1、补9、西3_9、$3B_1$、$B5_1$、$3-4(四)_2$、$3(三)_8$、060	1	2	1	可靠	
	正	大吴家断层	SW~NE	SE	60~75	15~375	15.0	$4-5_{13}$、构水6、4_3、补18、补构水1、补构水2、构水2、西1_{23}、西2_{18}、$2-3B_2$、$3(三)_5$、$4-5B_1$、$3B_2$、$B2_2$、07-1、742岩轨、742岩集、东翼轨道石门、东翼运输石门	6	6	4	可靠	
	正	周吴断层	NEE	NW	70~75	0~120	5.0		7	3	4	可靠	
	逆	F_{17}	SE~NW	NE	55	0~100	0.8	设5、补36、补33、$1-2_6$				可靠	
	逆	F_{18}	SE~NW	NE	50	0~100	1.0	设6、补10、补29、补35				可靠	
≥100	正	BF_7	NE	SE	45~70	20~130	1.5	$B11_8$	1	21		可靠	
	逆	BF_{50}	NW	NE	55	100~120	0.3			1		不可靠	
	逆	BF_{31}	NW	NE	55	100~120	0.7			1	1	不可靠	
99~50	正	F_5	NEE~NE	NW	60~70	30~85	1.3	$B1_3$、$B1_4$、6505、92-2	6	5	3	可靠	
	正	F_9	NE	NW	70~80	0~55	0.6	86_4、3_8、7211轨道巷、727切眼、729切眼、东一总回风巷		1		可靠	
	正	BF_4	NEE~NE	NW	70~75	0~50	1.5	$4-5_8$	3	2		较可靠	
	逆	BF_{19}	NW	NE	55	50	0.5	$3-4(三)_7$	1	1		较可靠	
	正	F_{39}	NE	NW	50~70	0~70	3.4	04-5、04-6、西2_1、西$1-2_3$、西$1B_5$	5	1		可靠	
	正	F_{40}	NE	NW	70	0~75	3.3	西2_{11}、构水1、$B11_3$	3	1	3	可靠	
	正	大吴家支4	NEE	SEE	70	0~60	0.56					可靠	
49~30	正	F_1	NE	NW	50~55	10~30	0.41		1	6	2	较可靠	
	正	F_2	NE	NW	70	10~35	2.3	构水4、构水5、B103	2	11	7	可靠	
	正	F_4	NE	NW	70~80	0~40	2.0	II724里下段回风斜巷、II724IV号溜斜、II724里下段运斜、II924里运斜、II924里II号材斜	5	5	1	较可靠	

表 4-2-1 临涣矿井断层情况一览表（2）

落差范围(m)	性质	断层名称	走向(°)	倾向(°)	倾角(°)	落差(m)	延展长度(km)	钻探穿过点	地震控制点 A	B	C	控制程度	备注
49~30	正	F_8	NEE~E	NW	60~80	0~40	2.9	3-46、Ⅱ724Ⅰ号瘤斜、Ⅱ2采区进风斜巷	1		1	可靠	
	正	F_{10}	NE	SE	70	0~30	1.5	869、039、三采区回风、运输大巷	2	1		可靠	
	正	F_{30}	N	E	70	0~30	0.85	补11				不可靠	
	正	F_{34}	NEE	NW	75	40	0.5		1			不可靠	
	逆	F_{35}	NE	NW	50	40	0.37			2		较可靠	
	正	F_{41}	NEE	SSE	70	15~30	2.3	3(三)B₁、西1-1₃、1(三)₂₀		2	6	可靠	
	正	BF_{18}	NE	NW	70	0~35	1.5	西1-1B₁	6	5	1	可靠	
	正	BF_{23}	NE	SE	50~70	0~40	0.7	补29		1		不可靠	
	正	BF_{26}	NE	NW	50~65	0~30	0.5					可靠	
	正	SF_{142}	NE~EE	SE	50~65	0~30	0.6					可靠	
	正	DF_{28}	NE~EE	SSE~SE	60~65	0~5	0.65					可靠	
	正	DF_{34}	NE	SE	45~65	0~40	0.7					可靠	
	正	DF_{36}	NE	NW	65~75	0~35	0.62					可靠	
	正	DF_{83}	NE	SE	70	0~30	1.1					可靠	
	正	DF_{120}	NE	SE	65~75	0~40	0.9	5B₄、93-1	6	2		可靠	
	正	DF_{121}	NE	NW	70	0~40	1.5		16	1	3	可靠	
	正	DF_{149}	NNW	NE	60~70	0~45	0.58		9	2	4	可靠	
49~30	正	DF_{160}	NNW	NE	60~70	10~45	0.5		9	7	5	可靠	
	正	DF_{161}	N	E	60~70	0~30	0.9		2	4	6	可靠	
	正	DF_{164}	NNE	NW	60~70	0~45	0.4	B02	8	4		可靠	
	正	JF_3	NNE	SSE	60~75	0~40	1.6	723岩集、725岩集、727轨道巷、929轨道巷、923工作面、7211工作面				可靠	
29~20	正	F_{19}	NE	SE	70	0~20	0.6	5₄	2	1	3	较可靠	
	正	F_{21}	NNE	E	75	15~25	0.7			1		不可靠	
	正	F_{22}	NNE	NW	75	15~25	0.9			1		不可靠	
	正	F_{23}	NNE	NW	75	15~25	0.4			1		不可靠	
	正	BF_{17}	N	W	75	15~25	0.6			1		不可靠	
	正	JF_1	NE	SE	70~75	0~20	1.1	724工作面、824工作面、924工作面、1020工作面、1022工作面、1024工作面				可靠	
	正	JF_4	NEE	SE	80~88	0~20	1.6	911工作面、913工作面、915工作面、917工作面、711工作面、713工作面、715工作面、101采区东翼探煤巷				可靠	
	正	SF_2	25	115	65	0~20	1.2	101采区东翼探煤巷				可靠	
	正	SF_{127}	NE	NW	60~78	0~20	0.3					可靠	
	正	BF_8	NE	SE	60	0~20	0.55	西1₄	2	1		可靠	
	正	BF_{25}	E	N	70	0~20	0.3	772轨道巷、补37				较可靠	
	正	DF_{25}	NEE	NW	55~70	0~20	0.5					可靠	
	正	DF_{33}	NE~NEE	NE	55~70	0~20	0.64					可靠	
	正	DF_{39}	NE	NW	55~65	0~20	0.25					可靠	
	正	DF_{159}	NE	NW	60~70	0~20	0.6	5-6₁₁	9	4	3	可靠	

表 4-2-1 临涣矿井断层情况一览表（3）

落差范围(m)	性质	断层名称	走向(°)	倾向(°)	倾角(°)	落差(m)	延展长度(km)	钻探穿过点	地震控制点 A	B	C	控制程度	备注
<20	正	DF$_1$	NE	SE	70	0~15	0.6					可靠	
	正	DF$_2$	NE	NW	70	0~15	0.5					可靠	
	正	DF$_3$	NE	NW	70	0~5	0.3		2	4	7	较可靠	
	正	DF$_4$	NE	NW	70	0~5	0.4		3	3	4	可靠	
	正	DF$_5$	NE	NW	70	0~5	0.2		1	5	3	可靠	
	正	DF$_6$	NE	NW	70	0~5	0.75		3	4	4	可靠	
	正	DF$_7$	NE	NW	70	0~10	1.0		7	11	7	可靠	
	正	DF$_8$	NE	NW	70	0~5	0.5		4	3	3	可靠	
	正	DF$_9$	NE~NEE	NW	70	0~5	0.4		4	6	3	可靠	
	正	DF$_{10}$	NEE	SSE	70	0~5	0.28		1	4	1	可靠	
	正	DF$_{11}$	NE	NW	70	0~5	0.37		1	1	2	较可靠	
	正	DF$_{12}$	NE	NW	70	0~5	0.25		5	1	1	可靠	
	正	DF$_{13}$	NEE	NW	70	0~5	0.26					可靠	
	正	DF$_{14}$	NE	NW	70	0~5	0.34		3	3	2	可靠	
	正	DF$_{15}$	NE	SE	70	0~5	0.28		2	2	2	可靠	
	正	DF$_{16}$	NE	SE	70	0~5	0.2		3	1	1	可靠	
	正	DF$_{17}$	NE	NW	70	0~5	0.2					可靠	
	正	DF$_{18}$	NE	NW	70	0~5	0.2		3	2	3	可靠	
	正	DF$_{19}$	NE	NW	70	0~5	0.34		4	3		可靠	
	正	DF$_{20}$	NE	NW	70	0~5	0.4		6	3		可靠	
	正	DF$_{21}$	NE	NW	70	0~5	0.22			2	2	较可靠	
	正	DF$_{22}$	NE	NW	70	0~5	0.26		2	2	1	可靠	
	正	DF$_{23}$	NE	NW	70	0~5	0.13		2	1	1	可靠	
	正	DF$_{24}$	NEE	NNW	65~70	0~15	0.8					可靠	
	正	DF$_{26}$	NE	NW	70	0~5	0.5					可靠	
	正	DF$_{27}$	NE	NW	70	0~10	0.4		10	2	1	可靠	
	正	DF$_{29}$	NE	NW	55~65	0~6	0.3					可靠	
	正	DF$_{30}$	NE	NW	70	0~5	0.07					可靠	
	正	DF$_{31}$	NE	NW	55~65	0~5	0.56					可靠	
	正	DF$_{32}$	NE	SE	50~70	0~15	0.38					可靠	
	正	DF$_{35}$	NE	SE	55~65	0~5	0.3					可靠	
	正	DF$_{36}$	NE	SE	70	0~10	0.13					可靠	
	正	SF$_{11}$	SE	NE	70	0~5	0.15					可靠	
	正	SF$_{21}$	NE	NW	68	8	0.1					可靠	
	正	I 9F$_4$	224	314	50~75	0~6	0.3	793机巷、793轨道巷				可靠	
	正	I 9F$_5$	200	290	66		0.22	794轨道巷				可靠	
	正	I 9F$_{14}$	205	115	58~65	0~7.5	0.4	1097轨道巷				可靠	
	正	I 9F$_{15}$	180	270	64	0~13	0.36	1099外机巷				可靠	
	正	I 9F$_{17}$	185	275	50	0~5	0.2	1098风巷				可靠	
	正	I 9F$_{19}$	171~182	261~272	67	0~8	0.34	1090风巷、10煤轨道下山				可靠	
	正	I 9F$_{21}$	182	272	78	0~5.5	0.31	10910轨道巷、10910机巷				可靠	
	正	I 9F$_{25}$	54	144	70	0~10	0.57	1099轨道巷				可靠	
	正	I 9F$_{26}$	220	130	70	0~5.5	0.16	1098轨道巷				可靠	
	正	I 9F$_{33}$	169	259	57	6.5	0.22	991机巷、991轨道巷、991风巷				可靠	
	正	I 9F$_{34}$	182	272	60	7	0.17	992轨道巷				可靠	
	正	I 9F$_{43}$	138	48	70	9	0.5	1093机巷				可靠	
	正	BF$_{10}$	NE	NW	70	0~15	0.67	西3$_3$				可靠	
	正	DF$_{37}$	NE	SE	40~60	0~15	0.85					可靠	

表 4-2-1 临涣矿井断层情况一览表（4）

落差范围(m)	性质	断层名称	走向(°)	倾向(°)	倾角(°)	落差(m)	延展长度(km)	钻探穿过点	地震控制点 A	B	C	控制程度	备注
	正	I9F15	180	270	64	0~13	0.36	1099 外机巷				可靠	
	正	I9F17	185	275	50	0~5	0.2	1098 风巷				可靠	
	正	I9F19	171~182	261~272	67	0~8	0.34	1098 风巷、10 煤轨道下山				可靠	
	正	I9F21	182	272	78	0~5.5	0.31	10910 机巷、10910 机巷				可靠	
	正	I9F25	54	144	70	0~10	0.57	1099 机巷				可靠	
	正	I9F26	220	130	70	0~5.5	0.16	1098 轨道巷				可靠	
	正	I9F33	169	259	57	6.5	0.22	991 机巷、991 轨道巷、991 风巷				可靠	
	正	I9F34	182	272	60	7	0.17	992 轨道巷				可靠	
	正	I9F43	138	48	70	9	0.5	1093 机巷				可靠	
	正	BF10	NE	NW	70	0~15	0.67	西3₃				可靠	
	正	DF37	NE	SE	40~60	0~15	0.85					可靠	
	正	DF40	NE	NW	65	0~5	0.3					可靠	
	正	DF42	NE	NW	70	0~5	0.2					可靠	
	正	DF43	NE	SE	70	0~5	0.18					可靠	
	正	DF44	NE	SE	70	0~5	0.17			3	2	较可靠	
	正	DF45	SE	SW	70	0~5	0.15		5	5	1	可靠	
	正	DF46	NE	NW	70	0~5	0.25		5	5	1	可靠	
	正	DF47	NE	NW	70	0~5	0.14		2	1	1	可靠	
	正	DF48	NEE	SE	70	0~5	0.13			3	1	较可靠	
	正	DF49	NE	NW	70	0~5	0.09		1	2		可靠	
	正	DF50	NE	NW	70	0~5	0.13			3	2	较可靠	
	正	DF51	NE	SE	70	0~5	0.33			6		可靠	
	正	DF52	NEE	NW	70	0~7	0.9		8	7	2	可靠	
< 20	正	DF53	NEE~NE	NW	45~55	0~6	0.25					可靠	
	正	DF54	NE	NW	40~60	0~8	0.25					可靠	
	正	DF55	NW	SW	70	0~5	0.15		3	5		可靠	
	正	DF56	NEE	NW	70	0~5	0.6		4	9	3	可靠	
	正	DF57	E	N	70	0~10	0.75	2₅	10	7	5	可靠	
	正	DF58	NE	NW	70	0~5	0.2		1	4		可靠	
	正	DF59	NEE	SE	70	0~5	0.15		3	2		可靠	
	正	DF60	NNW	SE	70	0~5	0.4		3	6		可靠	
	正	DF61	NNE	SSE	70	0~5	0.2		2	3	3	可靠	
	正	DF62	NEE~NE	NW	70	0~5	0.23		2	3	3	可靠	
	正	DF63	NE	NW	70	0~5	0.11		1	1	1	可靠	
	正	DF64	NEE	SSE	70	0~5	0.2		1	2	2	可靠	
	正	DF65	SE	SW	70	0~5	0.23		2	1		可靠	
	正	DF66	NW	NE	70	0~5	0.22			5	1	可靠	
	正	DF67	NE	NW	70	0~5	0.35			1	7	可靠	
	正	DF68	NE	SE	70	0~5	0.18		3	2	1	可靠	
	正	DF69	NE	SE	70	0~5	0.14		2	2		可靠	
	正	DF70	NE	NW	70	0~5	0.15			3	1	较可靠	
	正	DF71	NE	NW	70	0~10	0.7		8	8	8	可靠	
	正	DF72	NE	SE	70	0~5	0.2		2	1	3	可靠	
	正	DF73	NNE	SEE	70	0~5	0.5		8	5	5	可靠	
	正	DF74	SEE	SW	70	0~5	0.16		1	2	3	可靠	
	正	DF75	NW	SW	70	0~5	0.2					可靠	
	正	DF76	NW~NNW	SW	70	0~6	0.5		2	2	14	可靠	
	正	DF77	NW~NE	SW	70	0~5	0.65		5	2	4	可靠	
	正	DF78	NW	SW	70	0~5	0.08		1	1		可靠	
	正	DF79	N	E	70	0~5	0.26		2	3		可靠	
	正	DF80	NE	NW	70	0~5	0.2		2	1	1	不可靠	
	正	DF81	NE	NW	70	0~5	0.14	2-3₁₁	1	1	1	可靠	
	正	DF82	NE	NW	70	0~5	0.37		4	3	5	可靠	
	正	SF7	NNE	W	80	3~5	0.36	771 工作面				可靠	

表 4-2-1 临涣矿井断层情况一览表（5）

落差范围(m)	性质	断层名称	走向(°)	倾向(°)	倾角(°)	落差(m)	延展长度(km)	钻探穿过点	地震控制点			控制程度	备注
									A	B	C		
<20	正	SF$_8$	NE	NW	50	0~10	0.24	771联巷、773风巷				可靠	
	正	SF$_9$	NW	NE	50~80	0~10	0.5					可靠	
	逆	JF$_6$	NNE	SSE	55	0~15	0.2	107煤上山、七采区总回风巷				可靠	
	正	F$_{31}$	N	W	70	0~8	0.18	补27				可靠	
	正	BF$_{27}$	N	W	70	0~13	0.2					可靠	
	正	BF$_{28}$	NE	NW	50	0~15	0.17					可靠	
	正	DF$_{84}$	NE	NW	70	0~7	0.3		3	3	1	可靠	
	正	DF$_{85}$	NE	SE	70	0~5	0.2		2	3		可靠	
	正	DF$_{86}$	NE	NW	70	0~5	0.5		5	5	1	可靠	
	正	DF$_{87}$	NE	NW	70	0~5	0.13		1	2		可靠	
	正	DF$_{88}$	N	E	70	0~5	0.28		2	2		可靠	
	正	DF$_{89}$	NE	NW	70	0~5	0.26		2	2	1	可靠	
	正	DF$_{90}$	N	W	70	0~5	0.14			1	1	较可靠	
	正	DF$_{91}$	NE	NW	70	0~6	0.15		2	1	1	较可靠	
	正	DF$_{92}$	NNE	NW	60	0~8	0.33		2	2	1	较可靠	
	正	DF$_{93}$	N	E	70	0~5	0.34		2	2		可靠	
	正	DF$_{94}$	NNW	NEE	70	0~5	0.14					可靠	
	正	DF$_{95}$	NE	NW	70	0~5	0.15		1	2		可靠	
	正	DF$_{96}$	NE	SE	70	0~5	0.1					可靠	
	正	DF$_{97}$	NE	NW	70	0~8	0.24		3	3		可靠	
	正	DF$_{98}$	NE	NW	70	0~5	0.16		2	1		可靠	
	正	DF$_{99}$	NE	SE	70	0~5	0.07					可靠	
	正	DF$_{100}$	NE	SE	70	0~12	0.95		10	8	6	可靠	
	正	DF$_{101}$	NE	SE	65~70	0~15	0.81		11	8	2	可靠	
	正	DF$_{102}$	NE	NW	70	0~10	0.53		11	8	2	可靠	
	正	DF$_{103}$	NW	SW	70	5~10	0.22					可靠	
	正	DF$_{104}$	NE	SE	70	0~5	0.14			1	1	较可靠	
	正	DF$_{105}$	NE	NW	70	0~5	0.32		3	3	2	可靠	
	正	DF$_{106}$	NE	NW	70	0~5	0.14					可靠	
	正	DF$_{107}$	NE	NW	70	0~5	0.14					可靠	
	正	DF$_{108}$	NE	NW	70	0~5	0.18		1	1	1	可靠	
	正	DF$_{109}$	NE	SE	70	0~5	0.15		2	1		可靠	
	正	DF$_{110}$	NE	NW	70	0~5	0.2		2	1	1	可靠	
	正	DF$_{111}$	NE	NW	70	0~5	0.27		3	2	1	可靠	
	正	DF$_{112}$	NE	NW	70	0~5	0.25		2	2	1	可靠	
	正	DF$_{113}$	NE	SE	70	0~10	0.32		3	3	1	可靠	
	正	DF$_{114}$	NE	SE	70	0~15	0.88		5	10	5	可靠	
	正	DF$_{115}$	NE	NW	70	0~10	0.57		7	3	4	可靠	
	正	DF$_{116}$	NE	NW	70	0~5	0.2		1	3	1	可靠	
	正	SF15	NE	NW	65	0~5	0.5					可靠	
	正	I3F$_5$	185	95	65	5	0.3	937机巷、937风巷、937轨道巷				可靠	
	正	I3F$_6$	220	310	70	6	0.18	937机巷、937风巷				可靠	
	正	I3F$_7$	30	120	60	5	0.12	937风巷				可靠	
	正	I3F$_{15}$	190	100	60	7	0.6	732风巷、932机巷				可靠	
	正	I3F$_{19}$	196	106	55	9	0.6	931联巷、731风巷、731机巷				可靠	
	正	I3F$_{20}$	226	136	52	5	0.5	731机巷、931风巷				可靠	
	正	I3F$_{21}$	217	307	85	5	0.23	731机巷				可靠	
	正	I3F$_{23}$	105	195	55	10	0.6	731切眼				可靠	
	正	JF$_2$	NE	NW	70	0~10	0.5	二采区上部车场				可靠	
	正	JF$_5$	NE	SE	70	0~15	1.2	711、713、715、911、913、915工作面、101采区东翼探煤巷				可靠	
	正	JF$_8$	NE	SE	65~70	0~15	0.4					可靠	

表 4-2-1 临涣矿井断层情况一览表（6）

落差范围(m)	性质	断层名称	走向(°)	倾向(°)	倾角(°)	落差(m)	延展长度(km)	钻探穿过点	地震控制点 A	B	C	控制程度	备注
<20	正	JF9	NE	NW	55~70	0~15	1.6	912、714、716轨道巷、712、10110工作面				可靠	
	正	SF3	NE	SE	60	0~10	0.6	101采区东翼探煤巷钻探、711、913工作面				可靠	
	正	SF4	NE	SE	60	0~5	0.25	101采区东翼探煤巷钻探				较可靠	
	正	SF5	NE	NW	55	0~10	0.4	711轨道巷、713切眼、913切眼				可靠	
	正	SF6	NE	NW	75	0~5	0.4	101采区东翼探煤巷钻探				较可靠	
	正	SF9	NE	SE	60	0~8	1.1					可靠	
	正	SF13	NEE	NW	60	0~5	1.0					可靠	
	正	SF14	NW	SW	70	6	0.28					可靠	
	正	F7	NE	SE	70	0~15	1.7	3-420、7211、7213、929、9211工作面		1		可靠	
	正	BF16	NE	SE	70	0~15	0.4			1		不可靠	
	正	DF117	NE	SE	65~75	0~5	0.4		6	2		可靠	
	正	DF118	NE	SE	65~75	0~10	0.7		6	2		可靠	
	正	DF119	NE	SE	60~70	0~8	0.7		7	8	4	可靠	
	正	I2F6	88	178	70	5	0.27	7212机巷				可靠	
	正	II2F20 *	79	169	75	2.8~6.5	0.7	II724里工作面				可靠	
	正	I4F1	200	110	90	9	0.8	747机巷				可靠	
	正	I4F4	190	100	85	5	0.4	1041轨道巷、1041工作面				可靠	
	正	I4F6	200	110	85	5.5	0.2	1043风巷、1041机巷				可靠	
	正	I4F24	220	130	55	5	0.45	743风巷				可靠	
	正	I4F25	145	55	30~45	7~8	0.25	843切眼				可靠	
	正	I4F26	350	80	60	9	0.5	1047机巷、1047轨道巷				可靠	
	正	I4F42	190	100	70	6	0.21	734切眼、西四配风巷				可靠	
	正	I4F43	155	245	70	5	0.15					可靠	
	正	大吴家支2	NW	NE	70	0~10	0.23					可靠	
	正	大吴家支3	NNW	NEE	70	0~5	0.25	4-513				可靠	
	正	DF122	NE	NW	65~70	0~10	0.6					可靠	
	正	DF123	N	E	70	0~5	0.17					可靠	
	正	DF124	SEE	NEE	65~70	0~5	0.14					可靠	
	正	DF125	N	W	60	10	0.36					可靠	
	正	DF126	NE	NW	70	0~5	0.09					可靠	
	正	DF128	NW	NE	65~70	0~6	0.4					可靠	
	正	DF129	182	92	65~70	0~6	0.4					可靠	
	正	DF130	N	E	70	0~5	0.13		2	1	1	不可靠	
	正	DF131	NE	NW	65~70	0~10	0.35		2	1	1	可靠	
	正	DF132	NW	SW	70	0~5	0.12		2	2	1	可靠	
	正	DF133	NW	SW	65~70	0~5	0.22		2	4	1	可靠	
	正	DF135	NE	NW	70	0~5	0.2		3	1	1	可靠	
	正	DF136	N	W	70	0~5	0.25					可靠	
	正	DF138	NE	NW	70	0~5	0.17		3	1	1	可靠	
	正	DF139	NE	SE	60~70	0~16	0.3		1	3		可靠	
	正	DF140	NEE~NE	NW	60~70	0~15	0.63		7	6	4	可靠	
	正	DF141	N	W	70	0~5	0.19		1	2	2	可靠	
	正	DF142	NNW	SW	70	0~10	0.45		5	5	4	可靠	
	正	DF143	NE	NW	70	0~5	0.28					可靠	
	正	DF144	NW	NE	70	0~10	0.2					可靠	

表 4-2-1 临涣矿井断层情况一览表（7）

落差范围 (m)	性质	断层名称	走向 (°)	倾向 (°)	倾角 (°)	落差 (m)	延展长度 (km)	钻探穿过点	地震控制点			控制程度	备注
									A	B	C		
<20	正	DF145	NNE	SEE	70	0~5	0.17					可靠	
	正	DF146	NW	NE	70	0~5	0.23		2	2	1	可靠	
	正	DF147	NW	NE	70	0~6	0.13					可靠	
	正	DF148	NE	NW	65~70	0~8	0.12		3	2	2	可靠	
	正	DF150	NE	NW	70	0~5	0.16		2	2	1	可靠	
	正	DF151	N	W	60~70	0~13	0.79	5-6B₁	14	2	5	可靠	
	正	DF152	NNW	NE	60~70	0~10	0.3		4	2	2	可靠	
	正	DF153	NNW	SW	65~70	0~15	0.85		12	7	5	较可靠	
	正	DF154	NW	NE	70	0~5	0.3		4	2	2	可靠	
	正	DF155	NW	SW	70	0~5	0.07		1	1		可靠	
	正	DF156	NW	SW	70	6	0.1		2	1	1	可靠	
	正	DF157	NE	SW	70	0~6	0.2		5	1	1	可靠	
	正	DF158	NEE	NW	70	0~5	0.12		2	1	1	可靠	
	正	DF162	NE	SE	65	0~5	0.14					可靠	
	正	DF163	NEE~NE	NW	70	0~10	0.6		8	4	3	可靠	
	正	DF165	NW	NE	70	0~5	0.09		2	1		不可靠	
	正	DF166	NW	NE	70	0~5	0.2					可靠	
	正	DF167	NE	NW	70	0~6	0.17		3	2		可靠	
	正	DF168	NNW~NW	NE	70	0~5	0.14		2	2		可靠	
	正	DF169	NE	NW	60~70	0~7	0.27					可靠	
	正	DF170	NE~NW	NW~SW	70	0~5	0.12		2	1	1	可靠	
	正	DF171	NE	NW	70	0~5	0.09					可靠	
	正	DF191	NW	NE	65	0~5	0.16		3	3	2	可靠	
	正	DF193	NE	SE	65~70	0~5	0.2		1	2	3	较可靠	

四、岩浆岩

临涣煤矿岩浆岩以 4 煤层以上层位和 10 煤层以上层位的二次侵入为主，分别为燕山期第一次和第四次侵入。4 煤层的岩浆岩分布在中—西部，10 煤层的岩浆岩分布在中东—东部，其上的 2、3 和 7、8 煤层中岩浆岩侵入点均以孤立点分别赋存在以上两个层位相应的位置中。侵入煤层中岩浆岩产状，主要有小型岩床、岩脉。

4 煤层为临涣煤矿不可采煤层，虽然受岩浆岩大面积的侵入，但对煤层的影响不大。3、7、8、9 煤层中岩浆岩体侵入点少，只造成局部煤层变薄，受其影响煤层变质为天然焦。10 煤层受岩浆岩侵入严重，造成煤层变薄乃至缺失，由图中可见岩浆岩侵入毫无规律，岩浆岩赋存于 10 煤层中部、上部和下部，受其影响在接触面上煤层变质为天然焦。

临涣煤矿 7、8、9、10 煤层中岩浆岩属基性岩浆岩，系闪长岩类，主要有闪长岩、闪长玢岩、蚀变闪长玢岩；2、4 煤层中岩浆岩属中性岩浆岩，主要有石英闪长岩、闪长玢岩。

第三节 煤层

一、煤层分布

临涣煤矿矿井勘探对象为二选系煤系地层，含 10 个煤层组，自上而下有：上石盒子组的 1、2、3 煤层组；下石盒子组的 4、5、6、7、8 煤层组；山西组的 10、11 煤层组。共含煤 28 层，其中可采煤层有：31、32、51、52、7、8、9、9 下、10 共 9 层，煤层平均总厚 12.04 米，其中 7、9、10 煤层为主要可采煤层，平均总厚度 7.36 米，占可采煤层总厚的 61.1%；31、32、51、52、8、9 下为局部可采煤层，平均总厚 4.68 米，占可采煤层总厚的 38.9%。

含煤系数：上石盒子组 0.42%；下石盒子组 2.87%；山西组 2.43%。

二、煤层状况

临涣煤矿井田内所有煤层采用标志层、层间距、煤岩层组合、古生物等方法进行对比，31、32、51、52、7、10、11 煤层对比可靠，8、9、9 下煤层，虽增加了平面对比和测井曲线对比，但由于层间距较小，顶底板岩性相差不大，给对比造成一定困难，对比基本可靠。1、2、4、6 煤层由于分布不稳定，又远离标志层，对比可靠性较差。

（一）可采煤层

1. 10 煤层

位于山西组中部，下距 K1 标志层平均 55.12 米，上距 K2 标志层平均 52.06 米。含煤 1～2 层，一般 1 层，厚 0～12.04 米，平均 2.66 米，煤层结构较简单，以单一结构为主，夹矸岩性由泥岩和炭质泥岩组成，不可采范围在中西部南侧呈条带状，东部因岩浆岩侵蚀造成煤层变薄，中部有成片的厚煤区。煤层顶板泥岩分布于中部及西部，粉砂岩分布于东部及中西部，砂岩在中西部南侧呈条带状，东部呈零星点状分布，底板以粉砂岩为主，次为泥岩，含少量砂岩及砂泥岩互层。

2. 9 煤层

位于下石盒子组下部，下距 K2 标志层平均 21.58 米。煤厚 0～6.90 米，平均 2.27 米。煤层结构较简单，夹矸由炭质泥岩和泥岩组成，不可采区仅分布于中东部及东部，呈零星孤立点状，可采区连续性较好，西部有成片的厚煤区。煤层顶板砂岩呈条带状分布在东部，粉砂岩呈片状分布于中西至中东部的大范围内，泥岩位于西部及东部，底板以泥岩为主，含少量粉砂岩和细砂岩。

9 煤层局部夹矸增厚发生分叉，下分层编号为 9 下，煤厚 0～2.90 米，平均 0.24 米，为可采区之间连续性很差的局部可采煤层。

3.8 煤层

位于 K2 标志层之上平均 29.47 米，下距 9 煤层平均 5.50 米，煤厚 0～6.59 米，平均 1.17 米，煤层结构简单，以单一结构为主。4 线以西煤层发育较好，平均煤厚 2.59 米；中部的北侧及东部有条带状可采区，不可采区主要集中在中部及东部。煤层顶板以砂岩为主，泥岩、粉砂岩呈零星孤立状分布于砂岩体中，底板岩性以泥岩为主，少量粉砂岩、砂岩。

4.7 煤层

位于 K2 标志层之上平均 50.62 米，下距 8 煤层平均 20 米，煤厚 0～9.59 米，平均 2.24 米，煤层结构较简单，可采范围集中在东、西两处，中部有成片的不可采区。煤层顶板以泥岩为主，砂岩成条带状分布于中部及东部，少量粉砂岩呈零星点状分布，底板岩性以泥岩为主，少量粉砂岩，砂岩极少。

5.52 煤层

位于 K2 标志层之上平均 104.66 米，下距 7 煤层平均 51.6 米，煤厚 0～2.54 米，平均 0.59 米，结构简单，可采范围主要集中在中～西部，煤层薄，连续性也较差；中、东部以不可采区为主。煤层顶板以泥岩为主，砂岩呈近南北向的条带状分布于中部和中东部，砂岩体的周围相变为粉砂岩，底板岩性以泥岩为主，粉砂岩和砂岩极少。

6.51 煤层

位于 K2 标志层之上平均 111.39 米，上距 K3 标志层平均 135.5 米，下距 52 煤层平均 6.1 米，煤厚 0～2.2 米，平均 0.70 米，结构简单，可采范围局限在中部南侧及西部的南北向宽条带中，此外，有少量孤立可采点，煤层薄，可采区之间连续性很差。煤层顶板中砂岩呈条带状分布于中部及东部，砂岩体周围相变为粉砂岩，泥岩则主要分布于中西部的北侧，底板岩性以泥岩为主，少量的粉砂岩和砂岩。

7.32 煤层

位于 K3 标志层之上，平均 26.4 米，下距 51 煤层平均 170.2 米，煤厚 0～3.09 米，平均 1.25 米，结构简单，除中西部北侧靠断层处有条带状不可采区外，还有零星小片不可采区。煤层顶板砂岩呈条带状分布于中部及东部，粉砂岩以宽条带状分布在西部较多，东部较少，其余为泥岩，底板岩性以泥岩为主，粉砂岩呈零星点状分布，中西部有少量砂岩。

8.31 煤层

位于 K3 标志层之上平均 31.97 米，下距 32 煤层平均 4.30 米，煤层厚度 0～2.27 米，平均 0.64 米，结构简单，可采范围主要集中在中东部，中西部南侧有宽条带状的可采区，煤层薄，可采区连续性差。煤层顶板岩性以泥岩为主，西部有条带状粉砂岩，含少量砂岩，中部有近南北向的宽砂岩体，底板岩性以泥岩为主，粉砂岩呈零星点状分布。

（二）不可采煤层

1.11 煤层

位于山西组下部，下距 K1 砂岩平均 25.62 米，上距 10 煤层平均 29.53 米，煤层上有"叶片状砂岩"，下有海相泥岩，含煤 1～2 层，煤层薄且不连续，厚度为 0～1.48 米，平均厚度为 0.47 米。

2.6 煤层

位于下石盒子组中下部，下距 7 煤层平均 7.5 米，上距 52 煤层平均 44.05 米，煤层之上一般发育中厚层砂岩，之上发育以菱铁质鲕粒形成并显示的小型槽状交错层理，含煤 2－3 层，煤层薄且不连续，厚度为 0－1.36 米，平均厚度为 0.25 米。

3.4 煤层

位于下石盒子组上部，上距 K3 标志层平均 63.5 米，下距 51 煤层平均 71.69 米，含煤 2－3 层，煤层薄且常有缺失，厚度为 0－1.33 米，平均厚度为 0.31 米。

4.2 煤层

位于上石盒子组中部，下距 31 煤层平均 99.77 米，含煤 2－4 层，煤层薄，结构复杂，常有缺失，厚度为 0－1.04 米，平均厚度为 0.46 米。

5.1 煤层

位于上石盒子组上部，含煤1－3层，煤层薄且时有缺失，厚度为0－1.61米，平均厚度为0.36米。

第四节 煤种、煤质和储量

一、煤种

临涣井田煤的变质因素以深成变质为主，各主要可采煤层由东向西煤种分带和由浅向深变质程度逐渐增高。矿井北部和西部因岩浆岩侵入，煤的变质程度更高。各主要可采煤层工业牌号以FM、JM为主，伴有1/3JM及少量QM。

二、煤质

临涣井田各主要可采煤层多为中等挥发分，粘结性强，结焦性良好，由上而下，由东向西变质程度较高。有害组分总体特征属中灰（51、52煤属富灰），特低硫（31煤层属低硫），特低磷（31、7煤层属低磷），酸性灰渣，高熔灰分（52煤难熔灰分），砷、氯、氟含量甚微（见表4-2-2、表4-2-3）。该矿井各层煤洗精煤为配煤炼焦，中煤可作动力用煤。10煤层岩浆侵入区之TR可作民用，经热处理后用于小化肥工业。

三、储量

临涣井田地质储量系根据淮北矿业股份有限公司临涣煤矿2011年12月提交的《临涣煤矿矿井地质报告》，按设计井田范围计算结果（-800米水平以上）：截止2010年底，资源储量估算是矿井采矿许可证范围之内的保有资源储量，采用直接估算的方法估算。参与资源储量估算的煤层有31、32、51、52、7、8、9、9下、10煤层共9层。

采矿许可证认定范围内的估算资源储量：

1. 全矿井保有资源储量：111b+122b+333=33317.8万吨。其中探明的（可研的）经济基础储量（111b）：5424.2万吨（FM：2539.1万吨，

1/3JM：802.0万吨，JM：2061.1万吨，QM：22.0万吨）；控制的（预可研的）经济基础储量（122b）：4051.4万吨（FM：1486.8万吨，1/3JM：493.4万吨，JM：2030.5万吨，QM：40.7万吨）；推测的内蕴经济资源量（333）：23842.2万吨（FM：10209.4万吨，1/3JM：4376.9万吨，JM：8477.4万吨，QM：748.1万吨，WY：30.4万吨）。

2. 可采储量估算结果：111+122+333折算=15920.0万吨（FM：6055.8万吨，JM：6636.6万吨，1/3JM：2999.9万吨，QM：212.0万吨，WY：15.7万吨）；

3. 潜在矿产资源：（334）?：1372.7万吨；

4. 全矿井保有资源储量按煤类：FM：14235.3万吨；JM：12569.0万吨；1/3JM：5672.3万吨；QM：810.8万吨；WY：30.4万吨。

表4-2-2　可采煤层主要煤质指标一览表

项目 煤层		M_{ad} (%) 原煤	A_d (%) 原煤	A_d (%) 浮煤	$S_{t,d}$ (%) 原煤	$S_{t,d}$ (%) 浮煤	P_d (%) 原煤	P_d (%) 浮煤	Cl_d (%) 原煤	$As_2O_3.d$ (ppm) 原煤	Fd (ppm) 原煤
3_1		0.63-1.32 0.97(15)	17.51-30.61 24.36(15)	7.82-10.95 9.42(14)	0.43-2.56 1.18(12)	0.53-1.12 0.88(6)	0.0090-0.0210 0.0158(4)	0.002-0.004 0.003(5)	0.009(1)	2.32(1)	
3_2		0.37-1.82 0.88(30)	13.10-32.59 21.29(28)	5.71-13.67 9.30(30)	0.47-1.04 0.76(29)	0.49-1.06 0.61(16)	0.002-0.014 0.006(17)	0.001-0.003 0.002(3)	0.025(13)	0.75-7.15 2.88(13)	16.36-277.64 110.52
5_1		0.37-1.71 0.96(19)	16.99-39.07 31.52(17)	6.78-12.03 9.86(19)	0.24-0.59 0.45(16)	0.46-0.65 0.52(5)	0.005-0.009 0.0065(4)	0.0022-0.004 0.003(5)	0.010-0.070 0.047(3)	0.10-2.68 1.43(3)	
5_2		0.44-1.36 0.83(17)	20.83-38.72 26.94(17)	7.09-13.07 9.03(17)	0.23-0.64 0.45(14)		0.0035-0.0096 0.0061(4)	0.0035-0.0077 0.004(3)	0.060(1)	1.35(1)	
7		0.42-1.80 0.98(72)	12.41-39.16 23.81(72)	4.65-13.19 8.86(72)	0.24-1.01 0.45(54)	0.35-0.75 0.48(17)	0.007-0.056 0.019(19)	0.0013-0.0235 0.008(17)	0.009-0.060 0.028(15)	0.20-7.50 1.98(15)	36.21-76.66 56.44(2)
8		0.41-1.94 0.89(35)	12.02-30.21 18.80(38)	5.46-11.54 8.17(33)	0.31-0.98 0.60(26)	0.51-0.77 0.60(10)	0.004-0.016 0.0066(9)	0.0011-0.003 0.002(8)	0.010-0.090 0.044(5)	1.55-2.35 1.81(5)	
9		0.46-3.07 1.03(69)	13.87-34.37 23.00(68)	5.61-13.21 8.32(68)	0.21-1.45 0.60(57)	0.49-0.83 0.60(22)	0.005-0.009 0.007(19)	0.0017-0.0745 0.007(19)	0.005-0.070 0.036(11)	0.50-2.97 1.76(11)	0.93-66.69 40.16(3)
10	FM JM	0.25-1.72 0.82(57)	8.16-36.94 17.73(57)	3.75-13.49 7.32(58)	0.22-1.01 0.43(23)	0.25-0.67 0.41(23)	0.003-0.027 0.006(11)	0.0008-0.0045 0.002(11)	0.020-0.090 0.043(7)	0.35-2.80 1.44(7)	
	TR	0.92-2.69 1.58(12)	16.18-29.80 22.65(12)		0.15-0.31 0.22(7)		0.004-0.016 0.008(7)		0.010-0.020 0.015(2)	1.50-3.40 2.45(2)	93.96(1)
备注		分子为最小~最大值分母为平均值分母括号内数字为测试点数(表4203同)									

表 4-2-3 可采煤层主要煤质指标一览表

煤层	煤种	V_{daf} (%)	Y (mm)	$G_{R.I}$ (%)	$Q_{b.d}$(MJ/Kg) 原煤	精煤
3₁	QM	38.19(1)	13.50(1)		20.72-29.83 25.86(11)	30.35-33.03 31.93(3)
	FM	30.43-36.12 33.17(8)	26.0-37.0 31.0(8)	90.3-94.2 92.6(3)		
	1/3JM	29.9-36.36 33.13(2)	20.0-25.0 22.5(2)	87.5(1)		
3₂	QM	37.14-38.92 38.15(4)	16.5-18.5 17.5(3)	85.0-85.2 85.1(2)	20.34-31.38 27.80(23)	31.47-34.34 33.12(9)
	FM	26.45-34.76 30.18(17)	26.0-40.5 34.0(15)	86.5-98.6 94.8(12)		
	1/3JM	32.77-35.46 34.00(3)	24.0-25.0 24.5(3)	93.4(1)		
	JM	25.20-27.69 26.31(4)	10.5-19.0 14.0(4)	69.2-92.1 82.7(3)		
5₁	FM	29.74-36.41 33.62(4)	26.5-38.5 30.5(3)	93.2-99.9 96.6(4)	19.53-29.52 24.05(11)	33.07(1)
	JM	24.00(1)	18.00(1)			
5₂	FM	27.06-29.35 28.40(7)	27.5-36.5 31.5(7)	94.7(1)	20.74-27.32 25.02(9)	
	1/3JM	27.59-34.87 30.92(5)	18.1-25.0 22.5(5)			
	JM	26.9(1)		90.1(1)		
7	FM	24.82-34.49 28.11(30)	25.5-40.0 30.5(29)	87.1-97.7 94.2(14)	20.69-30.44 26.44(50)	32.32-33.88 33.16(9)
	1/3JM	30.98-36.81 33.46(17)	15.0-25.0 20.5(18)	77.4-94.3 88.2(4)		
	JM	22.81-27.03 25.11(11)	13.0-25.0 22.0(9)	73.5-86.9 89.3(4)		
8	FM	24.41-36.12 27.43(18)	25.5-36.5 29.0(18)	87.0-95.2 93.5(8)	23.87-31.68 28.65(24)	33.12-33.36 33.24(2)
	1/3JM	32.48-35.10 33.28(6)	17.0-23.5 20.0(6)	86.9-89.1 88.0(2)		
	JM	20.59-26.20 24.12(10)	18.0-24.0 21.0(10)	86.8-91.2 89.0(2)		
9	FM	24.74-35.03 29.86(37)	25.5-35.0 29.0(36)	85.3-100.3 95.7(12)	20.85-30.05 26.88(48)	32.18-34.08 33.10(5)
	1/3JM	28.47-34.06 30.06(16)	15.5-25.0 22.0(5)	82.4-96.0 91.2(4)		
	JM	21.04-26.79 24.60(15)	13.0-25.0 22.0(14)	90.0-90.6 90.3(3)		
10	FM	22.44-34.48 28.71(22)	25.5-37.0 29.5(22)	86.6-96.8 94.3(9)	21.45-33.00 29.17(37)	30.96-34.36 33.37(6)
	1/3JM	28.56-33.32 30.79(8)	21.0-25.0 23.0(8)	90.1(1)		
	JM	19.20-28.93 24.02(31)	13.0-29.0 21.0(29)	53.1-98.2 83.8(7)		

5. 全矿井各种煤柱量：7731.3 万吨。其中工广煤柱量：1697.3 万吨；断层煤柱量：5528.3 万吨；矿界煤柱量：9.3 万吨；防水（砂）煤柱量：496.4 万吨。

采矿许可证认定范围内的估算资源储量

1. 天然焦：1610.4 万吨。

2. 灰分超过 40% 的资源储量：850.8 万吨。

3. -800 ～ -1200 米的资源储量：5343.1 万吨。

全矿井地质总储量 48692.0 万吨，其中：A＋B 级为 5985.8 万吨，工业储量为 28248.9 万吨，高级储量占工业储量的比例为 21.2%，可采储量为 15198.0 万吨，能利用储量为 39615.8 万吨，暂不能利用储量为 9076.2 万吨。

整个矿区范围内，目前尚有韩村镇等 47 个村庄压煤，被压的煤炭资源储量 27560.1 万吨，查明的保有资源储量 25523.0 万吨，可采储量 11905.6 万吨；预测的资源量 732.0 万吨；天然焦 1305.1 万吨。

至 2014 年底矿井保有资源储量：32145.3 万吨，其中：探明的经济基础储量（111b）5052.9 万吨，控制的经济基础储量（122b）3874.0 万吨，推断的内蕴经济资源量（333）23218.4 万吨。可采储量 15298.0 万吨。（临涣煤矿截至 2014 年底固体矿产资源／储量见表 4-2-4）。

表 4-2-4 临涣煤矿截至 2014 年底固体矿产资源／储量报表

所属矿区(井田)名称	濉溪临涣井田	所属矿区(井田)名称-矿山编号		340621021-1		行政区代码		340621		采矿许可证号码：C10000020101111120087876					
矿产名称(矿产组合)	统计对象	资源储量单位	矿石工业类型	品级(牌号)	矿石主要组分及实际生产工业指标	类型编码	年初保有	累计查明	开采量	损失量	查明资源储量及年度变化情况				备注
											勘查增减	重算增减	年末保有	累计查明	资源储量利用情况	
1	2	3	4	5	6	7		8	9	10	11	12	13	14	15	16
煤(单一)	煤	千吨	原煤	无烟煤	Ad20.87% Mad1.59% Qb,ad27.44MJ/kg Vdaf5.55%	333	304	304					304	304		
				焦煤	Ad21.28% Qb,ad27MJ/kg Vdaf28.21%	111b	19952	32186	881	382		432	19121	32618		
						122b	20115	20514	333	196		13	19599	20527		
						333	84093	84943				-571	83522	84372		
				1/3焦煤	Ad22.42% Vdaf8.18% St,ad0.29%	111b	7745	11892	475	220		634	7684	12526	损失率16.5 核定回采率78.2% 实际回采率83.5%	
						122b	4921	5270	17	5		8	4907	5278		
						333	42827	44527				-457	42370	44070		
				肥煤	Ad37.29% Vdaf29.43% St,ad1.38%	111b	23664	45297	251	275		366	23504	45663		
						122b	14129	16997				302	13827	16997		
						333	98731	103596				-224	98507	103372		
				气煤	Ad23.67% Vdaf22.29% St,ad1.38%	111b	220	220					220	220		
						122b	407	407					407	407		
						333	7481	7481					7481	7481		
							324589	373634	1957	1380	0	201	321453	373835		

第五节 矿井水文与瓦斯

一、矿井水文

（一）区域水文地质概况

1. 地表水

淮北煤田位于淮北平原的北部，地面标高20～50米，地表河流均属淮河水系，主要有颖河、西肥河、茨淮新河、涡河、浍河、新汴河、濉河等，河水受大气降水控制，属雨源型河流，各河平均流量3.52～72.10m³/s，年平均水位标高14.73～26.56米。

2. 含、隔水层（组、段）

淮北煤田除闸河矿区新生界松散层厚度较小，为40～80米外；其他（临涣、宿县、涡阳）矿区，一般为200～400米，其松散层自上而下分为四个含水层（组）和三个隔水层（组）。

二迭系含煤地层，根据主采煤层的赋存层位，一般分为三个砂岩裂隙含水层（段）和四个隔水层（段）。另外，还有石炭系太原组和奥陶系两个石灰岩岩溶裂隙含水层（段）。

含水层（组、段）的主要水文地质特征详见表4-2-5。

表4-2-5 区域水文主要水文地质特征一览表

含水层（组、段）名称	厚度（m）	水位标高	q (L/(s.m))	K (m/d)	矿化度（克/升）	总硬度（德国度）	主要水质类型
新生界一含	15～30	25.63～35.52	0.095～5.35	1.03～8.67	0.18～1.46	11～15	$HCO_3-Na·Mg$
新生界二含	10～60	22.51～30.75	0.346～2.59	0.92～10.95	0.52～1.588	14～21	$HCO_3、SO_4-Na、Ca$ $HCO_3-Na·Ca$
新生界三含	20～80	20.77～30.80	0.043～1.21	0.513～5.47	0.48～1.90	11～60	$SO_4、HCO_3-Na·Ca$ $HCO_3、SO_4-Na·Ca$
新生界四含	0～57	19.46～26.67	0.0026～0.705	0.0011～5.80	0.68～3.64	38～123.74	$SO_4、HCO_3-Na·Ca$ $SO_4、Cl-Na·Ca$
3 煤砂岩	20～90	27～33	0.02～0.87	0.023～2.65			$HCO_3、Cl-Na·Ca$ $SO_4-Ca·Na$
7～8 煤组砂岩	20～40	26～33	0.0022～0.12	0.0066～1.45	0.74～3.29		$HCO_3、Cl-Na·Ca$ $SO_4-Ca·Na$
10 煤上下砂岩	25～70	29～32	0.003～0.13	0.009～0.67			HCO_3-Na $HCO_3、Cl-Na$
太原组石灰岩	47～102	21～33.33	0.0034～11.4	0.015～36.4	0.31～1.35		$HCO_3、SO_4-Ca·Mg(Na)$
奥陶系石灰岩	全层总厚约500	26.36～33.42	0.065～45.56	0.0072～60.24	0.30～0.50		$HCO_3-Ca·Mg$

隔水层（组、段）的水文地质特征：新生界第一、二、三含水层（组）之下分别对应有第一、二、三隔水层（组）分布，它们主要由粘土、砂质粘土组成，厚度13～80米，分布稳定，塑性指数19.6～38，隔水性较好。尤其是第三隔水层（组），主要由灰绿色粘土组成，单层厚度大，质细腻，具滑感，可塑性强，隔水性能良好，是区域重要的隔水层（组），它直接阻隔了地表水和一、二、三含地下水对煤层开采的影响。

二迭系隔水层（段），主要由泥岩、粉砂岩组成，对应上述各主要煤层含水层（段），划分为四个隔水层（段）：1～2煤隔水层（段），4～6煤层隔水层（段），8煤下铝土隔水层（段），10煤下隔水层（段），它们一般隔水层性能尚好。但局部地段10煤到石炭系太原组石灰岩顶部隔水层厚度较小，若处于断层带，岩性破碎，岩溶裂隙水易进入井巷，造成水害。如杨庄矿88年突水，给煤矿生产带来巨大损失。

3. 断层的导水性和富水性

淮北煤田的断层，一般富水性弱，导水性差，但随着矿井采掘工程的延深，加之高压水的影响，对特殊地段如回采工作面突水系数大于0.07mPa/m，掘进头遇断层使煤层与太灰对口接触或其间距缩短等情况时，断层的导水性可能增加。

总之淮北煤田是新生界松散层覆盖的全隐伏煤田，是以孔隙水和裂隙水为主要充水水源的矿床，水文地质条件多属中等～复杂。

（二）矿井充水因素

1. 矿井充水含水层的类型

根据该矿各突水含水层的性质，以及其对矿井充水的方式及影响程度，对矿井充水含水层作如下划分：

(1)新生界松散层第四含水层（组），属孔隙承压含水层，是矿井充水的间接充水含水层。

(2)二叠系主采煤层顶、底板砂岩裂隙含水层（段），属承压含水层，是矿井充水的直接充水含水层。

(3)石岩系太原组和奥陶系石灰岩岩溶裂隙含水层（段），属承压含水层，一般情况下对矿井煤层开采的没有影响。

因此，矿井充水含水层为裂隙含水层。

2. 矿井充水因素分析

(1)矿井充水水源

①四含在该矿除局部地段缺失外，其余大部分地段均有分布。2～3线以西富水性中等，2～3线以东及5～6线富水性弱。四含地下水可沿浅部基岩风化带裂隙和断层破碎带、采空冒裂带裂隙进入矿井。四含是浅部煤组开采时矿井充水的主要补给水源，正常地段在合理留设防水煤柱的情况下，对矿井无突水威胁，但在断层带导水情况下，四含水可沿断层带突入矿井，建井期间四含2次突入巷道均因断层导入四含水所致。

②各主采煤层顶底板砂岩裂隙含水层是矿井充水的直接充水含水层。其富水性受构造裂隙发育程度的控制，一般富水性弱，只在局部相对较强。地下水处于封闭～半封闭环境，补给条件差，以储存量为主，补给源不足为其特点。建井期发生2次砂岩突水，随着采场不断扩大，目前砂岩水只表现为少量突水（一般突水量小于10m³/h）、淋水和滴水。淮北各矿生产实际表明，此类水在不与其它富水性强的含水层发生水力联系时，一般涌水量不大，易于疏干，对矿井生产不会构成水患威胁。但是局部地段因构造影响，或者岩浆岩蚀变带裂隙发育，使其富水性较强，具有突发性涌水的特征。

③该矿井在生产建设中已揭露大小断1067条，其中落差大于5米的断层268条，1～5米的断层799条，以正断层为主。在自然状态下断层一般富水性弱，导水性差。但在断层的两侧派生的一些次一级小断层或裂隙带往往富水性较强。小断层发育破坏了煤系地层完整性，特别是在开采条件下，使断层可能局部活化，断层的导水性增强。从揭露FS141、F9、JF9、JF11断层时突水，其余均为淋水、滴水或无水，就证明了这一点。

④在正常情况太原组和奥陶系石灰岩岩溶裂隙水对主采煤层开采无直接矿井充水影响。但井巷工程遇导水性断层，或遇封闭不良的钻孔时，则灰岩水有可能对矿井产生突水。由于灰岩水水压高，水量大，易于造成突水灾害，是矿井安全生产的重要隐患之一。此类突水一次，发生在1012工作面，因钻孔封闭不良，导通太灰水其特点是突水量水大，但延续时间长，对安全生产影响较大。

⑤采空区积水：除上述几种矿井充水水源之外，采空区积水也是矿井充水的水源之一。采空区积水主要集中于Ⅱ2、Ⅰ4、Ⅰ3、Ⅰ9采区，

其中Ⅱ2、Ⅰ4采空区出水量 174m³/h，Ⅰ3、Ⅰ9采空区出水量 60m³/h，占矿井涌水量的 70%。

⑥钻孔突水：矿井生产过程中曾遇到部分钻孔，大多数钻孔封闭较好，经 029 孔太灰含水层未封好，导致钻孔突水，该矿水文长观孔、未封孔、封闭资料不详及无封孔记录的钻孔 71 个，生产中应提高警惕。

(2)矿井充水的通道

主要有：构造裂隙、采动冒落带裂隙、断层以及未封闭好的钻孔。

3. 防治水技术措施

坚持"预测预报，有疑必探，先探后掘，先治后采"的原则。根据该矿不同的水患类型，采取针对性的防治措施。

新生界四含孔隙水的防治。合理留设防水安全煤岩柱，控制回采上限标高。

10 煤层底板太灰岩溶裂隙水防治。采取疏水降压与工作面探查相结合的综合治理措施。随着井下太灰放水孔的不断疏放，致使太灰水位持续下降，地面太灰长观孔水位已达到 -173 米，使 10 煤层突水系数降至临界值以下，对 10 煤安全开采起到重要作用。在 10 煤层底板布置井巷工程（近灰岩掘进）时，采取"超前物探、钻探验证、长孔掩护、疏水降压、注浆加固"的水害综合治理措施。10 煤工作面开采前，采用物探、钻探方法查明底板灰岩水文地质条件，采取局部注浆加固措施。

断层水防治。对于煤层与灰岩含水层接触或接近的断层，按《煤矿防治水规定》留设断层防水煤柱。沿断层煤柱掘进巷道，每 80 ~ 100 米采用钻探检查断层煤柱尺寸，必要时重新调整断层煤柱。巷道穿越断层前，采用物探、钻探方法查明断层含（导）水性，制定专门治理措施。受断层影响的 10 煤开采前，单独计算突水系数，并评价开采安全性。

煤系地层砂岩水、老塘水、钻孔水防治。坚持水害周分析、月预报制度，严格按照《煤矿防治水规定》等规程规定的要求实施探放水工作，在确保彻底排除水患威胁的前提下，方可恢复生产。

实践证明：以水害预测预报为主的综合防治水系统工程，能较为有效地解决水害威胁安全开采问题。

㈢矿井涌水量

1. 矿井涌水量

(1)矿井涌水量观测

矿井涌水量采用浮标法、流速仪法设站进行观测，每月 3 次。全矿井共设站 5 个，分别位于内外总水仓入口处（观测总涌水量）各一个，Ⅰ2 运输大巷（观测Ⅰ2、Ⅰ4 采区涌水量），Ⅰ1 采区运输大巷（观测Ⅰ1、101、Ⅰ3 采区涌水量），Ⅰ7 运输大巷（观测Ⅰ7、Ⅰ9、Ⅰ11、Ⅰ13 采区涌水量），Ⅱ2 采区底大巷（观测Ⅱ2 采区涌水量），Ⅱ3 采区底大巷（观测Ⅱ3 采区涌水量）。

(2)矿井涌水量

据历年涌水量观测资料，投产前 1984、1985 年矿井涌水量月平均为 390m³/h，投产后，随矿井产量的逐年增加，涌水量迅速增加，1990 年涌水量达到高峰期，月平均 526.30m³/h。1990 年以后涌水量不断减小，到 1992 年涌水量为 438.13m³/h。1999 年至 2011 年底，矿井涌水量呈现相对稳定状态，月平均为 376.9m³/h。自 1984 年以来矿井实测最大涌水量为 590.2m³/h。

(3)矿井水量构成

矿井水量的构成主要是煤系地层砂岩裂隙水，其次是新生界四含孔隙水、采掘活动中的施工用水及井下太灰探查孔出水等。

①煤系地层砂岩水

砂岩水通过砂岩裂隙、采动冒落后的导水裂隙等进入矿井，水量约 246.9m³/h，占全矿井总水量的 65.5%。

②四含水

由主井、副井、风井井筒及导水断裂进入井下，水量约 20m³/h，占全矿井总水量的 5.3%。

③施工用水

采掘施工、防尘、煤层注水等采用地面静压供水，水量约 30m³/h，占全矿井总水量的 8.0%。

④太灰探查孔放水

井下太灰探查孔 8 个，放水量约 80m³/h，占全矿井总水量 21.2%。

(4)矿井涌水量变化规律及相关因素

通过对矿井涌水量和涌水量与大气降水、开采深度、开采强度等相关因素分析，矿井涌水量与大气降水、开采深度等因素相关性不大，而与开采面积、开采强度、矿井产量有着密切的关系。随着开采面积的扩大、开采强度、矿井产量增加，涌水量也在增加，而绝非呈直线关系，当涌水量随开采面积扩大增加到一定范围值后，呈现相对稳定状态，在此之后，涌水量随开采面积的扩大有所波动，但不明显。

2. 矿井水文地质条件评定

该矿各主采煤层顶底板砂岩裂隙含水层（段）是矿井充水的直接充水含水层，一般富水性较弱。四含是矿井充水的间接充水含水层，是矿井充水的重要补给水源之一，一般富水性弱。岩溶裂隙含水层正常情况下对煤层开采没有影响，但具水压高，来势猛，水量大的特征，在受构造影响时是威胁矿井安全生产的重要隐患之一，防治水工程量较大。地质构造复杂程度复杂（Ⅲ类），断层及构造裂隙较发育，断层之间相互切割交叉。

按照《煤、泥炭地质勘查规范》（DZ/T0215-2005）、《矿区水文地质、工程地质勘探规范》（GB/12719-91）、《煤矿防治水规定》中有关矿井水文地质条件类型划分的标准，该矿井属以裂隙含水层充水为主的矿床，水文地质条件中等，即Ⅱ类Ⅱ型。

依据《煤矿防治水规定》，矿井水文地质类型为中等。临涣煤矿水文地质类型划分依据及评定结果一览表详见表4-2-6。

㈣供水

1. 新生界含水层（组）

该井田供水水源为一含及一含、二含混合水。据水源勘探和水源井资料，一含为重碳酸钾钠镁钙类型，矿化度0.272～0.748g/L，全硬度12德国度左右，氟含量1～1.8mg/L，PH值7.8左右。二含为硫酸、氯化钾钠镁钙类型，矿化度为1.14～1.77g/L全硬度为28德国度左右，PH值为7.7～7.9。参照饮用水标准，一、二含水质较好，但一含氟含量超标，应采取降氟措施。

2. 灰岩含水层（段）

太灰含水层富水程度不均，不受地表环境污染，但水质较差，矿化度高，硬度大，且水中含砷等有害元素，不宜饮用。

表 4-2-6 临涣煤矿水文地质类型划分依据及评定结果一览表

分类依据		划分依据	评定结果	矿井综合评定结果
受采掘破坏或影响的含水层及水体	含水层性质及补给条件	受采掘破坏和影响的含水层有第四系孔隙含水层、煤系地层砂岩裂隙含水层和太原群灰岩含水层。四含直接覆盖在煤系地层之上,富水性不一,q=0.0000188～0.578253 L/s.m,富水性弱～中等。煤系砂岩裂隙水以静储量为主,q=0.000711～0.0148 L/s.m,富水性弱。太原群灰岩含水层 q=0.009～0.056578 L/s.m,富水性弱,受该含水层影响的主要是 10 煤层。	四含为中等型,砂岩含水层和太灰含水层为简单型。	中等
矿井及周边老空水分布状况		老空水主要分布在矿井的 II2、I4、I3、I9 采区中,位置、范围、积水量清楚。与周边矿井均以断层为界,留设断层煤柱,不构成威胁。	中等	
矿井涌水量 (m³/h)	正常 Q	实测矿井正常涌水量376.9 m³/h(包括疏放水量)。估算矿井正常涌水量508m³/h。	中等	
	最大	实测矿井最大涌水量590.2 m³/h,估算矿井最大涌水量1057m³/h。	中等	
突水量 Q (m³/h)		矿井突水多以煤层顶底板砂岩裂隙水为主,最大突水量在 208 m³/h;四含水最大突水量290.4m³/h,灰岩最大突水量15.7 m³/h。	中等	
开采受水害影响程度		矿井自1977年6月开工建设以来,水量大于10m³/h突水共20次。其中,突水大于100m³/h的5次突水均发生在建井时期,1985年12月投产以来,突水仅4次,多以砂岩水裂隙水为主,突水量小于 20 m³/h。总体来说,矿井偶有突水,但不威胁矿井安全。	中等	
防治水工作难易程度		中组煤(7、8、9煤)开采时受砂岩裂隙水影响,防治水工作简单易行,10 煤层开采受底板灰原群灰岩水影响,以疏水降压和工作面底板隔水层探查为主。总体评价,防治水工作难度小,易于实施。	中等	

二、瓦斯地质

(一)煤层瓦斯参数和矿井瓦斯等级

1. 煤层瓦斯参数

勘探过程中从钻孔取样测得瓦斯含量最大的为055孔9煤,取样深度689.45米,瓦斯含量13.29cm³/g.daf。瓦斯成分85.05%。

该矿井累计采取瓦斯煤样102个点,其中主要煤层88个合格点。采取深度为276.70～922.64米。最大瓦斯成份是32孔9煤层,其 CH4 成份为100%。

该矿井以浍河为界,以西瓦斯较小,氮气－沼气带为主;以东瓦斯较大,沼气带为主。剖面上中部7、8、9煤层瓦斯最大,下部10煤层一般较小,局部为沼气带;上部3煤组最小,均属二氧化碳－氮气带。

(1)瓦斯含量

中国矿业大学矿山开采与安全教育部重点实验室于2013年4月对淮北矿业股份有限公司临涣煤矿进行了煤与瓦斯突出危险性鉴定,《淮北矿业股份有限公司临涣煤矿7、9(8)、10煤层煤与瓦斯突出危险性鉴定报告》(以下简称鉴定报告)、《淮北矿业股份有限公司临涣煤矿7、9(8)、10煤层煤与瓦斯突出危险性区域划分报告》(以下简称区划报告)。根据区划报告,临涣煤矿7、9(8)煤煤样工业分析及瓦斯吸附参数测定结果见表4-2-7、表4-2-8。

表 4-2-7 临涣煤矿 7、9（8）煤工业分析及瓦斯吸附参数试验测定结果表

取样地点	煤层	分析基水分 Mad/%	分析基灰分 Aad/%	分析基挥发分 Vad/%	孔隙容积 /m³/m³	吸附常数 a/ml/g	吸附常数 b/MPa⁻¹
Ⅰ11 采区运输石门	7 煤	1.48	14.77	34.18		19.837	0.871
Ⅰ3 采区 7 煤	7 煤	0.91	12.9	22.24	0.0352		
7112 运输斜巷	9（8）煤	1.54	18.93	35.92	0.0348	20.1061	0.7471

表 4-2-8 临涣煤矿 7、9（8）煤各测点瓦斯含量结果汇总表

煤层	测压时间	测压地点	见煤标高 m	相对瓦斯压力 MPa	瓦斯含量 m³/t
7	2011.6.16	Ⅰ13 运输大巷运 14 点	-354.7	0.8	5.77
	2011.6.27	Ⅰ13 上部车站车 4 点附近	-391.4	1.3	7.27
	2011.7.31	Ⅱ2 采区西翼轨道大巷	-583.6	0.4	4.59
	2011.8.5	Ⅱ3 采区回风大巷风门	-621.7	0.8	6.68
	2009.3.3	7112 运输斜巷	-367.4	0.25	3.53
	2009.3.8	7112 运输斜巷	-360.5	0.25	3.53
	2009.3.24	Ⅰ11 采区轨道大巷	-373	0.55	5.47
	2009.4.6	东翼轨道石门	-405.3	0.3	3.9
	2008.9.12	736 机巷	-362	0.3	3.9
	2008.9.28	724 溜斜	-517.1	0.22	3.29
	2005.5.17	东三 937 轨道巷轨 18 点	-410.5	0.28	3.75
	2010.3.25	Ⅰ13 采区运输大巷	-377	1.8	9.59
	2010.3.29	Ⅰ13 采区运输大巷	-372.2	1.7	9.38
	2010.6.15	Ⅱ3 回风上山	-419.3	0.5	5.2
	2010.6.22	Ⅱ3 回风上山	-470.5	0.8	6.68
9（8）	2011.6.19	Ⅰ13 运输大巷运 12 点	-392.2	0.8	6.68
	2011.6.14	Ⅰ13 运输大巷运 14 点	-391.8	0.45	4.9
	2011.6.27	Ⅰ13 上部车站车 4 点附近（变电所旁）	-404.6	1.52	8.97
	2011.7.8	Ⅱ2 采区西翼轨道大巷	-622.7	0.55	5.47
	2011.7.15	Ⅱ2 采区西翼轨道大巷	-620.5	0.9	7.08
	2009.3.8	7112 运输斜巷	-404.8	1.4	8.67
	2009.3.10	7112 运输斜巷	-405.4	1.5	8.92
	2009.6.15	Ⅰ11 大巷距 1 石门 325.8m	-360.7	0.56	5.53
	2009.6.16	Ⅰ11 大巷距 1 石门 159.7m	-404.5	0.75	6.46
	2009.6.23	Ⅰ11 大巷距 1 石门交叉处	-393.8	0.6	5.74
	2010.3.21	Ⅰ13 采区大巷	-402.2	1.1	7.79
	2010.3.28	Ⅰ13 采区大巷	-398.4	1.25	8.25
	2010.6.19	Ⅱ3 回风上山	-552.2	0.7	6.23
	2010.9.10	Ⅱ3 回风上山	-500.5	1.35	8.54
	2011.1.20	Ⅱ3 回风上山	-538.5	1.45	8.8

从表中中可以看出，7 煤层瓦斯压力 1.7MPa 时，对应的瓦斯含量为 9.38m³/t，大于《防治煤与瓦斯突出规定》规定的 8m³/t；9（8）煤层瓦斯压力 1.2MPa 时，对应的瓦斯含量为 8.25m³/t，大于《防治煤与瓦斯突出规定》规定的 8m³/t

（2）瓦斯压力

① 7、9（8）煤层：7、9（8）煤层瓦斯压力测定结果见表 4-2-9 所示，

由表可知，临涣煤矿 7 煤层所测最大相对瓦斯压力为 1.8MPa；临涣煤矿 9（8）煤层所测最大相对瓦斯压力为 1.52MPa。

②10 煤层；10 煤层瓦斯压力测定结果见表 4-2-10 所示，由表可知，临涣煤矿 10 煤层所测最大相对瓦斯压力为 1.65MPa。

表 4-2-9 临涣煤矿 7、9（8）煤层压力测定结果汇总表

煤层	测压地点	测压时间	见煤标高/m	相对瓦斯压力/MPa	最大相对瓦斯压力/MPa
7	I13 运输大巷运 14 点	2011.6.16	-354.7	0.8	1.8
	I13 上部车站车 4 点附近（变电所旁）	2011.6.27	-391.4	1.3	
	II2 采区西翼轨道大巷	2011.7.31	-583.6	0.4	
7	II3 采区回风大巷风门	2011.8.5	-621.7	0.8	1.8
	7112 运输斜巷	2009.3.3	-367.4	0.15	
	7112 运输斜巷	2009.3.8	-360.5	0.15	
	I11 采区轨道大巷	2009.3.24	-373	0.55	
	东翼轨道石门	2009.4.6	-405.3	0.2	
	736 机巷	2008.9.12	-362	0.2	
	724 溜斜	2008.9.28	-517.1	0.12	
	东三 937 轨道巷轨 18 点	2005.5.17	-410.5	0.18	
	I13 采区运输大巷	2010.3.25	-377	1.8	
	I13 采区运输大巷	2010.3.29	-372.2	1.7	
	II3 回风上山	2010.6.15	-419.3	0.4	
	II3 回风上山	2010.7.22	-470.5	1.4	
9（8）	I13 运输大巷运 12 点	2011.6.19	-392.2	0.8	1.52
	I13 运输大巷运 14 点	2011.6.14	-391.8	0.45	
	I13 上部车站车 4 点附近（变电所旁）	2011.6.27	-404.6	1.52	
	II2 采区西翼轨道大巷	2011.7.8	-622.7	0.55	
	II2 采区西翼轨道大巷	2011.7.15	-620.5	0.9	
	7112 运输斜巷	2009.3.8	-404.8	1.4	
	7112 运输斜巷	2009.3.10	-405.4	1.5	
	I11 大巷距 1 石门 325.8m	2009.6.15	-360.7	0.56	
	I11 大巷距 1 石门 159.7m	2009.6.20	-404.5	0.75	
	I11 大巷距 1 石门交叉处	2009.6.23	-393.8	0.6	
	I13 采区大巷	2010.3.21	-402.2	1.1	
	I13 采区大巷	2010.3.28	-398.4	1.25	
	II3 回风上山	2010.6.19	-552.2	0.7	
	II3 回风上山	2010.9.10	-500.5	1.35	
	II3 回风上山	2011.1.20	-538.5	1.45	

表 4-2-10 临涣煤矿 10 煤瓦斯压力汇总表

采区	测压地点	煤层	见煤标高/m	相对瓦斯压力/Mpa
II 3 采区	回风上山 H7 点前 113m	10	-570.3	0.82
	回风上山 H10 点后 166m	10	-584.0	0.32
	回风上山 H17 点后 10.5m	10	-704.2	1.65
II 2 采区	一中车场	10	-515.3	0.20
	二中车场	10	-556.6	0.35
	II 826 里机巷	10	-605.0	0.25
	五中车场	10	-620.6	0.55

（3）煤的坚固性系数（f）

7、9（8）煤层的坚固性系数 f 值的测定结果表明，临涣煤矿 7 煤层煤的坚固性系数 f 值为 0.15～0.56，最小值达到突出临界值 0.5，煤体松软；临涣煤矿 9（8）煤层煤的坚固性系数 f 值为 0.18～0.88，最小值达到突出临界值 0.5，煤体松软。

10 煤层的坚固性系数 f 值的测定结果表明，临涣煤矿 10 煤层煤的坚固性系数 f 值为 0.22～0.37，突出临界值 0.5，煤体松软。

(4)瓦斯放散初速度（ΔP）

7、9（8）煤的瓦斯放散初速度（ΔP）测定结果表明，临涣煤矿 7 煤煤样中最大瓦斯放散初速度 为 14.79mmHg，大于突出临界值；临涣煤矿 9（8）煤煤样中最大瓦斯放散初速度 为 11.85mmHg，大于突出临界值。

10 煤的瓦斯放散初速度（ΔP）测定结果表明，临涣煤矿 10 煤煤样中最大瓦斯放散初速度 为 4.7mmHg，小于突出临界值。

(5)煤的破坏类型

煤的破坏类型是预测煤与瓦斯突出的一个重要指标，煤层的破坏情况可以从煤体的宏观结构来分析。

通过在临涣煤矿风巷煤巷掘进过程中发现 7、9（8）、10 煤掘进工作面煤呈细小碎块，层理不明显，颗粒状明显；通过实验室煤样观测 7、9（8）、10 煤，发现煤样硬度较低，用手捻之成粉末，部分煤较硬。为此，判定 7、9（8）、10 煤破坏类型为III类。

2. 矿井瓦斯等级

据安徽省经济和信息化委员会关于 2014 年度全省煤矿瓦斯等级鉴定结果的批复（皖经信煤炭函［2014］1381 号），淮北矿业股份有限公司临涣煤矿为瓦斯突出矿井。

（二）矿井瓦斯赋存规律

1. 地质构造对瓦斯赋存的影响

临涣煤矿总体构造形态为一走向近东西，呈"S"形向北倾斜的单斜构造。构造的主要特点是张性断裂及次级褶曲发育，发育落差大于 10 米的断层 86 条。按煤矿面积 50 平方千米计算，每平方公里断层为 1.72 条。断层总长为 125.09 千米，每平方公里断层长度为 2.5 千米。断层之间相互切割交叉，严重影响采区的合理划分。次级褶曲只在补 2 线至西 4 线地段发育，其它地段地层产状正常。本矿井煤层瓦斯在平面上、剖面上所表现出一定的分带性，是与松散层厚度，煤层厚度，煤层结构和煤化程度变化相关，松散层和煤层厚度东薄西厚，煤层结构由东向西趋于简单，煤化度东低西高。

矿井煤层厚度变化不大，连续性好，根据已有的瓦斯资料看，煤层瓦斯赋存具有相似的瓦斯赋存规律。从地质角度分析，临涣煤矿煤层基本上为一连续赋存的稳定煤层，与此对应，瓦斯赋存也具有连续性。

2. 煤层埋深对瓦斯赋存的影响

根据瓦斯含量测定结果，分析 10 煤层瓦斯含量与煤层标高的关系，并对煤层瓦斯含量进行推测。

由图 4-2-4、图 4-2-5 可见，本矿煤层的瓦斯含量随煤层埋深的增加而增高，这说明临涣煤矿各煤层瓦斯赋存受煤层埋深的影响较大。

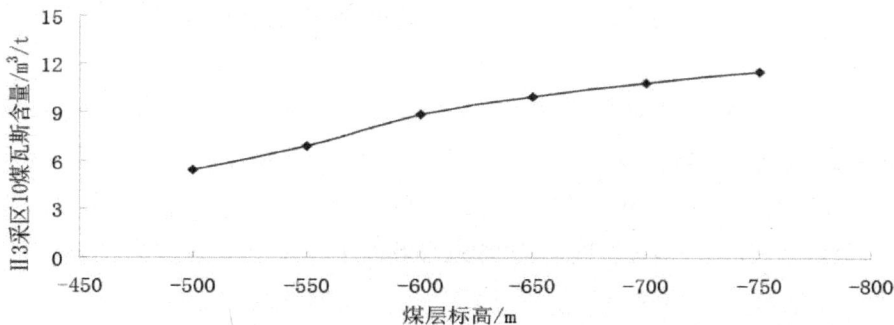

图 4-2-4 临涣煤矿Ⅱ3 采区 10 煤瓦斯含量与煤层标高的变化关系

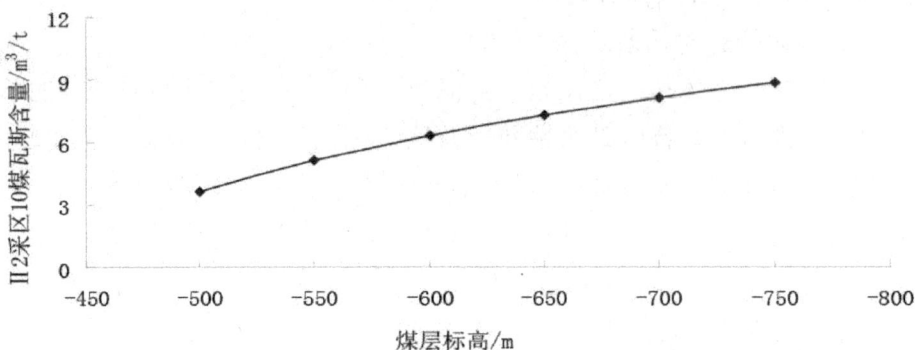

图 4-2-5 临涣煤矿 II 2 采区 10 煤瓦斯含量与煤层标高的变化关系

（三）煤与瓦斯区域突出危险性预测

中国矿业大学矿山开采与安全教育部重点实验室于 2013 年 4 月对淮北矿业股份有限公司临涣煤矿进行了煤与瓦斯突出危险性鉴定，《淮北矿业股份有限公司临涣煤矿 7、9（8）、10 煤层煤与瓦斯突出危险性鉴定报告》、《淮北矿业股份有限公司临涣煤矿 7、9（8）、10 煤层煤与瓦斯突出危险性区域划分报告》，本报告采用了区划报告数据。

1.7 煤层区域划分结论

根据《防治煤与瓦斯突出规定》，临涣煤矿 7 煤层突出危险性区域划分结果为：

（1）I 11 采区：认定该采区 7 煤层 -405 米以浅为无突出危险区，-405米以深为无突出危险区。

（2）I 9 采区：认定该采区 7 煤层为无突出危险区，但 797 工作面、798 工作面分别靠近大吴家断层（H=10 ～ 25 米）和 BF10 断层（H=0 ～ 15米），在采掘过程中应采用超前钻孔进行地质构造探测及突出危险性预测。

（3）I 3 采区：根据瓦斯压力测试结果和 I 3 采区 7 煤层采掘作业期间瓦斯涌出情况，分析认定该采区 7 煤层为无突出危险区。

（4）II 3 采区：认定该区域 7 煤层 -450 米以浅为无突出危险区，以深为突出危险区。该采区 7 煤层开采上限标高为 -450 米，因此，该采区 7煤层均为突出危险区。

（5）II 2 采区：认定 II 2 采区 7 煤层 -634 米以浅为无突出危险区，以深为突出危险区。

（6）Ⅰ13采区：在该区域Ⅰ13采区测得的5个相对瓦斯压力值均大于突出临界值0.74MPa，最大相对瓦斯压力为1.80MPa，因此，认定该采区7煤层为突出危险区。

（7）Ⅱ13采区：该采区位于Ⅰ13采区深部，煤层标高在-420～-550米范围，瓦斯压力及地应力均较大，因此，认定该采区7煤层为突出危险区。

（8）Ⅰ15采区：认定该采区7煤层为突出危险区域（待开拓前预测），开拓过程中测试瓦斯参数，进行开拓后预测。

（9）六采区：该采区目前不具备测定瓦斯参数的条件，不作区划。

2.9 煤层区域划分结论

根据《防治煤与瓦斯突出规定》，临涣煤矿9（8）煤层突出危险性区域划分结果为：

（1）Ⅰ11采区：该采区9煤层尚未开采，Ⅰ11采区瓦斯压力与标高关系回归公式为P=-0.021H-7.0252，计算得到煤层标高为-370米时相对瓦斯压力达到0.74MPa，因此，认定Ⅰ11采区9煤层-370米以深为突出危险区，-370米以深为突出危险区。

（2）Ⅰ9采区：结合Ⅰ9采区9煤层采掘工作面瓦斯涌出情况，认定该采区9（8）煤层为无突出危险区，但对于该工作面的应力集中区和未保护区的突出危险性，还需在回采过程中进行密切跟踪分析。

（3）Ⅰ3采区：参考全矿井9煤层瓦斯压力与标高关系回归公式为P=-0.00365H-0.75696，结合采区9煤层采掘工作面瓦斯涌出情况，认定该采区9（8）煤层为无突出危险区。

（4）Ⅰ4采区：Ⅰ4采区9煤处于收尾阶段，仅942工作面（-260～-340米）块段未采，考虑到该处9煤风化带深度为-280米，且其上部7煤已回采。因此，认定该采区9（8）煤层-450米以浅为无突出危险区。

（5）Ⅱ2采区：根据采区9瓦斯压力测试结果和采掘工作面瓦斯涌出情况，认定Ⅱ2采区-530米以浅为无突出危险区，-530米以深为突出危险区。

（6）Ⅱ3采区：在该区域测得的3个压力值均较大，在最浅部-500.5米处测得相对瓦斯压力为1.35MPa；且在2011年1月22日，Ⅱ3采区回风上山施工9煤测压钻孔过程中（此处煤层底板标高-535米），发生2次喷孔，喷煤总量10t左右，造成回风流瓦斯超限，测定该处9煤层相对瓦斯压力为1.45MPa。因此，认定Ⅱ3采区9煤层为突出危险区域。

(7) Ⅰ 13 采区：在该采区（-350～-420 米）测得的 5 个相对瓦斯压力值均较大，最大相对瓦斯压力为 1.52MPa，因此，认定 Ⅰ 13 采区 9 煤层为突出危险区。

(8) Ⅱ 13 采区：该采区位于 Ⅰ 13 采区深部，煤层标高在 -450～-650 米范围，瓦斯压力及地应力均较大，因此该采区 9（8）煤层为突出危险区。

(9) Ⅰ 15 采区：该采区（-400～-550 米）目前正在掘进 Ⅰ 15 采区回风大巷，且与 Ⅰ 13 采区相邻，属于同一地址单元，瓦斯赋存相似，认定该采区 9 煤层为突出危险区域。

⑽ 6 采区：该采区目前不具备测定瓦斯参数的条件，不作区划。

3. 10 煤层区域划分结论

根据《防治煤与瓦斯突出规定》，临涣煤矿 Ⅱ 2、Ⅱ 3 采区 10 煤层的突出危险性区域划分结果为：Ⅱ 3 采区 10 煤 -557 米以浅为无突出危险区；Ⅱ 2 采区 10 煤 -692 米以浅为无突出危险区。

4. 瓦斯鉴定结果

根据皖经信煤炭函 [2014]1381 号文，本矿 7、9（8）、10 煤层为突出煤层。

（四）矿井瓦斯类型划分

皖经信煤炭函 [2014]1381 号对本矿瓦斯等级的鉴定，本矿井属瓦斯突出矿井，对照《煤矿地质工作规定》，确定本区瓦斯类型属极复杂类型，在生产过程中要加强对瓦斯监测工作。

第五编 临涣煤矿现状

第一章 职工队伍

第一节 员工构成

2015年6月底，临涣煤矿共有职工3801人，其中干部283人，占职工总数的7.4%；女职工353人，占职工总数的9.3%；井下工人2791人，占职工总数的73.4%，其中采煤工人527人，掘进工人1126人，各占井下工人总数的18.8%和40.3%。2015年6月底临涣煤矿职工构成见表5-1-1

表5-1-1 2015年临涣煤矿职工构成表

项 目			人 数
总人数			3801
按所有制分类分类	一、全民固定工		786
	二、全民合同工		1189
	三、劳动合同工		1756
	四、集体工		70
按工作岗位分	一、在岗总人数		3389
	其中	采煤系统	527
		掘进系统	1126
		井下辅助	1138
		地面生产	186
		机关单位	167
		后勤服务	245
	二、管理人员		174
	三、工程技术人员		109
	四、不在岗工人		412

第二节 干部队伍

截至 2015 年 6 月底，临涣煤矿干部总数为 283 人，干部构成见表 5 - 1 - 2。

表 5-1-2 临涣煤矿干部构成表

干部总数	按职务分类			按文化程度分类				按职称分类				按性别分类	
	矿级	科级	一般干部	本科	大专	中专	中专以下	高级	中级	初级	未聘	男	女
283	11	163	109	160	87	36	0	17	94	110	62	253	30

说明：统计中包含离岗待退干部，矿级干部中包括离岗待退的副处级调研员周曙光。

第三节 现任领导班子

2015 年 6 月底，临涣煤矿领导班子成员：

矿党委书记　　　　　　　　王志宏

矿　　　长　　　　　　　　李学良

矿党委副书记、纪委书记　　王玉山

矿工会主席　　　　　　　　张宗标

副矿长　　　　　　　　　　吴向前

副矿长　　　　　　　　　　卢志强

副矿长　　　　　　　　　　刘其东

副矿长　　　　　　　　　　王金柱

总工程师　　　　　　　　　梁　峰

驻矿安全监察处处长　　　　张友根

第二章 机构设置

至2015年6月底,临涣煤矿机构设置有:纪委(监察审计科)、组织部、宣传部、办公室、工会委员会(含共青团委员会)、人力资源部、经营管理科(含计划)、财务科、技术科、地质测量科、安全生产信息中心(含通讯)、驻矿安全监察处、综采一区、综采二区、综采三区、综掘一区、综掘二区、掘进三区、掘进四区、掘进五区、修护一区、修护二区、机电科、保运一区、保运二区、运输区、通风区、防突区、瓦斯办、东部井工区、机厂、煤质管理科、物资管理科、武装保卫科、物业管理科、社区服务中心(含幼儿园),共36个单位。临涣煤矿机构设置见图5－2－1。

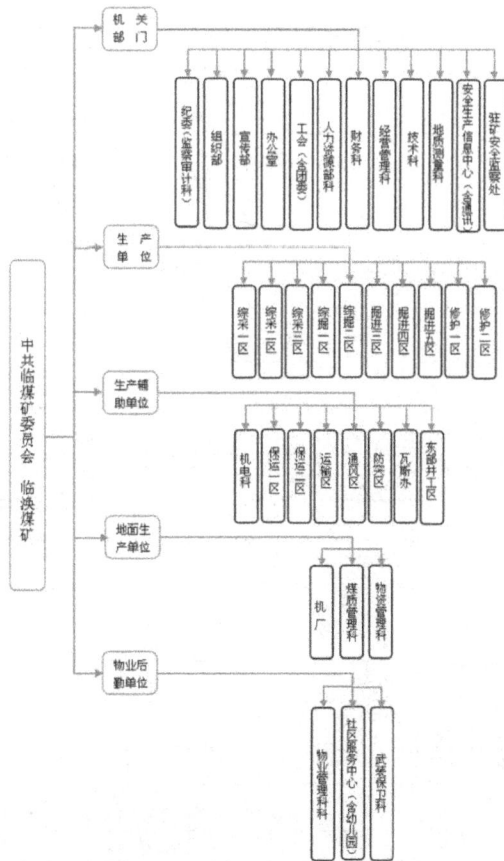

图 5－2－1 临涣煤矿机构设置图

第三章 固定资产、技术指标完成情况
（财务科、经管科）

固定资产、技术指标完成情况见表 5－3－1。

表 5－3－1 固定资产、技术指标完成情况（单位：万元）

项目	原值	折旧	净值
一、工业生产固定资产	86028.14	50120.28	35907.86
1、房屋	7067.45	2688.93	4378.52
2、地面建筑物	8820.46	6297.78	2522.68
3、矿井建筑物	31100.26	18122.61	12977.65
4、动力设备	8620.13	4329.35	4290.77
5、传导设备	3207.30	2118.45	1088.85
6、生产设备	23208.72	13814.19	9394.54
7、运输设备	1106.91	689.01	417.91
8、工具及管理用具	2896.91	2059.96	836.95
二、非生产用固定资产	3400.32	1413.30	1987.02
1、房屋	2328.08	849.52	1478.55
2、建筑物	723.27	348.13	375.14
3、文化生活用品	348.97	215.65	133.32
三、不需要固定资产			
三、土地			
合计	89428.45	51533.58	37894.88

临涣煤矿 2015 年 1--6 月主要经济指标完成情况见表 5-3-2。

表 5－3－2 临涣煤矿 2015 年 1—6 月主要经济指标完成情况一览表

指标	原煤产量	其中轻放	机械化程度	增产产量	总进尺	机械化程度	工资总额	企业利润	完全成本	全员效率	商品煤灰分	原煤电耗	企业炸药	企业坑木
单位	万吨	万吨	%	万吨	万米	%	万元	万元	元/吨	吨/工	%	度/吨	Kg/万吨	M3/万吨
总数	124.26	121.43	100	-6.74	0.8066	55.62	9287	-9677	328.15	3.411	41.55	31.53	1005	12.47

第六编 煤炭生产

第一章 水平与采区划分及巷道布置

第一节 水平的划分

临涣煤矿于 1977 年 6 月 8 日开工建设，1985 年 12 月 28 日正式投产，设计生产能力为 180 万吨 / 年，服务年限为 121 年。2012 年 6 月临涣矿井生产能力核定为 300 万吨 / 年，矿井服务年限为 45 年。至 2015 年 6 月，矿井实际生产能力为 240 万吨 / 年。矿井开采水平划分为：一水平标高为 -450 米，二水平标高为 -650 米，三水平标高为 -800 米。至 2015 年 6 月，矿井生产水平为一、二水平。开采煤层为 7、8、9、10 煤层。生产采区为 II 3、II 2、I 11 共 3 个采区，I 13 采区为准备采区，六采区、II 13 采区、I 15 采区为开拓采区。

第二节 采区划分

一、一水平采区划分

临涣煤矿一水平布置在井田的东西翼，东翼划分 8 个采区，分别为 I 1 采区、101 采区、I 3 采区、I 7 采区、I 9 采区、I 11 采区、

Ⅰ13采区、Ⅰ15采区；西翼划分3个采区，分别为：Ⅰ2采区、Ⅰ4采区、Ⅰ6采区。至2015年6月，Ⅰ1采区、101采区、Ⅰ3采区、Ⅰ7采区、Ⅰ9采区，Ⅰ2采区，Ⅰ4采区已报废。

Ⅰ11采区，西部边界以B12勘探线与Ⅰ9采区相邻，东部边界为F34断层煤柱，南至各煤层露头线，东南以小陈家断层与杨柳井田为界，北及东北至各煤层-450米标高投影线和大吴家断层；走向长1360米，倾向长840米，面积1140000平方米。煤层倾角10°，可采储量638.1万吨；按走向划分4个区段。

Ⅰ13采区，南至大吴家断层，西以西1线为界，北和东北至各煤层-420米标高投影线，可采储量350.2万吨；煤层倾角15°，走向长度1600米，倾向长900米，面积1440000平方米，按倾斜划分3个区段。

Ⅰ6采区，东以5线与Ⅰ4采区相邻，下部以骑路周断层为界，东南以F3断层Ⅰ4采区相邻，西以骑路周断层与海孜矿相邻，南至各煤层露头线，北至骑路周断层和-650等高线为界。走向长1000米，倾向长2726米，面积2700000平方米。

另外，Ⅰ15采区已停止开拓。

二、二水平采区划分

二水平有3个采区，东部的Ⅱ3采区，Ⅱ13采区，西部的Ⅱ2采区。Ⅱ2采区、Ⅱ3采区已经生产，Ⅱ13采区已停止开拓。

Ⅱ2采区，西部边界为大吴家断层煤柱，东部边界为F9断层煤柱煤柱及工业广场煤柱线，走向长1340～1940米，倾向长800～900米；煤层倾角13.5°，可采储量1019.91万吨。按倾斜划分5个区段。

Ⅱ3采区，东至补2线与Ⅰ5采区相连，南以-450米水平等高线，西以F10断层和2-3线及工广煤柱为界，北以-650米等高线为界。走向长2163米，倾向长1243米，面积2690000平方米，可采储量758.7万吨。采区划分4个区段。

Ⅱ13采区，东以BF21断层下盘断煤交线为界，南部以大吴家断层下盘断煤交线与Ⅰ11采区为界，西南以东部井保护煤柱线、-420米等高线为界，西北至F39断层下盘断煤交线与Ⅱ15采区相邻，北以大辛家断层下盘断煤交线、-650米等高线为界。走向长3360米，倾向长1350米，面积 4540000 ㎡，可采储量 819.7 万吨。采区划分 5 个区段。该采区已停止开拓。

第三节 巷道布置

一、一水平巷道布置

2005 年 7 月至 2015 年 6 月，临涣煤矿一水平采区均为双翼布置开采，上山位于采区中央（Ⅰ6 采区、Ⅰ11 采区为盘区式开采），采场为走向/倾向长壁采煤法。采区有上部车场、中部车场、下部车场和采区煤仓，各区段有溜煤立眼和溜矸眼。

（一）Ⅰ4 采区的巷道布置

采区可采煤层 4 层，即 7、8、9、10 煤层。采用 7、8、9、10 煤大联合布置方式。采区巷道采用 4 条上山联合布置方式，轨道上山、人行上山均布置 10 煤底板岩层中，运输上山下段布置在 9 煤底板岩层中，在 10 煤层布置一条辅助回风上山。

采区两翼各阶段均在 9 煤底板岩层中集中布置两条岩巷，岩石集中轨道巷（简称岩轨）和岩石集中运输巷平巷（简称岩集）。轨道上山采用平石门与岩轨相连，岩轨与采煤工作面机、风巷采用穿煤层溜斜联系，运输上山与岩集采用溜煤眼联系，溜斜再以溜煤眼与岩集联系。风巷采用沿空送巷，无煤柱回采。

（二）Ⅰ3 采区的巷道布置

采区可采煤层 2 层，即 7、9 煤层。采用 7、9 煤联合布置，轨道上山、行人上山均布置在 9 煤底板下较坚硬的岩层内，运输上山布置在 9 煤层内。轨道上山采用平石门与 9 煤轨道巷相连，再以斜石门与 7 煤轨道巷相连。各区段运煤机巷均与溜斜相连，溜斜再以溜煤眼与运输上山联系。采区各区段均在各煤层中布置轨道巷、机巷和回风巷。

（三）Ⅰ9 采区的巷道布置

采区可采煤层 3 层，即 7、9、10 煤。采用 7、9、10 联合布置方式，轨道上山、人行上山均布置 10 煤底板岩层中，运输上山布置在 9 煤底板

第六编 煤炭生产

115

岩层中，在 10 煤层布置一条辅助回风上山。每个区段集中布置两条平石门联系各煤层，一条为运输石门，一条为轨道石门，轨道上山与轨道石门相连，运输上山通过溜煤眼运输石门相连。各煤层中布置轨道巷、机巷、和回风巷。

（四）Ⅰ6采区的巷道布置

采区可采煤层 4 层，即 7、8、9、10 煤层。采用 7、8、9 煤联合布置，10 煤单独布置的方式，采区巷道采用 3 条上山及 3 条大巷联合布置方式，轨道上山，运输上山（行人、运输合一）、回风上山、轨道大巷、运输大巷（行人、运输合一）、回风大巷均布置 9 煤底板岩层中。

采区双翼开采，各区段工作面机风巷通过区段斜巷与 3 条大巷联通，形成工作面运输、排水、通风、行人等任务。2015 年 6 月该采区为开拓采区。

（五）Ⅰ11采区的巷道布置

采区可采煤层 2 层，即 7、9 煤层，两层煤联合布置回采。采区布置 3 条大巷，一条运输大巷，一条回风大巷，一条轨道大巷，采区布置 3 条岩石集中巷，一条是岩石轨道巷，一条为岩石回风巷，一条为岩石皮带机巷，均布置在 9 煤底板的岩石内。再通过穿煤斜巷与 7 煤、9 煤联接，布置工作面。2015 年 6 月，该采区为生产采区。

（六）Ⅰ13采区的巷道布置

采区可采煤层 7、9 煤层，采用 7、9 煤联合布置。采区布置 3 条大巷，分别为Ⅰ13 运输大巷、Ⅰ13 回风大巷、Ⅰ13 轨道大巷，均布置在 9 煤底板岩石中，分别担负煤炭运输、回风及辅助运输任务。

采区双翼开采，各区段工作面机风巷通过区段斜巷与 3 条大巷联通，形成工作面运输、排水、通风、行人等任务。2015 年 6 月，该采区为准备采区。

二、二水平巷道布置

2005 年 7 月至 2015 年 6 月，二水平有Ⅱ2采区、Ⅱ3采区、Ⅱ13采区，采区为采区均为双翼布置开采，上山位于采区中央，采场为走向长壁开采法。采区有上部车场、中部车场、下部车场，采区各区段有溜煤立眼和溜矸眼。

（一）Ⅱ2采区的巷道布置

采区可采煤层4层，即7、8、9、10煤层。采用7、8、9煤联合布置，10煤单独布置的方式，采区巷道采用4条上山联合布置方式，Ⅱ2轨道上山、Ⅱ2人行上山、Ⅱ2运输上山、Ⅱ2回风上山均布置9煤底板岩层中。

采区两翼开采，各阶段均在9煤底板岩石中集中布置两条岩巷，岩石集中轨道巷和岩石集中运输巷平巷。轨道上山采用平石门与岩石轨道巷相连，岩石轨道巷与采煤工作面机、风巷采用穿煤层斜巷联系，运输上山与岩集采用溜煤眼联系。该采区为生产采区。

（二）Ⅱ3采区的巷道布置

采区可采煤层3层，即7、9、10煤层。采用7、9煤联合布置，10煤单独布置的方式，采区巷道采用3条上山布置方式，Ⅱ3轨道上山、Ⅱ3运输上山（运输、行人合一）、Ⅱ3回风上山联合布置在9煤底板岩石中，单独布置Ⅱ3主斜井（运输、行人合一），担负Ⅱ3采区煤炭运输任务。

采区两翼开采，各阶段均在9煤底板岩石中集中布置两条岩巷，岩石集中轨道巷和岩石集中运输巷平巷。轨道上山采用平石门与岩石轨道巷相连，岩石轨道巷与采煤工作面机、风巷采用穿煤层斜巷联系，运输上山与岩集采用溜煤眼联系。区段之间不留设煤柱，采用沿空掘进形式。该采区为生产采区。

瓦斯治理方案选用10煤底板岩巷穿层钻孔掩护煤巷加顺层钻孔递进掩护回采工作面瓦斯治理方案，以10煤作为下保护层，保护开采9煤、7煤。

（三）Ⅱ13采区的巷道布置

采区可采煤层2层，即7、9、煤层。采用7、9煤联合布置的方式，采区巷道采用3条上山布置方式，Ⅱ13轨道上山、Ⅱ13运输上山（运输、行人合一）、Ⅱ13回风上山联合布置在9煤底板岩石中，单独布置东翼进风斜井、东翼进风排水大巷，担负Ⅱ13采区进风排水任务。

采区两翼开采，各阶段均在9煤底板岩石中，采用7、9煤联合布置，采用平石门连接主体上山，再以穿煤斜巷连接各工作面机风巷，穿煤斜巷再以溜煤眼与运输上山联系。区段之间不留设煤柱，采用沿空掘进形式。该采区为开拓采区。

瓦斯治理方案选用9煤底板岩巷穿层钻孔掩护煤巷加顺层钻孔递进掩护回采工作面瓦斯治理方案，以9煤作为下保护层，保护开采7煤。

第二章 矿井地质测量

第一节 矿井地质工作

矿井地质工作采用巷道工程、地面和井下钻探、井下坑透、煤电钻探测等手段，编录、整理、分析各种勘探、矿井、测绘资料，编制各种说明书和图纸。2006年以来，地质主要工作如下：

1. 编录绘制井下巷道剖面132.8千米，工作面素描184.6千米。

2. 提交各种地质说明书196份，并按年、季、月分别作出地质预测预报。

3. 工作面煤厚探测点1954个，井下施工钻孔（探构造、探煤层）58个，钻探工程量614米；井下探放瓦斯孔352个，钻探工程量6392米。

4. 地面煤层孔56个，工程量46781.41米，地面三维地震物探4次，Ⅰ13+、Ⅰ13、Ⅰ6、大吴家断层北部西翼等采区物探面积共18.6平方千米。

5. 利用三维地震资料进行二次精细化解释，建立地面Ⅱ3、Ⅰ13采区三维地震资料精细解释工作站，随时随地方便截取时间进行分析，做到预测预报准确及时，提前指导生产。

6. 2011年始，回采工作面做到坑透全覆盖，准备及时查明面内隐伏构造。

7. 按时间顺序，先后编制《安徽省淮北煤田临涣煤矿资源储量核实（首检）报告》、《淮北矿业（集团）公司临涣煤矿"十一五"防治水工程项目规划报告》《安徽省淮北矿业（集团）公司临涣煤电公司矿井地质报告》、《淮北矿业股份有限公司临涣煤矿矿井地质报告（修编）》、《淮北矿业股份有限公司临涣煤矿矿井水文地质类型划分报告》《淮北矿业股份有限公司临涣煤矿"十二五"防治水工程项目规划报告》《淮北矿业股份有限公司临涣煤矿矿井地质报告（修编）》、《淮北矿业股份有限公司临涣煤矿矿井水文地质类型划分报告（修编）》、《淮北矿业股份有限公司临涣煤矿地质类型划分报告》。

上述工作为查明地质构造、煤层赋存、煤厚变化以及采掘工程的设计、安全生产和煤炭储量管理奠定了基础。

第二节 水文地质工作

矿井水文地质工作采用地面三维地震、地面和井下钻探、井下瞬变电磁法、音频电透视法等超前探测方法、地面河流、塌陷区、水文长观孔等水位观测、矿井各采区涌水量动态观测等手段，通过钻探取芯和测井曲线解释划分含、隔水层岩性、抽水试验、简易水文地质观测、矿井资料收集等方法，水文地质工作的重点是充分地收集本矿矿井开拓和生产中地质、水文地质资料，辅以钻探取芯、抽水试验，同时对 2005 年以前的 1 抽水试验和其它水文地质资料进行了校对复查、计算并经分析研究，从而达到了正确评价矿井的水文地质条件、分析矿井的充水因素和进行水量预算的目的。编录、整理、分析各种勘探、矿井、测绘资料，及时修编各种水文地质图纸。

2006 年始，水文地质工作以水情水害预测预报及隐患排查为基础，严格执行"预测预报，有疑必探，先探后掘，先治后采"防治水原则，落实"防、堵、疏、排、截"综合治理措施，遵循"预测预报、超前探查、综合治理、安全评估、验收审批"防治水工作程序，杜绝各类水害事故的发生。

坚持水情水害的周分析、月预报制度，做到年有年报、季有季报、月有月报；坚持月度水害隐患排查制度，成立防治水领导小组，由矿总工程师牵头，地测副总、采煤副总、掘进副总、安全副总、技术科、地测科、安监处、机电科、各生产单位等共同组成的防治水检查小组，对矿井存在防治水安全隐患的回采工作面和掘进工作面进行检查，对查出的有安全隐患的地点要求限期整改，并进行复查。

据井下水文钻孔台账资料，共施工井下观测孔、水文探查孔、水文验证孔等各类井下水文地质钻孔 60 个，总工程量 4427.07 米。地面施工水文长观孔 6 个，工程量 2899.15 米。地面建立水文动态观测系统，实现实时在线监测。

完成 10 煤层工作面回采水害治理工程，确保 1073、1099、10910、1043、1049、Ⅱ 1031、Ⅱ 1032、Ⅱ 1022、Ⅱ 1024 等 9 个 10 煤层工作面的安全回采。

利用探放水巷集中探放或沿空追排老空水 405812 立方米。

完成了 7116 工作面"两带观测"工程，查明 7116 工作面顶板"垮落带"和"导水裂缝带"的发育高度，为下一步的水害防治工程设计提供准确的参数。

以水害预测预报为主的综合防治水系统工程，解决突水威胁安全开采问题。

第三节　井下钻探

临涣煤矿井下钻探工程 2005 年 7 月 1 日至 2011 年 6 月 2 日由地测科钻机队施工，2011 年 6 月 2 日矿设置防突区，钻机队交由防突区管理，后期钻孔工程由防突区施工。至 2015 年，防治水工有 14 人，矿组织人员培训，达到 2 台机组人员 28 人。设备有 8 台 ZDY-3200S 型钻机，4 台 ZDY-1200S 型钻机、7 台 ZLJ-850 型钻机，认真加强水害防治工程、地质探查、穿层孔、顺层孔等工作。

第四节　"三量"管理

2005 年 7 月至 2015 年 6 月，储量管理工作一直由地质技术人员负责。每年进行一次储量核算。在生产过程中，制定了《临涣煤矿煤炭资源回收管理暂行办法》，并成立了由矿长为组长的资源管理领导小组，加强计量管理，实行多渠道收产，严把设计关，实行沿空送巷，采用对接、甩面等采煤工艺，加强底、浮煤清理工作等办法和措施来提高资源回收率。完成了上级主管部门下达的各项技术指标，确保了煤炭资源的合理开采，减少资源损失，取得显著资源效益和经济效益，为矿井可持续发展作出贡献。

由于矿井地质构造十分复杂，工业储量虽然可观，但实际回采产量较低。矿井通过挖潜改造，加快掘进进尺速度，"三量"有了显著地提高，工作面接替紧张状况得到缓解，年产量基本达到矿生产实际能力。"三量"及可采期基本达到或超过国土资源部规定的标准。临涣煤矿历年期末"三量"及可采期见表6-2-1。

表6-2-1　临涣煤矿历年期末"三量"及可采期一览表

年份	煤　量（万吨）			可　采　期		
	开拓	准备	回采	开拓（年）	准备（月）	回采（月）
2005	1590.8	10.80	10.79	11	9	9
2006	1586.3	13.17	9.27	10.9	11	8
2007	4576	145.4	107.7	33.9	13	10
2008	4336.0	11.91	11.9	27.8	9	9
2009	4319.3	14.67	14.66	27.7	11	11
2010	4123.1	23.73	14.19	18.7	13	8
2011	3980.4	29.15	15.55	11.5	15	8
2012	3837.8	25.71	17.09	16	13	9
2013	5531.8	39.97	21.46	21.3	18	10
2014	5550.6	42.86	20.59	20.9	19.0	9

第五节　矿山测量

一、矿区地面控制测量

矿区平面控制网始建于1963年至1965年，由华东物探测量三队，在国家Ⅱ等网内布设Ⅲ等全面网和Ⅳ等插点采用克拉索夫斯基参考椭球高斯投影。1954年北京坐标系进行平差计算。1979年中，煤公司三十工程处，以建井为目的，利用1965年所取得的成果在Ⅱ等三角点陆庙孜和Ⅲ等三角点小湖集北之间，测设Ⅳ等激光导线，连接主、副井与东、西风井，增设测点5个。1988年，因原三角点破坏严重，淮北矿务局地测处委托同济大学重建临涣煤矿区控制网。该网在国家Ⅱ等网基础上，布设Ⅲ等全面网和Ⅳ等插点。

矿井高程控制是利用 1956 年黄海高程系，由华东物探测量三队在国家Ⅲ等水准网基础上利用三角点标石测设Ⅳ等水准。1979 年，中煤公司三十工程处沿激光测距导线测设Ⅳ等水准点，建立井口高程系统。由于矿区非采动下沉现象，原高程成果作废，局、矿测量人员自 1987 年起利用原水位点位三次测定矿区高程点高程，取此平均值，作为地面高程控制成果。

二、井下基本控制测量

布设路线

基本控制导线采用 7″ 导线，测设路线为：主井→Ⅰ2 轨道上山→西风井；主井→Ⅰ1 运输上山→西风井；主井→Ⅱ3 运输上山；主井→Ⅰ7 轨道上山→东风井；Ⅰ9 运输大巷→Ⅰ9 轨道上山→东风井；东部井→Ⅰ11 轨道大巷；东部井→Ⅰ13 轨道大巷；主井→Ⅱ2 进风下山→Ⅱ2 轨道下山；主井→Ⅱ2 进风下山→Ⅱ2 轨道下山→西六轨道上山→西六回风上山；主井→Ⅱ2 进风下山→Ⅱ2 轨道下山→西六运输上山。

测量方法

临涣煤矿井下 7″ 导线根据使用测量仪器的不同有三种方法：第一种是采用 T2 经纬仪测角，用比长鉴定的钢尺配合 15 公斤拉力进行丈量边长；第二种是以 T2 经纬仪配合光电测距仪，用 T2 经纬仪测角，用光电测距仪测量边长；第三种是以全站仪进行测角量边。

三、采区基本控制测量

采区控制布设为 15″ 导线或 30″ 导线。15″ 和 30″ 导线采用以全站仪进行测角量边。30″ 导线多为支导线，起算坐标和方位是 7″ 导线资料。为采区掘进设计和指导生产提供了详细的实测数据。

井下基本控制测量资料均由两人对算，校核后存入地测资料室。采区测量资料由分管采区技术员组织两人对算，作为指导日常生产使用。

四、矿山测量管理

（一）行政管理

矿山测量隶属地测科测绘组，分测量组和绘图组两个小组，有 1 人分管测量副科长负责测量工作。测量组负责井上下一切施工、放样等工作并负责资料计算，整理工作，它又分东、西部两个工作组，各有 1 人主管技术员担任组长。绘图组负责把测量组测出的资料，点绘到图纸上或输入到计算机中，经过处理成图。

（二）技术管理

建立岗位责任制：明确测量主管、测量技术员、测量工、绘图员等岗位责任。

制定中腰线管理办法：明确测量与采掘生产单位的工作内容，划清各自的责任。

制定业务保安规定：坚持复测复算制度，防止差错；坚持测量业务实行联系单签名制度，规范管理；对于采掘工作面前方老峒子、瓦斯窝、积水区提前预警，及时发出隐患通知书，对于贯通巷道及时下达贯通通知单；测量仪器下井必须防爆等等。

实行地测科会议制度：年度工作总结会，一般在 11 月中旬召开，总结全年工作，主要经验教训，存在问题，提出来年的打算；月度工作会，每月初召开，总结上月工作完成情况，结合矿生产计划安排，制定本月测绘组工作计划，工作重点；周会，即安全生产，业务保安会。检查一周来的安全生产情况和业务保安执行情况。

五、主要仪器和设备

矿山测量仪器和设备是矿山测量工作的重要工具，同时反映了矿山测量工作的技术面貌。1985 年始，配备的主要的矿山测量仪器和设备见表 6-2-2。1988 年，地测科制定了《仪器使用保管制定》，以便于矿山测量仪器和设备的正常使用及维护。临涣煤矿历年矿山测量仪器和设备见表 6-2-2。

表 6-2-2 历年矿山测量仪器和设备一览表

配备时间	名称	数量	型号或级别	产地
2007 年	惠普绘图仪	1	HP500	新加坡
2008 年	索佳全站仪	1	SET220K	日本
2010 年	晒图机	1	飞星 4025	天津
2011 年	南方 GPS	1	S86	广州
2011 年	中纬全站仪	1	ZYS602LR	济南
2011 年	尼康全站仪	1	NIVO2m	日本
2011 年	经纬仪	2	DJ6	南京

第六节 矿图绘制

正确地进行开采设计，科学地管理和指挥生产，合理地安排生产计划，及时可靠地制定灾害预防措施和处理方案等工作，都需要借助于矿图来完成。该矿各种矿图种类齐全，采用手工绘图和计算机绘图两种方法并存。成图的依据是国家相关技术标准及煤矿地质、测量现行规程、图例。

一、底图绘制

矿图底图采用经久耐用、变形小的优质聚酯薄膜绘制，基本矿图有8 种：临涣煤矿井田区域地形图（1：5000）；临涣煤矿工业广场平面图（1：500）；临涣煤矿井底车场平面图（1：200）；临涣煤矿采掘工程平面图（1：2000）；临涣煤矿井上下对照图（1：5000）；临涣煤矿井筒断面图（1：200）；临涣煤矿主要保安煤柱图（1：500）；临涣煤矿主要巷道平面图（1：5000）。

二、晒图

临涣煤矿利用飞星 4025 晒图机，将透明聚酯薄膜底图和晒图机，铺平接实，使薄面与底图接触，通过晒图机弧光灯曝光，然后将曝光后的晒图纸置于充满氨气的熏图箱内，用氨气熏图定影，晒出蓝图。

三、矿图管理

矿图必须存放在资料室专门图柜中，应注意防火，防潮和防止图纸老化；

矿图必须设专人保管，统一编号，分类登记，有目录索引，查找方便，达到档案化管理要求；

计算机制图的各类成果有备份；

建立矿领导及通风、调度共享；

建立审查，借阅制度，加强矿图保密。

第三章 采煤、掘进

第一节 采煤

一、机构与队伍

矿井自 2005 年 7 月至 2015 年 6 月,先后经炮采、轻放、综采三大采煤工艺。

2005 年 7 月至 2007 年 6 月,采煤队伍有:采煤一区、采煤二区、采煤三区、轻放四区、轻放五区、采煤预备区。

2007 年 6 月 4 日,成立综采一区、综采二区、综采预备区,撤销采煤三区、轻放四区、轻放五区、采煤预备区。

2013 年 11 月 20 日,撤销综采预备区成立综采预备一区;撤销炮采区综采预备二区。

2014 年 8 月撤销综采预备一区,集团公司成立安拆工程项目部。

二、采煤方法

矿井自 2005 年 7 月以来,采用了 3 种采煤法:轻型支架放顶煤采煤法、走向长壁炮采采煤法、走向长壁综合机械化一次采全高采煤法。

2005 年 7 月至 2007 年 6 月,采用了轻型支架放顶煤采煤法。

2005 年 7 月至 2010 年 10 月,采用走向长壁炮采采煤法。

2007 年 6 月至 2015 年 6 月,走向长壁综合机械化一次采全高采煤法。

三、采煤工艺

矿井投产时采用炮采工艺,后逐步应用轻型支架放顶煤、走向长壁炮采采煤法以及综采工艺。2007 年 6 月,矿井停止轻型支架放顶煤采煤法。

2007 年 8 月始，采用走向长壁炮采采煤法及走向长壁综合机械化一次采全高采煤法两种采煤工艺。

综采工艺流程为：割煤（打出前伸缩梁）→移架→推工作面运输机→割煤（第二刀）。

1. 割煤：综采工作面使用 MG450/1050WD 型煤机割煤落煤，采用端头斜切进刀方式，每刀进度 0.8 米。

2. 运煤：综采工作面运输机使用 SGZ-800/2×525 型可弯曲刮板运输机运煤，机巷使用 SZZ-830/250 型转载机、LPS-1500/160 型破碎机和 DSJ100/63/2×75 皮带机运煤。

3. 工作面支护：综采工作面采用型号为 ZY6800-14/28（ZY6800-17/36）作为工作面基本支架，架间距 1.5 米，最大控顶距 5.1 米，最小控顶距 4.3 米；2015 年 3 月，Ⅱ 1024 工作面采用 ZY6800-17/36 型综采支架作为工作面基本支架，架间距 1.5 米，最大控顶距 5.1 米，最小控顶距 4.3 米。

4. 采空区处理：采空区采取自行垮落法处理。出现单体棚段时采用人工回柱放顶，上、下隅角采用人工充填的方式填实。

2007 年 6 月始，走向长壁综合机械化一次采全高采煤法成为临涣煤矿煤炭生产的主力军，占原煤生产的 85% 以上。综采原煤生产见表 6-3-1。

表 6-3-1 历年综采煤原煤表

年份	2007 年	2008 年	2009 年	2010 年	2011 年	2012 年	2013 年	2014 年	2015 年（1-6）
产量（吨）	1242648	1459607	1816257	2559852	2361755	2646098	2754865	2646098	1255188

四、原煤生产

临涣煤矿自 2005 年至 2015 年 6 月，累计原煤生产 18742368 吨。矿年原煤产量逐年升高，2013 年原煤生产创历年最高，达 2754865 吨。历年原煤生产见表 6-3-2。

表 6-3-2 临涣煤矿 2005-2015 年 6 月原煤生产表

产量年份	计划（吨）	产量（吨）	完成率（%）	回采（吨）	日平均（吨/日）
2005 年 7～12 月	685000	712997	104.1	653652	3897
2006	1350000	1605976	118.9	1546631	4440
2007	1350000	1830303	135.6	1770958	5015
2008	1560000	1839988	117.8	1780643	5040
2009	1600000	2239709	140.0	2180364	6136
2010	2200000	2753438	125.2	2694093	7544
2011	2450000	2480939	101.3	2429227	6797
2012	2500000	2658836	106.4	2603496	7285
2013	2700000	2810068	104.1	2754865	7699
2014	2650000	2706000	102.1	2646280	7414
2015 年 1～6 月	1310000	1255188	95.8	1226849	6859

五、综采工作面的安装与拆除

临涣煤矿自成立综采预备区开始综采工作面的安装与拆除就由综采预备区负责，在矿撤销综采预备一区之后综采工作面的安拆由安拆公司负责。

（一）综采工作面的安装

综采工作面设备的安装顺序一般是：供电系统→泵站→刮板输送机→液压支架→采煤机，但是由于工作面顶底板岩性、开切眼断面的尺寸大小和成型方式的不同，综采工作面设备的安装顺序有有所不同。

2014 年 8 月，7118 上工作面安装：支架、采煤机、刮板输送机、组合开关（7118 机巷里段）、刮板机（7118 机巷里段）等运输路线：综采预备区场地→副井→井底车场→东七大巷→东九大巷→东十一大巷→组装硐室→7116 运斜→7118 风巷→7118 切眼。

部分支架由 1031 工作面转运至 7118 上工作面：东三一中车场→东三轨道→东三大巷→东一大巷→东七大巷→东九大巷→东十一大巷→组装硐室→7116 运斜→7118 风巷→7118 切眼。

转载机、破碎机、组合开关等运输路线：综采预备区场地→副井→井底车场→东七大巷→东九大巷→东十一大巷→东十三大巷→7118 材斜→7118 机巷外段。

移动变电站、乳化泵运输路线：综采预备区场地→副井→井底车场→东七大巷→东九大巷→东十一大巷→东十三大巷→7118 材斜

该工作面安装顺序是：供电设备→皮带机→SGB-150C 刮板机→乳化

液泵站→转载机、破碎机→工作面刮板输送机→采煤机→工作面支架。

支架安装顺序：按自下而上的顺序逐架安装。

（二）综采工作面的拆除

综采设备拆除顺序：工作面刮板机机尾部分→链条→中部槽→采煤机→工作面刮板机中部槽及机头部分→液压支架。

机巷设备拆除顺序：转载机机尾部分→破碎机→转载机机头部分。

综采设备回收完毕后，最后回收乳化泵和供电设备（移变、开关、电缆等）。

2015年8月，7118上工作面拆除：设备运输路线：转载机、破碎机、移动变电站回收运输路线：7118上机巷外段→7118上机联巷→9118材斜→东十三大巷→Ⅰ11轨道大巷→东九大巷→东七大巷→井底车场→副井→矿机厂

工作面刮板机、采煤机、液压支架回收运输路线：7118切眼→7118上风巷→7118外风巷→7116运斜→7116运斜联巷→Ⅰ11轨道石门→Ⅰ11组装硐室→Ⅰ11轨道大巷。

第二节 掘进

一、机构与队伍

矿井设掘进矿长1人、掘进副总1人，掘进区队设置区长1人、支部书记1人、副区长1-3人、技术员1-3人，各掘进队配备队长1人，班长3人。

至2015年6月，矿井有4个掘进区，10支掘进队伍（煤巷队伍6支，岩巷队伍4支）；有2个修护区，5支修护队伍。

二、掘进方法

至2015年6月，煤巷完全实现综掘机机械化掘进。岩石巷道使用风锤湿式钻眼，即用人工打眼放炮破岩（煤），人工或机械的方法装岩（煤）进行掘进作业。

三、掘进工艺

至 2015 年 6 月，实现煤巷掘进采用综掘机施工，先后使用过的综掘机型号有 EBZ200、EBZ220、EBZ310。主要使用的综掘机型号是 EBZ220。岩巷掘进仍以爆破法为主。

岩巷、煤巷均采用一次成巷施工方法。

（一）综掘机截割

截割方式：铣削式切割；

截割起始位置：巷道断面下部，一次截割深度：350 毫米。

1. 综掘机通过其切割头完成对煤体的切割和破碎，切割头首先在断面中顶部挖掘一个窝槽，窝槽深度以半个切割头为宜。窝槽的开掘工作完成后，关闭行走电机，让装载臂与刮板机工作，运走割下的煤矸。切割头沿断面宽度水平摆动，开掘槽沟，切割头移动到位后，使其上升一个距离，接着驱动切割头水平摆动，多次重复以上动作，直到完成整个断面的工作。

2. 在工作面顺序切割时一般应由下往上进行，当工作面兼有煤岩时，应先破煤，后破岩；当工作面的煤岩为不同硬度时，应先破煤（软岩）；根据巷道围岩硬度的变化、煤岩分布情况及破碎难易程度确定切割起始位置。煤体坚硬，应在巷道断面中底部开始掘进；煤体易破碎，应在巷道断面顶部开始掘进；巷道为半煤岩，应在煤岩结合处开始掘进。

3. 切割速度适中，遇松软岩层或断层破碎带适当放慢切割速度。

（二）煤体装运

综掘机装运煤体通过自身铲板旋转，将煤体转运至机后皮带，经采区皮带机运至主井。

（三）巷道支护

至 2015 年 6 月，煤巷支护形式 7、8、9 煤以 U 型钢支护为主，10 煤层以锚网支护为主。

采区上山、运输石门、回风石门、岩石斜巷、岩石集中巷均采用光爆锚喷支护，锚杆采用 φ22*2400 毫米高强螺纹钢锚杆。遇到断层带、围岩破碎、压力增时，使用"U"型钢支架和喷浆复合支护。

采区煤仓、矸石立眼、溜煤立眼均采用混凝土浇灌。

"U"型钢支护巷道，过顶背帮材料使用塘材、菱形网。

（四）钉道

至 2015 年 6 月，采区轨道上山及采区轨道大巷采用 30 公斤 / 米钢轨，岩石集中巷、运输石门、回风石门、岩石斜巷、回采巷道、进出架路线均采用 24 公斤 / 米钢轨，轨距均为 900 毫米。掘进巷道时，使用耙斗式装岩机时，钉道紧跟耙斗式装岩机，采用综掘机施工时，钉道紧跟综掘机。

四、支护工艺改革

至 2015 年 6 月，临涣煤矿岩石巷道支护由简单的锚喷支护，发展到锚网喷支护。采区主体巷道因服务年限长，受回采动压影响，更是加强了支护形式，采用"锚网索注"支护。

"锚网索注"成为采区主体巷道的主要支护形式。"锚网索注"时，应作为支护设计的一部分进行具体设计，其设计应根据具体围岩条件及巷道矿压显现特点针对性编制，并随条件变化及时优化。

设计的内容应包括：围岩条件、注浆基本参数（注浆锚杆规格及材料、注浆锚杆间排距、浆液材料及配比、注浆压力和稳压时间）、注浆工艺（注浆时机、注浆顺序、注浆设备）、施工操作技术要求、质量标准、检验方法、锚索施工等内容。

注浆质量检验采用内外结合方法检验。外观质量用目测、尺量方式，主要检查注浆孔布置、注浆锚杆安装及封孔质量，巷道表面喷浆封闭严实，不跑漏浆。内部质量采用钻孔围岩裂隙探测仪进行内窥式探查方法检验，注浆范围符合设计要求，并且注浆均匀，不留盲区，围岩裂隙充填密实，无明显裂隙。钻孔围岩裂隙探测，按注浆巷道长度每 20 米检验一次（任选断面，顶板、左帮、右帮各检验一个孔；底板注浆时增加一个底板孔），检验孔的深度大于设计注浆深度。经检验注浆效果达不到设计要求的，必须进行二次注浆。

（一）锚索施工工艺

锚索施工分 4 个主要工序，分别为地面准备、钻孔、锚固、张拉。

1. 地面准备

检查锚索质量，将符合要求的锚索盘成圈带到施工地点。

2. 钻孔

采用锚杆钻机打眼，（孔深比钢绞线短 400 毫米），用 B19 锚杆钎子

和 Φ27 旋转式钻头，钻孔时保持钻机底部不动，其工艺类似锚杆钻孔。

3. 锚固

用树脂药卷锚固，树脂药卷分快速和中速两种，每眼先装入一卷快速药卷（K2550），再装入 2 卷中快药卷（Z2550）。安装时用钢绞线轻轻将 3 卷树脂送入眼底，再用搅拌器将钢绞线与锚杆钻机连接起来，然后开动钻机边搅拌边推进，把钢绞线送入眼底（约 20～30 秒），然后停 1～2 分钟后，落下钻机，卸下搅拌器，完成锚索的内锚固。安装锚索时人员严禁站在孔口下方，以防钢绞线滑落伤人。

4. 张拉

树脂药卷锚固养护好后（约 1 小时）再装托盘、托板、锁具，并使它们紧贴顶板，挂上张拉千斤顶，开泵进行张拉，观察压力表的读数，若千斤顶的量程不够，应迅速回程，然后继续张拉，直至达到设计预紧力（不小于 100KN）再停止张拉，卸下千斤顶，若钢绞线外露较长，用液压剪将外露的钢绞线剪掉，外露长度 150 毫米，锚索外露端头加护套。涨拉施工时，严禁人员站在待拉锚索下方。

（二）锚网索注支护进尺

锚网索注支护进尺见表 6-3-3。

表 6-3-3 历年煤巷锚杆支护进尺表

年份	2009 年	2010 年	2011 年	2012 年	2013 年	2014 年	2015 年（至 6 月底）
进尺（米）	4488 米	2365 米	6326 米	4889 米	2500 米	2079 米	867 米

（三）技术经济效果

1. 支护效果好，同架棚巷道相比，巷道比较稳定，抗动压能力强，服务年限长久，维修量少。

2. 安全状况好，受动压影响后，巷道变形、掉浆皮现象少。

3. 巷道掘进单进速度不慢于锚网支护。

五、掘进进尺

临涣煤矿自 2005 年 7 月～2015 年 6 月，掘进进尺总量为 217257 米，开拓进尺 36773 米，10 来年最高是 2012 年的 20337 米。2009 年以后，临涣煤矿大力推广开拓巷道的围岩治理，锚网索注支护成了开拓巷道支护的主力军，占掘进进尺的 20% 以上。历年掘进进尺见表 6-3-4。

表 6-3-4 历年掘进进尺表

年份	总进尺		开拓进尺		煤锚进尺	
	计划（m）	进尺（m）	计划（m）	进尺（m）	计划（m）	进尺（m）
2005	18000	18029	1720	1833	6000	6264
2006	18500	18563	3050	2846	6000	6236
2007	18500	19118	3300	3314	6000	6270
2008	18500	18966	3020	3433	6000	6550
2009	18500	18858	3700	4488	6000	6338
2010	18500	18822	2300	2365		
2011	18500	18813	6300	6326		
2012	18500	20337	4850	4889		
2013	18500	19650	2450	2500		
2014	18500	20006	2050	2079		
2015 年至 6 月	8000	8066	860	867		

六、巷道维修

至 2015 年 6 月，临涣煤矿有两个修护区负责对全矿井的巷道进行维护。维修范围为一水平的两个采区及二水平两个采区。

（一）工作范围

负责工作面收作以外的所有巷道维护，包括采区大巷、采区上山、采区石门、总回风巷及车场，阶段石门等巷道；负责清挖各水平的正在使用的水仓；负责其它修护工程等。

（二）维修项目

因矿井老采区受围岩条件及受回采工作面采动影响较大，部分巷道失修严重，先后对Ⅰ11 采区 3 条大巷、东翼运输石门、东翼轨道石门、东翼轨道石门、Ⅰ2 大巷、Ⅰ3 大巷、Ⅰ4 大巷、728 岩集、728 岩轨、Ⅱ2 采区四条上山及采区内部巷道进行修护，修护总长度达 45000 米以上。

巷道修护作业制度

1. 施工单位行政负责人对施工安全工作负责，必须认真贯彻执行党的安全生产方针，及时传达上级有关安全工作方面的文件。

2. 技术员必须认真编制本单位的作业规程和技术安全措施，并贯彻到每位职工。

3. 施工单位负责维护范围内的巷道应经常检查，保证巷道达到"三无一畅通"，实现安全生产。

4. 严格按规程、技术措施要求施工，不准违章作业。

5. 巷道修护工必须认真学习，不断提高操作水平和技能，认真完成本岗位工作。

第四章 运输与提升

第一节 运输

一、采区运输

临涣煤矿采区运输方式为采煤工作面及机巷的煤运到岩石集中巷或运输石门，经过溜煤眼到采区皮带运输上山，然后运到采区煤仓。

2009年，I11采区至Ⅰ9采区强力皮带机巷安装DTL100/45/2*200型强力皮带1部。

2010年，I9采区至副井改造煤仓强力皮带机巷安装DTL100/80/2*200型强力皮带两部，DTL100/80/3*200型强力皮带1部。

2011年，II2采区副井改造煤仓、南滚笼安装DTL120/80/2*110、DTL120/120/3*500、DTL100/100/2*110型强力皮带各1部。

2012年，东十三采区至东十一采区强力皮带机巷安装DTL100/80/2*200、型强力皮带3部。

2013年，II3采区至Ⅱ3主斜井煤仓安装DTL120/63/2*500型强力皮带1部，DTL120/63/3*500型强力皮带1部。

2013年，东翼1#强力皮带机巷至南滚笼煤仓安装DTL100/80/2*110型强力皮带1部。

至2015年6月，采掘系统共使用SD-40P型皮带输送机29台，SD-150P型皮带输送机7台，TD-62改型皮带机2台，SGW-40T刮板机11台，SGW-40G刮板机9台；掘进巷道使用JD系列绞车57台，ZYP系列耙斗装岩机9台，每条皮带机巷和施工的掘进巷道，每隔10～15米安装一盏127伏防爆照明灯。

二、大巷运输

2010 年，东翼强力皮带运输系统形成，东翼采区原煤实现后运连续化，不再使用大巷轨道运输运煤；2011 年，西翼采强力皮带运输系统形成，西翼采区原煤实现后运连续化，不再使用大巷轨道运输运煤；2013 年，Ⅱ3 采区强力皮带运输系统形成，Ⅱ3 采区原煤实现后运连续化，全矿实现采区原煤后运连续化，告别大巷轨道运输运煤。

三、轨道与架线

（一）轨道改造

临涣煤矿井下轨道均为 900 毫米标准轨距，2006 年以来，已对运输大巷使用的 24kg/m 的轻钢轨全部进行进行更换，更换下来的 24kg/m 的旧钢轨转至采区掘进工作面使用。

2007 年 4 月，北滚笼东更换 100 米 43kg/m 钢轨；

2008 年 4 月，矸石山底仓 150 米 24kg/m 钢轨更换为 43kg/m 钢轨；

2012 年 4 月，副井下口东门 250 米 24kg/m 钢轨更换为 43kg/m 钢轨，并打水泥地坪；

2012 年 10 月，I7 大巷 0 米 -750 米 30kg/m 钢轨更换为 43kg/m 钢轨，并更换 1140 块黑道板；

2013 年 10 月，Ⅰ13 大巷 860 米单股道 30kg/m 的钢轨改铺双股道，DX930-4- 左道岔 2 副，DX930-4- 右道岔 1 副，DK930-5- 右道岔 1 副，DK930-5- 左道岔 1 副；

2014 年 10 月，I3 运输大巷更换 30kg/m 钢轨 400 米；

2015 年 8 月，I6 运输大巷更换 30kg/m 钢轨 200 米。

（二）架线铺设

2011 年 5 月已全部拆除井下架线电车线路，改为 CTL12/9GP 的 12T 蓄电池电机车进行轨道运输。

四、运输装备

至 2015 年 9 月，临涣煤矿正在使用的淮北阳光型号为 CTL12/9GP 的 12T 蓄电池电机车共 20 台，其中地面 3 台，井下 17 台。采掘单位使用的淮北阳光型号为 CDXT-5 的 5T 蓄电池电机车共 20 台。2013 年 11 月更换了

12T 铅酸蓄电瓶 10 组，5T 铅酸蓄电瓶 6 组。配备玛钢厂 MGC3.3-9B 矿车 490 辆、MGC1.7-9B 矿车 400 辆、MP3-9 平板车 20 辆、MG-9 材料车 30 辆、PRC-18 型平巷人车 65 辆。西翼轨道使用湘煤立达型号为 JKB-2×1.8PA 的提升绞车，II2 轨道使用锦州矿山型号为 JKB-2×1.8P 的提升绞车，II2 轨道使用湘煤立达型号为 JKB-2×1.8P 的提升绞车，II13 轨道使用株洲力达型号为 JKB-2×1.5P 的提升绞车。各轨道实现了道岔信号闭锁，也安装了常闭式电动捕车器，为轨道的安全运行打下坚实基础。

2011 年 7 月，II2 人行安装了宿州华征型号为 RJY1.1/37 的架空乘人装置；2012 年 10 月，II3 运输上山安装了湖南华阳型号为 RJY45-13.5/1100 的架空乘人装置。

2012 年 1 月，对原有的"信、集、闭"系统进行改造，在 I9、I11 运输大巷安装 KJ293 型矿井机车运输监控系统。对大巷运输的监控效果得到明显提升，实现了安全生产。

2013 年主运大巷安装使用了武汉七环电气有限公司的泄漏通讯系统，井底车场道岔使用了电动道岔，由调度站集中控制。

五、运输管理

（一）组织构成

至 2015 年 9 月，运输区在册人数 329 人，设区长 1 人，党支部书记兼工会主席 1 人，副区长 2 人，技术员 2 人。下设机电队、钉道队、下料队、回收队、运转一队、运转二队、运转三队。

机电队：负责井下及地面排矸系统运输设备的日常检修和维护保养，运输设备的安装、改造。

钉道队：负责地面排矸系统、井下主运平巷、主运斜巷的轨道维修、轨道更换、主运斜巷安全设施的维护及采区起道和运道。

下料回收队：负责采掘单位使用材料和回收杂物的装卸和运转。

运转一、二、三队：负责采掘单位车皮的供应、材料运输、矸石升井及原煤由采区煤眼装载运至翻滚笼卸载。

（二）运输专项整治和安全质量标准化管理

历年来，深入开展运输专项整治和安全质量标准化工作，集中解决矿井生产中存在的突出问题，对照《煤矿安全规程》和矿井运输质量标准化标准，对矿井运输状况进行全面排查，对未达到《煤矿安全规程》标准要求的进行集中整治，加大安全投入。

（三）运输管理制度及安全生产责任制

建立、健全运输生产管理制度、安全管理制度和安全生产责任制，加强对职工进行安全教育和培训，增强职工安全素质。日常工作中坚持以人为本，以制度约束人，以制度管理人。

六、地面运输

（一）运输系统

井下生产的原煤由主井提升到地面，经地面皮带机运输落到圆煤仓，再经皮带机运到装车楼，主井提升分南勾和北勾两个运输系统。

1. 南勾运输系统

（1）提煤模式：

主井南勾提煤：由主井南勾接收仓→K4给煤机→原煤皮带→振动筛→平巷皮带→上仓皮带→圆筒仓（西仓）→仓下给煤机→3道/4道装车皮带。

筛选后矸石：由南勾手选皮带→3#排矸皮带→1#排矸皮带→旋转皮带→矸石山。

（2）提矸模式：

由主井南勾接收仓→K4给煤机→原煤皮带→振动筛（筛面铺钢板）→南勾手选皮带→3#排矸皮带→1#排矸皮带→旋转皮带→矸石山。

（3）运输设备：

主井南勾有K4给煤机1台，配用YB2-200L1-6型号18.5KW电动机1台，ZQ500型减速器1台；1号皮带机为DTL100/50/50型，配用YB2—250M—4型55KW电机1台；2号皮带机为DTL100/50/24型，配用DV225S8/2型6/24KW电机1台；3号皮带机为DTL100/50/37型，配用Y225S—4型37KW电机1台；4号皮带机为DTL100/50/110型，配用YB2—315S—4型110KW电机一台；振动筛为DD1780型，配用Y160M—4型11KW电机一台。

2. 北勾运输系统

（1）提煤模式：

主井北勾提煤：由主井上口北勾接收仓→K3给煤机→1#皮带→2#皮带（通过分煤器）→3#皮带→振动筛→5#皮带→6#皮带→7#皮带→8#皮带→圆筒仓（东仓、中仓）→仓下给煤机→3道/4道装车皮带。

筛选后矸石：由4#手选皮带→2#排矸皮带→1#排矸皮带→旋转皮带→矸石山。

（2）提矸模式：

由主井上口北勾接收仓→K3给煤机→1#皮带→2#皮带（通过分煤器）→1#排矸皮带→旋转皮带→矸石山。

（3）运输设备

临涣煤矿主井（北勾）运输设备见附表6-4-1。

临涣煤矿大巷运输设备见附表6-4-2。

临涣煤矿井下运输系统图见附图6-4-1。

临涣煤矿地面运输系统图见附图6-4-2。

表6-4-1 临涣煤矿主（北勾）井运输设备一览表

系统	皮带机名称	皮带机类型	驱动电机型号	P_N（kW）	U_N（V）	减速器型号
北勾	给煤机	K3	YB2—160M—6	7.5	380	ZQ40
	1#小皮带	TD75	TDY75型油冷式电动滚筒	11/11	380	无
	2#运输皮带	TD75	Y225M—4	45	380	MC3PLSF04
	3#运输皮带	TD75	Y250M—4	55	380	M3PSF50
	振动筛	DD1740	Y132M—4	7.5/7.5	380	ZQ40
	4#筛选皮带	TD75	DV132M4	7.5/7.5	380	R137DV132M4
	5#平巷皮带	TD75	Y160L—4	15	380	MC3PLSF02
	6#运输皮带	TD75	Y225M—4	45	380	M3PSF50
	7#运输皮带	TD75	Y200—4	30	380	MC3PLSF04
	8#上仓皮带	TD75	Y280M—4	90/90	380	M3PSF50
装车	给煤机	K4	YB2—225S-4	18.5	380	ZQ50
	3道装车皮带	DTII—12080	YB2—315S—4	110	660	MSPSF30
	4道装车皮带	DTII—12080	YB2—315S—4	110	660	MSPSF30

表6-4-2 临涣煤矿大巷运输设备一览表

序号	名称	皮带机型号	运输距离	带速
1	东翼1#强力皮皮带	DTL100/80/2*200	570米	2.5m/s
2	东翼2#强力皮皮带	DTL100/80/3*200	2150米	2.5m/s
3	东翼3#强力皮皮带	DTL100/80/2*200	1640米	2.5m/s
4	东翼4#强力皮皮带	DTL100/45/2*200	1600米	2.5m/s
5	东翼5#强力皮皮带	DTL100/80/2*200	760米	2.5m/s
6	东翼6#强力皮皮带	DTL100/80/2*200	1200米	2.5m/s
7	东翼分煤强力皮皮带	DTL100/80/2*110	150	2.5m/s
8	西翼1#强力皮皮带	DTL120/80/2*110	150米	2.5m/s
9	西翼2#强力皮皮带	DTL120/120/3*500	1550米	2.5m/s
10	西翼3#强力皮皮带	DTL100/100/2*110	220米	2.5m/s
11	西翼4#强力皮皮带	DTL100/45/2*200	950米	2.5m/s
12	II3运输上山强力皮皮带	DTL100/63/2*500	1050米	2.5m/s
13	II3主斜井强力皮皮带	DTL120/63/3*500	1780米	2.5m/s

淮北矿业股份有限公司临涣煤矿通风系统图

图 6-4-1 临涣煤矿井

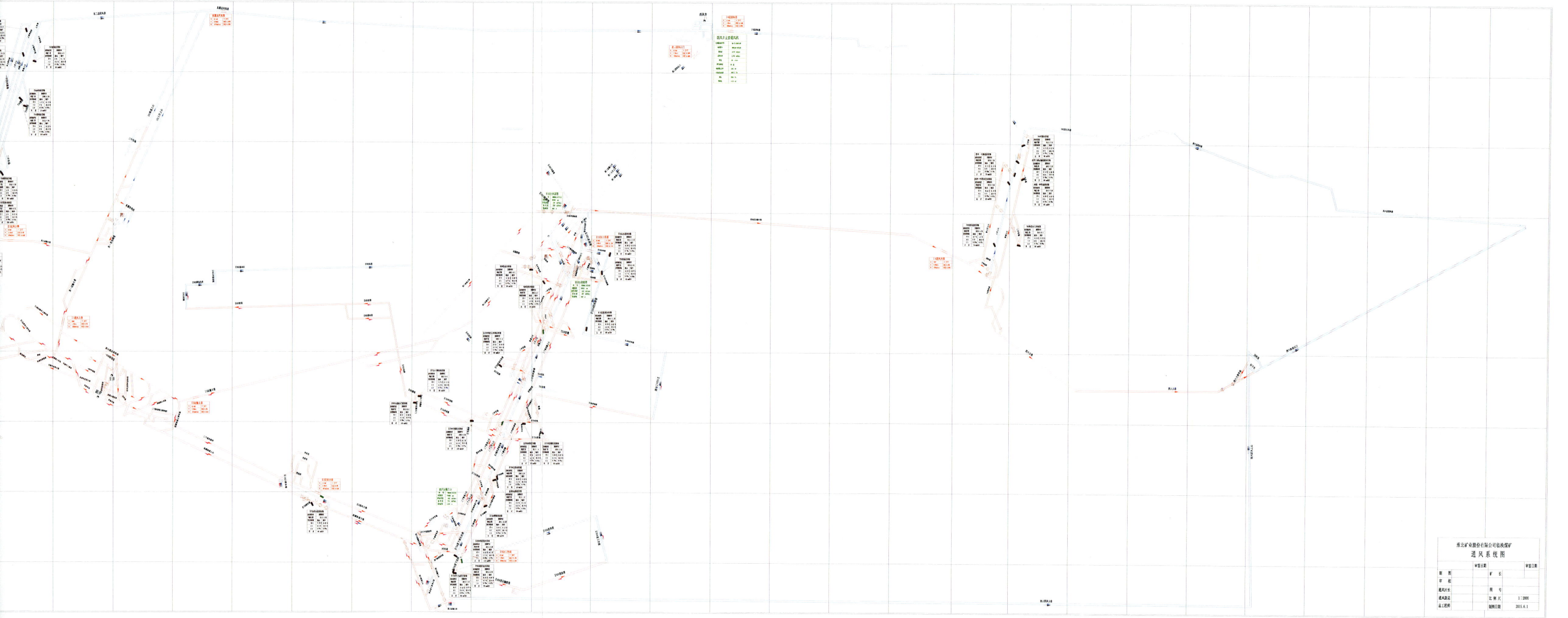

淮北矿业股份有限公司临涣煤矿
通风系统图

下运输系统图

西

西圆筒仓　中圆筒仓　东圆筒仓

北选矸楼

南选矸楼

主井

矸石山

—————— 煤流流线
– – – – 精品矸石流线
——·—— 矸石流线

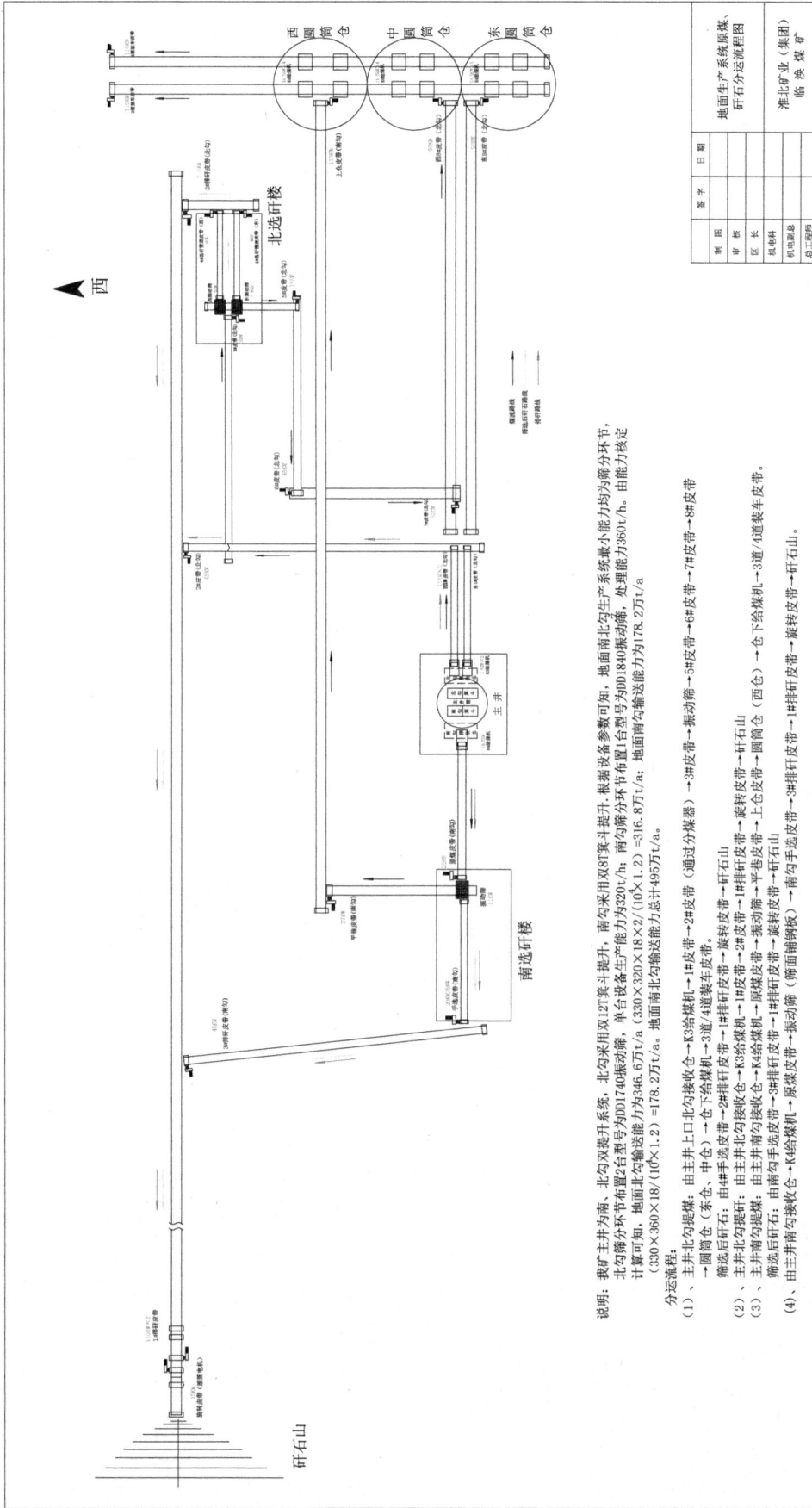

说明：我矿主井为南、北勾双提升系统。北勾采用双12T箕斗提升，南勾采用双8T箕斗提升。根据设备参数可知，地面南北勾生产系统最小能力均为筛分环节。北勾筛分环节布置2台设备型号2台设备生产能力为320t/h；南勾筛分环节1台型号DD1840振动筛，处理能力360t/h。由能力核定计算可知，地面北勾输送能力为346.675t/a（330×320×18×2/（10⁵×1.2）=316.8万t/a；地面南勾输送能力为178.2万t/a。（330×360×18/（10⁵×1.2）=178.275t/a。地面南北勾输送能力总计495万t/a。

分运流程：
（1）主井北勾提煤：由主井上口北勾接收仓→K3给煤机→1#皮带→2#皮带（通过分煤器）→3#皮带→振动筛→5#皮带→6#皮带→7#皮带→8#皮带→圆筒仓（东仓、中仓）→仓下给煤机→3道/4道装车皮带。
筛选后矸石：由4#手选仓→2#排矸皮带→1#排矸皮带→3道/4道装车皮带→旋转皮带→矸石山。
（2）主井北勾提矸：由主井北勾接收仓→K3给煤机→1#皮带→2#皮带→旋转皮带→矸石山。
（3）主井南勾提矸：由主井南勾接收仓→K4给煤机→原煤皮带→振动筛→平巷皮带→旋转皮带→矸石山。
筛选后矸石：由南勾手选皮带→3#排矸皮带→1#排矸皮带→旋转皮带→矸石山。
（4）由主井南勾接收仓→K4给煤机→原煤皮带→振动筛（筛面铺钢板）→南勾手选皮带→振动筛→1#排矸皮带→3#排矸皮带→旋转皮带→矸石山。

图 6-4-2　临涣煤矿地面运输系统图

第二节 提升

一、主井

主井两套提升系统均采用 JKD2.8×6 型多绳摩擦轮井塔提升方式，滚筒直径均为 2.8 米。主井塔高 66 米，提升高度 H = 540 米，用于提升原煤和矸石。井筒为刚性罐道导向，主井井筒净直径 6.5 米。

主井现有南、北勾两套提升系统，南勾采用一套 9 吨双箕斗，于 2011 年 3 月改造完成投入使用；北勾采用一套 12 吨双箕斗，于 2001 年 12 月改造投入使用，两套系统均采用曲轨卸载方式，主电机均为上海电机厂生产，型号分别为 ZD99/60 和 ZD-120/45，功率各为 1250KW、1800KW。井底车场设有容积为 690 立方米的缓冲煤仓 2 个，箕斗采用定重装载；

主井两四套系统均配 ZTDK-PC-0IS 直流提升机电控系统，该电控系统由带显示屏的主控台（S7-300 西门子可编程控制器）、西门子 6RA70 装置 12 脉动直流调速柜、励磁柜、直流切换柜、直流快速开关、空心均流电抗器、整流变压器、励磁变压器、附件（轴编码器、压力变送器、到位开关）等组成。

系统根据位势负载工艺，采用行程给定方式对主电机进行闭环控制，即：起步，加速、等速、减速、爬行、停车控制。

保护齐全、可靠，设施配套完整。系统能够实现自动、手动、检修模式操作。提升系统能实现数控自动化运行，具有数字化、软件化、模块化、抗干扰等优点。通过工业触摸屏，显示绞车的各种静、动态参数，如速度、行程、油压、速度图、力图、打点次数及各种开关量的状态。

主、副井提升系统技术档案齐全，各种运行、维护、检查记录完备，提升设备完好。

二、副井

副井两套提升系统均采用 JKD2.8×6 型多绳摩擦轮井塔提升方式，滚筒直径均为 2.8 米。副井塔高 54.1 米，提升高度 H=480 米，设计为双层双车提物、升降人员。井筒为刚性罐道导向，井筒直径 7 米。

副井有南、北勾两套提升系统，采用二套3t双层单罐笼带平衡锤的提升方式，最大静张力485kN，静张力差140kN，绞车设计最大提升速度为10.5m/s。

副井两套系统均配ZTDK-PC-0IS直流提升机电控系统，该电控系统由带显示屏的主控台（S7-300西门子可编程控制器）、西门子6RA70装置12脉动直流调速柜、励磁柜、直流切换柜、直流快速开关、空心均流电抗器、整流变压器、励磁变压器、附件（轴编码器、压力变送器、到位开关）等组成。

系统根据位势负载工艺，采用行程给定方式对主电机进行闭环控制，即：起步，加速、等速、减速、爬行、停车控制。

保护齐全、可靠，设施配套完整。系统能够实现自动、手动、检修模式操作。提升系统能实现数控自动化运行，具有数字化、软件化、模块化、抗干扰等优点。通过工业触摸屏，显示绞车的各种静、动态参数，如速度、行程、油压、速度图、力图、打点次数及各种开关量的状态。

三、东部井

临涣煤矿东部井提升方式为落地式多绳磨擦提升，井架高36.1米，主要用于提升矿石和人员。

2013年2月，对东部井原进风井进行提升改造，改造成混合井，东部井井筒拆除前主要布置：梯子间113层，D100罐浆管路1趟，D100洒水管路1趟，D150压风管路压风管路1趟，MYJV03×120动力电缆4根，12芯光缆3根。安装后井筒主要布置：罐道上托架448个，下托架448个，标准罐道（180×180×10L＝11996毫米）144根，非标准罐道8根，井底金属支持结构及稳罐罐道1套，井底出车侧行人平台1套，井底防撞梁1套，井底防扭结平台1套，井底防过放装置2套，动力电缆支架112个，通讯电缆支架112个，MYJV03×120动力电缆4根，12芯光缆3根，控制电缆1根，井底淋水棚1套，井口罐道架1套，上井口出车侧行人平台1套，上井口稳罐罐道1套，上井口防过卷装置2套，上井口防撞梁1套等。上井口安装井架1套，天轮装置2套，落地式多绳摩擦式JKMD2.8-4型主轴装置1套，减速机ZZDP1120型1台，电机YR800-12/1430型1台，备用电机YR800-12/1430型1台，ABB绞车变频控制系统ACS2000型1套，备用焦作华飞绞车变频控制系统 BPDK 型 1 套，备用绞车低频托动系统 BPDK-FK 型 1 台。2013 年 9 月，安装北勾罐笼为 GDG3/9/2/2 型双层双罐，备用罐笼 GDG3/9/2/2 型 1 个。

第五章 通风与排水

第一节 瓦斯、煤尘及自然发火期鉴定

临涣煤矿自投产以来，每年均对矿井瓦斯和二氧化碳等级进行鉴定，鉴定结果经审定均为高沼气矿井。近三年矿井瓦斯鉴定等级见表 6-5-1。

2002 年 6 月，经重庆煤科院鉴定，临涣煤矿 7、8、9、10 四层煤层均为三类不易自燃煤层。7、8、9、10 煤层的最短发火期分别为 99 天、83 天、91 天、85 天。从建井至 2005 年 6 月，没有发生过煤层自燃现象。

2004 年 9 月，经煤炭科学研究总院重庆分院鉴定，临涣煤矿 7、8、9、10 煤层均有爆炸性，煤层爆炸指数分别为 28.54%、25.93%、25.78%、27.03%；临涣煤矿 7、8、9、10 煤层煤炭自燃倾向等级均为三等，不易自燃。2004 年，煤尘爆炸性、煤炭自燃倾向鉴定见表 6-5-2、表 6-5-3。

2011 年 12 月瓦斯等级鉴定为煤与瓦斯突出矿井。

第二节 通风方式

矿井为两翼对角混合式通风方式，抽出式通风方法。矿井有 4 个进风井，即副井、主井、东部进风井与东风井，副井、主井和东部进风井主进风、东进风井辅助进风，有 2 个回风井，即西风井与东部回风井。

东部回风井担负 Ⅰ 13 采区（准备）、Ⅰ 11 采区（生产）的通风任务；西风井系统担负 Ⅱ 2 采区、Ⅱ 3 采区、Ⅰ 6 采区（准备）的通风任务。

表 6-5-1 近三年矿井瓦斯鉴定等级

年份	相对涌出量（瓦斯）	等级	相对涌出量（二氧化碳）	等级
2012	8.03	高	4.11	低
2013	8.06	高	4.77	低
2014	11.83	高	5.91	低

表 6-5-2 2004 年煤尘爆炸性鉴定

试样	采样地点	水份 W^f	工业分析			爆炸性试验		爆炸性结论
			灰份 W^f	挥发份		火焰长度（毫米）	抑止煤尘爆炸最低岩粉量（%）	
				W^f	W^f			
一水平 7 煤	7213 下延机巷	0.53	22.96	21.99	28.54	70	80	有爆炸性
一水平 8 煤	8210 机巷	0.31	19.77	20.81	25.93	70	80	有爆炸性
一水平 9 煤	9212 工作面	0.27	16.53	21.52	25.78	30	65	有爆炸性
一水平 10 煤	1073 机巷	0.59	12.08	27.03	30.75	200	85	有爆炸性

表 6-5-3 2004 年煤炭自燃倾向鉴定

试样号	试样地点	着火温度℃			$\triangle T$	煤炭自燃倾向等级
		还原（T1）	原样（T2）	氧化（T3）		
7 煤	7213 下延机巷	399	392	391	8	三类，不易自燃
8 煤	8210 机巷	405	400	395	10	三类，不易自燃
9 煤	9212 工作面	401	400	395	6	三类，不易自燃
10 煤	1073 机巷	385	383	380	5	三类，不易自燃

第三节 通风系统

一、通风方式

临涣煤矿采用抽出式通风方法。回采工作面利用主要通风机形成的风压，通过风门、挡风墙、调节风窗等设施形成系统，进行负压通风。掘进工作面利用安装在通风巷道内的局部通风机，进行压入式通风。掘进回风进入负压通风巷道后，经各采区回风上山及总回风巷，由主要通风机排出地面。

二、通风网路

至 2015 年 8 月，矿井为两翼对角混合式通风方式，抽出式通风方法。矿井有 4 个进风井，即副井、主井、东部进风井与东风井，副井、主井和东部进风井主进风、东风井辅助进风，有 2 个回风井，即西风井与东部回风井。东部回风井担负Ⅰ13 采区（准备）、Ⅰ11 采区（生产）的通风任务；西风井系统担负Ⅱ2 采区、Ⅱ3 采区、Ⅰ6 采区（准备）的通风任务。

西风井通风系统：风流由副井进入井下，分成五路：第一路经Ⅱ2 进风斜井，至Ⅱ2 进风大巷（-660 米），通过Ⅱ2 轨道上山进入各阶段车场，进入各掘进工作面和回采工作面；工作面的回风，经Ⅱ2 专用回风道，进入Ⅰ2 人行上山、Ⅰ2 运输上山，再进入Ⅰ2 回风石门到西风井，由主扇排出地面。第二路经西翼轨道上山进入Ⅱ1021 排水巷、西六轨道上部车场，回风经西六回风大巷进入Ⅰ4 总回风巷到西风井；第三路经Ⅰ2 运输大巷（-450 米）进入Ⅱ1021 机巷、Ⅱ1021 风巷，经 728 返煤进入Ⅰ2 人行上山、Ⅰ2 运输上山回风系统；另一路经Ⅰ2 运输大巷（-450 米）进入Ⅰ4 运输大巷（-450 米），通过Ⅰ4 轨道上山进入各阶段车场，进入各阶段配风，回风经Ⅰ4 人行上山，再进入Ⅰ4 总回风巷到西风井，由主扇排出地面；第四路经Ⅰ1 运输大巷进入Ⅰ3 运输大巷，通过Ⅰ3 轨道上山进入各阶段车场，进入各掘进工作面，回风经Ⅰ3 人行上山进入Ⅰ3 总回风巷；第五路经Ⅱ3 主斜井通过Ⅰ3 轨道上山进入各阶段车场，进入各掘进工作面，回风经Ⅰ3 人行上山进入Ⅰ3 总回风巷，再进入 101 总回风巷到西风井，由主扇排出地面。

东部回风井通风系统：风流从东部井进入井下，分成四路：第一路经Ⅰ13 运输大巷进入东十三采区通过局部通风机进入各掘进工作面，回风经Ⅰ13 回风大巷进入东部回风井。第二路经Ⅰ13 轨道大巷进入东十三采区通过局部通风机进入各掘进工作面，回风经Ⅰ13 回风大巷进入东部回风井。第三路经东翼轨道石门进入Ⅰ11 采区通过局部通风机进入各掘进工作面，回风经东翼回风石门进入东部回风井。第四路经东翼运输石门进入Ⅰ11 采区通过局部通风机进入各掘进工作面，回风经东翼回风石门进入东部回风井。

临涣煤矿通风网络图见附图 6-5-1。

第四节 通风设施

一、通风设备

东部回风井安装 2 台型号为 GAF33.5-17-1 轴流式通风机（1 台运转，1 台备用），配备驱动电机型号 YRK710-8，功率 1600KW；西风井系统安装 K4-73-02NO28F 离心式风机两台（1 台运转，1 台备用），配备驱动电机型号 YR1250-10/1430、功率 1250KW。

东、西风井在安装扇机的同时，安装风道式反风设施。

临涣煤矿掘进工作面均实行一台局扇单独供风、一台局扇备用，实现局扇自动切换功能。2015 年 8 月，掘进工作面运转局扇 23 台，其中型号为 2BKJNQ60，功率为 2×15KW 的局扇 8 台；型号为 FBDNO6.3，功率为 2×30KW 的局扇 14 台；型号为 DBKJNO6.3，功率为 2×30KW 的局扇 1 台。各掘进工作面均有形同型号备用局扇。

二、通风安全仪器仪表

1995 年前，使用的抚顺产 AQG-1 型瓦斯机已超过服务年限；1997 年，矿更换为 AQG－1 型瓦斯机。2014 年，购进 CJG-100 型高浓瓦斯机 15 台，购进 CJG-10 型低浓瓦斯机 60 台

2005 年 6 月，全矿有风速表 12 块，其中 DFA-1 型高速风表 1 块，DFA-2 型中速风表 9 块，DFA-3 型微速风表 2 块。2012 年，购进 CFJ-5 型低速风表 10 块、CFJ10 型中速风表 10 块、CFJ25 型高速风表 10 块。2014 年，购进 CFJ10 型中速风表 10 块。

1997 年，购进江苏金坛产报警仪 40 台；2000 年，购进深圳产 JCB－C53A 型报警仪 50 台；2001 年，购进深圳产 JCB－C53A 型报警仪 50 台；2002 年，购进深圳产 JCB－C53A 型报警仪 50 台；2003 年，购进武汉产 CTB4B 型报警器 100 台；2004 年，购进武汉产 CTB4B 型报警器 150 台、购进淮南产 TCB－C116 型报警器 50 台；2005 年上半年，购进淮南产 TCB－C116 型报警器 100 台、购进扬中产 TCB－31 型报警器 100 台。2011 年，购进淮南中立 JCB4J(A) 型报警仪 300 台、购进江苏扬中 CJY4130 型甲烷

氧气两用仪 30 台、购进 CTH1000-8A 型一氧化碳报警仪 4 台。2012 年，购进淮南中立 JCB4J(A) 型报警仪 400 台、购进江苏扬中 CJY4130 型甲烷氧气两用仪 10 台、购进江苏扬中 CTH1000-8A 型一氧化碳报警仪 10 台。2013 年，购进江苏扬中 JCB4J(B) 型报警仪 200 台。2014 年，购进江苏扬中 CJY4130 型甲烷氧气两用仪 20 台、购进淮南中立 JCB4J(A) 型报警仪 340 台。2015 年，购进淮南中立 JCB4J(A) 型报警仪 400 台、购进江苏扬中 CTH1000-8A 型一氧化碳报警仪 13 台、购进江苏扬中 CJY4130 型甲烷氧气两用仪 10 台。

1988 年始，使用波兰产 CMC-1 型安全监测系统；1994 年 1 月，更换为北京长安公司 KJ4 系统；1997 年 7 月，更换为北京仙岛公司 KJ66 系统；2002 年 9 月，对 KJ66 系统进行了升级改造。2008 年 8 月，监控系统升级改造为重庆煤科院 KJ90F-16 系统，并附加安装二套风机在线监测和一套抽放计量子系统。副井井筒及各采区均敷设有两路光纤，形成双环网传输。

2012 年 9 月份，监控系统对 Ⅰ 13 采区进行了扩容改造；新增加部分监控设施及瓦斯抽放计量装置。

2013 年 3 月份，监控系统对 Ⅱ 3 采区进行了扩容改造；新增加部分监控设施及瓦斯抽放计量装置。

2013 年 10 月份，监控系统完成了东部井采区扩容改造，把东部井风机在线系统及地面瓦斯抽放系统与监控主系统联网。

2014 年 10 月份在重庆科院技术人员指导下，完成系统软件升级，由原来的分站 85 版本升级为 87 版本。瓦斯抽放系统升级为罗斯蒙特版本。

2015 年 1 月份东、西部井风机在线监控系统改造完成，更换威力巴装置。

2015 年 7 月份在重庆科院技术人员指导下，完成了系统软件升级，由原来的分站 87 版本升级为 92 版本。瓦斯抽放系统升级为威力巴版本。

截止 2015 年 9 月份，我矿监控系统安装监控分站 43 台，模拟量传感器 220 台，开关量 142 台，控制量 59 台。抽放计量装置 29 套。

三、通风构筑物

临涣煤矿风门为 50 毫米厚的木板门扇、墙垛采用 800 毫米瓦石砌制永久风门。密闭用瓦石砌筑，水泥勾缝，并用水泥粉面。随着开采范围扩大，到2015年上半年,井下风门共有72道,其中永久风门69道,临时风门3道;调节风窗48道;封闭墙50道。

临涣煤矿通风系统图见附图6-5-2。

第五节 通风管理

一、机构设施

临涣煤矿配备通风区区长1人,党支部书记1人,副区长3人,技术员3人,管理通风业务。下设通风队、测气队、放炮队、防尘队、监测队、技术室、自救器班。

各队、班组日常业务分工:

(一)通风队:负责井下通风设施的施工、维护和风量的测定、风量的调节及通风系统调整等工作。所辖工种有:木工、封闭工、老峒管理工和测风工。

(二)测气队:负责井下各采掘工作面、机电峒室等地点的瓦斯检查;掘进工作面风筒的安装、延接、维护;老峒、盲巷及封闭墙前的栅栏设置,定期检查瓦斯等工作。所辖工种有:测气员、风筒工、和通风调度员。

(三)放炮队:负责井下采掘工作面的装药、放炮和炸药、雷管的进货、检查验收及发放等工作。所辖工种有:放炮员、炸药库管理员。

(四)防尘队:负责井下供风、供水干管的安装、维修,主要管道及采煤工作面上、下风巷灭尘洒水管路设施隔爆设施的安装维护、采煤工作面上、下风巷及大巷灭尘洒水,井下供水、防火及再生性灌浆等。所辖工种有:管子工、灭尘员、测尘员、灌浆工。

(五)监测队:负责瓦斯监测系统的安装、维护和调试等工作。所辖工种有:瓦斯监测工。

(六)技术室:负责测风、测尘技术措施编审及各种通风报表、图板的编制等工作。

(七)自救器班:负责自救器、便携式报警仪、瓦斯机、放炮器的管理、检验及发放、维修等工作。所辖工种有:自救器管理。

二、管理措施

至 2015 年，矿井通风管理逐步走向正规化，各项管理制度和管理措施逐步完善。并开始建立"一通三防"质量标准化专项检查制度，定期进行质量标准化专项检查；建立了"一通三防"齐抓共管责任制，矿长是"一通三防"工作的第一责任者，其它分管领导和部门各负其责。

1996 年，在健全完善已有制度的基础上，建立了通风系统管理、通风设施管理、局部通风管理、综合防尘管理、监测监控管理、火工品及放炮管理、瓦斯管理、防灭火管理八项管理措施。

每年重点开展 4 个专项治理：控制局扇停掉电、减少瓦斯排放专项治理，粉尘专项治理，火工品专项治理。建立了通风设施验收移交制度、"三级"排放瓦斯管理制度，建立健全了实时动态瓦斯监控体系和瓦斯超限反馈闭合制度等。

2015 年我矿在全矿范围内开展了防火会展，重点对井下检查采空区灌浆、封堵等防火措施的落实情况的检查，并对地面煤仓、两堂一舍等火灾隐患点进行重点检查。

三、通风状况

2011 年，鉴定为煤与瓦斯突出矿井。2006 年至 2015 年相继封闭Ⅰ3、Ⅰ7、Ⅰ9、Ⅰ4 采区，目前东部回风井系统 2 个采区所需风量 8500 立方米 / 分，西风井 3 个采区所需风量 9500 立方米 / 分。各用风地点的风量根据《配风细则》进行合理配风。采区轨道上山主进风，运输上山辅助进风，人行上山主回风巷。各采区均做到以风定产，根据生产布局进行了通风系统优化简化，废弃巷道及时封闭，对失修巷道加强维修，随着矿井开采深度的不断增加，通风巷道不断延伸，进行了通风系统改造，保证有足够的通风断面，降低通风阻力，消除风速超限现象，疏通通风网络，杜绝不合理的串联通风。

掘进工作面采用双局扇、双电源，主、备局扇电源实现自动切换功能，确保掘进工作面的正常供风。

四、瓦斯防治

临涣煤矿以瓦斯综合治理为重点，在坚持贯彻执行采掘工作面瓦斯管理制度、测气员交接班制度、瓦斯巡回检查制度、瓦斯排放制度等各项管理制度的基础上，强化瓦斯管理，严格制度，坚持瓦斯超限就是事故的原则，建立瓦斯分析会制度，加强瓦斯预测预报，杜绝在瓦斯超限或临界状态下生产。

每周一对井下所有掘进工作面局扇进行切换实验，确保局扇正常运行。生产单位指定局扇司机看管局扇，严禁任何人私自停开局扇。不断完善瓦斯制度，建立瓦斯检查汇报反调度制度和高瓦斯头面现场交接班制度。井下所有掘进工作面配齐停风栅栏。坚持"先抽后采、监测监控、以风定产"十二字方针，加强瓦斯监测监控，对井下采掘工作面瓦斯情况进行实时监控。所有掘进工作面实现局扇开停监控，回采工作面上隅角安装瓦斯传感器，实行风门开关监控。井下监控装置实行挂牌管理，分站出口设置去向牌。

历年测气人员、工具、设备配置情况见表6-5-4。

表6-5-4 历年测气人员、工具、设备配置情况一览表。

年份	人员	测气工具	台数	设备配置	
				瓦斯警报仪（台）	瓦斯监测系统
2005	63	瓦斯机	90	450	KJ66系统
2006	60	瓦斯机	90	450	KJ66系统
2007	61	瓦斯机	90	450	KJ66系统
2008	60	瓦斯机	90	450	KJ90系统
2009	58	瓦斯机	90	450	KJ90系统
2010	58	瓦斯机	80	450	KJ90系统
2011	58	瓦斯机	75	450	KJ90系统
2012	58	瓦斯机	75	450	KJ90系统
2013	58	瓦斯机	74	450	KJ90系统
2014	56	瓦斯机	70	450	KJ90系统
2015（1～6月）	54	瓦斯机	64	450	KJ90系统

五、综合防尘

临涣煤矿每年组织开展综合防尘治理会战，定期召开综防会议，加强质量标准化建设。组织专门人员分采区对井下大巷和采掘工作面防尘管路和设施进行标准化整治，对井下隔爆设施统一着装。制定综合防尘齐抓共管责任制，综防设施进行移交管理。采煤工作面转载点实行深孔渗透棒注水技术。

2012年，采、掘进工作面防尘管路由2寸全部改为4寸。

主要运输大巷每季度冲刷一次，轻放工作面煤壁采用浅孔注水。逐步实现矿井供水系统水网化，防尘管路敷设、防尘设施安装、隔爆设施吊挂标准化，井下出煤系统各转载点喷雾、掘进工作面扒矸机联动喷雾、装卸点和主要运输大巷净化喷雾自动化，综合防尘管理制度规范化。

六、防火工程及主要措施

2014年来，该矿对防火重视程度普遍提高，树立"防火重在预防、高温就是事故、着火就是爆炸，火灾具有颠覆性"的理念。为防止矿井火灾，编制《临涣煤矿防治煤层自然发火管理模式》。

对井下重点防火工程严格按照模式要求采取针对性措施。工作面防火以7118上工作面为例，在工作面回采期间加强上下隅角封堵、减少采空区遗煤、加强采空区和抽放管气体监测、采空区灌浆等措施，工作面收作期间强化灌浆、加强气体监测、降低机风巷风压减少采空区漏风、严格执行45天封闭等措施。掘进工作面防火以Ⅱ1021风巷为例，在揭煤期间采取控顶防漏、喷浆堵漏、每周气体化验、等防火措施，在揭露老空巷道期间采取控顶、及时封闭、喷浆堵漏、先探后掘、对老空巷道气体化验等防火措施。

历年井下风量见表6-5-5。

表6-5-5 历年井下风量表

年份	风量（m³/分）		
	西风井	东风井	东部回风井
2006	10182	4595	
2007	10328	4848	
2008	11489	5058	
2009	10248	6066	
2010	10628	6264	
2011	11054	7400	
2012	10866	7820	
2013	12358		10632
2014	12968		11888
2015	12432		11392

临涣煤矿通风网络图

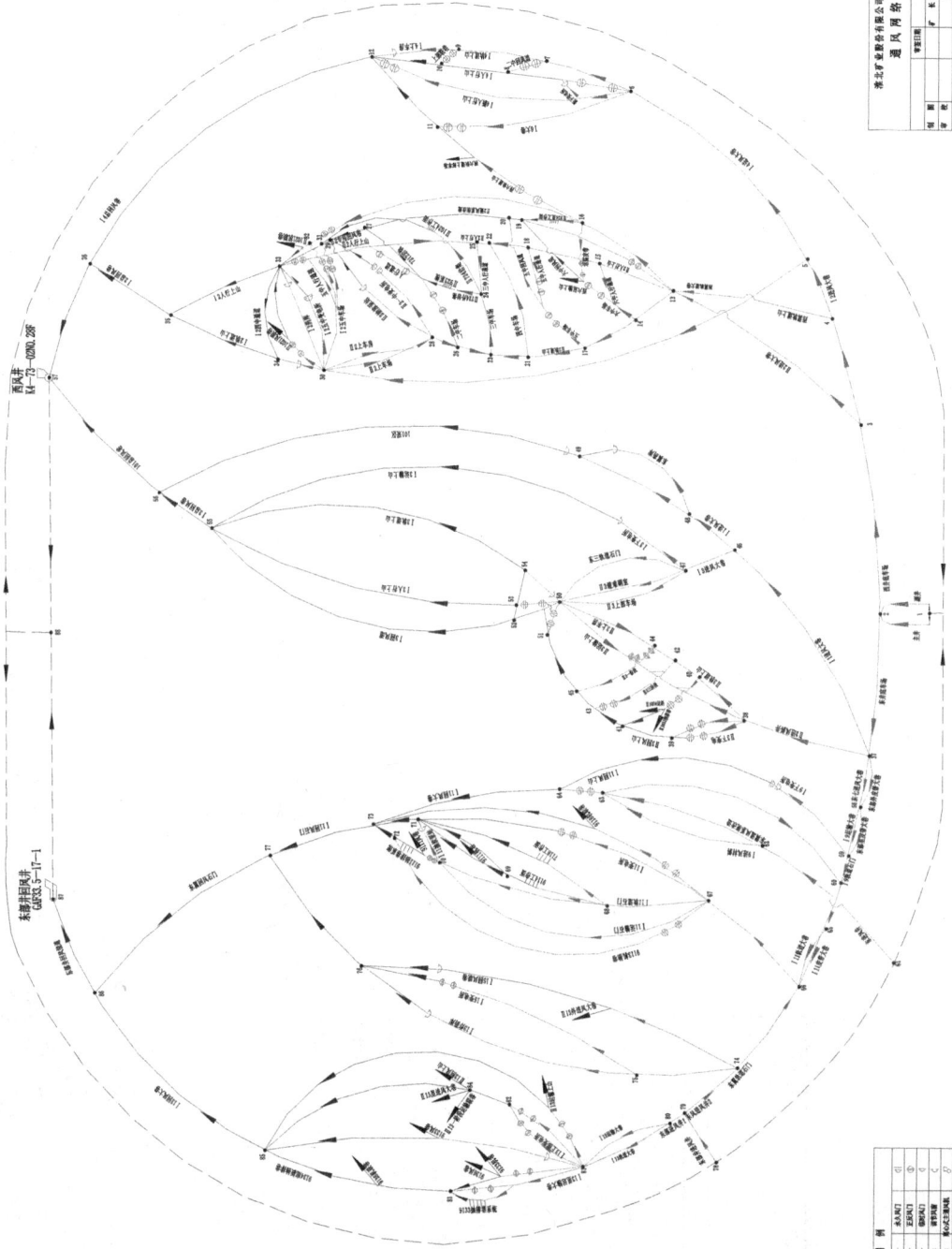

附图 6-5-1 临涣煤矿通风网络图

临涣煤矿井下主运皮带运输系统图

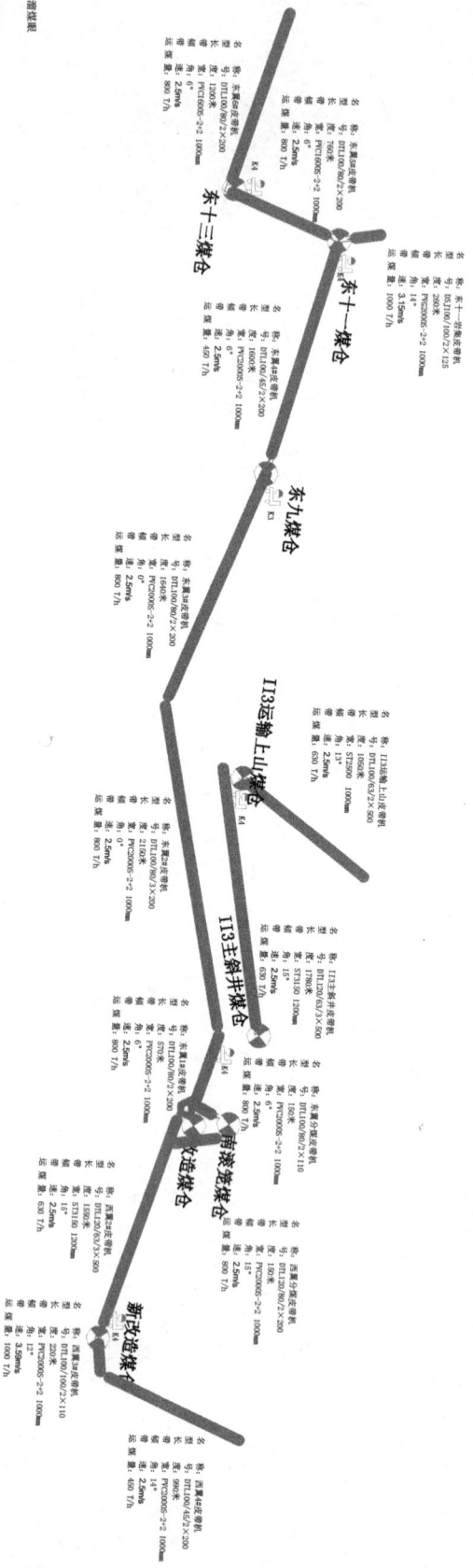

附图 6—5—2 临涣煤矿通风系统图

图例：
- 溜煤眼
- 给煤机
- 皮带机及运煤方向
- 煤仓

名称：东十一岩集皮带机
型号：DSJ100/100/2×125
长度：260米
带宽：1000mm
带速：3.15m/s
倾角：14°
运煤量：1000 T/h

名称：东十二皮带机
型号：DTL100/80/2×200
长度：750米
带宽：1000mm
带速：2.5m/s
倾角：6°
运煤量：800 T/h

东十三煤仓
东十一煤仓

名称：东真60皮带机
型号：DTL100/60/2×200
长度：1660米
带宽：1000mm
带速：2.5m/s
倾角：6°
运煤量：450 T/h

东九煤仓

名称：东真38皮带机
型号：DTL100/80/2×200
长度：ST2500
1000mm

名称：II13运输上山皮带机
型号：DTL100/63/2×300
长度：1060米
带宽：ST3150 1200mm
倾角：13°
带速：2.5m/s
运煤量：630 T/h

II13运输上山煤仓

名称：II13主斜井皮带机
型号：DTL100/63/3×500
长度：1780米
带宽：ST3150 1200mm
倾角：15°
带速：2.5m/s
运煤量：630 T/h

II13主斜井煤仓

名称：东真38皮带机
型号：DTL100/80/3×200
长度：1840米
带宽：2190米
带速：2.5m/s
倾角：0°
运煤量：800 T/h

名称：西真分煤皮带机
型号：DTL120/2×200
长度：1000mm
带速：2.5m/s
运煤量：630 T/h

南翼选煤煤仓

名称：西真58皮带机
型号：ST3150 1200mm
带宽：150米
倾角：15°
带速：2.5m/s
运煤量：630 T/h

新北选煤仓

名称：西真58皮带机
型号：DTL100/100/2/24
长度：220米
带宽：12°
带速：3.5m/s
运煤量：1000 T/h

名称：西真64皮带机
型号：DTL100/4/2×200
长度：990米
带速：2.5m/s
运煤量：450 T/h

淮北矿业集团煤业有限责任公司
临涣煤矿
井下主运皮带运输系统图

		总工程师			
制 图			比 例 尺		
审 校					
科 长			资料来源		
机电副总					
机电矿长			日 期	矿 图	

第六节 排水

一、排水系统

临涣煤矿井下有中央泵房、II2采区泵房、II3采区泵房。中央泵房安装MD450-60/60×9型耐磨离心水泵5台，每台泵额定流量450m³/h，扬程为540米，配套电机型号YAK560-4，额定功率1120kW，额定电压6kV。正常涌水时2用2备1检修。副井井筒内装备3趟排水管路，其中2趟DN300，1趟DN350。一水平外仓容量4300立方米，内仓容量2400立方米，一水平水仓容积共6700立方米。

II2采区水泵房现安装MD155-30×10型矿用耐磨离心泵3台，每台泵排水量155m³/h，扬程为300米，配套电机型号YB-400M2-4，功率为280kW，正常涌水时1用1备1检。沿II2进风斜井敷设两趟DN200排水管路。二水平外仓容量1500立方米，内仓容量900立方米，II2水仓容量共2400立方米。

II3采区水泵房现安装MD155-30×9型矿用耐磨离心泵3台，每台泵排水量155m³/h，扬程为270米，配套电机型号YB2-3553-4，功率为220kW，正常涌水时1用1备1检。沿II3进风斜井敷设两趟DN200排水管路。II3泵房外仓容量1612立方米，内仓容量994立方米，II3水仓容量共2606立方米。

二、排水方式

临涣煤矿采用接力集中排水方式，各采区涌水经运输大巷水沟流入以上泵房水仓，再由II2、II3采区泵房排水至一水平中央泵房内、外水仓，中央泵房再集中排至地面水厂。经过地面水厂净化后的水，一部分回收再利用，多于部分排至矿外水沟。

三、排水设备

截止2015年9月，临涣煤矿排水设备有：中央泵房主排水泵5台，型号MD450-60/60×9，配用电机型号YAK560-4；2台SZB—8型真空泵；II2 采区泵房主排水泵 3 台，型号 MD155-30×10，配用电机型号 YB-400M2-4；2 台 SZB—8 型真空泵；II3 采区泵房主排水泵 3 台，型号 MD155-30×9，配用电机型号 YB2-3553-4；2 台 SZB—8 型真空泵。历年来实测涌水量见表 6-5-6。

表 6-5-6 历年来实测涌水量统计表（单位：m3/h）

年份 涌水量	2005	2006	2007	2008	2009	2010	2011	2012	2013	2014
年平均	413.7	342.7	401.2	423.1	389.2	377.7	398.6	416.7	395.9	418.7

第六章 瓦斯防治

第一节 机构设置

一、机构

临涣煤矿 2011 年升级为煤与瓦斯突出矿井，为加强瓦斯管理、健全瓦斯治理工作责任制度体系，明确各级管理职责，矿井于 2011 年成立瓦斯办。

瓦斯办设主任 1 人，负责主持日常的各项工作；技术人员 3 人，负责日常技术管理和资料的整理收集；防突员 12 人，负责落实防治煤与瓦斯突出的安全技术措施，检查防突钻孔施工情况；实验室人员 2 人，负责实验室瓦斯基础参数测试以及视屏收尺等工作。

二、管理职能

瓦斯办是矿井"一通三防"业务管理的主管部门，负责督查、指导各部门"一通三防"工作。

负责石门揭煤、突出煤层采掘工作面的突出危险性预测和效果检验工作，填报防突预测和效果检验单。及时掌握现场条件变化，对防突措施提出建议，发现隐患及时汇报，遇紧急情况立即停止现场作业。收集整理瓦斯基础资料。负责突出计量器具的保养管理工作。负责测量过程的确认，保证测量数据准确可靠。

第二节 防治措施

一、区域防突措施

（一）保护层开采

选择开采下保护层。临涣煤矿 7、9（8）、10 煤均为突出煤层，10 煤可采区域首选 10 煤作为保护层连续开采，10 煤不具备开采条件的选择 9 煤作为下保护层开采，通过保护层开采的同时，强化对被保护层卸压瓦斯进行抽采，消除被保护层突出危险，并使高瓦斯突出工作面转为低瓦斯工作面，从而实现被保护层工作面安全高效回采。

（二）区域预抽煤层瓦斯

对保护层工作面处于突出危险区的工作面，实施底板穿层钻孔预抽煤层瓦斯。采区首采工作面底抽巷采用双岩巷布置，上下邻近工作面采用单岩巷布置。

治理方法：先施工穿层钻孔预抽煤巷条带瓦斯进行区域消突，掩护煤巷安全施工；再采用顺层钻孔结合底板穿层钻孔方法预抽工作面面内煤层瓦斯，实现面内区域消突。

二、局部防突措施

（一）掘进工作面防突

对处于无突出危险区的被保护层掘进工作面、沿空掘进巷道（煤柱不大于 3 米）、煤层风化带采用区域验证方式，拨门前实施连续两次预测，后期每推进 40 米进行两次区域验证（20 米一次），每次验证施工 3 个预测钻孔，孔深 8～10 米，钻孔控制巷道轮廓线外 2～4 米；在地质构造带执行工作面连续循环预测；对于保护层掘进工作面、突出危险区的被保护层掘进工作面执行工作面连续循环预测。预测方法采用钻屑指标法，预测指标采用钻屑解吸指标 $\triangle h_2$ 和最大钻屑量 S_{max} 两个指标，并结合钻孔施工孔内及瓦斯现象综合分析判定突出危险。每次预留 2 米预测投影超前距，预测钻孔设计施工 3 个，孔深 8～10 米，钻孔控制巷道轮廓线外 2～4 米。

对于煤巷预测指标大于等于临界值，或掘进时遇构造带、瓦斯异常区域等，采用顺层超前卸压排放钻孔措施，钻孔孔径113毫米，孔底间距2米，控制范围巷道两侧≮5米，控制前方区域不小于30米。经措施效果检验后，保留效检超前距2米（投影），同时保留措施超前距不小于5米（地质构造区域7米），在安全防护措施下掘进施工；(2)要求突出危险区域或瓦斯涌出较大的无突出危险区域煤巷掘进工作面采用双局扇双路风筒供风，第一路风筒距迎头不超过5米，第二路风筒距第一路≯50米。(3)掘进工作面切眼时，切眼坡度大于10°的，必须自上而下掘进施工。(4)煤巷掘进遇落差超过巷道高度的，要按石门揭煤进行防突管理。

（二）采煤工作面防突

对处于无突出危险区的工作面采用区域验证方式，回采前实施连续两次预测，后期每推进40米进行两次区域验证（20米一次），钻孔沿工作面倾向10～15米间距布置，孔深10米，在地质构造带采用工作面预测；对处于突出危险区的回采工作面采用工作面连续循环预测，每次预测预留2米预测投影超前距，钻孔沿工作面倾向10~15米间距布置，孔深10米。参考临界值如表1所示。

1. 若预测指标大于等于临界值，或工作面遇构造瓦斯涌出异常等，采用工作面内部施工顺层钻孔超前卸压排放措施，钻孔间距5米，对异常点要加密布置，控制范围不小于50米。经措施效果检验后，保留效检超前距2米（投影），同时保留措施超前距不小于3米（地质构造区域5米），在安全防护措施下回采。

2. 处于突出危险区或瓦斯涌出较大的采煤工作面供风不得小于1200m³/min，两巷断面不得小于设计断面的70%；回采期间工作面上隅角要用不燃性材料充满填实；距高位钻场30米前要对钻场进行加固并采用不燃性材料充满填实。

突出煤层采煤工作面回采期间采用老塘埋管、高位钻孔对工作面上隅角及冒落裂隙瓦斯进行抽采，采用工作面超前大直径卸压钻孔释放工作面前方应力及煤壁瓦斯，同时回采前施工的顺层钻孔对面内瓦斯继续进行抽采，并通过拦截钻孔防止被保护层卸压瓦斯通过保护层工作面开采后的裂隙通道进入保护层回采工作面，造成瓦斯超限。

第三节 瓦斯防控

一、瓦斯检查

（一）总回风巷或一翼回风巷中瓦斯或二氧化碳浓度超过 0.75% 时，必须立即查明原因，进行处理。

（二）采区回风巷、采掘工作面回风巷风流中瓦斯浓度超过 1.0% 时或二氧化碳浓度超过 1.5% 时，必须停止工作，撤出人员，采取措施，进行处理。

（三）采掘工作面及其他作业地点风流中瓦斯浓度达到 1.0% 时，必须停止用电钻打眼；爆破地点附近 20 米以内风流中瓦斯浓度达到 1.0% 时，严禁爆破。

（四）采掘工作面及其他作业地点风流中瓦斯浓度达到 1.5% 时，必须停止工作，切断电源，撤出人员，进行处理。

（五）电动机及其开关安设地点附近 20 米以内风流中瓦斯浓度达到 1.5% 时，必须停止工作，切断电源，撤出人员，进行处理。

（六）采掘工作面及其他巷道内，体积大于 0.5 立方米空间内积聚瓦斯浓度达到 2.0% 时，附近 20 米内必须停止工作，切断电源，撤出人员，进行处理。

（七）在回风流中的机电设备硐室的进风侧必须安装甲烷传感器，瓦斯浓度不超过 0.5%。

（八）在局部通风机及其开关地点附近 10 米以内风流中瓦斯浓度都不超过 0.5% 时，方可人工开启局部通风机。

（九）符合《煤矿安全规程》制度的串联通风系统中，必须在进入被串联工作面的进风风流中装设甲烷断电仪，且瓦斯和二氧化碳浓度不超过 0.5%。

（十）对因瓦斯浓度超过制度被切断电源的电气设备，必须在瓦斯浓度降到 1.0% 以下时，方可人工开启电气设备。

（十一）采掘工作面进风流中，二氧化碳浓度不超过 0.5%。

（十二）采掘工作面风流中二氧化碳浓度达到 1.5%，必须停止工作，撤出人员，查明原因，制订措施，进行处理。

二、瓦斯预警

监控机房值班人员必须实时监控瓦斯预警报警信息；若瓦斯预警达二级及以上时，立即启动预警处理程序，通知矿安全生产信息中心和通风调度，由矿安全生产信息中心安排测气员及生产单位跟班干部到现场，查明原因。

（一）瓦斯预警达二级时（瓦斯变化率 4～5 倍，瓦斯绝对值 0.3%），安全生产信息中心短信通知通风区、生产单位主要负责人，测气员及生产单位跟班干部到现场查明原因；

（二）瓦斯预警达三级时（瓦斯变化率 6～8 倍，瓦斯绝对值 0.4～0.5%），安全生产信息中心短信通知总工程师、采煤（掘进）矿长、通风副总、防突副总、采煤（掘进）副总及通风区、生产单位、瓦斯办、安监处、安全生产信息中心等单位主要负责人；现场立即停止作业，通风区、生产单位跟班干部等相关人员到现场查明原因，进行处理；

（三）瓦斯预警达四级时（瓦斯变化率 9～10 倍，瓦斯绝对值 0.6～0.7%），安全生产信息中心短信通知总工程师、采煤（掘进）矿长、通风副总、防突副总、采煤（掘进）副总及通风区、生产单位、瓦斯办、安监处、安全生产信息中心等单位主要负责人；现场立即停止作业，通风区、生产单位正职、安监处、瓦斯办、技术科、调度所等相关人员到现场查明原因，进行处理；

（四）瓦斯预警达五级时（瓦斯变化率 11～12 倍，瓦斯绝对值 0.8%），安全生产信息中心短信通知矿主要领导、总工程师、采煤（掘进）矿长、通风副总、防突副总、采煤（掘进）副总及通风区、生产单位、瓦斯办、安监处、安全生产信息中心等单位主要负责人；现场立即停止作业，通风副总（防突副总）及通风区、生产单位正职、安监处、瓦斯办、技术科、调度所等相关人员到现场查明原因，进行处理。

三、瓦斯抽放

矿井建有地面永久瓦斯抽采系统 1 套，井下移动瓦斯抽采系统 4 套。

地面永久瓦斯抽采系统设在东部井，安设瓦斯抽采泵 2 台，型号为 2BEY-67，额定流量 630m³/min。Ⅱ 2、Ⅱ 3、Ⅰ 11、Ⅰ 13 采区各建立 1 套井下移动瓦斯抽采系统，其中Ⅱ 2 采区瓦斯抽采系统安设瓦斯抽采泵 4 台，型号均为 2BE1353-OBD3 型水环式真空移动泵，电机功率为 160KW，额定流量 80m³/min；Ⅱ 3 采区瓦斯抽采系统安设抽采泵 4 台（2 台使用 2 台备用），型号均为 2BE1353-OBD3 型水环式真空移动泵，电机功率为 160KW，额定流量 80m³/min；Ⅰ 11 采区瓦斯抽采系统安设抽采泵 4 台，型号为 2BE1353-OBD3 型水环式真空移动泵，电机功率为 160KW，额定流量 80m³/min；Ⅰ 13 采区瓦斯抽采系统安设抽采泵 4 台，型号为 2BE1353-OBD3 型水环式真空移动泵，电机功率为 160KW，额定流量 80m³/min。

表 6-6-1 抽采系统装备参数一览表

装备名称	设备型号	技术参数	数量（台）	安装时间年、月	配套电机型号/功率	抽采地点
Ⅱ 2 瓦斯泵站	2BE1353-OBD3	最大吸气量 80m³/min，吸入压力 38-1013hpa，排气压力 1031hpa，转速 590r/min	6	2007 年 4 月	YB2-355L2-10，160KW	Ⅱ 1024 Ⅱ 924
Ⅰ 11 瓦斯泵站	2BE1353-OBD3	最大吸气量 80m³/min，吸入压力 38-1013hpa，排气压力 1031hpa，转速 590r/min	4	2012 年 6 月	YB2-355L2-10，160KW	9114
Ⅱ 3 瓦斯泵站	2BE1353-OBD3	最大吸气量 80m³/min，吸入压力 38-1013hpa，排气压力 1031hpa，转速 590r/min	4	2009 年 11 月	YB2-355L2-10，160KW	Ⅱ 1033 机抽巷 Ⅱ 1034 机抽巷
Ⅰ 13 瓦斯泵站	2BE1353-OBD3	最大吸气量 80m³/min，吸入压力 38-1013hpa，排气压力 1031hpa，转速 590r/min	4	2012 年 10 月	YB2-355L2-10，160KW	停用
地面	2BEY-67	最大吸气量流量 630m³/min，吸入压力 160hpa，转速 14920r/min	2	2013 年 2 月	YB2-5003-4，1000 KW	9136、9133、9111 底板抽排巷

根据统计结果，2012 年～2014 年平均年抽采量为 1170.7 万 Nm³，其中 2014 年高浓（10%～30%）年抽采量 874.5 万 Nm³，低浓（《=10%）年抽采量 430.6 万 Nm³。

表 6-6-2 2012 ～ 2015 年瓦斯抽采量统计表

日期	抽采量（单位：万 Nm³）合计
2012 年	949
2013 年	1138.2
2014 年	1424.9
2015 年（预计）	1468.8
平均	1245.2

四、瓦斯治理工程

表 6-6-3 2012 ～ 2015 年瓦斯治理工程统计表

年度	保护层开采（万 m²）	瓦斯治理巷道工程（m）	区域瓦斯治理钻孔工程（万 m）	瓦斯抽采量（万 m³）	瓦斯利用量
2012	5.16	1385	19.7	949.0	/
2013	17.73	3665	30.31	1138.2	/
2014	31.61	4705	47.25	1424.9	/
2015	11.13	4023	44.09	1468.8	/

第七章 防突管理

第一节 机构设置

一、机构与人员

防突区于 2012 年成立，至 2015 年 6 月设置有区长 1 人，书记 1 人，副区长 2 人，技术员 2 人。有抽采工 33 人，钻机工 88 人，机修工 4 人。

二、工作职责

区长和书记负责主持日常的各项工作；两名副区长一个负责钻机施工管理，一个负责抽采管路管理；两名技术人员主要负责日常技术管理和资料的整理收集。

第二节 防突区域划分

矿井为突出矿井，主采煤层 7、8、9、10 煤层均为突出煤层。

矿委托中国矿业大学矿山开采与安全教育部重点实验室对临涣煤矿 7、9（8）、10 煤层进行了煤与瓦斯突出危险性区域划分，结论如下：

（一）7 煤层区域划分

Ⅰ 11 采区 -405 米以浅为无突出危险区，Ⅰ 9 采区为无突出危险区；Ⅰ 3 采区为无突出危险区；Ⅱ 2 采区 -634 米以浅为无突出危险区，以深为突出危险区；Ⅱ 3、Ⅰ 13、Ⅱ 13 采区均为突出危险区

（二）9（8）煤层区域划分

Ⅰ11采区 -370 米以浅为无突出危险区，-370 米以深为突出危险区；Ⅰ9采区为无突出危险区；Ⅰ3采区为无突出危险区；Ⅰ4采区为无突出危险区；Ⅱ2采区 -530 米以浅为无突出危险区，-530 米以深为突出危险区；Ⅱ3、Ⅰ13、Ⅱ13采区均为突出危险区。

（三）Ⅱ3、Ⅱ2采区 10 煤层区域划分

Ⅱ3采区 10 煤 -557 米以浅为无突出危险性；Ⅱ2采区 10 煤 -692 米以浅为无突出危险性。

第三节　防突技术手段

一、回采工作面

先进行保护层开采，我矿以 10 煤为保护层，在 10 煤不可采时，以 9 煤作为保护层，其保护层走向、倾向保护范围以始采线、采止线及上下煤柱按卸压角 56~60° 保护进行划定。保护层处在突出危险区时，预先施工底板巷执行穿层钻孔预抽的区域防突措施，预抽时间一般不小于半年，以实际测定的煤层残余瓦斯压力及残余瓦斯含量进行区域措施效果检验。若测定指标均小于临界值，则认定区域防突措施有效，并编制条带煤层瓦斯区域治理防突措施效果评价报告上报集团公司，经批复后方可进行煤巷掘进；在煤巷掘进期间施工顺层钻孔区域防突措施。

工作面防突措施：无突出危险区煤巷采煤工作面，首先进行连续两次突出危险性预测，确认无突出危险后，每推进 20 米进行一次突出危险性区域验证。突出危险区采煤工作面，实施连续突出危险性验证。当实测到的任一指标 Smax 或 △h2 等于或大于临界值时，该工作面即判定为有突出危险，则在工作面实施超前排放钻孔的防突措施，工作面防突措施钻孔施工结束后，必须按钻屑瓦斯解吸指标法进行工作面防突措施效果检验，测得的指标值全部在突出临界值以下，且未发现其他异常情况，则措施有效，在留有不小于 3 米措施超前距（地质构造带留有不小于 5 米措施超前距）

和 2 米效检孔超前距的条件下进行回采作业。

二、掘进工作面

掘进工作面要是处在突出危险区，采取的区域防突措施是在煤巷掘进前先做底板抽采巷，底板巷每 30 米做一钻场（规格：4.5m*4.5m*3.5m），按 5m*5m 规格对掘进巷道进行条带预抽，预抽时间一定时间后，进行效果检验，每 50 米布置一组效果检验钻孔，对煤层取样实验，实际测定的煤层残余瓦斯压力及残余瓦斯含量进行区域措施效果检验。若测定残余瓦斯压力小于 0.74MPa、残余瓦斯含量小于 8m³/t，则认定区域防突措施有效，并编制条带煤层瓦斯区域治理防突措施效果评价报告上报集团公司，经批复后方可进行煤巷掘进。

掘进工作面每循环进尺前采用钻屑指标法进行突出危险性预测。在掘进工作面施工 3 个直径 42 毫米、孔深（巷道轴向投影）8-10 米的钻孔，测定钻屑瓦斯解吸指标△h2 和钻屑量 Smax，当测定结果为无突出危险时，每循环保留 2 米的预测超前距进行进尺；当测到的任一指标 Smax、△h2 等于或大于临界值时，该工作面即为突出危险工作面，必须进一步采取防突措施；在防突措施钻孔施工结束后，必须按钻屑瓦斯解吸指标法进行工作面防突措施效果检验，测得的指标值全部在突出临界值以下，且未发现其他异常情况，则措施有效，在留有不小于 5 米措施超前距（地质构造带留有不小于 7 米措施超前距）和 2 米效检孔超前距的条件下进行回采作业。

三、石门揭煤

矿井在石门揭煤管理上，严格防突规定和股份公司石门揭煤管理要求，按照石门揭煤划分的 7 个关键节点，严格落实两个"四位一体"防突措施。

区域性"四位一体"防突措施：在距煤法距 10 米（地质构造复杂、岩石破碎区域 20 米）前，施工不少于 3 个前探取芯钻孔，掌握煤层赋存状况，测定煤层瓦斯压力、瓦斯含量、坚固性系数等；在石门距煤层法距 7 米时，按照施工底板穿层预抽钻孔，预抽钻孔控制范围为石门巷道轮廓线外 12 米；预抽时间不少于 3 个月后，实施对预抽效果进行效果检验，确定瓦斯抽采率≮50%，瓦斯压力≯0.74MPa，煤层瓦斯含量在 8m³/t 以下。经区域效果检验措施有效后，方可按照局部"四位一体"防突措施进行巷道揭煤施工。

局部"四位一体"防突措施：石门施工至距煤法距 5 米处时，实施区域性突出危险性验证，经区域验证无突出危险后，预测有突出危险时，实施排放钻孔局部防突措施，直至钻孔控制范围内全面消除突出危险性为止；验证无突出危险时，则直接采用先探后掘及远距离放炮措施掘进至距煤层法距 3 米位置；石门掘至距煤法距 3 米位置时，实施金属骨架煤体固化措施，金属骨架煤体固化措施实施结束后，采用边探边掘、远距离放小炮措施掘进至距煤法距 1.5 米处；石门掘至距煤层法距 1.5 米位置时，实施突出危险性最后验证。验证无突出危险时，则在采取安全防护措施的情况下，直接远距离放炮揭开煤层；若经验证有突出危险时，则继续实施排放钻孔直至消除突出危险性，经效果检验确认措施有效后，需经集团公司相关部室联合验收确定措施有效后，方可实施揭煤作业。

表 7-3-1 钻屑瓦斯解吸指标法预测石门揭煤工作面突出危险性参考临界值表

煤样	Δh_2 指标临界值(Pa)	K_1 指标临界值（$mL/g \cdot min^{\frac{1}{2}}$）
干煤样	200	0.5
湿煤样	160	0.4

第四节 防突工程

防突工程情况见表 7—3—2

表 7-3-2 防突工程情况表

单位名称	瓦斯抽采量（m^3）	瓦斯抽采率（%）	抽采专用巷（m）	保护层开采面积（m^2）	抽采钻孔量（m）
2012 年	949	39.6	1380	155000	129503
2013 年	1138.2	45.3	2116	177300	239124
2014 年	1424.9	55.6	4705	316100	472452

第五节 防突设备使用与管理

防突设备使用与管理情况见表7-3-3

表7-3-3 防突设备使用与管理情况见表

地点	型号	数量
9111机巷	3200S	1台
9111风巷底板抽采巷	1200S	1台
9114风巷	3200S	1台
Ⅱ1033机巷底板抽采巷	3200S	1台
Ⅱ1036机巷底板抽采联巷	850	1台
101轨道石门	3200S	1台
Ⅱ1021风巷	3200S	1台
Ⅱ1021机巷	3200S	1台
西六轨道上山	850	1台
西六回风大巷	1200S	1台
地面	850	2台
地面	3200S	2台
地面	1200S	2台

第八章 供电、供风、供热、供水

第一节 供电

一、井下供电

临涣煤矿井下中央变电所担负井下 II2 采区、II3 采区及东西翼强力皮带供电。有 4 条回路电源进线，分别引自地面 35KV 变电所 6KV 两段母线上，进线电缆型号 MYJV42－6000-3×150，全长 720 米。2012 年 8 月，中央变电所高低压开关实施设备升级改造，原有一般型矿用设备全部改造为隔爆型设备，包括 PBG 型高压隔爆开关 36 台，另有 5 台型号 QJGK-400/6-3000 高压隔爆电抗电磁启动器用于水泵启动、控制，14 台型号 KBZ20 低压馈电开关，用于井底车场低压动力及照明供电，原有 2 台干式变压器 KBSG-T-315/6 继续使用，电压升级为 0.69kV。

2012 年 10 月，II2 底大巷变电所实施设备升级改造，原有一般型矿用设备全部改造为隔爆型设备，包括 PBG 型高压隔爆开关 12 台，另有 3 台型号 QJGK-200/6-2000 高压隔爆电抗电磁启动器用于水泵启动、控制，6 台型号 KBZ20 低压馈电开关，用于井底车场低压动力及照明供电，原有 2 台干式变压器 KBSG-T-315/6/ 继续使用，电压升级为 0.69kV。

二、地面供电

临涣煤矿有中央区和东部井工区 2 座 35kV 变电所。中央区 35kV 变电所 35kV 侧采用室外全桥接线方式，四回 35kV 电源进线，导线型号全部为 LGJ-120。其中，一回路来自 110kV 海孜区变，导线长度 13.11 千米，进线开关型号 ZW8-40.5 型；一回路来自 110kV 李庄区变，导线长度 7.356 千米，进线开关型号 ZW8-40.5 型；另两回路来自临涣煤矸石热电厂，导线长度均为 0.8 千米，进线开关型号 LW8-35 型。临涣电厂装备 2 台 6MW

的发电机组，2回35kV出线通过临涣矿中央区35kV变电所的35kV室外母线上网，其发电容量为10000kW。东部井工区35kV侧采用单母线分段接线方式，2回35kV引自中央区35kV变电所，2回导线长度均为8.8千米，其中，导线型号均为LGJ-120，长度8千米；电缆长度0.8千米。

中央区和东区35kV变电所内均设2台SZ9-12500/35/6.3kV12500kVA的主变压器。两座变电所6kV侧均采用单母线分段接线方式。对全矿一、二类电力设备车间均采用双电源供电，并分别接在6kV不同母线段上。2座35kV变电所均设有6kV无功补偿装置和6kV消弧装置。变电所内采用微机变电站综合自动化装置，该装置具有保护、遥测、遥信、遥调、遥控等功能，可对变电所进行全方面的控制和管理。

中央区35kV变电所设置2台型号S11-M-630/0.4KV动力变压器，主要供矿内地面动力和照明综合供电，低压开关室设置有7台型号GGD1-34低压开关柜。主控室设有PRCK96-112东部井线路微机保护屏1台，PRCK79-20微机变压器保护柜1台，PRCK97-B02主变测控柜1台，PRCK97-Y07远动通讯屏1台，PLP51A-02微机线路保护柜2台，GWJ—01FG型远步解列屏1台。PGD7-100-220-5KVA直流电源屏2台。

6KV高压架空线路有东风井1回路、西风井2回路、工人村1回路、矸石山1回路、二处1回路、水厂及矸石山1回路，均来自中央区35kV变电所6kV高压室。

三、居民供电

临涣煤矿工人村变电所于1994年建成使用，有12台高压开关柜，分别供工人村、医院、救护队、学校、及外转供电。

2006年，中央区35kV变电所2台主变压器SFL1-10000/35更换为SZ9-12500/35。

2010年7月，中央区35kV变电所完成海孜进线微机保护装置的更换工作。

2011年5月，为解决地面生产系统供电，新建1座新煤仓变电所。

2011年5月，主井GG-10高压开关柜更换为14台KYN28-12高压开关柜。

2012年8月，中央变电所高低压开关实施设备升级改造，更换为36台PBG型高压隔爆开关，5台QJGK-400/6-3000型高压隔爆电抗电磁启动器，

14 台型号 KBZ20 低压馈电开关。

2012 年 10 月，II2 底大巷变电所实施设备升级改造，更换为 12 台 PBG 型高压隔爆开关，3 台 QJGK-200/6-2000 型高压隔爆电抗电磁启动器，6 台型号 KBZ20 低压馈电开关。

2014 年 4 月，东部井 35KV 线路加高，消除塌陷区线路杆基下沉对供电造成的隐患。

第二节 压风

临涣煤矿中央区压风机房现有 4 台螺杆式压风机，上海英格索兰压缩机有限公司生产。其中 1#、2#、3# 压风机分别于 2010 年 8 月、2009 年 12 月、2007 年 12 月改为 ML300-2S 型，4# 压风机于 2008 年 5 月改为 ML200-2S 型。

ML300-2S 单台额定排气能力为 60.2m³/min，额定风压 0.75Mpa，配用 3 台 IY3556-4 型电动机，电动机功率为 300KW，ML200-2S 额定排气能力为 41.7m³/min，额定风压 0.75Mpa，配 1 台 IY3553-4 型电动机，功率为 200KW。

2010 年 12 月，压风机房集控改造，利用 ACS4000 空压机集控系统实现 4 台空压机集中控制，恒压供风。

2011 年 5 月，对 1# 压风机进行变频改造，用于压力调节，避免压力浪费。

2013 年，建设东部井地面空气压缩机车间工程，该工程为框架结构一层，建筑尺寸为 26.4m*10.9m，室内设有配电室、空气压缩机室，室外设有储气罐淋雨棚，有 GGD2 馈出柜一台，KYN28A-12 型 6KV 高压柜 9 台，ML-300 空气压缩机两台，ML-200-2S 空气压缩机一台，4 立方 0.8Mpa 储气罐一台，6 立方 0.8Mpa 储气罐两台，地面压风管路 81.4 米。建成后解决东部采区的供风问题。

第三节 供热

2005年6月至2015年7月，临涣煤矿工厂范围内供热由临涣力源热电公司电厂3台DG35—3.82—19型锅炉供热，蒸发量为35T/h，额定压力为38.2kg/cm2。日常供热范围为职工澡堂、洗衣机房烘干室、单身宿舍茶炉房。冬季供热采用水暖、汽暖两套系统，汽暖系统主要供主副井口、职工食堂、澡堂、更衣室、矿办公楼；水暖系统主要供地面车间、生产办公楼、矿灯房、洗衣机房、通风楼、工会办公楼、单身宿舍。矿供热主管道长约3000米，全部进行保温包装。

第四节 供水

一、水源

（一）水源井

至2015年6月，临涣煤矿正在使用的水源井22口。其中工人村7口，工人村浴池院内1口供浴池使用，其余6口均供居民生活用水；西风井5口，主要供井下生产（防尘）用水及西风井居民区生活用水；东部井3口，供应井下生产（防尘）及地面生产生活用水；矿内7口，水厂院内1口用作水厂配制净水剂专用，其余6口用作地面办公区、单身宿舍和矿北新村居民生活用水；矿西二处1口，用作居民生活用水。2005年至2015年，临涣煤矿共报废水源井7口，其中工人村2口，矿内2口，东风井2口，东部井1口。

（二）矿井水处理

为充分利用井下废水，2000年12月，临涣煤矿在物业科水厂原址扩建投产三期制水工程。至2015年6月，矿水厂日净化水能力为8000-10000立方米，净化水主要供给临涣热源热电公司生产用水、供给矿职工浴池和职工宿舍区生活用水。

二、居民供水

临涣煤矿居民供水共分别为工人村、西风井工人村、矿北新村、矿西二处生活区等四处。供水方式为水源井→蓄水池→加压泵→管网→住户。矿工人村供水分为一村系统、二村系统、三村系统，三村供水系统同时承担南苑小区供水。

第七编　企业管理

第一章　综述

第一节　管理体制

临涣煤矿的管理机制是在中共中央提出的"党委集体领导，职工民主管理，厂长行政指挥"企业管理原则和《中国共产党全民所有制工业企业基层组织条例》、《全民所有制工业企业职工代表大会条例》以及《全民所有制工工业企业厂长工作条例》具体要求下完善的，结合临涣煤矿的实际情况，建立健全工作机构，明确工作程序，确立职责范围。

临涣煤矿在企业管理上实行矿长负责制，在安全生产和经营管理上实行矿、科（区）、队三级管理体制。矿长负责指挥和管理全矿的生产和经营。其主要职能是：按照国家的方针、政策，编制全矿发展规划和生产经营计划；负责各级安全生产责任的落实、监督和考核；负责全矿的生产经营核算；贯彻经济责任制，按时向国家上缴利润、税收及其他费用；按照国家、淮北矿业集团规定管理全矿的科区行政干部及一般干部，招（接）收调配工人；按照规定调整全矿的机构设置，并确定职责及权限；制定全矿性的规章制度；按照淮北矿业集团公司下达的生产任务和各项经济指标组织生产，进行现场管理。

第二节 管理机构

　　临涣煤矿的生产和经营管理主要是通过各生产科（区）和机关各职能科室进行的。

　　2007年6月4日，成立综采一区、综采二区、综采预备区，撤销采煤三区、轻放四区、轻放五区、采煤预备区；成立掘进五区、综掘区，撤销基建五区、基建六区、基建七区；经营管理办公室、企业管理科合并，成立经营管理部；计划科、工程科合并，成立计划工程科；武装部、保卫科合并，成立武保科；社保科并入工资科；审计科并入纪检监察科，成立监察审计科；政研室并入办公室。8月30日撤销物业处经营部；撤销物业处综合办公室；工会队建办职能并入工会生产部；

　　2008年12月23日，组织部、宣传部、计生办、团委、职教学校合并，成立政工部；技术科、地测科合并，成立生产管理部；调度所、通讯科合并，成立安全生产信息中心。

　　2009年5月31日，撤销房地产科，房管职能划归社区服务中心，单身宿舍管理职能划归生活服务公司；幼儿教育及卫生防疫职能划归社区服务中心；计生工作划归工会女工部管理。

　　2011年6月15日，成立防突区、瓦斯突出办公室（简称瓦斯办）；将机电科生产性职能剥离出，成立保运一区；保运区更名为保运二区；

　　2012年10月8日，撤销原政工部，宣传部职能独立，团委并入工会，职教办并入组织部，成立新政工部。成立东部井工区；撤销原水电科、生活管理科，成立物业科；撤销原经营管理部，工资、财务、计划部门职能独立，合并经管办、征迁办，成立经管部；

　　2013年11月20日，成立综采预备一区、综采预备二区、修护一区、修护二区、矿机厂，组织部职能独立，撤销综采预备区、炮采区、修护区、掘进六区、支护科、政工部。

　　2014年4月份，计划科并入经管部，定额职能同时并入经管部；

　　2015年7月31日，成立综掘三区、基建区，撤销综采预备二区、掘进三区、掘进四区、掘进五区。

2011年6月将机电科生产职能剥离，成立保运一区，机电科成为完全职能科室

截止2015年6月底，临涣煤矿有生产、辅助单位、职能科室及地面单位35个，共有在岗职工3389人。

第三节 企业综合效益

至2015年6月，临涣煤矿历年企业综合效益见表7-1-1。

表7-1-1 临涣煤矿历年企业综合效益表

指标		单位	2005年	2005.1-6	2005.7-12	2006年	2007年	2008年
原煤产量		吨	1513799	800802	712997	1605976	1830303	1839988
其中综采		吨	1006060	550446	455614	1096806	1242648	1459607
其中轻放		吨	827152			573925		
总进尺		米	18029	9263	8766	18563	19118	18966
其中	生产进尺	米	18029	9263	8766	18563	17822	18780
	开拓进尺	米	1833	533	1300	2846	3314	3433
	外委进尺	米	2930			3055	3314	3433
	煤巷锚杆	米	6264			6236	6270	6550
	重点工程	米						3367
工业产值（不变价）		元	7314.12	3874.04	3440.08	7765.43	8850.16	8895.71
工业产值（现行价）		元	34773.71	18294.83	16478.88	50800.0	56880.05	63488.37
工资总额		元	8976.69	4199.77	4776.92	12848.9	16794.40	15168.61
企业利润		元	-11275.00	1000.00	-12275	-1402.8	623.00	-1543.00
原煤成本		元/吨	278.90			325.98	268.86	488.53
原煤生产人员效率		吨/工	2.354			2.586	2.992	3.500
商品煤灰分		%	32.68			33.44	35.35	45.76
原煤灰分		%	34.84			35.47	36.98	45.58
筛混煤灰分		%	34.87			35.49	37.12	45.60
原煤电耗		度/吨	33.30			34.33	31.02	31.41
企业炸药		KG/万	2050			2184	1589	1882
企业坑木		M³/万	4683.00			18.92	19.70	26.46
材料费		元/吨	43.83			44.94	38.81	72.83
瓦斯抽排量		万方	-					183.23

指标		单位	2009年	2010年	2011年	2012年	2013年	2014年	2015.1-6
原煤产量		吨	2239709	2753438	2480939	2658836	2810068	2706000	1242618
其中综采		吨	1816257	2559852	2361755	2646098	2754865	2646098	1214279
其中轻放		吨							
总进尺		米	18858	18822	18813	20337	19650	20006	8066
其中	生产进尺	米	18858	18822	18813	18135	16098	16769	7238
	开拓进尺	米	4488	2365	6326	4889	2500	2079	867
	外委进尺	米	3870	4026	4900	5994	5049	4551	1954
	煤巷锚杆	米	6338						
	重点工程	米	4828	4451	7304	5664	5788	8268	3164
工业产值（不变价）		元	10829.9	13316.31	12393.57	12856.91	13591.59	13088.8	6012.77
工业产值（现行价）		元	79833.71	99820.29	93070.7	117294.89	119612.71	95358.59	32317.85
工资总额		元	18743.95	25312.63	24935.00	-	-	23838.00	9287.00
企业利润		元	-1614.00	23209.00	-14989.00	18757.00	19016.00	-7979.00	-6550.00
原煤成本		元/吨	349.77	364.38	424.75	383.25	344.10	313.45	328.15
原煤生产人员效率		吨/工	3.865	6.647	6.564	5.51	3.454	3.731	3.411
商品煤灰分		%	42.93	44.08					
原煤灰分		%	47.40	42.58					
筛混煤灰分		%	47.45	42.60	42.94	44.57	43.02	42.83	41.55
原煤电耗		度/吨	27.95	30.12	33.16	30.20	31.54	31.35	31.53
企业炸药		KG/万	1507	1120	1400	1291	1043	949	1005
企业坑木		M³/万	23.5	21.06	23.14	18.39	14.25	15.72	12.47
材料费		元/吨	60.87	70.98	43.58	40.51	41.52	28.53	24.44
瓦斯抽排量		万方	321.36	488.16	655.5	949	1153.83	1424.28	595.08

第二章 生产调度管理

第一节 机构设置与管理职能

一、机构设置

2006年7月，安全生产信息中心（调度所）下设通讯科和调度班。设所长1人，副所长1人，技术员1人。至2015年10月，安全生产信息中心下设通讯科和调度班。有职工21人，其中主任1人，管技8人，调度员9人。

二、管理职能

生产调度管理的职能是指挥、协调、服务安全生产。强化生产调度工作，保证生产组织系统高效、有序、顺畅进行，最大限度发挥生产能力，提高经济效益。其工作的具体内容是：负责日常生产的组织协调和指挥，检查作业计划完成情况；组织检查生产准备工作进行情况；抓好采掘工作面的安装和正常接替工作；检查劳动力的使用情况；检查生产设备的安全运行情况；抓好采掘工作面的正规循环作业；检查和监督矿井在整个生产过程中，贯彻煤矿安全生产方针、技术操作规程，以及各项规章制度执行情况；负责分配和调度矿井所需原材料的供应；检查和调整井上、井下的运输工作；做好生产事故统计分析工作；做好上传下达工作；负责当班生产事故的追查与处理工作。

第二节 生产调度制度

一、调度会议制度

2005 年 5 月 10 日，由原来一周三次调度会改为每天一次调度会，即每天下午 15 时 30 分至 16 时召开。由值班矿长主持，副值班人员负责记录，参加会议的人员是各单位的党、政正职。增设早会，即每天早上 7 时 30 时至 8 时召开，调度会及早会兑现和安排当天生产中所发生的各种问题及下一班的作业计划，追查各类事故并在第二天早会上通报，由矿总值班负责协调解决。2015 年 9 月，改为值班矿领导在值班之前下一个小夜班，调度会改为周一至周五由单位值班干部参加早会和调度会，双休日必须单位党政正职 1 人参加。

（一）矿定每天下午 3 时 30 分在安全生产信息中心调度会议室召开生产调度会议，采、掘、机、运、通及有关单位值班干部参加，迟到、早退者罚 50 元；无故不参加调度会，区长书记各罚 100 元。

（二）生产调度会由每日矿总值班主持召开，会议要简短，重点解决下一班生产中急需处理的问题，兑现上一班安排的工作，安排布置当天的安全生产工作。

（三）安全生产信息中心负责落实调度会提出的问题，跟踪调度，有记录，有落实；对安排任务未落实的，单位罚款 500 元。

（四）在生产过程中出现影响生产和安全的重大问题，安全生产信息中心要立即报告给矿长、总值班、分管矿长和其它领导，以便决策及时处理。

（五）每日晚7时30分由总值班矿领导向集团公司调度室汇报全矿生产和安全情况，副值班处理好值班内的事务，保障安全生产。

二、请示汇报制度

（一）各单位发生任何生产、安全事故，都要立即向安全生产信息中心汇报。

（二）事故一般由跟班干部或班队长汇报，如跟班干部或班队长不在现场的，由现场带班人员或工人进行汇报。

（三）汇报人员要向信息中心汇报清楚事故发生的地点、时间和人员伤亡、设备损坏等基本情况，以及自己的姓名、单位、职务。

（四）信息中心接到事故汇报后，当班调度员要做好详细记录，根据事故的性质和大小，及时进行调度处理和汇报工作。

（五）调度员在接到事故汇报后，及时向矿总值班及有关领导汇报，并通知事故相关单位、保健站和相关人员，按照事故应急救援的原则及时启动事故救援预案。

（六）调度员在调度处理事故时，有权安排其它单位人员协助处理，有权调用其它单位的物资用于事故抢险，任何单位和个人要听从指挥，否则将严肃处理。

（七）处理事故人员，接到单位值班人员或安全生产信息中心通知后，必须立即赶赴事故现场参加抢险，并向安全生产信息中心汇报。事故处理结束后，要与事故单位的跟班干部一同向安全生产信息中心汇报清楚事故的原因和处理情况，上井后要参加追查会。

（八）调度员要把每次汇报的内容和汇报时间记录清楚，做到调度记录完整，过程清楚。当班没有解决掉的事情交班时要交清交细。

（九）实行事故24小时追查制度。小事不过班，大事不过天，追查会由当天矿总值班主持召开，分管领导参加，安全生产信息中心负责召集组织有关单位人员参加，责任单位值班人员、单位负责人及相关人员必须按时参加事故追查会；追查会按照"四不放过"的原则，对事故经过、原因、责任进行认真追查，并制定防范措施。构成人身伤亡事故及重大非人身事故的，追查和处理办法按集团公司和矿有关文件规定执行。

（十）井下各主要生产、辅助单位的班队长或跟班人员在开工前必须进行安全确认并向调度所汇报作业现场安全情况、作业计划的安排及瓦斯情况，班中、班后汇报当班任务完成情况以及当班放炮、局扇切换、探头监护一班三汇报。

（十一）井下测气员、安全检查员、防尘员、机电工、变电工、特殊工到岗后，必须向调度所汇报到岗时间、位置、发现问题、处理方法及处理结果等。

（十二）安全生产信息中心每天向淮北矿业（集团）公司调度室汇报当天主要指标完成情况。如出现重大人身事故、非人身事故必须在规定的时间内立即向调度室汇报。

三、调度岗位责任制度

（一）负责当班安全生产的指挥，协调井上、井下各单位各生产环节，按作业计划指挥当班生产。

（二）随时掌握矿井安全生产情况，对采区生产能力，采掘工作面条件和存在影响生产的问题，做到胸中有数。

（三）认真执行请示和汇报制度，负责上级的指示、命令和通知、通报的上情下达、下情上报工作。发生事故和灾害时，必须立即按事故汇报程序向矿总值班及相关领导汇报，并做好事故救援和相关记录，配合上级事故调查工作。

（四）及时排除阻碍生产、危害安全的各种矛盾和问题，做到随时查询、主动调度、问题处理快，确保生产顺利进行。

（五）认真执行煤矿安全生产方针和各项规章制度，制止违章作业、违章指挥、违反劳动纪律行为，消除事故隐患，严禁"三违"。

（六）负责调度各种记录、台帐、牌板及重点工程的进度情况，数字精确，字迹工整清晰．

（七）当班发生的安全、生产事故，必须当班追查清楚，处理到位。

四、干部值班制度

（一）实行二十四小时不间断的值班制度。每天都必须保证有一名副总以上矿领导参加值班，值班人员负责指挥全天的生产，处理当天生产中出现的各种重大问题，主持召开当天的早会、调度会以及事故追查会。

（二）所有值班人员必须按规定，面对面及时交接班，认真填写交接班记录，并现场签字后交下一组值班人员。交接班时间为每天早上七点半。

（三）所有值班人员在值班期间，如确实有事，必须向总值班领导和安全生产信息中心请假后，方可离开。

（四）班中有事，调度员首先要向矿总值班领导汇报，并安排一名副总值班人员及时到现场处理，事后及时召开追查会，拿出事故处理意见。

（五）值班人员必须参加并认真开好当班调度会，安排好生产，跟踪落实调度会安排的工作。对于处理不掉的事，总值班人员要及时向分管领导或矿长汇报。当天完不成生产或安全任务的，总值人员要在第二天的早会上说明原因。

（六）总值班领导不能按时参加值班，要先向矿长、书记请假，取得同意后，安排好替班人员方可离矿。

（七）副总值班人员如不能正常参加值班，必须向总值班领导请假，并向安全生产信息中心说明情况。

（八）凡不能按此规定参加值班的，一律取消矿值班资格。

（九）执行矿值班干部值班前下夜班制度。

五、临涣煤矿领导干部跟带班制度

（一）副总以上领导和生产经营单位负责人要坚持下井跟带班

1. 副总以上领导和生产经营单位负责人必须下井带班，每月在完成规定下井数的同时，要保证不少于2次带班下井，确保每个班次至少有1名副总以上公司领导或生产经营管理部门负责人在现场带班作业，与工人同上同下，并参加班前会。

2. 采煤、掘进、通风、修护、机电、运输作业，一律由区队负责人进行带班。

3. 矿领导、机关科室负责人及管技人员，要经常下井了解安全生产情况，研究解决井下存在的问题，巷道贯通、交叉点施工、石门揭煤、防突掘进、工作面安装、初放、收作、过断层、过异常地段等关键阶段，分管领导要安排相关业务科室人员，及时到现场指导；遇到重大安全技术问题，总工程师要亲临现场，研究指导，确保安全生产。

（二）跟带班

1. 跟带班领导与工人同时下井、同时升井，实行井下交接班制度（交接班地点设在井下调度站）。上一班的带班领导要在井下向接班领导详细说明井下安全状况、存在的问题及原因、需要注意的事项等，并认真填写交接班记录。

2. 跟带班领导是现场安全生产第一责任人，对当班安全生产负责。跟带班期间发生生产安全责任事故，要在追究有关责任人责任的同时，追究当班跟带班领导相应的责任。

3. 领导下井跟带班应当履行下列职责：

（1）加强对揭煤、防突、巷道贯通、切眼刷大、交叉点施工、过断层、过老空、安装、放顶、收作等重点部位、关键环节的检查巡视，掌握当班井下的安全生产状况，督促落实安全技术措施。

（2）及时发现和组织消除事故隐患和险情，及时制止违章违纪行为，严禁违章指挥，严禁超能力组织生产。

（3）遇到突水征兆、瓦斯动力显现等危及安全的重大险情时，立即下达停产撤人命令，组织涉险区域人员及时、有序撤离到安全地点。

4. 跟带班领导升井后，应当及时将下井的时间、地点、经过路线、发现的问题及处理情况、意见等有关情况到安全生产信息中心（调度所）进行填写记录，并由安监处负责整理和存档备查。领导跟带班下井的相关记录保存期不少于一年。

5. 副总以上领导凡跟带班出现空班或者未实行交接班的，按照集团公司文件规定进行处理。

6. 实行跟带班下井汇报制度。副总以上领导向集团公司调度室及调度所汇报，每次带班下井汇报不少于3次，主要汇报检查作业地点情况、存在问题、处理意见等。

7. 领导每月跟带班下井情况未按照规定公示以及未填写领导下井交接班记录簿、跟带班下井记录或者未保存跟带班下井相关记录档案等情形之一的，对有关责任人罚款500元。

8. 实行领导干部下井跟带班通报制度。领导干部下井跟带班情况每月由安全生产信息中心统计，由组织部进行通报。

六、生产分析制度

（一）生产调度统计人员进行生产情况的班、日分析和旬、月分析，并将分析报告提供给矿有关领导及集团公司调度室。

（二）生产分析任务完成情况及超亏的原因、生产能力和条件的变化、发展趋势、应采取的措施及下期生产重点等。

（三）当前新出现的隐患和问题、应重点关注的隐患和问题、重大隐患、上级通报的重大隐患和问题、各种事故等。

（四）深入剖析原因、特点和规律，查找煤矿安全生产工作存在的问题，提出进一步加强和改进煤矿安全生产工作的对策措施和建议。

（五）总结存在的共性和规律性问题，研究提出修改完善安全管理制度的建议，进一步提高安全管理水平。

七、事故追查制度

（一）矿事故追查制度

1. 事故追查会由矿总值班主持召开。

2. 发生人身事故、非人身事故要及时召开事故追查会。由当班调度员通知有关单位、人员按时参加追查会。

3. 事故追查会参加人员：事故单位的行政第一责任者、单位值班人员、事故责任人、现场有关知情人员、在矿没下井的矿级分管领导、安监处长、技术负责人、安全生产信息中心主任、安监处副处长、机关联系点单位及相关职能部门负责人。事故追查会必须严格按照"四不放过"的原则，追查分析事故原因、事故责任、事故预防措施，做好事故追查会记录。

4. 事故原因调查清楚后，要由安监处牵头及时形成事故调查处理报告。

5. 事故调查处理报告要对照相关规定，处罚到位，并由矿安全主要负责人签发全矿各单位，进行学习，吸取事故教训，杜绝类似事故的发生。

6. 工资、经管等部门要配合安监处将责任人的处罚落实到位。

（二）基层事故追查制度

1. 安全生产事故追查会由科区长主持。

2. 各单位要做到一事故一追查一分析。

3. 参加会议为班长以上管理人员、事故相关人员。

4. 严格按照"四不放过"原则，认真追查事故。

5. 追查会要按照矿及上级部门的处罚规定，形成处理意见，并处罚到位。

6. 追查会要形成材料、留有记录，报送矿相关部门和领导备查。

八、牌板图表管理制度

（一）根据生产管理及标准化的需要，建立相应的图表、牌板、台帐、记录本，内容要具体，能反映和指导安全生产。

（二）图表、牌板应按规定及时填绘和修订，与现场实际情况相符合。

（三）有关人员按时将有关单位生产任务完成情况填写上去，数字清楚、正确整洁并责任到人。

九、调度员交接班制度

（一）接班调度员应提前到岗，了解当班重点工作、任务和注意事项。按时交接班，不迟到、不早退，严禁喝酒上岗。

（二）交班调度员必须认真分析总结当班安全生产情况，填写《调度员交接班记录》。对当班处理的主要生产问题要有结果，有时间、有过程，简明扼要地记录在调度综合台帐上，并签名。

（三）交接班交叉时间不少于半小时，对生产、工程、事故、指示、通知及特殊事项必须一一交清，具体做到"五交清"。即：交清上级领导指示、命令执行情况；交清当日生产任务完成情况并说明欠产原因；交清各单位联系事项；交清各类事故的影响范围和处理进展；交清生产中存在的问题及解决办法。

（四）交班前打扫卫生，室内保持清洁，各种报表摆放整齐。

接班调度员按时到调度所进行现场交接、要仔细阅读交接班记录，并根据交接班内容和事项逐一询问、落实，记清上班遗留问题，并进行重点调度，保证生产指挥的连续性。

十、值班调度员基本工作程序和要求

（一）值班调度员必须熟悉本矿各单位职权、业务和分管范围，熟悉生产经营流程，并具备一定的组织协调能力。

（二）值班调度员必须掌握井下生产、运输、通风、供电等各大系统

的基本情况，熟悉矿井灾害预防计划及事故处理应急预案。

（三）保证完成当班生产任务和临时安排的工作，积极组织，安排要详细，按程序汇报，发生事故及时通知召开事故追查分析会。

（四）对基层单位汇报的情况，在认真接收的同时要弄清楚并加以分析，在核对无误的情况下及时处置和向有关领导汇报。

（五）严格执行现场交接班制度，口对口，手对手，把当班所需交待的事情交待清楚，不能出现领导问及上班事情时不知道现象。

（六）上班做到不迟到、不早退，下井时与值班调度员打电话，及时汇报井下生产情况，发现问题现场处理解决。

（七）值班期间认真填写汇报原始记录及各项台帐内容，字迹工整、不乱涂改，保持各项记录整洁干净。

（八）值班期间及时了解、掌握各单位生产情况，上级领导询问安全生产情况，汇报每个头面要准确无误，不能含糊对答。

（九）下达领导指示、通知、命令，要严肃认真，一字不丢，书写记录要工整，并立即传达，不得延误、扣压和擅自处理。

（十）树立良好形象，上岗人员要衣冠整洁，文明用语，上岗时间不会私客。努力钻研业务，熟记电话号码，做到常用电话不翻本，提高调度工作质量。

十一、矿值班交接班制度

（一）按时交接班、认真填写交接班簿并签名。

（二）每班交接人员必须当面将本班工作情况及存在问题向下一班人员交待清楚，严禁在半路途中或采用其它方式交接班。

（三）交清本班生产经营活动情况、本班生产任务完成情况、安全及主要事故处理结果、交清其它遗留问题。

（四）接班人要认真听取上班值班人员对生产情况的介绍和本班注意事项。接班者必须对工作认真负责，听取交班者介绍情况进行全面检查。

（五）交接班必须把当班各系统运行和设备检修情况，向接班人详细交待清楚并填写记录，在接班人认为情况属实后，双方签字，交班人方可离开现场。

第三节 调度设备与手段

一、调度通讯设备

临涣煤矿设有通讯专职管理机构—通讯科，矿数字程控调度通讯系统采用（江西联创）KTJ113(DDK-6）综合业务调度通信系统，有 400 门端口，通过专用模块和行政程控交换机以及集团公司交换机相联。KTJ113 有两块 CPU 控制板，一主一备。所有号码全上矿调度所的调度台。2012 年开始使用，至 2015 年使用稳定。

有 3 根电缆入井，副井各 2 根（各 100 对），主 1 根（50 对）。每根电缆都通过井上口的防雷模块入井，防雷模块型号 LAXC3103-17T，由集团公司通讯处提供。

井下 50 对以上电缆约为 6KM，50 对以下电缆（30 对、20 对、10 对）约为 10 千米，井下电话安装门数约为 150 部，地面调度电话门数约为 120 部。

矿数字程控调度机控制部分的所有插件板和电源板都采取冷备份的模式，平时不加电，定期人工切换维护。交换机使用正常，运行稳定。

矿行政电话交换机是大唐 SP30 型，2000 年开始使用，总容量是 4000 门。交换机主控部分采用热备份方式，系统运行正常。

供电部分采用双回路供电，备有充电电池，电源柜自动切换。另备有柴油发电机。

二、视频监控系统

临涣煤矿井下视频采用的是矿大华洋的视频系统，井下安装了视频服务器 17 台视频光端机，摄像头 126 台。地面采用的是海康威视的硬盘录像机，地面有摄像头 68 台。

三、人员定位系统

临涣煤矿使用合肥工大高科信息科技股份有限公司提供的 KJ303(A) 人员定位系统。共安装控制分站 30 台，读卡分站 136 台，识别卡 4800 个。

本系统具有双机热备、双向报警呼叫、系统报警、信息联网、人机对话功能、显示、监测、存储与查询等功能。

四、煤炭计量

临涣煤矿矿煤炭计量采用的开封市测控技术有限公司生产的 CHS1500 煤矿用核子秤系统，安装 5 台。计质采用的开封市测控技术有限公司生产的 KJ317 矿用灰分测量系统，安装了两台。

第三章 安全生产管理

第一节 安全组织

一、机构设置

2005 年 7 月至 2014 年 3 月，淮北矿业集团公司驻临涣煤矿安全监察处下设"四科一室"，即采掘科、机运科、通防科、劳动纪律检查科、信息办公室。2014 年 4 月，取消劳动纪律检查科，下设"三科一室"，即采掘科、机运科、通防科、信息办公室。有职工 45 人，其中处长 1 人，副总工程师 1 人，副处长 1 人。

临涣煤矿安全监察处行政上由矿长管理，业务上受淮北矿业集团公司安全监察局领导。2015 年 9 月 14 日，淮北矿业下发《安监处长双重管理办法》，规定安监处长由集团公司和矿共同管理，对安监处长的考核权重，集团公司安监局占 60%，矿占 40%。

二、群众性安全组织

（一）工会群监组织

2005 年 7 月始，矿劳动保护监督检查委员会由矿工会主席、安监处处长任主任，采煤、掘进副总工程师和安全副总工程师任副主任，7 名群监委员组成劳动保护监督检查委员会。

截至 2015 年 8 月，各基层车间工会组成群安小组 17 个，有群安网员 120 人。

（二）青年安全监督岗

2005 年，整顿青年安全监督岗队伍，设分岗 21 个，岗员 53 人。2006 年，开办青年安全监督岗员培训班；2008 年，整顿青年安全监督岗队伍，设分岗 20 个，岗员 60 人；2012 年，下发了《临涣煤矿青年安全监督岗考核办法》

和《临涣煤矿青年安全监督岗位工作管理制度》，对青年安全监督岗队伍进行整顿，全矿设分岗 19 个，岗员人数 76 人；2013 年，调整青年安全监督岗队伍，设分岗 18 个，岗员 72 人；2015 年，对全矿青岗员队伍进行调整，设分岗 14 个，岗员 56 人。

（三）妇女协安会

2005 年 7 月以来，矿妇女协安会主任由安监处处长担任，副主任由工会女职工部部长担任。办公室设在工会女工部。至 2015 年 8 月，设有 10 个基层妇女协安分会，与井下生产单位结对子 14 个，妇女协安员 40 人。

第二节 安全活动

一、安全教育

2005 年 7 ～ 12 月，举办了各种安全培训班 15 期，培训职工 952 人次。

2006 年，举办各种安全培训班 28 期，培训职工 1260 人次。

2007 年，举办各种安全培训班 45 期，培训职工 3312 人次。

2008 年，举办各类安全培训班 43 期，培训放炮员、测气员、采掘工等 3355 人次，并送外培训 246 人。

2009 年，单轨吊专题培训 8 期，各类安全培训班、技能提升培训班 57 期，培训职工 2303 人次。

2010 年，举办班队长素质提升培训班 4 期，安全培训班、技能提升培训班、专题讲座 53 期，培训职工 2152 人次。

2011 年，外围施工单位、"三违"帮教、专业军人培训班 7 期，培训职工 182 人。举办各类安全培训班、技能提升培训班、专题讲座 67 期，培训职工 2311 人次。

2012 年，举办各类安全培训班、技能提升培训班、专题讲座 85 期，培训职工 2737 人次。

2013 年，举办各类安全培训班、技能提升培训班、专题讲座 93 期，培训职工 4449 人次。

2014 年，举办各类安全培训班、技能提升培训班、专题讲座 65 期，培训职工 1399 人次。

2015 年 1 ~ 6 月，举办全员自救器使用培训、防治水及防突培训，培训职工 4852 人次。外出培训、特殊工种培训、主要技术工种培训以及专题培训计 1328 人次。

二、群众监督活动

2005 年始，临涣煤矿三级群众安全监察组织正常开展活动，对所有群众安全监督网员颁发了上岗证，并在进行安全监督检查时持证上岗。群众监督网络形成后，逐步制定建立并完善了群众安全监督网员活动汇报制度，要求群监网员将井下发现的安全隐患及时汇报安全监察处，由安全监察处负责落实，并将汇报的情况每月统计一次，作为考核群监网员的依据。每年开展优秀群监网员评选活动，对工作认真负责、成绩突出的群监网员，给予适当奖励。

三、青年监督岗活动

2005 年，矿团委组织青岗员开展青岗安全检查活动。2006 年，组织团员青年开展青工安全不放心人座谈会；开办青年安全监督岗员培训班。2007 年，矿团委组织开展青工百日安全活动；开展安全牌板展出活动，共展出牌板 20 块。2008 年，开展"与不安全行为告别做有素养的安全人"活动。2009 年，全年开展"零点行动"64 次，查处隐患 984 条。2010 年，开展"百日安全、青年攻坚"活动。2011 年，成立团委安全宣讲团，全年深入基层班前会、安全例会宣讲 14 次。2012 年，对青年安全监督岗队伍进行整顿，全矿设分岗 19 个，岗员人数 76 人，下发《临涣煤矿青年安全监督岗考核办法（试行）》和《临涣煤矿青年安全监督岗位工作管理制度（试行）》；同时开展了青工安全"百团大战"活动。2013 年，组织青岗员开展"青年安全零隐患"系列活动。2014 年，开展各类安全检查 79 次，查处有效隐患 1327 条，整改率 100%。2015 年上半年，对全矿青岗员队伍进行调整，设分岗 14 个，岗员 56 人，开展"青安杯"安全互查活动，开展安全形势政策知识征答赛，通过 4 场比赛的争夺，运输区最终夺得第一名。

四、妇女协安活动

2005 年始，矿妇女协安会每年初都制定年度活动计划，协安活动形成网络化体系。各协安分会与采掘单位及井下辅助单位挂勾结对子、送温暖，组织开展职工安全教育活动。经常深入基层了解安全情况，把做好采掘单位安全不放心人的工作作为协安工作的重点，进行家访谈心，组织发动职工家属参与协安管理，与结对子单位实行双向反馈，共同做好协安工作。开展多种形式的联谊活动。利用广播、电视、专栏、演讲等宣传方式提醒一线职工注意安全。节日期间，主动上门慰问演出、送慰问信和慰问品，为生产一线职工缝补衣服、钉钮扣等。夏天开展井口送清凉活动。午收期间，开展为单身职工服务活动等。中秋节、国庆节期间开展"温暖送一线"活动。春节期间，组织"安全为天"演讲和安全文艺会演等系列联欢活动，深入一线，与职工互动，融安全、娱乐于一体，寓教于乐。

第三节 安全措施

一、安全制度

2006～2015 年，临涣煤矿每年下发关于加强安全工作的决定、安全规章制度、安全体系建设等一系列文件。至 2015 年 9 月，正常执行的安全生产管理制度有安全生产责任制；安全办公会议制度；"一通三防"专题会议制度；技术分析会制度；防治水例会制度；事故调查分析与管理制度；基层科区安全办公会制度；基层科区职工安全例会制度；基层科区班前会制度；安全质量标准化管理制度；安全投入保障制度；安全教育与培训制度；事故隐患排查制度；矿井主要灾害预防管理制度；煤矿事故应急救援制度；安全生产信息处理制度以及安全检查制度；各级领导下井带班制度和安全举报制度等 39 项。

二、矿安全办公会（"一通三防"专题办公会）

每周一下午召开安全办公会，传达上级有关安全生产的法规、指令和文件精神，通报一周安全生产情况，听取各系统安全管理及上周安全办公会议制定事项的落实情况，安排布置本周安全生产工作，研究存在问题，制定解决措施，并落实到有关部门和人员。每月初的第一个安全办公会为

"一通三防"专题办公会,总结分析上月"一通三防"工作并对本月工作进行安排。安全办公会由安监处组织,办公室负责做好记录并形成会议纪要下发。

三、安全检查

2005年始,延续安全检查与质量检查结合在一起,评定级与经济效益挂钩,每月两次。全矿实行了周循环法安全检查,每周一各职能科室专业人员集体上岗检查,所有查出问题下联系单整改,并闭合管理。

2011年,矿制定督导制度,每周对生产及辅助单位进行全程督导,每月进行排名,并与经济挂钩。

2014年,矿成立督查办,加强安全检查力度,动态检查常态化。

2015年,矿制定并下发《临涣煤矿地面单位安全管理规定》,加强了地面安全检查力度,督查办、安监处每天对地面车间进行全面检查;加强了动态检查,安监处每周进行两次"四不两直"检查,从地面到井下进行全面检查;实行周末职能科室人员上岗检查制度,每周末所有职能科室人员分两天全部下井检查一次,加强了周末安全管理。

四、安全信息

1995年7月成立的井口安全信息汇报站,主要负责全矿管理干部下井汇报卡的发放、回收和安全信息的收集、筛选、登记工作。收集的安全隐患经筛选后,及时反映到有关单位和矿安全监察处,以便采取措施予以排除。重大安全隐患则反馈到淮北矿业(集团)公司安全监察局监督解决。2013年10月,临涣煤矿精减机构人员,井口安全信息汇报站并入通风区井口发放室,安监处综合科负责安全隐患的整理、下发等工作。

集团公司安全生产体系支撑平台使用以来,安全隐患发布、验收、复查等闭合管理实现了无纸化办公,安全生产信息实现了网上共享。

至2015年6月,收集安全信息91.86万条,安监处各科室以安全隐患整改通知书的形式联系解决16780条,其余全部现场解决。

五、文明生产

2005年始,全面推行全方位精细化管理,强化安全生产过程控制,构建安全生产长效机制。建立安全质量标准化管理体系。完善岗位精细化标准，构建"十化"格局，即采掘质量精品化；运输大巷国铁化；设备、设施标识化；材料堆放定置化；安全装备系列化；管线吊挂艺术化；作业环境整洁化；作业牌板规范化；隐患处理信息化；安全教育人文化。执行安全质量标准化检查、验收、考核制度，建立安全质量标准化激励机制，确保安全质量标准化工作的全面推进。全矿安全质量标准化检查为每月两次，采煤和辅助以科区为单位，掘进区以队为单位。每次检查达到90分以上（不包括90分）即为达标；达到90分以上并且符合"十化"要求的即为精品工程；90分以下（包括90分）的即为不达标。工程质量项目低于70分的，则为等外品。

2015年，矿制定下发《临涣煤矿地面单位安全管理规定》，规范地面安全文明生产。

六、"三违"帮教

安监处每周对全矿的"三违"类型进行总结、分析、通报。每月初的第一个周二矿集中开展"三违"帮教和纠偏活动，由安监处长或工会主席主持，矿主要领导、系统领导及相关部门人员参加。一般"三违"必须参加"三违"纠偏会议，接受教育。严重"三违"接受帮教为三天时间。帮教流程如下：安监处对严重"三违"人员录入，定性，下达"三违"学习通知→"三违"学习班进行批评教育，写出书面检查，处罚→上午武保科带领军训、下午学习安全知识及相关规定→电视曝光、电子大屏公布→周五安全例会到各单位现身说教→"五谈五过关"帮教→结业考试→下达结业通知单→安监处资料存档。

第四节 安全安生产体系建设与考核

一、安全生产体系十五要素与责任分解

2009年始，临涣煤矿在全矿范围内全面推行安全生产体系建设。体系建设以十五个要素为重点，按照固化、完善、融入、创新的原则，加强

组织领导，明确职责，丰富载体平台，坚持示范带动，严格检查考核，促进了体系建设的日益完善。各要素推进重点及责任分解如下：

安全理论：以安全理论课题研究为载体平台，以干部规范管理、职工规范操作研究为重点，完善安全理论学习、研究、运用机制，加强学习研究和总结，为安全管理提供科学理论指导。牵头领导：党委副书记、工会主席；责任部门：宣传部；配合部门：组织部、办公室、工会（团委）、安监处。

安全文化：以安全理念宣贯为载体平台，以规范干部职工行为养成教育为重点，深化安全宣教活动，把安全文化融入日常安全管理之中，以正确的安全价值观引领安全生产。牵头领导：党委副书记、工会主席；责任部门：宣传部；配合部门：组织部、办公室、工会（团委）、安监处。

安全素质：以全员素质达标为载体平台，以干部业务能力、职工操作技能培训为重点，改进培训方式方法，完善安全培训考核、奖惩制度，提高培训质量和效果。牵头领导：党委副书记、经营矿长；责任部门：人力资源部；配合部门：组织部、安监处、技术科、地测科、机电科、安全生产信息中心、瓦斯办。

安全责任：以岗位安全责任制为载体平台，以严格问责为重点，完善从领导到职工、从机关部门到科区、班组、岗位的安全责任体系，促使各级领导干部履职尽责。牵头领导：党委副书记、经营矿长；责任部门：组织部、人力资源部；配合部门：纪委、安监处、技术科、地测科、机电科、安全生产信息中心、瓦斯办。

安全制度：以安全管理制度规定为载体平台，以制度的执行和落实为重点，及时修订、完善、发布并贯彻落实制度规定，实现安全管理制度化、规范化。牵头领导：安监处长；责任部门：安监处；配合部门：技术科、地测科、机电科、安全生产信息中心、瓦斯办、办公室、组织部、纪委。

安全技术：以安全技术分析例会为载体平台，以落实技术管理责任为重点，健全以总工程师为首的安全技术管理体系，严格安全技术方案、规程、措施的编制、审批、贯彻、落实和复查，积极攻关破解技术难题，为安全生产提供可靠保障。牵头领导：总工程师；责任部门：技术科；配合部门：地测科、机电科、瓦斯办、安全生产信息中心、经管办、安监处、组织部、人力资源部。

安全投入：以重大安全投入项目实施为载体平台，以安全经济技术一体化为重点，严格项目申报、评估、审批程序，强化施工监督、考评、验收等过程管理，确保项目按质、按量、按时完成，提高安全投入效果。牵头领导：经营矿长；责任部门：经营管理科；配合部门：财务科、安监处、机电科、瓦斯办、技术科、地测科、纪委、办公室。

安全环境：以安全质量标准化创建为载体平台，以工程质量、文明生产整治为重点，做到工程质量达标、安全设施齐全可靠、环境整洁有序、职工行为规范、安全生产基础牢固。牵头领导：安监处长、党委副书记；责任部门：安监处、宣传部；配合部门：技术科、地测科、机电科、安全生产信息中心、瓦斯办、办公室、武保科、物业科、社区中心。

安全监督：以各类检查为载体平台，以挂牌督办为重点，创新监管方式，改进方式方法，构建机制完善、职责明确、监督到位、考核严格的安全监督检查体系。牵头领导：安监处长；责任部门：安监处；配合部门：技术科、地测科、机电科、安全生产信息中心、瓦斯办、工会（团委）。

事故防范：以手指口述安全确认及风险预控为载体平台，以完善事故应急救援综合预案、专项预案、现场应急处置方案及应急演练为重点，构建风险预想预知、预警预控、预援结合的事故防范体系。牵头领导：安监处长；责任部门：安监处；配合部门：技术科、地测科、机电科、安全生产信息中心、瓦斯办。

隐患排查：以安全信息平台为载体，以安全隐患闭合处理为重点，建立健全系统、科区、班组、岗位安全隐患排查治理制度，完善安全隐患排查整治工作网络，实现安全隐患闭合管理，有效防范事故发生。牵头领导：安监处长；责任部门：安监处；配合部门：机电科、技术科、地测科、安全生产信息中心、瓦斯办、纪委、组织部、工会（团委）。

"三违"整治：以"三违"治理为载体平台，以"三违"查处及"三违"分析为重点，完善"三违"查处机制，健全预防"三违"的有效措施，控制"三违"的发生。牵头领导：安监处长、工会主席；责任部门：安监处；配合部门：工会（团委）、宣传部、组织部、人力资源部、纪委。

自主管理：以班组建设为载体平台，以推进"四自一控"自主管理模式为重点，达到职工自律、班组自管、科区自治、矿井自控，提高基层区队、班组自主管理水平。牵头领导：工会主席；责任部门：工会；配合部门：

组织部、人力资源部。

现场管理：以现场"四确认"为载体平台，以规范走动式管理、巡查为重点，实现现场无安全隐患、职工无违章、质量达标准、安全无事故。牵头领导：各分管矿领导；责任部门：基层各单位；配合部门：安监处、技术科、地测科、机电科、安全生产信息中心、瓦斯办、工会（团委）、组织部、纪委。

安全目标：以"四无四保"为载体平台，以推行层级安全目标为重点，构建个人保班组、班组保科区、科区保矿、矿保集团的机制，实现全矿零工伤。牵头领导：安监处长；责任部门：安监处；配合部门：基层各单位。

二、"两个规范"督导

2011年始，临涣煤矿推行"手指口述"安全确认及风险预控督导管理办法，运用心想、眼看、手指、口述等一系列行为，对工作过程中的每一道工序进行确认，规范干部管理及职工操作行为。矿成立17个督导组，每周五召开一次督导会，每月分系统对基层单位进行考核奖惩。2011-2013年，举办五期"手指口述"安全确认大赛。2014年，矿下发《"两个规范"督导考核办法》，将"手指口述"安全确认及风险预控督导更名为"两个规范"督导，督导责任主体为安监处小班安监员，每班按照班前礼仪、入井仪式、现场操作、集体升井全程督导。督导过程中督导人员随身携带督导卡，现场严格按照标准进行打分，安监处圆班统计出每个作业场所和岗位督导分数，月底加权平均按照得分高低分采煤、掘进、机运、通修四个系统对基层单位进行奖罚。系统第一名正职奖励1000元，其他管技人员按系数执行，职工人均奖励150元。

三、综合考核

体系建设每月一考核、一通报、一兑现，考核以牵头部门日常动态检查为主，月度进行联合复查，考核结果每月6号前完成。考核以910分为及格，综合考评得分910分（含910分）以上，干部安全抵押、职工体系奖励全额兑现。得分910分以下，每降低2分，干部安全抵押兑现及职工体系奖励扣减1%。考评得分800分（不含800分）以下，全额取消干部安全抵押兑现及职工体系奖励。2015年6月，临涣煤矿下发《落实集团公司转作风、治隐患、保安全实施细则》，加大体系奖惩力度，在原奖罚基础上，每月对体系建设情况分系统评比，系统第一抵押兑现加20%，末位减20%。

第五节　灾害防治

一、灾害预防与处理计划

临涣煤矿每年编制一次《矿井灾害预防与处理计划》。每年末，由总工程师召集有关单位人员，对当年安全生产存在问题及下一年生产中可能遇到的各类隐患进行总结分析，由通风副总工程师及通风区逐项编制下一年的灾害预防处理计划，组织各类图纸的绘制，然后经总工程师和有关技术人员集体审批定稿，报集团公司批准。

灾害预防与处理计划主要包括：突出、瓦斯、煤尘事故的预防；火灾的预防；顶板事故的预防；水灾的预防；机电、运输事故的预防；火药、雷管、爆破管理和预防；以及灾害发生的抢救与组织工作。

灾害预防与处理计划，经集团公司审批后，由矿长负责贯彻落实。

二、顶板管理

2010年始，采煤工作面全部实现综合机械化开采，提高工作面顶板支护强度。综采工作面两巷抹帽段推广使用端头支架，加强抹帽段支护强度。

2005年始，掘进工作面推广使用可缩性U型钢棚支护、煤巷锚网支护，基本淘汰工字钢梯形棚支护，提高巷道支护强度。锚杆由长度2200毫米更换为长度2400毫米，全部采用高强螺纹锚杆，锚固剂全部采用树脂锚固剂，全部使用直径17.8毫米的锚索，增强锚网支护巷道的支护强度。

2014年，矿实行巷道顶板隐患排查制度，每月对全矿所有巷道进行一次顶板隐患排查；动压影响区域，每天进行重点排查；发现问题，立即处理。

三、水灾防治

临涣煤矿严格水灾防范措施，至 2015 年 8 月未发生过水灾。

根据有关规定和上级要求，成立矿防治水领导小组，设防治水办公室，专人负责，制定防治水长期规划和年度计划，建立防治水钻探队伍，配备 6 台钻机。加强宣传教育，提高对防治水重要性的认识。制订防治水工作管理制度，其主要内容是：

（一）负责编制地测防治水中长期规划和工作计划、防治水工程设计及防治水"一矿一策、一面一策"。

（二）负责制定、修订（编）矿井地测防治水技术管理体系、技术标准、技术规范、作业规程和相关技术管理制度。

（三）负责防隔水煤（岩）柱、地质或水文地质补勘、"三下"开采和防治水工程等设计工作。

（四）负责矿井水文地质及防治水工作，负责开展对地质构造（含导水断层、陷落柱）和主要充水因素等探查治理工作；负责水文地质资料的收集、整理、分析工作，为矿提供可靠的水文地质资料，制定水患解决措施，消除事故隐患。

（五）掘进和回采工作面有水害威胁的，没有经集团公司、矿批准的水文地质报告或说明书不准设计。没有经批准的防治水工程设计不准开工。

（六）采掘工作面凡有水害隐患的，不探清水情和制定可靠的防排水措施，不准施工。

（七）开采设计中，要针对含水性和水害预报图，制定必要的防治水措施和相应的防治水设施，否则，不准审批。

（八）防治水工程的资金、材料、设备，不准挪作他用。

加强对防治水工作的监督检查和防治水工程质量的验收。每季度召开一次防治水领导小组会议，总结分析本季度水情、水患情况，布置下季度的防治水工作。加强防治水的基础工作，根据水文地质情况，建立了各类水文地质数据、台帐和基础图纸。坚持水害预测预报制度，发现紧急情况及时向调度汇报。对水害预报制定发送、签收制度，以明确责任。坚持月度水害隐患排查制度，进行防治水检查，发现问题及时整改。建立地面水情观测站，尤其是汛期前的水情观测，矿成立防汛领导小组，充实防汛队伍，配足防汛器材。

四、火灾防治

临涣煤矿是自燃矿井。2006 年 4 月，中国矿业大学矿山开采与安全教育部重点实验室测定 7、8、9 煤层自然发火倾向性等级为 II 类自燃煤层，根据中国矿业大学 2014 年 3 月提供的《煤的自燃倾向性测定报告》：10 煤层自燃倾向性等级为 III 类不易自燃煤层；矿井每年都将防治火灾列入《矿井灾害预防和处理计划》中。2014 年，编制临涣煤矿防治煤层自然发火管理模式》，及时根据上级文件及时进行修订，每年根据生产接替及所排查出来的隐患重点，制定年度防治煤层自然发火会战发火方案，严格落实重点工程时间、节点，有效控制煤层自然发火事故的发生。

（一）井下部分

矿井一、二水平均按照要求建立消防材料库，配备足够的消防器材；井底车场、主要运输巷道，采煤工作面的机巷、风巷、皮带运输巷和掘进工作面均安装有专用消防水管；井下主要硐室内均设有灭火器、沙箱、和防火铁门；规定有火灾的避灾路线，并能保证畅通无阻；通风井口房和通风机房附近 20 米范围内严禁烟火；根据《煤矿安全规程》有关规定，对已停采的采煤工作面施行 45 日封闭制度；矿井在东部回风井、西风井各建有一套防灭火灌浆系统，两套灌浆系统均采用 6 寸主管路通过井筒后利用 4 寸干管分别从采区回风巷道向各采区内部灌浆，形成 4 寸干管和 2 寸支管的灌浆管路系统。井下机电设备的电缆接头杜绝"鸡爪子"、"羊尾巴"和明接头。所有设备都有可靠的防爆性能；低压电器设备必须有综合保护。检修用下的废油、棉纱放在专用容器内带到地面处理；严禁携带香烟和各类火种下井，井下不允许进行烧焊工作，如因工作需要，必须有专门安全防范措施，要经矿主要领导审批；井下皮带机机头安装有防火降温喷雾器；井下所有人员禁止穿化纤服装；敲帮问顶必须使用铜锤；不使用可燃风筒和可燃性电缆、皮带。

2004 年 2 月 18 日上午 7 点 55 分，1073 风巷迎头靠 1071 工作面老塘侧煤体出现高温达 86℃，气体采样后经集团公司通风处实验室化验分析，无一氧化碳。但是高温点仍引起集团公司、矿领导的高度重视，采取了切实可行的措施，停电撤人，打临时栅栏，并于 22 点 45 分对 1073 风巷实施了封闭。此后，经矿山救护队连续 1 个月的观测，无一氧化碳（CO）及温度异常现象。

2006 年 2 月 2 日，745 I＃溜斜启封排放瓦斯发现高温，掉落矸石温度 50℃。通过对迎头进行封闭、喷浆，对 745 岩轨向高温点打钻注水，对 728 岩集封闭进行喷浆堵漏，消除了高温隐患，沿途各封闭墙内无高温及一氧化碳。

至 20015 年 9 月，临涣煤矿井下没有发生火灾事故。

（二）地面部分

2005 年 7 月始，防火委员会由矿长任主任，每年年初对矿地面防火委员会成员进行调整并下发文件。与各基层单位签定《防火安全责任承包书》，明确防火职责范围，开展群防群治，实行综合治理。修改完善了《消防安全工作管理规定》、《消防器材管理规定》、《危险物品储存管理规定》、《用火用电管理规定》等制度和规定。每年冬季下发《关于加强今冬明春消防安全管理的通知》、夏季下发《关于加强夏季消防安全管理的通知》。

设兼职消防员 2 人，以武保科治保队员为基础建立 2 支义务消防小队，义务消防员 30 人。防火委员会每周组织一次防火安全检查，共查处隐患及问题并整改 723 条。设立防火重点保卫部位 22 个。

至 2015 年 6 月，共投入消防器材设备 40 余万元，配有消防水池 4 座，电动消防泵 1 台，先后配备更换消防水带 250 米。矿井东风井、西风井、东部井地面各有一个消防储水池，以保证消防用水。每年下半年针对防火重点保卫部位人员举办两期消防安全培训班，利用每周防火安全检查契机对现场操作人员开展现场消防安全知识培训，共培训人员达 1600 余人次，夯实地面防火基层工作。

五、瓦斯防治

（一）瓦斯管理机构

临涣煤矿于 2011 年升级为突出矿井，并于同年成立瓦斯办和防突区，组成瓦斯办、通风区、防突区 3 个瓦斯防治机构，配备相关钻机队、抽放队等专业瓦斯防治队伍，加强瓦斯防治力度，提高矿井瓦斯防治水平。

（二）瓦斯治理

严格执行《煤矿安全规程》、《防治煤与瓦斯突出规定》、《煤矿瓦斯抽采基本指标》及煤矿瓦斯综合治理十六字工作体系等相关规定要求，在突出煤层突出危险区进行采掘作业前，均采取区域防突措施，即开采保护层和煤层瓦斯预抽，并对区段预抽做出明确规定，预抽必须保证充分的预抽时间，一般不少于半年，在进入该区段进行采掘作业前，必须首先进行区域防突措施效果检验，同时在掘进和回采期间严格按照《防治煤与瓦斯突出规定》要求进行区域验证；对于回采工作面，通风部门及生产单位加强通风设施管理、维护，确保工作面的通风系统稳定可靠、配风合理，工作面风量不少于作业规程规定风量；加强工作面机、风巷的维护、清理，确保通风断面符合要求。

始终坚持"一矿一策、一面一策"方针，保护层工作面在保证工作面综合瓦斯治理措施的基础上，回采期间严格执行"循环预测"防突措施，对工作面突出危险性进行区域验证；突出煤层及高瓦斯采煤工作面采取穿层钻孔、高位孔抽采、顺层孔抽采、老塘埋管抽采、地面钻孔抽采等综合瓦斯治理措施，做到瓦斯治理工程"两同时、一超前"（瓦斯治理工程与采煤工作面同时设计、超前施工、同时投入使用）；低瓦斯采煤工作面均采取老塘埋管抽采措施以解决上隅角瓦斯超限问题。

（三）瓦斯检查

至2015年，随着矿井的开发，巷道的延伸，地压的增大，瓦斯涌出量也相应增加，为此，建立完善一系列的瓦斯检查制度，同时制定了以下瓦斯防治措施：

1. 加强瓦斯检查工作，做到"三对口"，杜绝空班、漏检、假检现象；根据矿生产计划安排，认真编制月度矿井瓦斯检查地点设置计划，对正常生产的采掘工作面及其范围内的机电峒室，小绞车窝等地点每班检查不少于3次，无人工作正常通风的采掘工作每班检查也不少于3次，高瓦斯采掘工作面的管理要有专门的措施，加强对采煤工作面回风巷、上隅角的瓦斯管理。

2. 严格瓦斯检查现场交接班，严格每班"三汇报"制度和"一炮三检"制度，抓好采掘工长配备便携式瓦斯超限报警仪和每班"三检查三汇报"工作，采煤工作面上隅角瓦斯达到0.6%，必须补充专门措施进行处理。

3. 坚决贯彻执行"先抽后采、监测监控、以风定产"十二字方针，坚持瓦斯治理50条经验，坚决杜绝瓦斯事故的发生。

4. 认真执行《煤矿瓦斯抽采基本指标》的规定，对于瓦斯绝对涌出量大于5m³/min或上隅角瓦斯涌出量较大的采煤工作面、瓦斯绝对涌出量大于3m³/min的掘进工作面要建立移动式瓦斯抽放系统进行瓦斯抽放，认真总结迈步式老塘埋管抽放、工作面机风巷顺层钻孔加高位钻孔联合抽放方法的经验，提高瓦斯抽放效果。

5．通防部门成立"质量检查小组"，对通风设施的质量进行检查，保证通风系统及局部通风的完善、合理，防止重大瓦斯事故的发生。

6．杜绝井下电气失爆、加强电气设备检查。

7．爆破工和井下电钳式全部配备便携式瓦斯警报仪。

8．每日由总工程师组织相关单位召开瓦斯日分析及通防兑现会，通风区每日召开班前班后会、干部碰头会，分级研究处理当日发生的瓦斯问题及隐患。

9．通风调度把瓦斯日报每日送至矿长、总工程师、通风副总工程师审阅并签字。

10．加强 KJ90NB 监测系统的使用和管理，所有的采煤工作面和掘进工作面都必须按照规定安装瓦斯传感器，并实现自动报警自动断电功能，并及时校验，保证灵敏可靠；断电点、复电点、断电浓度、断电范围符合《规程》规定，封闭墙内瓦斯浓度 ≥ 3% 的地点墙外必须按照规定安装瓦斯传感器，探头要加强维护；地面加强值班，发现问题及时汇报处理。每年要计划安排 KJ90NB 监测系统足够的维修费用，以发挥该系统应有的作用。

11．加强盲巷和老硐子的管理。掘进工作面不准间歇施工；临时停工的地点不准停局扇，凡停局扇的掘进工作面必须及时封闭；采掘工作面收作、竣工、过眼必须由生产单位及时写联系单交通风区，以便做好相应的通风准备工作；。

（四）瓦斯排放

根据《煤矿安全规程》规定，凡停工的独头巷道恢复生产前，必须进行瓦斯检查和瓦斯排放。瓦斯排放的主要设备是局部通风机，利用局扇风压将独头巷道瓦斯逐渐排放到回风巷，排放瓦斯必须首先制定排放措施，其主要内容有：排放地点、排放原因、排放长度、排放时间、瓦斯浓度、排放量及供风量、排放过程中的注意事项及安全措施、排放瓦斯所经路线及通风巷道示意图、参加排放人员和负责人、警戒人员安设、排放指挥。

严格按照瓦斯分级排放制度进行瓦斯排放工作：对于巷道积存瓦斯量大，排放时影响主要系统，涉及面较大的瓦斯排放措施必须由矿总工程师组织相关部门共同审查，报集团公司工程师批准后，由救护队排放；停工区域内瓦斯或二氧化碳积聚浓度达到或超过 3%，连续长度在 30 米至 30 米以上时，由通风部门编制瓦斯排放安全措施，由总工程师组织有关单位对排放措施进行审批后，由矿山救护队排放；停风区域中瓦斯浓度超过 1%，最高浓度不超过 3%的采掘工作面，由通风部门制定排放瓦斯措施报总工程师审批，由矿负责进行排放。瓦斯排放时，指定专人检查瓦斯。供电系统和电气设备，必须在排放瓦斯巷道瓦斯浓度不超过 1%时，方准指定专人恢复供电。

六、综合防尘

井下主干供水管径为 6 寸或 4 寸，采掘工作面及各用水地点支管供水管径为 4 寸，井下所有产生和沉积粉尘的地点都铺设了防尘管路，并按规定距离安设了三通和闸阀，井下供水系统兼作消防洒水系统。回采工作面进、回风巷各安设一道净化喷雾装置，采用喷雾、添加渗透棒的深孔煤层注水及工作面煤壁浅孔动压注水、爆破前后洒水、进回风巷及工作面定期洒水灭尘等降尘措施；机采工作面还采用采煤机内、外喷雾，移架喷雾装置。掘进工作面主要采用爆破喷雾、风流净化喷雾等降尘措施，巷道内定期洒水、爆破前后洒水、出货洒水等灭尘措施。旋转喷雾、刷车喷雾以及防尘网的投入使用，大大提高了防尘效果，所有转载点均设置转载喷雾装置，全部采用湿式打眼，积极推广"一孔多用"煤层注水措施，超限将穿层及顺层钻孔进行静雅注水，增加煤层含水率，不仅有效降低了产尘率，同时大幅提高了煤体塑性，进一步降低了煤与瓦斯突出的危险性。严格落实防尘属地管理制定，按照"谁产尘、谁治理"的原则加大防尘的整治及监督检查，严格奖罚考核力度，着实提高矿井防尘管理水平。

七、技术装备与安全工程

2005 年始，临涣煤矿不断加强矿井安全装备，提高矿井抗灾能力，防止重大事故的发生。一方面抓安全生产管理，另一方面抓安全技术装备的配套、更新和安全工程的落实。

2008 年，安装重庆煤科院 KJ90NB 安全监控系统，采用工业宽带以太光纤环网传输结构的快速反应系统与先进的多主并发通讯模式，突破低速总线下的技术瓶颈，提高井下与地面的通讯速率和系统巡检速度，并通过协议将监测到的数据上传至淮北矿业集团公司、淮北煤矿安全监察分局、安徽省煤矿安全监察局。

2012 年，监控系统对 I 13 采区进行了扩容改造，新增加了部分监控设施及瓦斯抽放计量装置。

2013 年，监控系统对 II 3 采区进行扩容改造，新增加部分监控设施及瓦斯抽放计量装置，完成东部井采区扩容改造，把东部井风机在线系统及地面瓦斯抽放系统与监控主系统联网。

2014 年，对 KJ90NB 安全监控系统进行了软件和硬件升级，分别增加一套风机在线和瓦斯抽采计量子系统，升级后的监控系统更加灵敏、可靠，实现 24 小时连续不断地对瓦斯、风速、局部通风机开停、风门开关等信号进行实时监测。

至 2015 年 9 月，井下所有采掘工作面均实现了瓦斯超限自动报警断电功能，目前系统安装监控分站 38 台，瓦斯传感器 107 台，CO 传感器 20 台，断电器 70 台、馈电器 60 台、瓦斯抽放计量装置 29 套，主备局扇开停传感器 42 台，风速传感器 9 台，温度传感器 38 台，系统配置符合《煤矿安全监控系统及检测仪器使用管理规范》（AQ1029-2007）要求，功能齐全，运行正常；矿井现有便携式瓦斯报警器 780 台、瓦斯氧气两用仪 26 台、一氧化碳报警仪 34 台，测尘仪 7 台，装备一台 3420A 型气相色谱仪。

八、自救器配置与使用

制定《临涣煤矿自救器发放制度》、《岗位安全责任制》、《质量检验制度》、《设备维修和保养制度》等规章制度，至 2015 年 9 月，全矿在册自救器总数为 3594 台，井下所有人员均配备自救器。职工自救器随矿灯一起上架上锁管理，由保运一区灯房人员负责上架，通风区专业人员负责维修，职工个人领取、上锁。

九、紧急避险与压风自救系统

紧急避险系统：矿井紧急避险系统先期在 II 3、I 11 采区建设，2013 年 6 月下旬，II 3 采区永久避难硐室和 I 11 采区 7112 风巷临时避难硐室安装、调试结束，并成功实现与其他"五大系统"对接。永久避难硐室位于 II 3 采区上部石门内，服务于 II 3 采区的工作人员，可容纳 80 人避难。永久避难硐室利用现有巷道建设，硐室全长 50 米，其中生存室长 40 米，宽 2.8 米，高 2.6 米。避难硐室由外向里依次分为过渡室、生存室。过渡室可以防止有毒有害气体伴随进避难人员进入；生存室设置了压风自救系统、通讯联络系统、监测监控系统、供水施救系统、人员定位系统、供电照明系统以及其他医疗、生活等必需品，是避难人员主要活动区域。

压风自救系统：矿井具有健全的压风系统，工广压风机房内安装 3 台 ML300 螺杆式空气压缩机，公称流量 60.2m³/min，1 台 ML200－2S 型螺杆式压缩机，公称排气量为 40.2m³/min，主干管为 D325mm 无缝钢管。东部井压风机房共有 2 台 ML200－2S 型螺杆式压缩机，公称排气量为 40.2m³/min，1 台 ML300 螺杆式空气压缩机，公称流量 60.2m³/min，正常时 2 台运行，1 台备用。空气压缩机装有压力表和安全阀，断油（水）保护装置和信号显示装置，装设了温度保护装置，在超温时能自动切断电源，空气压缩机吸气口设置了过滤装置。风包上已安装动作可靠的安全阀和放水阀，并有检查孔。在风包出口处管理上加装可靠的释压阀。矿井建立健全了压风自救系统，各煤巷掘进工作面、采煤工作面及避难硐室均按照要求安装了压风自救装置（ZY-A 型）。各压风自救装置安装符合规定，数量充足，满足矿井安全生产需要。

第六节　事故

一、人身事故

历年人身死亡事故见表 7-3-1。

表 7－3－1 历年人身死亡统计表

年度	死亡人数
2005 年 7 月～12 月	1
2006 年	2
2007 年	0
2008 年	1
2009 年	1
2010 年	2
2011 年	2
2012 年	1
2013 年	2
2014 年	1
2015 年 1～6 月	0
合计	13

2005 年 7 月～2015 年 6 月死亡事故明细：

（一）2005 年 7 月 4 日夜班 2 时 10 分，保运区安装队职工王东继在二下采区一中车场拿道时，由于木料打滑，把王东继的头部抵在电瓶车与支架尾梁之间，经抢救无效死亡。

（二）2006 年 2 月 21 日中班，基建五区 14 队职工梁明明在 747 材斜推车出货时，顶板来劲、掉碴，下帮棚腿被推向外歪斜，棚梁掉落，引发顶板冒落，梁明明躲闪不及，被冒落的矸石埋住（冒顶区域长 × 宽 × 高 = 2.1×2.4×4.5M）。经全力抢救无效，梁明明当场死亡。

（三）2006 年 2 月 22 日夜班 1 时 15 分，临涣矿 Ⅱ 下变电所回风通道变坡处重车掉道，基建六区 16 队职工黄杰拿道时头部被重车挤在风水管路上，后经抢救无效死亡。

（四）2008 年 3 月 14 日 22 时 40 分左右，综采预备区夜班打眼工范恒昆，在去 Ⅱ 726 综采工作面作业时，被正在运行的刮板运输机从停在 32 架处的煤机下拉出，当场死亡。

（五）2009 年 2 月 3 日早班，保运区安装队陈忠杰在地面供应科料场被叉车撞倒致死。

（六）2010 年 1 月 16 日 22：00 时许，综采三区 842 工作面发生一起冒顶埋人事故，职工陈超在移 83# 架时落架幅度过大，导致 82#-83# 架端面及架间发生片帮漏顶，陈超慌乱中向下方后退，左腿被 81# 支架片阀别住摔倒，身体仰面压在 81# 支架片阀组上，造成支架卸压落架，顶板瞬间大面积冒落，将陈超埋住，经抢救无效死亡。

（七）2010 年 2 月 17 日早班约 13：00，临涣煤矿通风区测气员于永在东九大眼乘车时，不听从放眼工劝阻，强行到煤眼里侧爬蹬运行中的乘人车，被老虎嘴刮蹭到头部，经抢救无效死亡。

（八）2011 年 2 月 6 日 14：55 左右，临涣矿 Ⅱ 824 综采工作面安装支架时发生一起支架下滑挤人事故。安装工张晓龙头部被下滑支架伸缩梁与已安装好的支架侧护板挤伤，伤势严重，送矿工总院全力抢救无效死亡。

（九）2011 年 6 月 10 日早班 14 时 30 分左右，7118 工作面风巷内因 5# 高位钻场高分子材料发生化学反应释放大量黄烟，综采三区职工李国亮在钻场门口清理杂物时被熏昏迷，升井后被送至淮北第四人民医院住院观察治疗。6 月 13 日 7 时 26 分，李国亮经淮北第四人民医院抢救无效后死亡。

（十）2012年1月12日4时40分左右，797切眼刷大因"三空"顶板突然来压，连续推跨八棚，将正在迎头架棚的掘进二区5队职工梅俊宝、王存利埋住，造成王存利重伤，梅俊宝抢救无效死亡。

（十一）2013年9月18日夜班，7112综采工作面在安装过程中，综采预备区职工赵从亮违章进入警戒巷道内作业，无极绳绞车启动时，主钢丝突然从压绳轮内弹出，击中赵从亮头部致其死亡。

（十二）2013年9月22日早班，综采预备区1队副班长徐启停在7112工作面调架时，由于工作面由上往下安装，坡度大，支架必须用主运绞车钩头连接链条甩支架后帮。在准备支架上方垫木料时，链条突然断开，碰伤站在52架底座上指挥调架的徐启停头部，经抢救无效死亡。

（十三）2014年6月14日中班，综采预备二区皮带机司机方义州在924工作面作业时，皮带运行期间违章拆除皮带机机尾护栏进行清理，被卷入第二部皮带机机尾滚筒，当场死亡。

二、非人身事故

临涣煤矿自2005年7月始，发生非人身事故44起，其中通防事故15起，机电事故11起，运输事故13起，顶板事故3起，其他事故2起。

第四章 生产技术管理

第一节 管理机构与职能

一、机构

2005年7月始，生产技术管理实行总工程师负责制（无总工程师时，由副总工程师代管）。副总工程师，工程师及各单位技术人员均在总工程师指导下进行工作，并在技术上对总工程师负责。技术科、地测科、瓦斯办为全矿生产技术管理的职能部门。至2015年7月，技术科下设采煤组、掘进组、设计组。其中科长1人，采煤、掘进主管各1人。技术员6人。地测科分管地质、测量科长各1人，分管副科长2人，技术员8人。瓦斯办主任1人，副主任1人，技术人员3人，负责全矿的瓦斯治理设计。各采掘生产单位、井下辅助单位按规定分别配备1至3名技术人员，负责现场技术管理及作业规程、技术安全措施的编制、贯彻。

二、职能

负责组织有关部门及时编制、会审、贯彻作业规程，当生产现场地质条件发生变化时，督促有关单位及时编写安全技术措施，并报有关领导审批。监督指导安排回采工作面初放、收作、安装拆除和巷道开窝、贯通工作。负责矿井生产设计、工作面设计，参与矿井开拓开采部署、生产环节技术改造。不断优化采掘部署，促进矿井合理发展，确保矿井工作面采掘接续正常。

三、技术员例会

为提高全矿技术人员业务水平，适应矿井发展需要，临涣煤矿于每周三上午8：30在职教办二楼电教室举行全矿技术人员参加的培训例会，会议由采煤、掘进、通风、防突、地测、机电、经营、安全副总轮流主持，主讲人以各系统副总、职能科室、生产单位主管技术员为主。

四、技术员"星级成长通道"考核

为全面加强临涣煤矿技术管理，进一步调动专业技术人员工作积极性和主动性，充分发挥技术人员的专业特长，培养技术人员的成长，对各专业技术员进行5个星级的考核，其中二星、三星、四星、五星为正成长序列，一星为负成长序列。见习毕业生也进行了三个星级的考核，其中二星、三星级为正成长序列，一星级为负成长序列。年度考核处于负成长序列的实行末尾淘汰。

各系统专业副总工程师根据本系统的专业特点和岗位需求，对技术人员系统集中学习不少于8学时/月，各专业副总上课不少于2学时/月，实行测试制，并把测试结果作为年度考核的重要依据。鼓励专业技术人员进行授课，同时建立领导干部联系人才制度，各专业副总要对专业技术带头人进行"传、帮、带"，重点培养，制定、指导、督促其完成一定的技术课题或技术创新项目，促其尽快成才。专业技术人员每半年提交一次论文，并择优进行成果发布。见习毕业生培训培养重点从理论培训和实践锻炼两个方面进行。理论培训重点以专业技术知识和岗位应知应会为主，同时见习期间学习、表现情况纳入转正定级考核之中。实践锻炼方面，根据所学专业在采煤、掘进和相关专业单位之间进行轮岗锻炼，可以聘任为见习单位所在班组的班队长助理员，协助班队长进行现场管理，参加生产班劳动锻炼，提升其现场工作能力。

第二节 技术管理的基本内容与实施办法

生产技术管理是根据党和国家有关技术工作的方针、政策以及企业有关技术工作的规定，充分发挥技术人员和现有的物质技术条件的作用，保证矿井生产达到高效率、高质量、低消耗、低成本、安全生产的要求，不断提高矿井生产技术水平和经济效益。生产技术管理的基本内容包括以下几个方面：

一、矿井技术规划

矿井短期、长期规划由矿总工程师负责召集技术科、地测科、瓦斯办、机电科、计划科、通风区等单位共同制定，形成计划任务书经矿计划会审核后实施。技术科提供技术依据。各种规划都要努力做到科学、合理、经济、安全可靠。

二、作业规程与技术安全措施

各种作业规程与技术安全措施，一般由施工单位技术人员编制。由矿主管采、掘技术工作的副总工程师主持会审。技术科、瓦斯办、安监处、地测科、通风区、机电科、安全信息中心、煤管科等单位的技术人员参加。会审后由矿总工程师批准方可生效。批准后的作业规程和技术安全措施，由施工单位技术人员在各班前会上，向全体职工贯彻并进行考试，同时做好贯彻及考试成绩记录。贯彻记录、考试成绩记录除施工单位自留一份外，另交技术科、安监处、督查办备案。

2011 年 6 月，淮北矿业集团（股份）公司《煤矿生产技术管理规定》颁布后，作业规程的编制、审批、贯彻、执行更加完善，走向正规化。

三、工程质量、煤炭质量管理

把好工程质量、煤炭质量关，临涣煤矿制定技术干部下井制度，工程质量、煤炭质量检查制度。采、掘工作面每月按系统进行工程质量检查，奖优罚劣。矿各级生产管理人员必须经常深入井下现场，监督作业规程、安全技术措施的落实情况，发现问题，立即同有关单位联系整改。

四、技术管理

为严格落实各项技术管理规定、作业规程、措施，明确各职能部门职责，对各项制度、措施及规定要严格把关。对发生的事故或生产中出现问题，要认真进行追查分析，查找技术管理上是否存在问题，追究责任追查到人。技术管理责任追究主要包括：技术管理部门责任追究、采掘事故责任追究、"一通三防事故责任追究"、机运事故责任追究。

五、"一通三防"工作

"一通三防"是指矿井通风安全及防治煤尘、防治瓦斯以及防止自然发生火灾。该项工作直接由矿总工程师负责,通风区配备若干名技术人员做具体管理工作。经常优化矿井通风系统,每年制定矿井灾害预防与处理计划,确保矿井正常生产与通风。

六、煤炭科学研究与技术推广

煤炭科学研究与技术推广包括:科技情报的收集、技术革新以及开展合理化建议活动、设备更新与技术改造、矿井挖潜与环节改造、矿井增效、环境保护与综合利用、技术培训与考核、标准化工作等。

七、技术经济一体化论证

提高重大投入决策的科学性,减少重大无效、低效投入,保证安全生产,矿井成立以总工程师为组长的安全技术经济一体化论证领导小组。领导小组下设 6 个专业组,包括采煤专业组、掘进专业组、地测专业组、通防专业组、机电专业组、地面后勤专业组。各专业组每个月对专业内安全生产重大投入(10 万元以上)按规定程序进行论证,形成《重大投入论证报告》报经总工程师批准后实施。论证范围有:围岩治理项目;采区设计、巷道设计优化;巷道支护形式重大调整以及支护强度增加;大型材料(U 型钢、工字钢)修旧复用;非日常性集中投入 10 万元以上的材料、设备;单台设备及配件修理费 5 万元以上的;其它需要论证的项目。

第三节 采掘工作面作业规程

一、回采工作面作业规程

回采工作面作业规程是某一具体回采工作面的回采工作设计。它规定了该工作面生产全过程的工艺、组织措施、安全技术措施等,反映了回采工作面各工序的安排及其技术经济效果,是采区生产技术工作的基本依据。

回采工作面作业规程包括:审批记录、审批意见、地质概况、采煤方法和回采工艺、支护设计和顶板管理、一通三防系统工程设计、生产系统、生产组织、煤质及资源管理、安全技术措施、灾害应急措施及避灾路线、工程施工相关附图、贯彻记录、考试记录等内容。

二、掘进工作面作业规程

掘进工作面作业规程是对掘进工作面建立正常的生产秩序、指导生产、保证生产、保证安全工作的技术文件。它包括掘进全过程施工工艺、组织设计、安全技术措施等。

掘进工作面作业规程主要内容有：编制通知书、地质概况、工程概况、巷道施工、一通三防、掘进供电、生产系统与经济指标、安全技术措施、灾害应急措施及避灾路线、隐蔽工程记录、工程施工相关附图、审批记录、审批意见、贯彻记录、考试记录等内容。

第五章 机电管理

第一节 管理体制与制度

一、管理体制

2011年6月前，临涣煤矿机电管理主要由机电科负责。保运区、运输区、采煤掘进各区分别负责各自使用的机电设备正常管理和维修。

2011年6月1日，将原机电科拆分为机电科与保运一区。机电科为全矿机电管理的职能部门，包括电气管理队、设备组、电气试验组、用电管理办公室。2013年3月18日，运管办并入机电科，负责全矿的斜巷运输管理。保运一区担负四大件设备的运转及维修、高压供电、地面及井下大型机电设备的安装拆除工作。

原保运区更名为保运二区，分为三个队，分别为采煤机械化队、高压供电队、安装队。主要负责井下各采区原煤的安全运输及胶带输送机的维护；井下采掘工作面、掘进头的安全供电、变电所的安装拆除及维护；井下综掘机、无极绳绞车、胶带输送机、刮板机的安装拆除工作。

2012年10月3日，东部井工区成立，主要负责矿井东部的提升系统、抽风系统、压风机房、35千伏变电所、井上下排矸系统、地面瓦斯抽采泵站、井下斜巷等设备的运行维护管理。

至2015年6月，机电科有职工36人，其中科级干部2人，一般干部5人。保运一区有职工172人，其中科级干部4人，一般干部4人。保运二区有职工184人，其中科级干部3人，一般干部4人。东部井工区有职工39人，其中科级干部4人，一般干部3人。

二、管理制度

临涣煤矿历年均建立健全《机电设备管理规定》，并明确机电设备管理的范围和责任。内容包括：设备更新计划、选型和验收制度；机电设备入库管理制度；机电设备的申请、发放、领用制度；机电设备的安装、验收、移交管理制度；机电设备的使用与管理制度；机电设备的拆除回收、转运、升井、验收制度；机电设备的修理、验收与结算制度；机电设备的租赁管理制度；机电设备的二次租赁管理制度；设备的报废及处理制度；库存设备保养维修制度；设备调拨与外借制度；机电设备管理检查评比奖惩制度；防爆设备入井检验、安装、验收制度；井下电气管理办法；机电设备事故管理制度；特种设备管理制度；电气保护试验、检查制度；小型电气管理制度；综采掘设备及配件的管理制度；供用电管理考核办法；机电设备督查管理制度；井下电缆质量标准化规定；风电、瓦斯电闭锁的管理规定及供用电安全检查管理办法等各项生产管理制度27项。另外还制定《安全培训制度》、《电气设备安全操作制度》、《隐患排查制度》、《电缆探伤仪操作规程》等业务保安责任制23项；《机电副矿长安全生产责任制》、《机电副总工程师安全生产责任制》、《科（区）长安全生产责任制》、《副科（区）长安全生产责任制》、《技术员安全生产责任制》、《队长安全生产责任制》等安全生产责任制22项。

三、管理方式

临涣煤矿机电管理与上级机电部门实行对口管理的同时，按照既有专业分工，又有集中管理的方式进行管理。专业分工按保运一区、保运二区、东部井工区、运输区、通风区、物业管理科、矿机厂、综采掘等单位各负其责，集中管理主要是对全矿机电设备管理和供电管理等。机电科是统管全矿机电工作的职能管理部门。

第二节 机电设备

一、机电设备的状况

2005年12月，全矿有设备2583台，其中大型固定设备24台，汽车43辆，电器设备2519台。

随着矿井生产的发展和需要，机电设备逐年均有增减，新旧机电设备的更换和回收，使机电设备的管理和使用趋于复杂化。对全矿的采煤、掘进、运输、地面设施、安全设施及地质通讯等设备从计划、选型、安装、大修、报废进行全过程跟踪管理。机电科设备组对各种设备的使用、存放实行帐、物、卡、微机管理。

至2015年6月，全矿共有设备4029台。其中大型固定设备30台，汽车36辆，电器设备3963台。历年矿井主要设备见表7-5-1。

表7-5-1 历年矿井主要设备一览表　单位：台（套）

序号	设备名称 \ 年	2005	2006	2007	2008	2009	2010	2011	2012	2013	2014	2015
1	主井绞车	4	4	4	4	4	4	4	5	5	5	5
2	水泵	156	182	205	237	219	244	269	304	341	318	328
3	压风机	8	5	6	7	7	6	7	7	8	8	8
4	主要扇风机	4	4	4	4	4	4	4	4	6	4	4
5	运输绞车	8	6	8	9	9	7	7	8	8	6	7
6	无极绳绞车	4	3	3	3	3	2	10	14	21	21	21
7	内齿轮绞车	109	106	102	95	90	105	111	116	105	81	81
8	回柱绞车	18	21	22	26	29	41	45	45	47	33	33
9	皮带机	28	32	33	36	46	36	55	77	80	79	83
10	矿车	393	411	416	416	426	426	437	441	450	570	850
11	其他窄车辆	160	155	155	160	161	166	169	179	189	195	195
12	电机车	35	38	36	31	36	38	40	24	44	44	44
13	对旋式风机	38	36	39	33	35	31	42	53	64	69	58
14	变压器	47	44	40	37	33	34	38	36	34	39	39
15	干式变压器	43	45	46	48	52	58	81	87	81	78	78
16	高爆开关	90	96	102	108	139	139	155	169	235	279	256
17	低爆开关	662	622	586	547	521	480	662	642	692	578	532
18	耙矸机	28	29	27	26	28	25	23	24	26	28	24
19	喷浆机	16	19	23	26	32	28	34	38	44	26	24
20	推土机	2	1	1	1	1	1	1	1	1	1	1
21	汽车	43	42	41	43	42	38	38	38	35	38	36
22	架空乘人器	3	4	5	5	5	5	5	5	7	7	7
23	高压开关柜	146	141	136	128	122	106	117	123	122	119	113
24	低压开关柜	98	96	92	95	93	91	95	93	96	98	95
25	工业锅炉	5	1	1	1	1	1	1	1	1	1	1
26	刮板输送机	36	32	30	28	32	31	31	35	38	38	27
27	给煤机	25	30	34	38	36	42	44	48	58	45	43
28	电动机	207	275	300	346	314	294	353	366	373	376	369
29	液压支架	126	126	126	126	439	439	439	546	546	546	546
30	采煤机	2	2	2	2	4	4	4	5	5	5	5
31	转载机	2	2	2	2	4	4	4	5	5	5	5
32	破碎机	2	2	2	2	4	4	4	5	5	5	5
33	乳化液泵站	5	5	5	5	7	7	7	8	8	6	6
34	喷雾泵站	0	0	0	0	0	1	1	1	1	1	1
35	移动变电站	25	25	25	25	31	31	31	34	34	33	33
36	组合开关	0	0	0	0	16	16	16	20	20	20	20
37	掘进机	0	0	0	0	0	1	5	5	8	9	10
38	单轨吊	0	0	0	0	0	0	0	0	7	11	11
39	钻机	5	5	6	6	8	10	17	19	23	25	25
	合计	2583	2647	2665	2706	3034	3004	3406	3634	3874	3851	4029

二、机电设备管理与使用

机电科电气管理队负责井下电气设备的管理和检查；设备组负责全矿设备的管理、使用、修复、租赁；用电管理办公室负责全矿用电管理。

保运一区维修队、运转队负责主副井提升、压风机房、西扇风机房、中央变电所、主排水泵房、地面35KV变电所、井下中央变电所、地面生产系统、斜巷量煤器、矿灯房等设备的维修和运转；大件安装队负责全矿大型固定设备的安装和更换、35kV和6kV线路的维护和检查。

东部井工区维修队、运转队负责东部井工区内的提升机、压风机房、主扇风机房、地面排矸系统、地面瓦斯抽采泵房、井下斜巷等设备的维修和运转。

保运二区采煤机械化队主要负责井下东翼、西翼、Ⅱ3采区强力胶带输送机、东西翼分煤皮带机等机电运输设备的运转和维修工作。高压供电队主要负责采区变电所的正常管理和维修。安装队主要负责井下综掘机、胶带输送机、刮板机、无极绳绞车等采掘系统机电设备的安装、拆除、回收工作。

第三节 机电设备安装与维修

一、机电设备安装

2011年6月1日，该矿拆分机电科，大件安装队划分到保运一区，小件安装队属于保运二区。

保运一区大件安装队的业务范围：负责提升系统的提升钢丝绳、尾绳、箕斗、罐笼、电动机、发电机和减速箱的更换安装工作；井筒罐道梁、套架的安装及更换；矿内、外各种设备的安装吊运；中央主排水泵、Ⅱ2采区排水泵、Ⅱ3采区排水泵、斜巷绞车的更换和安装；扇风机和电机的更换；采区运输上山绞车、人行车的安装；参与各种停产检修及重大机电事故的抢修、抢险；负责35kV、6kV架空线路的运行、维修、更换、检查、试验及故障处理。

保运区小件安装队主要业务范围：主要负责井下综掘机、胶带输送机、刮板机、无极绳绞车等设备的安装和拆除工作；参与停产检修及重大机电事故的抢修、抢险工作。

2005 年始，大件安装队安装更换的大型设备有：

2006 年 4 月，更换副井北勾尾绳为 18×19-40-140-I 不旋转型。

2007 年 5 月，更换副井北勾主提升钢丝绳为 6Δ（30）-28-170- 特 - 镀型；更换副井南勾 18×19-40-140-I 不旋转型尾绳三根。8 月，更换副井南勾 φ2000 毫米抗轮；更换副井南勾 6×28TS+FC（图培戈油）型主提升绳。11 月，更换主井北勾同型号 18×7-40+FC 型 3 根尾绳。12 月，更换 3# 螺杆式压风机。

2008 年 3 月，更换地面生产系统 3# 机头漏斗和平巷段漏斗，更换主井北勾抗轮衬底。5 月，更换中央泵房 1#、2#、3# 主排水泵，3 台型号均为 MD450-60×9；更换 4# 螺杆式压风机。9 月，更换副井南勾罐笼，型号 GDG-3×2/90×6。11 月，更换中央泵房 1#、5# 主排水泵电机，型号 YAK560-4。12 月，更换中央泵房 5# 主排水泵，型号 MD450-60×9；更换中央泵房 2# 主排水泵电机，型号 YAK560-4。

2009 年 1 月，更换中央泵房 3# 主排水泵电机，2 月，更换 4# 主排水泵电机，型号均为 YAK560-4。3 月，更换中央泵房 4#、5# 两台主排水泵，型号 MD450-60×9。4 月，副井南勾主提升绳使用年限到期，更换为 6×28TS+FC（图培戈油）型主提升绳；更换主井北勾东箕斗，由原底卸式改为上开式。7 月，更换副井北勾罐笼，型号 GDG-3×2/90×6。更换副井北勾主提升钢丝绳，型号为 6Δ（30）-28-170- 特 - 镀型。10 月，更换副井北勾减速器，型号为 ZG-H90；更换副井北勾平衡锤。

2010 年 3 月，更换中央泵房 2# 主排水泵，型号 MD450-60×9。6 月，更换中央泵房 1# 主排水泵，型号 MD450-60×9。8 月，更换中央区 1# 螺杆式压风机。9 月，更换副井北勾尾绳，尾绳型号 18×7+SF。10 月，更换副井南勾尾绳，型号为 18×7-40+FC 型。

2010 年 11 月，更换中央泵房 3# 主排水泵，型号 MD450-60×9。12 月，更换 2# 螺杆式压风机；更换主井北勾 2800 毫米主滚筒；更换 ZLGQ-12 改（9T）型定量斗，解决主井南勾恢复生产装载需要。

2011 年 4 月，更换中央泵房 4# 主排水泵，型号 MD450-60×9；将原有 2GN-90 型减速器更换主井北勾减速器为 XP1120（2）型减速器。5 月，更换主井北勾 3 根尾绳，型号 18×7-40+FC。

2011 年 4 月，更换主井北勾同型号 XP1120（2）行星齿轮减速器。9 月，更换西风井 1# 风机为 K4-73-02NO.28.5F 型。10 月，更换副井南勾同型号 6×28TS+FC（图培戈油）型主提升绳；更换副井南勾平衡锤。11 月，更换西风井 2# 风机为 K4-73-02NO.28.5F 型。12 月，更换中央泵房 5# 主排水泵，型号 MD450-60×9。

2011 年度，为解决矿井产能提升瓶颈及分时分运提煤提矸的需要，主井南勾分别更换 XP1120（2）型行星减速器，JDG-9 载荷 8T 箕斗，Φ2800mm 主滚筒，6×28TSFC 涂戈培油型主绳，18×7+FC 型尾绳，Φ2520mm 抗轮，ZD99/60 型主电机，液压站与盘形闸，TE522F 型润滑站。

2012 年 4 月，更换中央泵房 1# 主排水泵，型号 MD450-60×9。9 月，更换中央泵房 2# 主排水泵，型号 MD450-60×9。10 月，更换副井北勾为 6△（30）-28-170-特-镀型主提升钢丝绳。同时，更换副井北勾液压站及盘形闸，型号 E138。更换副井北勾为 ZZDP1120 型减速器。12 月，更换中央泵房 3# 主排水泵，型号 MD450-60×9。

2013 年 6 月，更换主井南勾主绳为同型号 6×28TSFC 涂戈培油型；更换主井北勾北侧、中侧两根 18×7+FC 型尾绳。10 月，更换副井北勾 3 根尾绳，型号 18×7+SF。10 月，更换副井南勾 6×28TS+FC（图培戈油）型主提升绳。10 月，副井南勾抗轮使用时间较长，且轴承有异响，衬垫磨损严重，更换 Φ200 毫米抗轮。11 月，更换中央泵房 4#、5# 主排水泵，型号 MD450-60×9。

2014 年 4 月，更换中央泵房 2# 主排水泵，型号 MD450-60×9。5 月，更换主井北勾西箕斗；更换副井南勾 18×7-40+FC 型尾绳 3 根。2014 年 7 月，主井北勾抗轮长期运行，磨损严重，更换 Φ2000 毫米抗轮。9 月，更换主井北勾北侧第一根尾绳。9 月，更换主井南勾为 XP1120（2）型行星减速器。10 月，副井南勾原 2000 毫米抗轮不符合规程要求，更换为 Φ2500 毫米抗轮。10 月，副井南勾减速器使用年限过长，提升安全系数下降，将原 ZGH90 型减速器更换为 ZZDP1120D 型减速器。10 月，更换副井南勾 TE161B 型液压站。

2015 年 3 月，更换中央泵房 3# 主排水泵，型号 MD450-60×9。4 月，更换主井北勾南侧一根 18×7+FC 型尾绳。6 月，更换主井南勾 6×28TSFC 涂戈培油型主绳。6 月，更换主井北勾东箕斗。

至 2005 年 6 月，小件安装队安装、拆除工作面及运输皮带设备 338 个，安装输送机长度 15600 米；安装高压电缆 22000 米。

二、机电设备维修

2005 年至 2011 年 5 月，机电科负责全矿大型固定机电设备及井上下主要生产设备的维修，保运区负责井下掘进系统、运输胶带机机电设备的维修。运输区、通风区只负责本单位机电设备的维修。大型机电设备均制定循环检修图表和定期检修图表，其它机电设备实行包机到人，挂牌留名。

2011 年 6 月 1 日，机电科拆分后，保运一区负责大型固定机电设备、地面生产系统的设备维修，保运二区负责井下运输胶带机、采区变电所机电设备的维修。采煤掘进系统机电设备的维修由采煤掘进各区维修人员自行检修。2012 年 10 月 3 日，东部井工区成立后，东部井工区承担东部大型固定机电设备及东部上下口机电设备的维修。全矿井固定检修时间为上午的 9:30-11:30，保证检修时间不少于 2 小时。

至 2015 年 6 月，全矿机电设备维修分工如下：

保运一区负责主、副井、西风井、压风机房、中央区 35KV 变电所、一、二水平泵房、中央变电所、量煤器、灯房、地面生产系统等车间机电设备的管理与维修。

保运二区负责修护一区、修护二区、防突区所用的胶带输送机、刮板输送机、无极绳绞车、钻机等设备的安装、拆除、转运及维修。负责主运强力胶带输送机、岩集胶带输送机、漏斗、给煤机及供电设备的巡视、检修、操作，确保设备运转。负责采区变电所供电及其设备的维护、检修、安装及拆除工作。

运输区负责全矿主运大巷、主运斜巷、地面排矸系统的运行管理。负责矿井人员、矸石、物料运输工作。负责主运大巷、主运斜巷、地面排矸系统设备、设施、线路的使用、检查、检修、维护与保养工作。负责副井上、下口操车设备、各采区架空乘人器、充电硐室设施的使用与维护。负责矿井安拆以外的材料、设备的装卸。

东部井工区负责矿井东部的提升系统、抽风系统、压风机房、35KV 变电所、井上下排矸系统、地面瓦斯抽采泵站、井下斜巷等设备、设施的日常操作、维修、安全监控等工作。

矿机厂负责综（普）采掘设备及配件维修、发放管理；平板车使用维修管理。综采设备装卸车管理；普采设备、材料维修、发放管理，单体支柱维修、发放管理；掘进支护材料加工；风水管路加工、发放管理；各种常用材料及机械配件加工。

各采掘单位负责所辖采掘工作面机电设备的安装、拆除、检查维护、试验调试、备配件计划等工作。配合机电科做好采区机电设备管理工作，保证采掘工作面的机电设备完好、可靠运行。

通风区机电班负责瓦斯断电仪和瓦斯监测系统的管理与维修。

物业管理科机电队负责工业广场、单身宿舍、生活用电设备及工广水源井、工人村生活用电、工人村水源井等机电设备的安装、管理与维修。

第四节　综采设备安装与维修

一、综采设备安装

2015 年 7 月始，临涣煤矿综采设备的安装由综采预备区负责（2014 年 4 月，综采预备区成建制调到淮北矿业工程建设公司）。至 2015 年，相继安装 38 个综采工作面。

二、综采设备维修

综采设备由各个综采单位根据设备的使用情况进行及时维修，矿机厂负责综采设备配件的维修。

三、综采设备管理

综采设备的管理由机电科负责，主要负责设备的申报、验收、保管、发放和外修等工作。

第五节 修配与加工

至 2012 年 3 月，矿用各类开关、设备及自制加工件、设备小配件全部由惠临公司机厂委托加工维修，实行内行结算。2012 年 4 月始，矿支护科参与修旧加工。2014 年，成立矿机厂，逐步拓展维修范围，减少外委加工维修量，主要从事单体维修、皮带机链板机中小修、无极绳主副压维修、道、管路加工、U 型棚加工等修复加工工作。至 2015 年 6 月，惠临公司机厂只承担精密配件加工及设备的大修工作。

第六章 经营管理与考核

第一节 机构设置

至 2015 年 6 月，临涣煤矿经营管理考核部门名称几经变更，经营管理科由经营管理办公室（部）、计划工程科合并组成，承担着经营考核、计划工程、劳动定额等管理职能。

2005 年～2009 年 10 月，该矿各项经营考核职能归口经营管理办公室（部）。2009 年 10 月～2014 年 3 月，按照内部市场管理分工，在人力资源部设立考核办，考核、汇总职能划归人力资源部。2014 年 3 月～2015 年 6 月，实行人力资源整合，人力资源部定额组及考核职能划归经营管理科，实现人工工资结算、材料费用结算考核"一站式"管理。

至 2015 年 6 月，经营管理科设科长 1 人，计划、材料主管各长 1 人，科员 9 人。

第二节 生产计划编制

生产计划按时间分类有长远计划（五年规划）、年度计划、季度计划、月度计划四大类。

生产计划的编制依据：一是符合国家的方针政策和矿井长远发展规划；二是集团公司和矿井营销战略规划；三是矿井所具备的生产条件、生产能力、运输能力；四是职工的技术水平、出勤率及思想状况。

生产计划编制方法：经管科（计划）根据地质测量科、生产技术科、安监处等部门提供的资料，比照历年统计资料，提出计划安排意见，经矿长办公会审定，上报淮北矿业（集团）公司批准后，下达到基层单位执行。

一、五年规划

五年规划在矿长领导下，由总工程师的主持，会同经管科（计划）、生产技术科、机电科、煤炭管理科、通风区、征迁办等有关单位人员及各分管副总工程师进行编制。在编制过程中，根据党的方针政策以及淮北矿业（集团）公司主管部门的要求，结合该矿具体情况，由地质部门负责核实并提供可靠的地质资料，矿井可采储量，编制出矿井的采掘接替和生产开拓布局，明确矿井生产奋斗目标及发展规模。确定计划期内各年的产量、进尺任务和主要技术经济指标，报淮北矿业（集团）公司审定后下达执行。2009 年，该矿编制出"十二五"规划。

二、年度生产计划编制

年度计划编制在矿长的领导下，由总工程师召集有关单位，根据长远计划和淮北矿业（集团）公司下达的指标，经过自上而下、自下而上的反复讨论研究而成。主要明确当年的原煤产量、总进尺、开拓进尺、商品煤灰分、全员效率、原煤单位成本、利润等主要指标。

三、季度计划

季度计划编制由总工程师组织有关单位，依照年度计划，根据本季度的生产条件，编制原煤产量、总进尺、开拓进尺等计划，上报淮北矿业（集团）公司审定后下达执行。

四、月度作业计划

月度作业计划是年度计划的具体执行计划。其编制方法是：每月 25 日前，由经管科（计划）会同生产技术科、地质测量科、通风区、安监处等单位，在总工程师的主持下，根据淮北矿业（集团）公司下达的季度计划，结合下月的生产条件，进行下月的采掘工作面产量、进尺、材料消耗计划安排，交矿生产办公会讨论研究审定后，下达到各基层单位贯彻执行。任务分解到各（科）区、队，保证季度计划的兑现和年度计划的全面完成。

第三节 生产、经营计划执行与检查

年度生产计划是考核一个企业经济效益和完成集团公司计划任务的依据。年度计划下达后，生产指标、产量、进尺及主要材料消耗落实到各采掘区。生产接替、煤质、劳动定额、成本、材料消耗等落实到分管领导和有关部门，与经济责任挂勾，各负其责。技术部门把好采掘接替关；人力资源部门抓好优化劳动组合，把好效率关；物资管理科确保物资材料供应；经营管理科严抓材料消耗工作，做好材料跟踪管理；煤炭管理科确保煤炭产品质量和煤炭外运工作；财务科加强成本核算，搞好成本利润工作。经营管理科（计划）逐月逐旬检查计划执行情况，发现问题及时向矿和分管领导反映，制定措施，采取对策，确保计划完成。

月度计划是指导全矿进行日常活动的依据。月度作业计划下达后，各生产单位要采取相应的措施，确保计划的完成。经营管理科（计划）每日做出生产日报，在网上公布，为矿领导和职能科室准确、及时地提供产量、进尺情况，使领导心中有数，督促计划的完成。

第四节 预算审批

一、专用资金种类和来源

1995 年 7 月始，临涣煤矿专用资金的种类有：更新改造资金、技术改造资金、重大安措资金、环保技措资金、科研资金、开拓延深资金、固定资产大修理资金。2004 年，增加安全更新资金。

（一）维简费、井巷费、固定资产基本折旧基金统称为"维持简单再生产资金"。

维简费、井巷费提取标准原执行煤炭行业会计制度规定为：维简费 6 元／吨、井巷费 2.5 元／吨。2002 年，根据安徽省政府批示，享受省属煤炭企业统一政策，提高提取标准，即维简费 11 元／吨、井巷费 4 元／吨。

维简费主要用于正常简单再生产的开拓延深、技术改造等，不能用于基本建设投资。煤矿维简费提取和使用，应坚持先提后用，量入为出的原则，专款专用，专项核算。维简费年度结余资金允许下年度使用。

（二）折旧资金按固定资产原值和规定的折旧率按月进行提取。折旧资金主要用于企业固定资产的更新改造和技术进步措施等方面的固定资产投资。折旧资金可以和维简资金一起使用，可以结转。

（三）安全专用资金由矿按原煤产量从成本中提取，专门用于煤矿安全生产设施投入的资金。提取的金额上缴集团公司，集团公司根据各单位安全生产情况，按计划下达各单位使用。

根据安徽省文件精神，淮南、淮北、皖北、新集等煤炭企业的安全专用资金均按煤炭销售额的4%提取安全技术措施专项资金。2004年始，淮北矿业（集团）公司按煤炭销售额的4%提取安全技术措施专项费用。

（四）修理费的提取根据固定资产使用维修的要求，一般按月从成本中提取，逐月摊销，年度不得结转。

二、资金使用范围

（一）煤矿维简费的具体使用范围是：

矿井（露天）开拓延深工程；矿井（露天）技术改造；煤矿固定资产更新、改造和固定资产零星购置；矿区生产补充勘探；综合利用和"三废"治理支出；大型煤矿一次拆迁民房50户以上的费用和中小煤矿采动范围的搬迁赔偿；矿井新技术的推广；小型矿井的改造联合工程。

（二）折旧基金是更新改造基金的主要来源。其用途包括：

机器设备的更新和房屋建筑物的重建；对原有固定资产进行技术改造；试制新产品措施；综合利用和治理"三废"措施；劳动安全保护措施；零星固定资产购置。

（三）安全费用具体使用范围是：

矿井主要通风设备的更新改造支出；完善和改造矿井瓦斯监测系统与抽放系统支出；完善和改造矿井综合防治煤与瓦斯突出支出；完善和改造矿井防灭火支出；完善和改造矿井防治水支出；完善和改造矿井机电设备的安全防护设备设施支出；完善和改造矿井供配电系统的安全防护设备设施支出；完善和改造矿井运输（提升）系统的安全防护设备设施支出；完

善和改造矿井综合防尘系统支出；其他与煤矿安全生产直接相关的支出。

（四）大修理资金使用范围：

基本建设投资转资的井巷工程需要维修使用的巷道，房屋、建筑物、构筑物，各种构成固定资产的设备、管线等。

三、计划管理程序和要求

（一）计划责任主体。

临涣煤矿是本矿计划管理的业主，是本矿计划的责任主体；矿行政负责人为计划管理的第一责任人，对计划的编报、执行、监督负有领导责任；矿经管科（计划）对矿行政负责人及矿办公会负责，对矿计划的编报、执行、监督负责。淮北矿业（集团）公司建设发展部是专项资金计划的业务主管部门，对基层计划部门进行业务指导和归口领导。

（二）项目立项程序。

凡列入专项资金50万元（含50万元）以上的项目，单价20万元（含20万元）以上设备购置及新技术开发项目，需先立项后报建议计划。应在上一年进行调研论证，并填写《专项资金项目申请表》，由经管科（计划）报淮北矿业（集团）公司主管领导、有关业务主管部门和运营管控部进行立项审查，由主管领导或有关业务主管部门组织审查，必要时组织对该项目做进一步的调研论证，审查后签批意见，凡批准的项目为已立项项目，可以申报专项资金计划。

凡50万元以下的各种资金项目及单价20万元以下的设备购置，可不经上述立项程序，由经营管理科（计划）直接申报专项资金计划。

凡未按规定程序申报立项的项目和未获批准的项目，一律视为不成熟项目，不予安排资金计划。

年中，涉及矿井安全生产急需的项目，经淮北矿业（集团）公司办公会或总经理批准，可视同立项。

（三）专项资金建议计划编制和审定程序。

临涣煤矿编制年度专项资金计划时，矿属各单位根据本单位生产经营的具体情况，将下年度需要购置和大修的设备以及新建工程计划报矿经管科（计划）。经管科（计划）可根据批准《专项资金项目申请表》和矿生产经营的具体实际，按专项资金适用范围、年度计划的通知要求，编写下年度的专项资金建议计划及重大项目计划报送淮北矿业（集团）公司运营管控部。由运营管控部汇总各单位符合立项要求的专项资金建议计划，按照"先提后用、量入为出"的原则，确定下一年专项资金总体安排规模，在总规模指导下筛选提出下一年专项资金建议计划方案，报淮北矿业（集团）公司总经理及其办公会讨论审定。年中，涉及矿井安全生产急需的项目，经淮北矿业（集团）公司办公会或总经理同意，由运营管控部直接下达资金计划。

符合申报要求但未给安排资金计划的项目，进入淮北矿业（集团）公司项目库储备，待下一次申报资金计划时不需再次立项。

属租赁管理的各项设备，矿先报淮北矿业（集团）公司生产管理部，由生产管理部根据设备库存情况编报。

（四）计划实施管理。

1. 计划的变更。专项资金计划下达后，计划项目不得变更。项目内容确需变更的，须提出申请，经淮北矿业（集团）公司业务主管部门、运营管控部和分管领导签批。或经淮北矿业（集团）公司业务主管部门、运营管控部参加的有关会议决定后方可实施。

集团公司在每月3号以前编报"工程实施计划"和"设备购置计划"时申报，经淮北矿业（集团）公司运营管控部批准后实施。

涉及矿井安全生产急需的变更，经淮北矿业（集团）公司领导同意可先实施，后办理变更手续。

2. 工程管理。专项资金计划项目的工程管理实行业主负责制。项目负责人要组织现场人员做好隐蔽工程记录和工程变更记录，做好工程竣工资料的收集整理和竣工报告的编制。计划管理人员要经常深入现场，发现各类问题并帮助协调解决。

3. 图纸审查。严格执行《淮北矿业集团公司建设工程施工图审查办法》中的文件规定。

4. 施工队伍的选择。凡符合招投标的单项工程（设备）必须按"集团公司招投标管理办法"选择施工队伍（厂家）。不符合招投标的单项工程，也要参照"淮北矿业（集团）公司招投标管理办法"竞争选择施工队伍。

外委的单台或批次修理费2万元以上的设备大修也要参照"淮北矿业（集团）公司招投标管理办法"竞争选择维修厂家（无多家厂家选择的除

外），同时，大修前必须经生产管理部核准。否则，计划不予报决。

凡是在质量、工期、造价等各项经济技术同等条件下，必须优先选择淮北矿业（集团）公司内部施工队伍或厂家。

5. 工程验收。安全更新、更新改造、大修理资金计划中单位工程的竣工验收由矿经管科（计划）组织基本建设工程管理科、审计科、财务科、纪委、使用单位、施工单位共同验收，备案待查。其它单项工程验收，由矿组织预验收合格后将竣工资料和竣工验收证书上报淮北矿业（集团）公司，淮北矿业（集团）公司主管部门会同有关部门组织审核签批。根据实际需要，也可由淮北矿业（集团）公司主管领导牵头组织现场验收。

技改贷款（国债）项目工程的竣工验收，按国家相关文件执行。

6. 工程决算的审批。重大安措计划中单项工程的施工图预算及结算由淮北矿业（集团）公司运营管控部审批；更新改造、大修理资金计划中单位工程的施工图预算及结算由矿计划科按规定程序审批。

7. 计划报决。工程按决算或审批的预算报决；设备按订购合同、设备调拨单或发票报决。

（五）计划报表的编制方法和依据。

1. 编制依据

（1）有效的项目立项文件。如：需国家批准的大型基建、技改项目，需批准的设计、概算编制；投资较大的维简资金项目，需有签批的《专项资金项目申请表》。

（2）计划编制通知、计划管理规定、国家和地方法规等。

2. 建议计划的编制方法：计划报表编制简洁明了、便于管理，按资金渠道、项目、"矿建、土建、安装、设备、其它"内容属性顺序进行编制。一种资金为一种计划报表；内容较多的、相对独立的重大工程项目（如重大安措、技改项目），按项目独立分项，再按"矿建、土建、安装、设备、其它"五个方面进行编制；内容较少的项目（如更改、大修计划项目），把项目的内容归纳到"矿建、土建、安装、设备、其它"五个方面进行编制。由多项密不可分的设备构成的成套设备作为一套编制时，在内容中要说明是那些设备，或增设子项。

更新改造资金计划中，年初不能确定需要购置的设备可暂不报计划，已报计划的设备，采购部门可按计划组织采购。允许使用额度剩余部分可留作年内生产急用项目。

3. 调整计划的编制方法：在计划的基础上，根据计划的执行情况、年度工程进度划线、审批的工程预（结）算资料、设备的到（订）货价格编制调整计划，经淮北矿业（集团）公司审定后下达执行。其中，更新改造、安全更新按淮北矿业（集团）公司下达额度合并控制，大修理计划按淮北矿业（集团）公司下达额度控制。超额度不予调整。

四、考核

实行岗位责任制。按照岗位责任与个人绩效工资挂钩。

第五节 统计工作

一、统计资料的收集与整理

2005 年～2014 年 3 月，计划科作为独立部门开展工作。2014 年 4 月，并入经营管理科，矿设有专职统计员 3 人，兼职统计员 5 人。经营管理科（计划）根据上级主管部门的统计工作部署，负责全矿统计资料的收集、整理、管理与应用工作。

（一）煤矿生产统计

经营管理科（计划）通过生产技术科、安监处、物资管理科、煤炭管理科、人力资源部、财务科、机电科等业务科室的统计人员及时、准确全面地收集全矿生产经营的各类统计资料，依照科学的方法和技术手段对这些资料进行汇总、整理，建立健全原始记录、统计台账，按时、按质、按量地完成各类统计报表和统计服务，实施统计监督。

（二）固定资产投资统计

固定资产投资统计由经管科（计划）根据机电科、财务科、物资管理科提供资料进行收集和整理，及时、准确地向上级主管部门呈报更新改造资金、技术改造资金、重大安措资金、环保技措资金、科研资金、开拓延深资金、固定资产大修理资金和安全更新资金的年、月度统计报表。

二、统计报表管理

根据《中华人民共和国统计法》及《实施细则》、《淮北矿业（集团）公司统计管理条例》等法律法规及文件精神，结合临涣煤矿统计工作实际，对统计报表管理规定如下：

（一）统计报表界定

临涣煤矿的统计报表是指淮北矿业（集团）公司依照法定权限和程序制发的，由填报单位作为法定义务填报的统计报表。包括以表格、问卷、电讯、磁盘、网络通讯等为介质上报的统计报表和调查提纲，以及其他应当依法报送的统计资料。

（二）统计报表分类

经营管理科（计划）上报淮北矿业（集团）公司运营管控部的统计报表有：煤矿生产统计，按集团公司生产统计网络运行软件进行统计；固定资产投资统计，按集团公司基本建设和各项专用资金计划下达的单位范围上报，但安全投入统计中的安全投入须按资金渠道分为三类：专项资金、局控成本、矿控成本。该类工程统计安装集团公司专项资金管理系统进行统计。

（三）统计报表上报

临涣煤矿生产统计报表和工程统计报表均为月报，生产统计报表月后2日内上报淮北矿业（集团）公司运营管控部经济运行科，利用集团公司生产统计系统进行上报。节假日上报时间不顺延。

固定资产投资统计报表的报送情况如下：各项资金完成情况月报表、重点工程项目投资完成情况月报表、工程管理台账、安全投入（费用项目）完成情况月报表于月后5日内利用集团公司协同平台专项资金管理系统上报淮北矿业（集团）公司运营管控部。

第六节 劳动定员、定额与市场化工资

一、劳动定员

2008 始，临涣煤矿按照淮矿劳【2007】606 号文件要求，对全矿范围实行劳动定员。

2013 年始，以定员人数结合岗绩工资结算辅助、地面单位工资。

2010 年～ 2015 年临涣煤矿定员比较表 7—6—1

二、定额与市场化工资管理

2007 年始，临涣煤矿参照淮北矿业集团公司下发《矿井统一劳动定额标准》结合该矿实际制定了采掘计件单价。2013 年，该矿推行内部市场化，逐步完善价格体系，通过三年的不断修正、增补，形成相对科学、完善的二级价格结算体系。

三、市场化工资考核

（一）市场化工资结算程序

市场化工资包括：产品计价或链式服务工资、岗位收购工资、单项工程工资。市场化工资由经营管理科按照矿相关工资政策、根据工作量完成及定员情况，将各类结算资料分区队装订成册，通过精益系统市场化工资结算模块于次月 10 日前完成结算。结算完成后及时与基层单位正职见面。每月结算单由经管科科长、结算定额员、基层单位正职共同签字确认。基层单位施工过程中遇到的特殊情况且单价体系中没有明确规定的，由单价测算小组根据现场施工难易程度及实际投入人工量核算出单价定额，在当月经营分析会中进行通报，及时纳入二级市场单价体系。因地质条件变化大或施工条件差等因素导致区队结算工资低于系统工资 80% 的，经矿主要领导同意后可以执行借资，借资后单位人均工资不得超过系统平均工资的 80%。

（二）市场化工资（计件工资）结算办法

2011 年～ 2012 年，执行超尺、超产加价政策。采煤超计划 10% 以内每吨加 0.5 元，超 11% ～ 20% 内每加吨 1 元，超 21% 以上每吨加 1.5 元，掘进巷道超尺 10% 以内每米加价 500 元，超尺 11% ～ 20% 每米加价 900 元，超尺 21% 以上每米加价 1300 元。

2010 年～ 2015 年临涣煤矿定员比较表 7—6—1

单位	2010 年			2011 年			2012 年		
	实际在岗	集团公司定员	矿定员	实际在岗	集团公司定员	矿定员	实际在岗	集团公司定员	矿定员
采煤	926	810	840	850	810	844	772	810	765
掘进	1321	1355	1379	1334	1385	1419	1304	1402	1480
辅助	1346	1229	1330	1368	1340	1404	1383	1404	1357
地面	212	169	214	181	169	169	226	169	193
后勤	434	383	406	342	342	342	410	335	355
机关	236	177	177	223	177	177	247	164	247
总计	4475	4123	4346	4298	4223	4355	4342	4284	4397
单位	2013 年			2014 年			2015 年		
	实际在岗	集团公司定员	矿定员	实际在岗	集团公司定员	矿定员	实际在岗	集团公司定员	矿定员
采煤	747	771	747	695	696	709	521	530	530
掘进	1311	1271	1392	1251	1228	1256	1177	1127	1158
辅助	1322	1264	1218	1267	1331	1202	1160	1085	1140
地面	157	161	144	148	180	143	175	200	172
后勤	175	264	305	308	266	288	271	246	247
机关	344	150	152	150	150	152	168	165	150
总计	4056	3881	3958	3819	3851	3750	3472	3368	3397

2013 年，取消采掘超尺超产加价、采掘岗绩工资全额纳入计件考核。辅助、地面取消在册岗位收购政策，全面实行以定员人数做为岗绩工资结算基础，制定《临涣矿二级市场单价体系实施细则》。对运输区、通风区（通风队、放炮队）、保运二区（安装队）、防突区（钻机队）以工作量实行计件工资。取消修护区、预备区挂系统平均工资政策。修护区以核定人数岗绩工资的 80% 与基本计划挂钩考核，完成矿计划，给予支付该部分工资。

另外 20% 部分及超额工资靠超生产计划、单项工程、零星杂活、主动找活"挣"工资的方式来实现。每超计划 1%，工资上浮 2%；单项工程工资按矿制定的单项工程管理办法考核；零星杂活、自主创收工资按计时拨工和单杂项定额计算。采煤预备区根据工作量按量计资。

2014 年，采掘单位根据当月任务完成情况，按照临涣矿二级市场单价体系及实施细则给予结算。辅助系统中的保运二区安装队、通风区放炮队、通风队、防突区钻机队、运输区以及地面后勤系统的物管科木料加工班、支护科根据当月工作量实行计件工资结算，辅助、地面后勤系统中其它不易计量的岗位采用按定岗定员实行岗位收购。

2014 年，干部薪酬保持与所辖职工收入联动机制，以内部市场运作效果决定收入水平。

（1）采掘系统正职薪酬突出效率优先、经营效果、党建并举的模式，即以全区人均市场化工资 2 倍为基数按考核得分比例执行。

结算公式：本单位人均计件工资 ×2 倍 × 绩效考核得分 %+ 其它各项考核收入

采掘系统正职绩效考核表

考核项目	得分标准	考核标准	考核单位	备注
效率	50分	计划完成为基础，效率每±1%，增减1分。完不成计划，正职执行岗绩工资。	经营管理科 人力资源部	
五星级党支部创建	10分	以"五星级党支部"检查（1000分）得分为标准，900分及以上标准得分，800~899每降低10分扣1分，不足10分按降低10分扣，700分及以下，该项不得分。	组织部 纪　委 办公室 武保科 人力资源部	
可控成本	20分	包括材料费、设备租赁费、电费等综合考核，不超计划得满分，每超计划1%扣2分，扣完为止。	经营管理科	
内部市场化管理工作	20分	以临涣煤矿内部市场化检查评比打分（100分）为依据，91分为基础，增加1分考核加1分，减少1分考核扣2分。	市场办	
合计	100分			

（2）井下辅助单位正职工资收入以本单位市场化平均工资的 1.1 倍加上采掘正职平均工资的 50% 为基础，按下表考核得分比例执行。

结算公式：（采掘正职平均计件工资 ×50%+ 本单位人均计件工资 ×1.1 倍）× 绩效考核得分 %+ 其它各项考核收入

辅助系统正职绩效考核表

考核项目	得分标准	考核标准	考核单位	备注
影响时间	20分	1、月度影响单头、面每满1小时扣0.5分，扣完为止； 2、月度影响一个生产采区每满1小时扣1分，扣完为止； 3、月度影响全矿每满0.5小时扣1分，扣完为止。 4、防突区不按计划施工的，每超一天扣2分，扣完为止。	安全生产信息中心	
人力资源	20分	月度考核，超定员1人按0.5分扣除，扣完为止。（超员部分主动拿出承担职责外工作给予剔除）	人力资源部	
五星级党支部创建	10分	以"五星级党支部"检查（1000分）得分为标准，900分及以上按标准得分，800~899分每降低10分扣1分，不足10分按降低10分扣，700分及以下该项不得分。	组织部 纪　委 办公室 武保科 人力资源部	
可控成本	30分	材料费、电费每超计划1%扣2分，扣完为止。 修旧完成计划，每超1%，该项得分加0.5分；完不成该项不得分。	经营管理科	
内部市场化管理工作	20分	以临涣煤矿内部市场化检查评比打分（100分）为依据，91分为基础，增加1分考核加1分，减少1分考核扣2分。	市场办	

（3）机关科室正职按当月采掘单位正职考核后平均工资的百分比挂钩后乘以系统考核百分比。地面、机关正职与采掘正职挂钩比例为：（结算公式：采掘正职平均工资×所在岗位挂钩系数+其它各项考核收入）

挂　钩　人　员	挂钩对象	挂钩系数	备注
安监处、安全生产信息中心、技术科、地测科、瓦斯办、机电科正职	采掘单位正职	0.6	
有井下管理职能的机关科室正职		0.5	必须满足矿规定下井数
无井下管理职能的机关科室正职		0.4	

（4）地面后勤单位正职工资=采掘正职平均工资的30%+1.1倍本单位市场化工资为基础，根据各单位工作性质区别考核。

结算公式：（采掘正职平均计件工资×30%+本单位人均计件工资×1.1倍）×相应绩效考核得分%+其它各项考核收入

干部其它各项考核收入包含：安全、手指口述、质量标准化、材料费、煤质管理、回收复用、事故影响、物资及设备管理、放炮链式结算。为体现个性考核，掘进系统增设车皮链式结算考核，辅助系统增加修旧利废完成情况、用电管理等考核项。

（四）2015年工资政策

2015年，该矿生产经营工作突出聚焦双效，围绕成本、效益、效率目标，从稳产保掘、减员分流提效率、提质、降本增效益四个方面，制定 20 条经营管理措施，明确工作目标、责任人和责任单位。对经营政策进行完善和补充。

1. 工资单价调整。职工井下津贴、班中餐全部核入单价中，减少工资固定部分，增加市场化工资比重，杜绝出工不出力现象，体现多劳多得。管技人员井下津贴、班中餐仍按个人享受标准正常支付。

2. 工资结算形式调整。对辅助、地面及机关单位职工，根据服务生产侧重点不同，按不同比例与全年产量、进尺挂钩测算出单价，按当月产量、进尺数量结算工资。

3. 辅助、地面管技工资挂钩方式调整。收入不再与采掘正职工资挂钩，改为只与本单位职工收入挂钩，促进辅助、地面管理干部关注本单位职工收入、注重减人提效。井下辅助、地面正职工资按本单位在册人均工资的 2.5 倍计算。

4. 机关薪酬管理。取消所有单项奖励。机关分两大类考核，一类单位包括安监处、技术科、地测科、安全生产信息中心、经管科 5 个单位；二类单位包括办公室、组织部、监察审计科、宣传部、工会、人力资源部、财务科 7 个单位。瓦斯办、机电科比照一类单位执行。挂钩比例为一类单位 80%、二类单位 65%。设定 3-5 个考核项，与单位主要业绩完成情况挂钩。

5. 安全结构工资考核兑现方式改变。职工的安全结构工资和干部的安全抵押，每月按统一标准考核发放，不再执行逐月递增方式。职工：采掘、辅助、地面分别按照人均 650 元 / 月、450 元 / 月、300 元 / 月执行。管技正职：采掘、辅助、地面分别按照 2000 元 / 月、1500 元 / 月、1000 元 / 月执行。

6. 明确减人分流方案。矿制定出月度分流计划，分流人员集中在机运、通风系统，分流去向为采掘单位机电维修岗位及防突区钻机工。按各单位分流任务分解表逐月核减超员人员市场化工资，累加计算，超额完成不多核减。

（五）煤质政策

1. 明确煤质管理责任，实行煤质抵押金制度。明确从领导到基层单位的煤质管理责任，对采区及煤质管理职能部门实行煤质抵押金制度，传递煤质压力，完成当月煤质灰分计划，全额兑现；完不成，全额扣罚并补交。

2. 加大对现场管理的考核力度。

（1）采煤方面：①加大毛煤计划考核力度，每降超灰0.5%，奖罚由0.1元／吨调整到0.2元／吨。②严格对采高的考核。采矸段采高不得超过2.4米。超高采矸一次罚款5000元，超高采矸部分按十倍扣除产量。③增加对顶板岩石混入的考核，涨堆系数超过1.5的不予计产。④对配采的考核。回采工作面遇构造毛煤灰分超过50%时，采取措施合理配采，造成全矿灰分超计划对责任单位一次罚5000元。

（2）掘进方面：①掘进岩巷矸石严禁进入煤流，否则一次罚款1万元。②掘进巷道严禁人为破顶破底或不跟煤层施工，造成回采困难影响煤质的一次罚款5000元，不予计尺。

（3）分装分运及地面筛选管理：①严格按调度统一指挥，保运一区、保运二区执行分装分运规定，影响煤种造成损失一次罚责任单位5000元。②保运一区保证筛面正常，筛孔尺寸不大于50毫米，影响原煤灰分一次处罚1万元。

第七节 经营考核手段与方法

一、材料费审批、结算

2005年6月～2007年6月，临涣煤矿材料审批、结算采用手工票据，人工划价的方式进行材料审批、考核。2007年7月始，由徐州中矿微星软件股份有限公司开发的煤矿精益管理信息系统投入运行，采用机打票据，经过系统的进一步完善、升级，2012年9月，完全脱离手工料票，实现材料审批、管理、结算全部在"精益系统"中完成，系统审批采用材料员网上计划、科区正职审核后送审、经管科审批、物管科发放，全部流程在系统内完成。2012年11月，"精益系统"升级，将车皮管理系统并入精益管理信息系统，实现车皮计划、使用在系统中运行。

为确保精益管理系统的有效运行，做到考核人员、基层材料员、物资管理科库管员人手一台电脑，设置一名系统管理员负责系统的维护、更新以及数据备份。

二、工资结算

2005年6月～2014年2月，临涣煤矿工资结算采用人工结算。2014年2月，完成"精益系统"中单价、结算模块预输入，于3月份正式实现二级市场网上结算。各项考核数据、结算数据全部通过矿网站或精益系统公开。

三、考核手段及方法

该矿逐年出台《临涣煤矿生产经营管理办法》、《临涣煤矿物资管理办法》、《临涣煤矿自制加工管理办法》等多项经营考核管理办法，其内容上根据当年的实际情况开逐年修订加以完善，附有全矿生产经营管理分项具体考核办法。经营管理考核人员根据考核政策规定做到月考核，月兑现。

考核范围：涵盖矿安全、生产、经营、文明创建等。内容包括：安全管理、绩效工资管理、可控费用管理、材料管理、机电管理、供用电管理、井下电器管理、煤质管理、工程管理、生产计划管理、物资管理、生产事故影响及赔付、精神文明建设等。具体做法：

（一）健全一面一档资料，对各头、面物资实行建账管理。2014年4月，经管科对矿井下三个采煤工作面、一个预备安装面、七个煤巷掘进头施工现场所有物资进行清查，逐一建档。建档内容包含支护材料、运输设备等物资，大到U型棚、皮带机头，小到皮带H架、托辊、纵梁管以及风水管路小短接等。实行台账管理，月度对账，一入一出全凭票据。

（二）单项工程管理。2014年10月，制定下发《临涣矿补充单项工程管理规定》，各单位除正常进尺、生产所需必要工序外，凡持续工期达到3天以上的工作量全部按照单项工程进行管理。所有单项工程经分管副总牵头，组织技术、安监、调度、经管等职能科室人员在开工前现场定工作量、工期，24小时内制作出《单项工程承包协议书》。协议书内容包含工作量安排、施工标准和技术要求、人工费用预算、材料费用预算等，经营副总与承包单位签订协议书。工程完工后由生产单位申请，相关单位进行验收，经管部门根据实际验收工作量予以结算。

第七章 人力资源（劳动工资）管理

第一节 机构设置

2013年11月，临涣煤矿撤销工资科、职教学校，成立人力资源管理部。人力资源管理部劳动工资、社会保障工作由经营副矿长分管，职工教育工作由党委副书记分管。

2013年11月，人力资源管理部实行竞聘上岗，15名员工竞聘10个岗位，5人被分流。

2014年3月，人力资源部井下职能和地面职能划开，3名定额员划归经营管理科管理，负责工资结算及市场化考核。人力资源管理部负责地面业务职能。

至2015年6月30日，人力资源管理部设部长1人，职教主管1人，社保主管1人，科员12人，分别负责劳动工资、职工教育培训、职工社会保障及职工住房公积金管理等工作。

第二节 职工来源

临涣煤矿历年职工来源见表7-7-1。

表 7-7-1 历年职工来源一览表（单位：人）

年份	退伍安置	减员补充	大中专分配	技校分配	调入职工	新招工人	其它
2005（7-12）	8		4	12	20		
2006	10		10	30	60		2
2007	12		8	37	298		8
2008	88	2	14	71	80		46
2009	74		23	20	5	18	2
2010	22	1	13	130	14	216	
2011	19		21	88	59	147	23
2012	7		40	26	27	283	
2013	14	1	21		7		
2014			9		131		1
2015（1-6）			0		96		1

第三节 劳动力调配

临涣煤矿投产后，在劳动力的调配工作中，一直采用成建制的调配、成批的调配、零星调配及临时借用等四种形式。2005年7月至2015年6月，临涣煤矿劳动力调配情况见表7-7-2。

表 7-7-2 历年职工增减情况统计表（单位：人）

分类 年度	增加职工									减少职工						
	年度增减	合计	新招工人	退伍安置	减员补充	大中专分配	技校分配	调入职工	其它	合计	离退职工	因工死亡	病故	终解合同	调出职工	其它
2005（7-12）	-31	44		8		4	12	20		75	25		1	24	25	
2006	-67	116	16			10	30	60		183	75		3	55	50	
2007	-433	355	12			37	298	8		788	734		6	41	7	
2008	119	301		88	2	14	71	80	46	182	81	1	10	30	60	
2009	-47	142	18	74		23	20	5	2	189	41	1	8	58	79	2
2010	-82	396	216	22	1	13	130	14		478	47	2	2	147	280	
2011	68	334	147	19		21	88	59		266	66	4	2	140	54	
2012	-27	383	283	7		40	26	27		410	82	2	8	266	52	
2013	-421	45		14	1	21		7	2	466	60		4	218	181	1
2014	-324	141				9		131	1	465	71		3	253	136	
2015（1-6）	-107	97				0		96	1	204	20		7	172	5	

第四节 劳动合同

劳动合同是劳动者与用人单位确立劳动关系、明确双方权利和义务的协议。为调整劳动关系，维护劳动合同当事人的合法权益，根据《中华人民共和国劳动法》和有关法律、行政法规以及《安徽省劳动合同条例》的有关规定，临涣煤矿于 2008 年 12 月 28 日与在职员工全部签定劳动合同。

至 2015 年 6 月底，临涣煤矿对在册的 3801 名员工全部签订劳动合同并予以签证。

第五节 职工考勤

一、考勤管理

2010 年 4 月，临涣煤矿采用虹膜识别考勤系统。考勤范围为井下全体职工。考勤规则为：大班工人工作时间不得低于 4 个小时、井下辅助工各工种工作时间不得低于规定时间、小班交接岗的工作时间不得低于 8 个小时；管技人员大班工作时间不得低于 3 个小时，跟班、带班不得低于 8 小时。

2012 年 12 月，临涣煤矿实施井下人员定位系统识别考勤。人员定位系统最大的优点是能够实时掌握人员位置，井下活动轨迹。为矿井安全生产和井下人员工作量分析提供依据。

2013 年 8 月，制定地面虹膜考勤管理规定。考勤的范围为地面所有职工。

2014 年 7 月，临涣煤矿制定面部、井下人员定位系统识别考勤管理制度。全矿 5 个地点安装 9 台面部考勤机。考勤范围为全体在岗职工。地面职工由原来的虹膜考勤改成面部考勤，井下职工入井考勤采用原定位考勤加面部考勤相结合的办法。地面职工班次分为大班班次、小班班次，按时间段进行考勤。兼具有井下和地面双重职能的职工，职工月度考勤构成为井下定位数加上面部考勤数，每月月度考勤不得低于 21 个。

人力资源部门负责考勤的具体管理，考勤数据传输到人力资源管理系统，作为计发职工奖金、各类津补贴的依据。

二、病事假管理

2014 年 11 月，加强劳动纪律，规范病事假请销假制度，临涣煤矿印发关于加强病事假管理的补充规定：

（一）基层各单位严格控制事假，实行科（区）长一支笔管理。

（二）对确实有事（婚丧嫁娶等）的职工，科区长每月最多只能批五天假，每多批一天罚科（区）长 100 元。确有特殊原因需请超过五天以上的事假，本人详细写明原因、科（区）长签署意见，交人力资源部统一报矿办公会研究处理。

（三）对现长期事假人员，各单位通知返矿上班；对不愿意上班者劝其内退或中断劳动关系；通知后仍不上班者按旷工处理，旷工超过规定予以解除劳动合同。

（四）对因生病而长期不上班者，必须经过医疗鉴定，按鉴定结果进行处理。

（五）职工长期事假不上班期间欠缴的养老、医保、失业金，必须由个人补缴清，否则解除劳动合同时不予办理离矿手续。

三、大班（非大班）人员管理

2014 年 8 月，为加强采掘、辅助单位大班人员管理，精简大班人员，实行工作量定额考核，饱满作业时间，提高工作效率，结合《临涣矿井下定位、面部考勤管理办法》，制定该大班人员管理规定。，限制采掘辅助各单位地面大班和井下大班人数，规定了大班人员考勤时间，特殊人员实行大班考勤，须经分管领导签字，上报人力资源部。2015 年 2 月，为加强井下非大班人员管理，提高工作效率，制定了非大班人员管理规定。非大班人员必须在 7:30 分之前入井，等乘人车时间滞留不得超过 30 分钟，否则，按相关规定处理。历年原煤工人出勤率见表 7-7-3。

表7-7-3 历年原煤工人出勤率统计表（单位：%）

年份	回采工人	掘进工人	原煤生产工人
2005（7-12）	94.23	93.33	95.12
2006	93.26	92.32	94.15
2007	95.46	95.31	96.67
2008	93.62	92.79	94.74
2009	94.09	92.77	95.15
2010	96.4	94.81	96.21
2011	92.89	89.55	93.51
2012	92.31	90.15	92.55
2013	91.5	90.45	92.15
2014	88.68	80.96	87.24
2015（1-6）	91.07	83.7	90.8

第六节 奖励与惩处

一、奖励

2005年～2007年，临涣煤矿根据淮北矿业（集团）公司[2002]393号文件及临煤劳[2002]122号文件精神规定，全矿取消综合奖及各类单项奖，对于安全奖及特殊生产活动奖励，有矿承包集团依据经营情况及工资承受能力研究决定。

对采掘及井下辅助单位管技人员制定了工资加奖励考核支付标准：

（一）采掘单位正职享受本单位人均工资的2.0倍（不含年功工资）副职享受1.8倍、一般干部享受1.6倍。

（二）掘进单位正职享受本单位人均工资的1.8倍、副职享受1.6倍、一般干部享受1.4倍。

（三）井下辅助单位管技人员超额工资分别享受采掘单位管技人员单项考核前平均超额工资的60%。

（四）考核标准按矿有关规定执行。

2008年～2013年，规范各类单项奖励，实行全员发放普奖，制定发放标准。各类奖励标准为，副职享受正职的80%，一般干部享受正职的

60%。工人标准分采掘一线、井下辅助、地面工三个标准执行。

2014 年至今，按照集团要求取消各种单项奖励，只允许发放全员性奖励。

二、惩处

临涣煤矿对违纪职工，坚持思想教育为主、惩处为辅的原则，把思想、政治工作同经济手段结合起来进行的。对职工惩处主要依据国务院颁发的《企业职工奖惩条例》、淮北矿业（集团）公司《职工惩处暂行规定》的有关规定执行。

临涣煤矿对违纪职工惩处的职能部门主要有：违反劳动纪律（长期旷工）的由人力资源部承办，违反治安管理规定的由武保科承办，违反党纪政纪规定的或因安全事故受到纪律责任追究的干部由纪委监察科承办，违反计划生育政策的由计生办承办。2005 年 7 月～ 2015 年 6 月。因违反劳动纪律（长期旷工）被解除劳动合同或开除的 964 人，因违反治安管理规定被处分的职工 10 人，因违反党纪政纪规定或因安全事故责任追究的干部受到处分的党员 6 人。

第七节　工资改革与管理

一、岗绩工资标准

2005 年 7 月以来，临涣煤矿根据淮矿劳字 [2002]393 号文件，对职工工资考核计算执行岗位绩效工资制。岗位系数对照见表 7-7-4。

表 7-7-4 管理岗、专业技术岗、技能岗岗位系数对照表

岗级	档次	岗位系数	管理岗		专业技术岗		技能岗	
			井下	地面	井下	地面	井下	地面
19		5.4		董事长				
				党委书记				
				总经理				
18		5		集团及股份公司副总经理、三总师				
17		4.6		集团及股份公司副总师				
16	C	4.6		正矿、正处				
	B	4.5						
	A	4.3						
15	C	4.3		副矿、副处		正高		
	B	4.1						
	A	3.8						
14	C	3.8		矿、处副总				
	B	3.5						
	A	3.2						
13	C	3.2	正科			副高	J 十三岗	
	B	3.1						
	A	3						
12	C	3		正科			J 十二岗	
	B	2.9						
	A	2.8						
11	C	2.8	副科		中级		J 十一岗	
	B	2.7						
	A	2.6						
10	C	2.6		副科		中级	J 十岗	
	B	2.5						
	A	2.4						
9		2.1	队				J 九岗	
8		1.9			助理		J 八岗	D 八岗
7		1.7		队	助理		J 七岗	D 七岗
6		1.5			员级		J 六岗	D 六岗
5		1.4		科员		员级		D 五岗
4		1.3			无职称			D 四岗
3		1.2		办事员		无职称		D 三岗
2		1.1						D 二岗
1		1.0						D 一岗

煤炭主体专业井下岗位初级以下职称专业技术人员岗位绩效工资系数在此表岗位系数基础上增加 0.3。

表 7-7-5 操检合一岗位岗级及岗位系数表

序号	名称	岗级	系数	序号	名称	系数
1	电气防爆管理（监测工）	J七岗	1.7	1	井下电气设备管理工	2.0
2	井下设备管理	J六岗	1.5			
3	电缆管理	D三岗	1.2	2	地面电气维修管理工	1.4
4	机电设备管理工	D三岗	1.2			
5	三电管理	D三岗	1.2			
6	小型电器修理	D三岗	1.2			
7	电气实验	D五岗	1.4			
8	电缆修补	D三岗	1.2			
9	灯工	D五岗	1.4	3	灯工	1.5
10	自救器发放工	D三岗	1.2			
11	皮带机、链板机司机	J九岗	2.1	4	采掘机械化机电维修兼操作工	2.3
12	皮带、链板机维修工	J九岗	2.1			
13	井下高低压供电线路维修	J八岗	1.9	5	井下高低压供电线路工	2.1
14	井下变配电工	J七岗	1.7			
15	中央主水泵司机	J七岗	1.7	6	中央主水泵司机	2.0
16	中央变电所变配电工	J七岗	1.7			
17	机电维修工	J八岗	1.9			
18	矿井抽压风司机	D五岗	1.4	7	抽压风司机	1.6
19	生产机电维修工	D五岗	1.4			
20	钉道工	J九岗	2.1	8	钉道工	2.1
21	巷道清理卫生工	J六岗	1.5			
22	运输井下机电维修工	J八岗	1.9	9	运输机电维修工	2.0
23	电机车维修工	J八岗	1.9			
24	矿车修理工	D六岗	1.5			
25	载波信号弱电工	J六岗	1.5			
26	下料工	J九岗	2.1	10	回收下料工	2.4
27	回收工	J十岗	2.4			
28	木工	J七岗	1.7	11	封闭工	2.1
29	封闭工	J九岗	2.1			
30	测风	J七岗	1.7	12	测风测尘管理工	1.8
31	测尘	J七岗	1.7			
32	火墙检查、老峒管理工	J七岗	1.7	13	管子防尘工	2.3
33	管子工	J九岗	2.1			
34	接风筒工	J七岗	1.7			
35	灭尘工	J六岗	1.5			
36	井下灌浆工	J八岗	1.9			
37	煤质检查	J六岗	1.5	14	煤质检查采样制样工	1.6

第七编 企业管理

245

表 7-7-6 地面岗位合并岗级及岗位系数表

合并前岗位情况				合并后新岗位情况		
序号	名称	岗级	系数	序号	名称	系数
1	图书管理员	D 一岗	1.0	1	活动室管理员	1.0
2	阅览室管理员	D 一岗	1.0			
3	活动室服务员	D 一岗	1.0			
4	看更衣室工	D 一岗	1.0	2	浴池工	1.2
5	浴池工	D 三岗	1.2			
6	环境清洁工	D 二岗	1.1			
7	看宿舍工	D 一岗	1.0	3	宿舍管理工	1.1
8	宿舍管理工	D 二岗	1.1			
9	环境清洁工	D 二岗	1.1			
10	抄表工	D 二岗	1.1	4	抄表收费员	1.2
11	收费员	D 二岗	1.1			
12	食堂保管员	D 二岗	1.1	5	厨师	1.3
13	炊事员	D 三岗	1.2			
14	厨师	D 四岗	1.3			
15	环境清洁工	D 二岗	1.1	6	服务员	1.1
16	服务员	D 二岗	1.1			
17	广播电视维修工	D 四岗	1.3	7	后勤机电维修工	1.3
18	后勤机电设备维修工	D 四岗	1.3			
19	收发员	D 一岗	1.0	8	公务员	1.1
20	公务员	D 二岗	1.1			
21	文具库管理工	D 二岗	1.1			
22	治安联防员	D 二岗	1.1	9	治安员	1.2
23	经济民警	D 三岗	1.2			
24	环境清洁工	D 二岗	1.1	10	绿化卫生工	1.1
25	绿化工	D 二岗	1.1			

表 7-7-7 工人岗位系数对照表

岗级	技术等级	岗位系数
1	初级	1.00
2	初级	1.10
3	初级	1.20
4	初级	1.30
5	初级	1.40
6	初级	1.50
7	初级	1.70
8	初级	1.90
9	初级	2.10
10	初级	2.40
11	初级	2.60
12	初级	2.80
13	初级	3.00

中级工、高级工、技师、高级技师执行技能津贴，不再提高岗位系数。

二、工资政策调整

2013 年 2 月，统一、规范劳动工资日常运行管理工作，根据国家法律法规，结合集团公司实际，制定管理细则。

基本工资制度

集团公司基本工资制度实行岗位绩效工资制，岗位绩效工资由 3 部分构成：岗绩工资、年功工资、辅助工资。

（一）岗绩工资。

岗绩工资标准＝工资基数×岗位系数。工资基数由企业经济承受能力确定，2013 年岗绩工资基数执行 900 元。岗位系数由岗位劳动要素综合评价确定，集团公司岗位系数从 1.0～5.4，与各岗级相对应，其中管理岗岗位系数从 1.2～5.4，专业技术岗位系数从 1.2～3.8，技能岗位系数从 1.0～3.0。

2013 年，集团公司按每个岗位系数 1400 元（工资基数 900 元＋浮动 500 元）核定煤矿、选煤厂、铁运处工资计划，为加大初次分配比例，集团公司要求煤矿、选煤厂、铁运处内部市场化按每个岗位系数不低于 1200 元核定单价。公司机关、地面等经费单位月度按每个岗位系数 1100 元（工资基数 900 元＋浮动 200 元）执行。

（二）年功工资

年功工资按本企业工龄分段累计计算的办法计发。工龄 10 年以下每年 5 元；11－20 年每年 10 元；21－30 年每年 15 元；31 年及其以上每年 20 元。年功工资按出勤班数计发，最高执行 100%。年功工资每年元月核定一次，工龄计算办法为年头相减加 1。当年出勤工日采掘岗位不满 200 个、井下辅助岗位不满 225 个、地面岗位不满 230 个的，当年工龄不累加计算年功工资，婚假、丧假、探亲假、年休假、疗休养假、培训、国家规定的女职工产假、护理假、法定节假日视同出勤。

新进本企业的员工，从进入本企业当年起计发年功工资，属于引进的特殊人才的工龄、复转军人军龄，比照本企业职工工龄计发年功工资（退伍安置人员军龄的计算规定：享受安置费的军龄不计算年功工资，军龄按周年计算，进入本企业后按本企业规定计算）。

（三）辅助工资：①下井津贴；②夜班津贴；③技能津贴；④班中餐；⑤班队长津贴；⑥交通费；⑦保健津贴；⑧回民津贴；⑨救护队员营养津贴、带氧津贴。

（四）固定工资：2013年，各类用工固定工资统一执行800元。

（五）基本工资：基本工资标准＝固定工资 × 岗位系数。

（六）月计薪工作日、日工资标准、小时工资标准。集团公司执行月计薪工作日21.75天。日工资标准＝月工资标准 ÷21.75，小时工资标准＝月工资标准 ÷ 月计薪工作日 ÷8 小时。

（七）加班工资。以基本工资为支付职工加班工资的计算基数，按《劳动法》规定的比例计发。实行日工资的职工法定节假日休假的支付本班基本工资，加班的另支付300% 本班基本工资。

非年薪制人员公休日值班不能补休的，支付本人200% 日基本工资。

年薪制人员实行不定时工作制，年薪包含加班工资和值班费。

三、各类人员工资支付办法

（一）新参加工作职工（包括大中专毕业生）工资。新参加工作职工的试用期临时工资待遇统一按所在岗位初级工岗绩工资的80% 执行，试用期满考核合格定岗后，执行其所从事岗位的工资待遇。

退伍安置军人没有试用期按其所从事的岗位100% 定薪。

（二）内部退养人员工资。原全民固定工、全民合同制职工内部退养执行退养生活费，按固定工资加年功工资加交通费支付，原大集体职工内部退养生活费按固定工资 ×70% 加年功工资加交通费支付。

（三）离岗待退人员工资。副总及以下管技岗位离岗待退期间，执行岗绩工资，岗绩工资基数按本单位在岗人员标准执行，享受所在单位全员性奖金，其标准可比照本单位机关同级别非安全生产技术岗位人员的80%执行（副总离岗待退期间不执行年薪，工资支付办法比照正科），不执行与出勤有关的各类生产性津补贴和各类风险抵押金。

（三）年薪制人员月度预付年薪工资。2013年，月度预付年薪标准，生产矿、工程处正处级10400元，副处级8320元，副总5824元；其他单位正处级9600元，副处级7680元，副总5376元。年薪制人员月度预付年薪包含年功工资、下井津贴、夜班津贴、班中餐、交通费等工资。

年薪人员不得享受集团公司批准以外的各类奖励。

副处以上管理人员从改为调研员的次月起退还其全部安全抵押金，不再享受安全抵押奖励，年薪待遇按同岗位 80% 执行。

（四）受惩处人员工资。职工受警告以上惩处的，惩处执行期间不享受各类奖金。给予降薪的，降薪的幅度为本人惩处执行期间所在岗位岗绩工资标准的 20%。给予撤职的，工资标准按新岗位执行。给予留用察看的，降低工资报酬，降低的幅度为本人惩处执行期间所在岗位岗绩工资标准的 50%。受处分人员正常享受各类津补贴。

职工处分期间提供正常劳动的，工资低于本地区最低工资标准的，按本地区最低工资标准发放。

（五）受刑事处罚和被采取刑事强制措施的人员工资。职工被羁押、取保候审或被监视居住的，在此期间停发原工资，并按以下办法计发生活费：原为矿处级领导人员的，按照本人原岗绩工资加年功工资之和的 50% 计发生活费；原为其他人员的，按照本人原岗绩工资加年功工资之和的 60% 计发生活费。检察机关撤案或检察机关决定不予起诉以及检察机关虽决定起诉而法院宣判不予追究刑事责任的，由原单位补发其被减发的工资。

被判处有期徒刑宣告缓刑、管制、拘役的，在缓刑、管制、拘役执行期间，停发原工资，原为管技人员的一律予以解聘。有中级以上技术职称的，确有专业技术特长，确属工作需要，可以安排相应的技术工作，其生活费待遇可以比照原技术职务岗绩工资标准的 70% 执行；其他人员给予缓刑的，按本人新岗位降低工资报酬，降低的幅度为本人所在岗位岗绩工资标准的 50%。

职工受刑事处罚，可以安排工作的，重新上岗后，除执行生活费外，可以执行生产性津贴，不执行奖金和生活性补贴。

（六）受处理待岗人员工资。受处理人员待岗期间工资按固定工资的 80% 加上本人年功工资和交通费支付。不出勤不支付待岗工资。

其他非受处理待分配人员工资。非年薪制人员享受基本工资，年薪制人员只享受月度预付年薪，不享受各类奖金（包括抵押金）。

（七）借用人员工资。借用人员工资由借用单位支付，被借用人员实行易岗易薪。

四、有资假工资支付办法

（一）病假工资。职工因病或非因工负伤在六个月以内的，病假期间工资执行标准为：工龄5年以内的病假工资计算标准为（固定工资＋本人年功工资）×80％，工龄6年－10年的病假工资计算标准为（固定工资＋本人年功工资）×90％，工龄10年以上的病假工资计算标准为（固定工资＋本人年功工资）×100％。

职工因病或非因工负伤在六个月以上的，从第七个月起停止支付病假工资，改发疾病生活费。生活费标准为：工龄10年（含10年）以内者，按（固定工资＋年功工资）×80％支付；工龄10年以上者，按（固定工资＋本年功工资）×90％支付。

（二）工伤工资。职工因工负伤在停工医疗期内，其工资待遇按原岗绩工资加年功工资支付，医疗期满尚未鉴定的暂按固定工资加年功工资支付，因个人原因不鉴定的停止执行一切工资待遇。鉴定后按鉴定结果执行相应的工资待遇。

在停工医疗期内，执行停工医疗期内待遇不变但同时接受单位规章制度给予的经济责任处罚。

职工因工致残被鉴定为一至四级伤残的，保留劳动关系，退出工作岗位，伤残津贴标准为：一级伤残为本人工资的90％，二级伤残为本人工资的85％，三级伤残为本人工资的80％，四级伤残为本人工资的75％，扣除个人缴纳的基本医疗保险费后，伤残津贴实际金额低于当地最低工资标准的，由工伤保险基金补足差额；职工因工致残被鉴定为五至六级伤残的，难以安排工作的，由用人单位按月发给伤残津贴，标准为：五级伤残为本人工资的70％，六级伤残为本人工资的60％，扣除个人缴纳的各项社会保险费后，伤残津贴实际金额低于当地最低工资标准的，由用人单位补足差额。

对已经鉴定为一至六级伤残的职工，以后根据省政府发布的调整伤残津贴标准，对应调增其伤残津贴。

（三）婚、丧、探亲假工资。职工按规定享受婚、丧、探亲假的，假期期间工资按本人基本工资加年功工资和交通费支付。晚婚假期间工资按本人岗绩工资加年功工资和交通费支付。

（四）疗、休养工资。经单位批准的荣誉休养期间按原岗位待遇执行（但不执行下井津贴、夜班津贴、技能津贴，班中餐按地面标准支付）；

因病疗养期间按基本工资加年功工资和交通费支付。职工疗休养冲减年休假的，按年休假待遇执行。

（五）带薪年休假工资。职工在年休假期间工资按个人岗绩工资标准执行，安全奖、效益奖等各类奖项以及生活性补贴正常发放，不计发与出勤直接有关的生产性津补贴（如下井津贴、夜班津贴、班中餐等）；年休假可以分段使用，职工自愿要求以事假、病假等假期冲减年休假且经单位同意的，冲假期间按年休假待遇执行。

（六）产假、护理假、节育手术期间工资。职工生育或实施计划生育手术符合法律、法规规定的，享受生育保险待遇。女职工在产假期间，享受 98 天的产假；有下列情形之一的，增加产假天数：难产的，增加 15 天的产假；生育多胞胎的，每多生育 1 个婴儿，增加产假 15 天的产假；符合计划生育晚育条件的初产妇，增加 1 个月的产假；在产假期间申请领取独生子女父母光荣证的，增加 1 个月的产。女职工怀孕未满 4 个月流产的，享受 15 天产假；怀孕满 4 个月流产的，享受 42 天产假。以上产假为日历天数。已婚妇女满 24 周岁初次生育为晚育。女职工产假期间先预付基本工资，待生育津贴核批以后再予以扣除，生育津贴按照集团公司上年度职工月平均工资的标准由生育保险基金支付。男方享受护理假的，假期期间工资按岗绩工资加年功工资支付。

（七）女工长期哺乳假工资。经单位批准，请一年期哺乳假的女工，其哺乳假期间工资按固定工资加年功工资支付。

（八）脱产学习期间工资。职工经组织批准学习半年以内的，其学习期间工资按原岗位待遇执行（但不执行下井津贴、夜班津贴、技能津贴，班中餐按地面标准支付）；半年以上的，从第七个月起其学习期间工资按固定工资加年功工资支付；经组织选学并签订协议进行学历教育的，其学习期间工资按基本工资加年功工资支付。

（九）旷工、事假工资。旷工、事假期间停止支付工资。

五、津补贴支付办法

（一）下井津贴：采掘岗位 30 元／班，井下辅助岗位 20 元／班。下井津贴按实际出勤班数发放，全月计发下井津贴的班数不得超过 21 个班；下井津贴原则上单独支付，实行计件工资制的，下井津贴可纳入计件分配，单独做账。跟班安检人员、基层管技上小班人员、矿山救护队员的下井津贴标准按井下辅助岗位标准执行。其他机关工作人员及有关人员下井上大班工作的，下井津贴标准为 15 元 / 班。

（二）夜班津贴：采掘工 15 元 / 班，井下辅助工 12 元 / 班，地面工 6 元 / 班，值夜班的 3 元 / 班。夜班津贴按实际出勤夜班数发放，夜班必须是从凌晨 0 点至 6 点且连续工作满 4 个小时的，管技人员在以上时间内下井跟带班满 4 个小时的，执行井下辅助工夜班标准。

（三）技能津贴。临涣煤矿中级工及以上技能职工实行技能津贴，具体标准见表 7-7-8。

表 7-7-8 技能津贴标准表 元 / 月 ）

等级\岗位	高级技师			技师			高级工			中级工		
	优秀 ≤10%	良 ≤30%	合格 ≤60%	优秀 ≤10%	良 ≤30%	合格 ≤60%	优秀 ≤10%	良 ≤30%	合格 ≤60%	优秀 ≤10%	良 ≤30%	合格 ≤60%
采掘	1500	1200	1000	1100	900	700	800	600	400	500	400	300
井下辅助	1200	1000	800	900	700	600	600	400	300	400	300	200
地面	900	800	600	700	600	500	500	300	200	300	200	100

临涣煤矿按照《淮北矿业集团公司技能人才考核暂行指导意见》（淮矿劳【2012】44 号）的要求按月考核技能职工业绩，考核内容主要包括：专业技术水平、工作业绩、安全文明生产、劳动态度和职业道德、传授技艺等五个方面，实行量化打分，根据考核结果兑现技能津贴，当月考核不合格者不予兑现技能津贴，技能津贴不纳入计件工资分配，对职工因培训、年休假、法定节假日等政策性原因造成当月出勤低于制度工作日 4 个班以上的，要按照职工实际出勤折算支付技能津贴。新招聘职工持有煤炭工业协会颁发的技能鉴定等级并在对应岗位工作的，经单位考核实际技能水平符合其技能鉴定等级的，报集团公司批准后可以执行其对应的技能津贴。

（四）班队长津贴。采掘 10 元 / 工、井下辅助 8 元 / 工，地面 5 元 / 工。

（五）班中餐。根据职工实际出勤班数支付，全月计发的班数不得超过 21 个班。地面岗位 6 元 / 工，井下辅助岗位 7 元 / 工，采掘岗位 8 元 / 工。

（六）交通费。在册职工每人每月执行 15 元。

（七）保健津贴。按照接触岩尘程度的不同，执行不同津贴，岩巷每人每月12.75元（0.58元／工），半煤巷每人每月6.4元（0.29元／工），患矽肺病的在岗职工每月12.75元。

（八）回民津贴。津贴标准1.7元／人．月，在职工食堂就餐且没有清真伙食的增加伙食补助费4元／人．月。

（九）多技能奖励。对取得多工种（指工作内容相近的工种）技能资格证书的在岗职工给予奖励，每多取得一个技能资格证书的，取得中级工的给予一次性奖励500元，取得高级工的给予一次性奖励1000元，取得技师的给予一次性奖励1500元，取得高级技师的给予一次性奖励2000元。

（十）供养直系亲属抚恤金标准、困难救济费标准。死亡职工有供养直系亲属的，抚恤金按淮北市最低生活保障发给，供养直系亲属为1-3人的（含3人）据实发给，3人以上的按照淮北市最低生活保障标准的300%发给，但初次核定的抚恤金总额不得超过死者生前月缴费工资或者月基本养老金，2013年度淮北市最低生活保障标准为人均每月340元。集团公司职工因工或因病死亡其子女年满18周岁的在校学生生活困难救济费标准为每人每月290元。

六、岗位管理

岗位变更必须经集团公司批准方可执行，实行易岗易薪。兼职作业的，经集团公司审批后，执行复合岗位工资待遇。

第八节　劳动工资统计与计划

一、劳动工资统计

临涣煤矿劳动工资统计的主要内容是：原煤实物生产效率统计；职工出勤及工日统计；全矿职工人数与工资统计；职工变动情况统计；职工人员分类统计；职工收入及工资总额构成情况等。

2006～2014年，劳动工资统计表采取手工统计，上报集团公司；

2015年1月，按集团公司要求，发放的所有工资和奖金一律导入人力资源系统，工资报表自动生成，摆脱了繁琐的手工统计；

2015年，工资总额构成情况报表其统计范围包括职工工资、奖金、班中餐、交通费及其它项目。历年人员构成情况详见表7-7-9；原煤实物劳动生产效率率统计表，详见表7-7-10；各类人员构成及平均工资，详见表7-7-11；逐年各类人员构成及平均工资，详见表7-7-2。

表7-7-9 历年人员构成情况表

年份	全矿合计	按身份类别分类		按工种分类			
		管技人员	工人	固定职工	合同制工	劳动合同工	集体工
2005(7-12)	4885	401	4484	1301	1488	2096	
2006	4712	386	4326	1251	1455	2006	
2007	4595	375	4220	1266	1485	1844	
2008	4920	387	4533	1351	1460	2024	85
2009	4741	280	4461	1181	1463	2012	85
2010	4659	281	4378	1097	1385	2092	85
2011	4750	291	4459	1022	1389	2254	85
2012	4723	306	4417	931	1353	2354	85
2013	4302	299	4003	843	1298	2082	79
2014	3912	281	3631	790	1196	1854	72
2015(1-6)	3801	283	3518	786	1189	1756	70

表7-7-10 历年劳动生产率完成统计表

分类 效率 年份	实物劳动生产率				
	原煤生产人员（吨/工）	原煤生产工人（吨/工）	回采工人（吨/工）	掘进工人（米/工）	劳动生产效率吨/年人
2005(7-12)	2.77	3.01	7.88	0.78	333.9
2006	2.88	3.140	8.560	0.080	358
2007	2.99	3.04	8.48	0.071	417.4
2008	3.5	3.58	10.31	0.098	417.98
2009	3.86	4.04	12.97	0.091	511.1
2010	6.64	6.86	17.96	0.102	644
2011	6.56	6.82	18.75	0.109	569.6
2012	6.6	6.91	18.98	0.116	605.7
2013	6.900	7.46	24.91	0.073	724.99
2014	7.46	8.28	20.89	0.07	762.4
2015(1-6)	6.62	7.2	13.01	0.07	366.6

表7-7-11 历年各类人员构成及平均工资一览表

	2005 (7-12)		2006		2007		2008		2009		2010		2011		2012		2013		2014		2015 (1-8)	
	期末人数	平均工资	期末人数	平均工资	期末人数	平均工资	期末人数	平均工资	期末人数	平均工资	期末人数	平均工资	期末人数	平均工资	期末人数	平均工资	期末人数	平均工资	期末人数	平均工资	期末人数	平均工资
全民职工	4885	4230	4712	4450	4596	4382	4703	3333	4656	3760	4574	4380	4665	3700	4638	5136	4223	5401	3840	4721	3674	3926
回采系统	677	5801	655	6101	696	5928	704	4260	655	4459	509	7077	553	4130	595	6815	542	7600	548	5620	519	6037
掘进系统	1125	4511	1088	4612	1057	4628	1066	3368	979	3664	1062	6896	1040	4523	1086	6096	984	6940	1194	5027	1092	4106
辅助系统	1688	3811	1666	3901	1645	4004	1600	3167	1709	3631	1709	5125	1749	3293	2015	4657	1765	4797	1242	3685	1129	3304
地面生产系统	377	2655	366	2748	351	2673	351	2065	349	2782	340	3497	328	2047	139	3442	119	3398	136	2631	135	2777
后勤服务系统	320	2112	391	2312	389	2419	411	1898	455	2086	425	3209	415	2188	393	2558	295	2912	263	2417	213	2218

表7-7-12 历年全民工人均收入水平状况一览表

工资 年份	全矿人均收入情况		回采工人			掘进工人			井下辅助工人			地面生产工人		后勤服务工人		地面平均工资
	在岗人数	人均收入	平均人数	人均收入	与地面相比%	平均人数	人均收入	与地面相比%	平均人数	人均收入	与地面相比%	平均人数	人均收入	平均人数	人均收入	
2005 (7-12)	4533	3311	677	4075	1.694	1125	4511	1.875	1688	3811	1.584	377	2655	320	2112	2406
2006	4485	3361	760	4155	2.166	1080	3577	1.865	1760	2888	1.505	402	1764	148	2338	1918
2007	4385	3289	787	4058	2.042	1060	3476	1.750	1749	2931	1.475	402	1834	138	2432	1987
2008	4402	3373	693	4232	2.189	1009	3517	1.819	1628	3111	1.609	354	1987	402	1886	1933
2009	4382	3673	725	4256	1.961	1011	3620	1.668	1633	3378	1.557	342	2381	440	2006	2170
2010	4275	4885	614	6139	2.144	1002	5163	1.803	1681	4336	1.514	335	3003	393	2745	2864
2011	4355	4749	556	6047	2.188	1040	5270	1.907	1736	3996	1.446	331	2861	417	2687	2764
2012	4389	5064	565	6054	2.158	941	5634	2.008	1946	4393	1.566	127	3421	375	2597	2805
2013	3876	5297	507	6680	2.506	930	5972	2.240	1697	4524	1.697	105	2497	267	2732	2666
2014	3549	5270	511	6521	2.326	1138	5617	2.003	1187	4039	1.441	125	3137	244	2633	2804
2015 (1-6)	3389	4280	532	5130	1.973	1177	4633	1.782	1193	3549	1.365	132	3004	245	2382	2600

二、劳动工资计划

劳动工资计划是企业计划管理的重要组成部分。是企业有计划合理使用劳动力和工资基金，提高劳动生产率的手段。临涣煤矿投产以来，劳动工资计划以生产计划、财务计划为依据，编制劳动生产率计划、职工人数计划、工资总额计划、平均工资计划。

第九节 工人技术培训

临涣煤矿针对煤矿工种多、面积大、战线长、地质条件复杂等特点，一直重视技术培训工作，经常开展群众性的岗位练兵和技术比武活动，在职工中不断掀起比、学、赶、帮、超的高潮。

根据《煤矿安全规程》和上级有关规定，凡是新招员工必须进行不少于72学时的入矿教育,培训考核合格后方可分配工作,到岗后必须签定《师徒合同》,待试用期满进行应知、应会考核合格后方可转正定级。

2005～2015年6月,经集团公司中、高级培训258人次;矿脱产自培24095人次;新工人签订师徒合同1803份。历年工人技术培训情况见表7-7-13。

表 7-7-13 历年工人技术培训情况一览表

年度	集团公司中、高级培训		脱产自培	鉴订《师徒合同》
	计划（人）	实际（人）	（人）	（份）
2006	22	22	1260	60
2007	28	28	3312	32
2008	21	21	3355	30
2009	30	30	2303	100
2010	27	27	2152	140
2011	35	35	2311	66
2012	30	30	2737	106
2013	31	31	4449	734
2014	34	34	1399	388
2015（1-6月）			817	147
合计	258	258	24095	1803

第十节 职工社会保险

一、养老保险

临涣煤矿于1995年1月起,根据《淮北矿务局参加煤炭职工养老保险行业通筹实施细则》文件精神,实施职工养老保险方案。对养老保险统筹范围、基金统筹22条项目、筹集和使用办法、企业与个人缴纳基数与比例、退休养老待遇、保险基金的管理等作了具体规定。缴费对象为固定工、全民合同制工、农协工、城镇采掘合同工。

（一）职工个人缴费:以本人上年度月平均工资（包括工资、奖金、津补贴等收入）为缴纳基本养老保险缴费的基数;以1998年个人3%的缴

费比例，以后每年提高 0.5 个百分点。截止至 2005 年达到个人比例的 8%
为止，逐年按比例金额记入帐户。职工月平均工资低于全省职工月平均工
资 60% 的，按 60% 计算缴费工资基数。超过全省职工月平均工资 300% 以
上的部分，不计入缴费工资的基数。

（二）企业为个人缴费：1995 年、1996 年、1997 年分别按 9%、8.5%、8%
记入个人帐户；1998 年、1999 年分别按 6.5%、6% 记入个人帐户；2000 年
为 6% 记入个人帐户；2001 年、2002 年、2003 年、2004 年、2005 年分别按 5%、
5%、4%、4%、3% 记入个人帐户。

（三）企业缴纳基本养老保险费的比例：1995 ～ 1999 年为企业工资
总额的 25%（包括划入个人帐户的部分）；2000 年为 21.6%；2005 年为
20%。除划入个人帐户的部分，全部进入统筹基金。

（四）职工个人基本养老帐户的建立：职工个人按比例全部缴纳的养
老保险费；单位按照规定的比例划转记入帐户的保险费；以上两部分帐户
储存额的利息。

2000 年，原行业统筹企业移交地方管理后，执行安徽省职工退休基
本养老金计发办法，月基本养老金 = 基础养老金 + 个人帐户养老金 + 过渡
性养老金 + 调节金。其中，基础养老金为全省煤炭行业上年度职工月平均
工资的 20%。个人帐户养老金按职工个人帐户的全部储存额除以 120 计算。
过渡性养老金，按照职工视同缴费年限期间指数的月平均工资为基数计发。
视同缴费年限每满 1 年，发给本人月平均缴费工资的 1.3%。调节金由安徽
省统一规定。

2001 年，城镇劳务工实行养老保险，并实现养老金发放社会化。
2004 年，农民劳务工实行养老保险。

二、医疗保险

1996 年 10 月，按照淮煤社保〔1996〕460 号《关于印发淮北矿务局
职工医疗保险制度改革实施方案及配套规定办法的通知》的文件精神，实
施职工医疗保险制度改革。统筹对象为：固定职工、全民合同制工、农民
轮换工、经局批准的城镇采掘合同工、退养顶替合同工、离退休人员，以
及符合国发〔1978〕104 号文规定的退职人员。2000 年 1 月之前，基金筹集、
帐户建立、支付办法如下：

（一）基金的筹集：职工医疗保险基金由用人单位和职工共同缴纳；用人单位缴费按上年度职工工资总额的 6% 提取缴纳；职工个人缴费按本人上年度工资收入的 1% 缴纳，从工资中代扣；离退休人员个人不缴纳保险费。

（二）帐户基金的建立：职工个人缴纳的全部医疗费和用单位缴纳的医疗保险费的 50% 划入个人医疗帐户；单位缴费记入个人帐户的比例，45 岁以上（含 45 岁）、45 岁以下的分别按照本人上年度工资总额 3%、2.5% 核算进入个人帐户；退休人员原则上按上年度在职职工平均工资 3.5% 的比例核算进入帐户。帐户本金和利息为职工个人所有，可结转和继承。用人单位为职工缴纳的医疗费用划入个人帐户以外的部分，作为统筹医疗基金，由社保中心管理。

（三）医疗费的支付办法：个人帐户用完后发生的医疗费用，由个人支付（不含退休人员）；自付的医疗费用超过本人上年度工资收入 5% 以上部分，由统筹医疗基金和人个共同负担；超过本人上年度工资收入 5% 以上，但不足 5000 元的部分，个人负担 10%；5000 元到 10000 元的部分，个人负担 8%；超过 10000 元部分，个人负担 2%。

1999 年，淮北市医疗保险制度改革接轨，个人缴费比例为 2%。用人单位记入个人帐户的比例，45 岁以上（含 45 岁）、45 岁以下的分别按照本人上年度工资总额 1.4%、1.0% 记入个人帐户；退休人员按上年度在职职工平均工资 3.7% 的比例记入个人帐户。增加慢性病种在定点医院门诊就诊办法。增加医疗费用起付标准。超过起付标准的部分，由统筹基金和职工个人按"分段累加"不跨年度的支付办法执行；2.5 万元以上部分，基本医疗保险不再支付。限额在 2.5 万元以上、12.5 万元以下的医疗费用，个人负担 10%，住院互助医疗保险基金支付 90%；超过 12.5 万以上的部分全部由个人负担。

三、失业保险

临涣煤矿从 1998 年 10 月起，按照职工上年度月平均工资的 1% 缴纳失业保险金，从当月工资中代扣，单位缴纳比例为 2%。2015 年 3 月 1 日起个人缴纳比例调整为 0.5%，单位缴纳比例为 1.5%。

四、工伤保险

临涣煤矿所属全民单位在册的固定工、劳动合同制工、农民轮换工、城镇采掘合同工和全民岗位使用的采掘劳务工，从 2000 年起参加淮北市工伤保险。职工因工致残由淮北市劳动鉴定委员会进行鉴定、确定，伤残等级、护理依赖程度和残疾辅助器具安置等。

按照国标 GB/T16180-2006，职工伤残程度（等级）分为 10 级：1 至 4 级为全部丧失劳动能力；5 至 6 级为大部分丧失劳动能力；7 至 10 级为部分丧失劳动能力。2000 年元月 1 日，临涣煤矿执行国家《工伤保险条例》。

（一）因工致残被鉴定为 1 级至 4 级伤残的：保留劳动关系，退出工作岗，按月发给伤残津贴，分别为本人工资的 90%、85%、80%、75%；发给一次性伤残补助金，标准分别是 27 个月、25 个月、23 个月、21 个月本人工资。

（二）因工致残被鉴定为 5 级至 6 级待遇：发给一次性伤残补助金，分别为 18 个月、16 个月、13 个月、11 个月、9 个月、7 个月的本人工资。

因工致残被鉴定为 5 级至 6 级且企业难以安排工作的，由企业按月发给伤残津贴，标准为：五级伤残为本人工资的 70%；六级伤残为本人工资的 60%。经工伤职工本人提出，职工可与用人单位解除或终止劳动关系，用人单位应支付一次性伤残就业补助金，停发伤残津贴。由工伤保险基金支付一次性工伤医疗补助金的标准：五级伤残为 24 个月的统筹地区上年度职工月平均工资，六级伤残的为 18 个月；一次性伤残就业补助金的标准：五级伤残为 40 个月的统筹地区上年度职工月平均工资；六级伤残为 34 个月。

职工因工致残被鉴定为七级至十级伤残的，劳动聘用合同期满终止或职工提出解除劳动合同的，由用人单位支付一次性伤残就业补助金，由工伤保险基金支付。一次性工伤医疗补助金的标准：七级伤残为 10 个月的统筹地区上年度职工月平均工资，八级伤残为 8 个月，九级伤残为 6 个月，十级伤残为 4 个月；一次性伤残就业补助金的标准：七级伤残为 20 个月的统筹地区上年度职工月平均工资，八级伤残为 15 个月，九级伤残为 10 个月，十级伤残为 5 个月。

（三）职工因工死亡待遇：①丧葬补助金的标准是本市上一年度职工月平均工资 6 个月的数额；②供养亲属抚恤金的标准是配偶按本人工资的

40%，其他直系亲属按本人工资的30%，孤寡老人或孤儿按上述条件加发10%，供养亲属抚恤金合计不得超过本人工资。供养亲属抚恤范围按国家规定执行。③一次性工亡补助金标准为全国城镇居民可支配收入20倍。

（四）矽肺职工的管理：对享受Ⅰ期待遇的矽肺病职工，不论住院与否，按现支付标准，每人每年发给一个月的住院伙食补助费（每人每天4元，按30天，计120元）。

对享受Ⅱ期待遇的矽肺病职工，不论住院与否，按现支付标准，每人每年发给三个月的住院伙食补助费和护理费（住院伙食补助费按90天，计360元；护理费每人每月74元，3个月计222元；合计582元）。年内再住院治疗，不再另发伙食补助费和护理费。

对享受Ⅲ期待遇的矽肺病职工，不论住院与否，按现支付标准，每人每年发给12个月的护理费（计888元）。住院时按现支付标准发给伙食补助费。

2003年，为矽肺病职工建立个人帐户，并按月将核定的资金额划入个人帐户。即矽肺Ⅰ期每月60元，矽肺Ⅱ期（含Ⅰ期伴肺功能中度损伤）每月100元，矽肺Ⅲ期（含Ⅰ期合并结核和Ⅰ期伴肺功能重度损伤，Ⅱ期合并结核和Ⅱ期伴肺功能中度以上损伤）每月150元。并明确规定，住院当月个人帐户不再记帐；确因病情需要，个人帐户超支部分实报实销；年底统一结算，个人帐户结余部分全部结算给矽肺病人。

五、生育保险

2008年8月20日，根据淮北矿业（集团）公司（淮矿社保[2008]259号）文件规定，从2008年10月1日起，在册职工参加生育保险。

生育保险费以用人单位上年度职工月平均工资总额作为缴费基数，由用人单位按0.3%的比例缴纳，职工个人不缴纳生育保险费。生育保险待遇为：

（一）职工本人生育或实施计划生育手术符合法律、法规规定的，享受生育保险待遇。

（二）女职工在产假期间，享受3个月的生育津贴；有下列情形之一的，增发生育津贴：

1.分娩时符合医学指征实施剖宫产手术的，增加半个月的生育津贴；

2. 符合计划生育晚育条件的初产妇，增加 1 个月的生育津贴；

3. 多胞胎生育的，每多生育一个婴儿，增加半个月的生育津贴；

4. 在产假期间申请领取独生子女父母光荣证的，增加 1 个月的生育津贴。

女职工妊娠 3 个月以上 7 个月以下流产、引产的，享受 1 个半月的生育津贴；3 个月以下流产或患子宫外孕的，享受 1 个月的生育津贴。

（三）月生育津贴标准为女职工生育或者流产、引产前 12 个月的平均缴费工资额。缴费不足 12 个月的，按实际缴费月的平均缴费工资额计算。

（四）除依法由施行手术的单位承担的费用外，下列医疗费用从生育保险基金中支出：

1. 妊娠和分娩期间所必需的检查费、接生费、手术费、住院费和药费；

2. 施行计划生育手术的医疗费用；

3. 产假期间生育并发症的医疗费用和计划生育手术当期并发症的医疗费。

但产假期满后需继续治疗的费用和产假期间沼疗其他疾病的医疗费用，按照基本医疗保险办法办理。

（五）生育保险医疗费用支付范围按照《安徽省城镇职工基本医疗保险和工伤保险药品目录》、《安徽省城镇职工基本医疗保险诊疗项目》、《安徽省城镇职工基本医疗保险医疗服务设施范围和支付标准》的范围确定；超出规定范围的医疗费用，生育保险基金不予支付。

职工使用前款目录中的乙类药品及职工个人支付部分费用的诊疗项目所发生的费用，从生育保险基金中支付。

（六）以下情况生育保险基金不予支付：

1. 违反国家、安徽省计划生育规定发生的费用；

2. 医疗事故发生的费用；

3. 未经批准在非定点医疗机构发生的医疗费用；

4. 因违法犯罪造成流产的费用；

5. 涉及婴儿的医疗、护理、保健等费用；

6. 超出生育保险基金规定范围和标准的其它费用；

7. 在妊娠、分娩、产假期间因疾病发生的医疗费用。

六、企业年金

2005 年 1 月，按照淮矿政研【2005】285 号《关于执行企业年金制度的通知》文件精神，实施企业年金。企业年金所需费用由企业和职工个人共同缴纳。

（一）职工个人缴费：职工个人原则上按本人上年度岗绩工资的 5% 缴纳。当本人上年度岗绩工资的 5% 数额低于企业为职工个人缴费标准时，个人按本人上年度岗绩工资的 5% 缴纳；当本人上年度岗绩工资的 5% 数额超过企业为职工个人缴费时，个人按企业为职工个人缴费标准缴纳。职工个人缴纳部分由单位从本人工资中代扣代缴。

（二）企业为个人缴费：2005 年、2006 年、2007 年、2008 年、2009 年、2010 年、2011 年、2012 年、2013 年、2014 年、2015 年分别按 480 元、1140 元、1320 元、1320 元、1320 元、1488 元、1800 元、2160 元、2160 元、2160 元、1260 元划入参保职工个人账户。

（三）企业年金给付：2005 年 1 月 1 日至 2014 年 12 月 31 日期间退休的职工，自退休次月起，按实际年限等额分月支取个人账户年金（实际年限 = 退休年月份 -2004 年 1 2 月，含企业年金中断年限），个人账户储存额支取完毕再按 2004 年 12 月 31 日前离退休人员有关补贴标准进行补贴。2014 年 12 月 31 日后退休的职工，按个人账户实际储存额分 10 年等额支取。

（四）淮矿运管［2015］221 号文规定：2015 年 7 月企业年金暂停缴费。

第八章 财务管理

第一节 机构设置

一、机构设置

2005 年 7 月，财务科科长由财务副总兼任，设副科长 1 人，会计 8 人。

2006 年 8 月，财务科设科长 1 人，副科长 1 人，会计 8 人。

2011 年 4 月，财务科配备主管会计（副科级）1 人。

至 2015 年 6 月，财务科设科长 1 人，副科长 1 人，会计 5 人。

第二节 财务收支计划与会计核算

一、财务收支计划管理

2005 年 7 月至 2007 年 4 月，临涣煤矿是淮北矿业（集团）有限责任公司的内部核算单位，按照财务管理体制的要求，财务收支管理主要由淮北矿业（集团）有限责任公司财务资产部和资金管理中心对货币资金集中管理。煤炭销售货款统一回笼，统一调度。矿每月 30 日前，要向淮北矿业（集团）有限责任公司报送下月度收支计划，经审查批准后，方可安排生产、经营性和福利性等支出。临涣煤矿与淮北矿业（集团）有限责任公司之间款项的上交与下拨，以及与淮北矿业（集团）有限责任公司内部单位之间的业务往来，均通过淮北矿业（集团）有限责任公司财务资产部进行结算。淮北矿业（集团）有限责任公司财务资产部对资金实行存贷计息，有偿使用。

2007 年 5 月至 2008 年 8 月，临涣煤矿属于破产清算及生产自救阶段。

在生产自救期间，日常购销业务、资金的收付、税款的缴纳等事项挂靠淮北惠临工贸有限责任公司，除此以外，财务收支计划管理方式与以前一致。

2008年9月份，淮北临涣煤电有限责任公司正式运作，至2010年12月，属淮北矿业（集团）有限责任公司的二级子公司，独立纳税，其他财务收支计划管理方式与以前一致。

2011年1月，淮北矿业股份有限公司临涣煤矿正式运作，至2015年6月份，淮北矿业股份有限公司临涣煤矿是淮北矿业股份有限公司的二级分公司，财务收支管理主要由淮北矿业股份有限公司财务部和资金管理中心、财务分公司对货币资金集中管理，资金收支计划报集团公司预算委员会审核通过后方能下达实施，管理思路与以前基本一致。

2004年3月，淮北矿业（集团）有限责任公司取消了内部银行，启用"上下级往来"，此科目反映资金存量，用于淮北矿业（集团）有限责任公司内部具有实质性内容的往来及各种上交下拨款项。

2014年3月末，淮北矿业（集团）有限责任公司撤销资金管理中心这一机构，2014年4月份，淮北矿业（集团）有限责任公司财务分公司正式成立。在会计核算过程中，停止使用"内部银行存款"、"内部银行贷款"等会计科目，重新启用"银行存款"科目进行货币资金拨款及支付的核算，淮北矿业（集团）有限责任公司财务分公司比照银行系统对下属单位的资金收付进行管理。

编制财务收支计划的依据：月度生产计划；盈亏、成本、经费计划；物资采购计划；煤炭运销和质量计划；基本建设与专项工程计划；工资审批计划；其它资金结算计划等。

二、核算体系、记帐方法

（一）核算体系

临涣煤矿是淮北矿业（集团）有限责任公司内部核算单位，在淮北矿业（集团）有限责任公司领导下进行矿内部（包括成本和盈亏在内）的会计核算，是淮北矿业（集团）有限责任公司进行财务核算的基础。

（二）记帐方法

按淮北矿业（集团）有限责任公司的统一要求，临涣煤矿自进行会计核算起至今，均采用借贷记帐法。

（三）会计核算形式

为了便于管理，提高管控效率，淮北矿业（集团）有限责任公司采用统一的会计科目编码进行会计核算。按淮北矿业（集团）有限责任公司的统一要求，各矿（厂）均采用科目汇总表核算形式，其记账程序是：

1. 根据原始凭证或原始凭证汇总表，编制收款凭证、付款凭证和转帐凭证；

2. 根据收款凭证、付款凭证，登记现金日记帐和银行存款日记帐；

3. 根据记帐凭证和原始凭证，登记明细帐；

4. 根据记帐凭证，定期编制科目汇总表；

5. 根据科目汇总表，登记总帐；

6. 月终总帐和现金、银行存款日记帐，明细帐核对相符后，编制会计报表。

2004 年 3 月，淮北矿业（集团）有限责任公司成立了资金结算中心，临涣煤矿取消了手工银行日记账，采用"内部银行存款"结算的方式进行外部资金的转账结算。

2014 年 3 月末，淮北矿业（集团）有限责任公司撤销资金管理中心这一机构，2014 年 4 月份，淮北矿业（集团）有限责任公司财务分公司正式成立。在会计核算过程中，停止使用"内部银行存款"、"内部银行贷款"等会计科目，重新启用"银行存款"科目进行货币资金拨款及支付的核算，淮北矿业（集团）有限责任公司财务分公司比照银行系统对下属单位的资金收付进行管理。

（四）会计核算软件

2004 年 1 月 1 日至 2008 年 12 月 31 日，各矿（厂）使用淮北矿业（集团）有限责任公司指定的"新中大 V6 版本财务核算软件"。

2009 年 1 月 1 日至 2012 年 12 月 31 日，各矿（厂）使用淮北矿业（集团）有限责任公司指定的"新中大 I6 版本财务核算软件"。

2013 年 1 月 1 日至 2015 年 6 月 30 日，各矿（厂）使用淮北矿业（集团）有限责任公司指定的"新中大财务核算软件—I6P12.2 版本淮北矿业集团信息化应用平台"。

第三节　固定资产

一、投资

临涣煤矿购建的固定资产，均按淮北矿业（集团）有限责任公司计划购置或建造。财务入账按投资性支出形成的固定资产原始价值入账。其内容一般包括：购置价格、增值税、运输费、安装费、调试费等。

2005年7月～2015年6月，临涣煤矿累计完成固定资产投资62889.75万元。历年固定资产投资完成情况见表7-8-1。

表7-8-1　历年固定资产投资完成情况表（单位：万元）

年份	维简基金增加	更新改造增加	有偿调入	东部井增加	合计
2005（7-12）	0.00	1645.60	1188.99		2834.59
2006		718.02	597.00		1315.02
2007		178.29	956.95		1135.24
2008		755.40	736.05		1491.45
2009		1974.78	1899.50		3874.28
2010	84.93	3027.20	6368.15		9480.28
2011	797.48	2706.23	5557.71		9061.42
2012	3043.60	1767.54	56.76	8663.81	13531.71
2013	192.12	2827.81	178.00	15573.68	18771.61
2014	39.21	290.86	80.90	784.12	1195.09
2015（1-6）		82.22	116.84		199.06
	4157.34	15973.95	17736.85	25021.61	62889.75

二、管理

至2015年6月30日，临涣煤矿固定资产的使用和管理，仍然按原煤炭工业部颁发的《煤炭工业固定资产管理试行办法》和淮北矿业（集团）有限责任公司的有关规定，由各有关部门分工进行固定资产的归口管理。

（一）机电部门

1. 统一管理全矿生产设备，对主要机器设备实行账、卡、物、牌综合管理，建立主要设备技术档案，掌握设备的数量、动态、技术特征和使用状况；

2. 负责组织全矿机电设备的调剂平衡，会同有关部门做好设备维修、保管、调拨、移动、验收、鉴定、报废等工作；

3. 保证设备的安全运转，提高设备完好率和使用率；

4. 组织定期和不定期的设备清查工作，保证账、卡、物、牌相符。

（二）房地产部门

1. 负责全矿地面生产用房屋和非生产房屋的管理，对非生产用房屋调剂使用，保证账、卡、物一致；

2. 负责全矿生产用地和非生产用地的征迁工作。

（三）财务部门

1. 负责全矿固定资产的核算，及时反映各项固定资产的使用情况及其增减变动情况；

2. 正确划分固定资产和低值易耗品的界限，会同有关部门做好固定资产增减变动手续，负责固定资产的明细核算；

3. 按照有关规定，正确计提固定资产折旧，按时向上级报送固定资产报表及有关资料。

（四）其它设备管理

1. 对专用设备，如文化用具、大型炊具、化验测量设备，实行谁使用谁管理的办法；

2. 对专用设备的购置和大修，由财务科、计划部门和设备管理部门共同负责。

三、资产评估

2005 年至 2015 年，临涣煤矿进行两次大规模的资产评估，从金额上来看，其中的固定资产评估占有超过半数的比重。

2007 年 4 月，淮北矿业（集团）有限责任公司聘请合肥正信会计师事务所对原临涣煤矿的资产、负债及所有者权益进行评估审计，为破产清算提供数据依据，同时，为淮北临涣煤电有限责任公司的成立提供数据依据。

2010 年 12 月，淮北矿业（集团）有限责任公司聘请北京华普天健会计师事务所对淮北临涣煤电有限责任公司的资产、负债及所有者权益进行评估剥离审计，为淮北矿业股份有限公司临涣煤矿的成立提供数据依据。

四、固定资产划分及分类

（一）固定资产划分范围

1. 固定资产是指企业使用期限超过1年的房屋、建筑物、机器、机械、运输工具以及其它与生产、经营有关的设备、器具、工具等。不属于生产经营主要设备的物品，单位价值在2000元以上，使用年限超过2年的，作为固定资产。

2. 固定资产在取得时，应按取得时的成本入账。取得时的成本包括买价、进口关税、运输和保险等相关费用，以及为使固定资产达到预定可使用状态前所必要的支出。

至2007年全面执行《企业会计准则》后，固定资产同时满足下列条件的，才能予以确认：

①与该固定资产有关的经济利益很可能流入企业；

②该固定资产的成本能够可靠地计量。"可靠地计量"在某些情况下也可基于合理的估计，比如，已达到预定可使用状态但未办理竣工手续的固定资产，应按暂估价入账，即其成本能够可靠地计量，且应计提折旧。

（二）固定资产分类

按经济用途和使用情况综合分类，可分为以下7类：

1. 生产经营用固定资产。指直接用于生产经营，或为生产经营服务的各种固定资产。包括生产经营用房货场、仓库、机器、设备、机械、机动车辆、管理用房和设备等。

2. 非生产经营用固定资产。指不直接用于生产经营和不直接服务于生产经营的各种固定资产，包括职工宿舍、招待所、幼儿园、俱乐部、食堂、浴室、专设的科研试验机构等方面的用房和设备等。

3. 租出固定资产。指出租或出借给其他单位使用并收取租金的固定资产。

4. 未使用固定资产。指未投入使用的固定资产，包括未使用的新增固定资产、调入尚待安装的固定资产、进行扩改建的固定资产以及经批准停止使用的固定资产。

5. 不需用固定资产。指本企业不需用、经上级批准准备处理的固定资产。

6. 土地。指过去已经估价单独入账的土地，因征用土地而支付的补偿费，应计入与土地有关得到房屋、建筑物的价值内，不单独作为土地价值入账。企业取得的土地使用权不能作为固定资产入账和管理，而是作为无形资产处理。

7. 融资租入固定资产。指企业采用融资租赁方式租入的，尚在租赁期内未转归企业所有的固定资产。它在租赁期间内视同自有固定资产进行管理。

五、固定资产折旧

建矿以来，计提折旧基金使用方法一直采用直线法、产量法。

1. 直线法：根据固定资产的原始价值，减预计残值，按照其使用年限平均计算。

计算公式：

固定资产年折旧额 =（固定资产原值—净残值）÷ 固定资产年限

固定资产月折旧额 = 固定资产年折旧额 ÷12

2. 2004 年 1 月，对固定资产使用年限重新规定，确定固定资产残值率为 5%。

3. 按月计提折旧，当月增加固定资产当月不计提折旧，从下月计提折旧；当月减少的固定资产当月照提折旧，从下月起不计提折旧。

4. 固定资产应提折旧范围：房屋和建筑物；在用的机器设备、仪器仪表、运输工具、工具器具；季节性停用、大修理停用的固定资产；融资租入和以经营租赁方式租出的固定资产。

固定资产不计提折旧范围：房屋、建筑物以外的未使用、不需用固定资产；以经营租赁方式租入的固定资产；已提足折旧继续使用的固定资产；按规定单独估价作为固定资产入账的土地。

2005 年始，按当月原煤产量计提井巷费，形成累计折旧，标准是 4 元／吨。历年固定资产折旧额计提情况见表 7-8-2。

表7-8-2 历年固定资产折旧额计提表（单位：万元）

年份	固定资产原值	累计折旧	余值
2005（7-12）	50391.61	23506.65	26884.95
2006	50780.00	25253.39	25526.61
2007	4412.42	2964.42	1448.00
2008	50406.91	32840.37	17566.54
2009	58491.11	36646.96	21844.12
2010	74988.78	43375.93	31612.85
2011	85412.55	52527.83	32884.72
2012	66936.50	49668.42	17268.08
2013	73610.54	51931.38	21679.16
2014	89343.01	49453.50	39889.51
2015（1-6）	89428.45	51533.58	37894.87

第四节 专项基金

一、管理

临涣煤矿是淮北矿业（集团）有限责任公司的二级核算单位，淮北矿业（集团）有限责任公司实行统购统销，临涣煤矿生产、经营所需资金，由淮北矿业（集团）有限责任公司拨补。为了加强资金管理，淮北矿业（集团）有限责任公司对一些具有专门用途的资金进行了规定。

二、核算

（一）职工福利基金：取消职工福利费按工资总额14%提取的规定，现按实际发生额具实列支。企业在职工实行医疗保险，单位应支付统筹基金，这部分基金从社会保险费中列支。

2005～2010年，企业支付在职参保职工的补充医保金，这项补充医保金按上年度在册全民工工资总额0.5%计提交淮北矿业集团公司，费用在职工福利基金中列支。2011年起暂不计提。

（二）住房公积金：2005年7月份～2008年6月份，按上年月平均工资的10%扣个人住房公积金，单位按等额补贴，费用从管理费用中列支。

2008年7月，开始执行新标准，即按上年月平均工资的12%扣个人住房公积金，单位按等额补贴，费用从管理费用中列支。

（三）尘肺基金和工伤保险金：

1. 尘肺基金以上年工资总额 1.6% 为基数提取，淮北矿业（集团）有限责任公司按月拨付给社保中心和职防院，用来支付尘肺病人的医药费。

2. 工伤保险基金是按上年度单位工资总额计提并通过淮北矿业（集团）有限责任公司划拨给淮北市社保局。按工资总额的 2.6% 计提并上交。

（四）按原煤产量计提并上交的各项费用见表 7-8-3：

表 7-8-3 按原煤产量计提并上交的各项费用

费用名称	2005 年前标准	2006 年起标准	上交比例方式
井巷费	4 元/吨	4 元/吨	月终清算、全额上交
维简费	11 元/吨	11 元/吨	月终清算、全额上交
新井建设基金	8 元/吨 （2004 年前 0 元/吨）	8 元/吨 （2009 年起不再提取）	月终清算、全额上交
安全费用	10 元/吨	33 元/吨	月终清算、全额上交
造林育林基金	0.15 元/吨	0.15 元/吨	月终清算、全额上交
上级管理费	2 元/吨	2 元/吨	月终清算、全额上交

（五）折旧费用：

2005 年 7 月至 2015 年 ，固定资产折旧按新的使用年限及 5% 的残值率计提，并全额上交。年终决算时，淮北矿业（集团）有限责任公司按年初更新改造计划、财务已完数进行资金清算。

（六）维简扩权资金及安全费用：临涣煤矿按年初工程计划进行工程施工。年终，淮北矿业（集团）有限责任公司按已完工程量进行列决。所需资金，由淮北矿业（集团）有限责任公司通过内部银行拨补（2004 年起通过"上下级往来"）。

第五节 流动资产

一、流动资产的组成

流动资产是指可以在一年或超过一年的一个营业周期内变现或耗用的资产，包括现金、银行存款、短期投资、应收及预付账款、存货等。其具体内容是：货币资金、短期投资、应收票据、应收股利、应收利息、应收账款、其它应收款、预付账款、应收补贴款、存货、其它流动资产等。

二、流动资金的管理办法

按照会计基础规范化的规定和淮北矿业（集团）有限责任公司的统一要求，临涣煤矿对流动资金的管理采取以下管理办法：

（一）货币资金的管理

1. 严格执行《现金管理暂行条例》，按现金使用范围支付现金。

2. 保留一定数额的库存现金满足日常开支需要，但不超过核定的数额。

3. 取得的现金收入必须交存银行，严禁坐支现金。

4. 设立内部牵制制度，实行钱账分管。出纳人员不得兼管收入、费用、债权、债务等账薄的登记工作；非出纳人员只管账不管钱。

5. 严格现金收支手续，建立现金收支的审核、检查制度。

6. 至 2015 年，临涣煤矿没有在外部设置银行账户。至 2014 年 3 月，一切结算业务均通过淮北矿业（集团）有限责任公司结算中心驻临涣业务部办理；2014 且 4 月始，一切结算业务均通过淮北矿业（集团）有限责任公司财务分公司办理，财务分公司对各矿（厂）具有外部银行的一切职能。

（二）应收款项的管理

1. 对各种应收款项要做到明确责任、积极清理。

2. 认真把好结算关，严格执行淮北矿业（集团）有限责任公司及矿规定的各项结算纪律。

3. 对以前年度的应收款项，积极主动地组织清理，必要时通过法律手段进行解决。

4. 严明借款审批手续，限定报账期限，对超过还款期限的职工借款，通过工资账扣款。

（三）储备资金的管理

1. 正确制定采购计划，搞好供需平衡，合理安排采购资金。

2. 严格到货验收制度，认真审核料款，做好资金结算工作。

3. 编制用料计划，建立领料制度，控制材料耗用。

4. 加强库存材料管理，监督材料合理储备，切实掌握流动资金动态，实行储备资金定额下库制度。

5. 做好材料清查工作，积极处理超储积压物资，充分挖掘流动资金潜力。

6. 物资管理科分管的责任是：组织完成淮北矿业（集团）有限责任

公司下达的定额指标，实行储备资金包干，定额到库，责任到人；认真执行材料入库的验收制度，发现数量、质量不符要求的物资拒绝验收，数量短缺按索赔制度办理。在途材料要及时清理。定期进行清查，做到账、卡、物相符，避免库存物资的损失浪费；严格按定额、定量和限额控制用料，加强回收复用，组织修旧利废，降低材料消耗。

（四）成品资金的管理

1. 加强产品销售工作的计划性，按照销售合同规定发出产品。

2. 加强库存产成品的管理，保护产品完整无缺，监督产品合理储存。

3. 搞好销售结算工作，及时回收销售货款。

4. 煤炭管理科分管的责任是：管理好产成品，做到计量准确，按质计价，消灭误差，减少客户拒付款，保证账面成品资金的准确性；做好产品的发运、结算工作，提高结算速度和质量，加强资金周转，负责完成淮北矿业（集团）有限责任公司核定的成品资金指标。历年流动资金占用情况见表7-8-4。

表7-8-4 历年流动资金占用情况统计表（单位：万元）

年 份	产 量 (吨)	定额流动资金占用			定额流动资金周转天数	每百万元产值占用流动资金
		储备资金	成品资金	合计		
2005（7-12)	712997	288.55	7.10	295.65	2.98	10.06
2006	1605976	381.21	398.46	779.67	5.36	2.25
2007	1830303	545.68	174.20	719.88	4.53	15.25
2008	1839988	2081.46	557.55	2639.01	14.55	23.99
2009	2239709	470.49	541.52	1012.01	4.65	9.69
2010	2753438	546.16	6.72	552.88	1.95	1.84
2011	2480939	376.12	278.82	654.94	2.61	2.16
2012	2658836	1016.80	86.45	1103.25	3.27	2.29
2013	2810068	400.85	289.87	690.72	2.12	1.68
2014	2706000	1596.35	2086.50	3682.85	14.38	5.41
2015(1-6)	1242617.8	1027.09	2030.26	3057.35	33.68	11.64

第六节　成本、利润、税金和工业总产值

一、原煤成本

（一）成本核算体制

现行管理体制为淮北矿业（集团）有限责任公司、矿（厂）二级核算、二级管理体制。淮北矿业（集团）有限责任公司年初下达各项计划（指标），矿（厂）严格执行。会计年度内，淮北矿业（集团）有限责任公司汇总二级核算单位报表，并对二级核算单位实行考核兑现。

临涣煤矿是集团公司内部核算单位，是企业成本管理和核算的中心环节。区队（车间）是企业的基层生产组织，实行内部直接成本管理。

会计制度接轨后实行制造成本核算。2005 年 7 月至 2015 年 6 月，临涣煤矿一直采用制造成本法。成本核算项目和成本计算方法，由淮北矿业（集团）有限责任公司统一确定。

2004 年始，临涣煤矿实行局控成本和矿控成本考核，即将构成原煤成本要素的 10 项（2005 年 11 项）内容分为局控成本部分和矿控成本部分。

2005 年以后，又实行了可控费用中四项费用（办公费、会议费、差旅费、招待费）捆绑考核，这些办法的出台对降低成本支出起到了积极作用。2010 以前局控成本内容分为 8 类 13 项，2011 年及以后局控成本内容分为 7 类 13 项，明细情况见表 7-8-5。

表 7-8-5 成本控制明细表

2010 年度以前局控成本项目		2011 年度起局控成本项目	
类别	项 目	类别	项 目
一	材料	一	材料
二	折旧	二	折旧
三	修理费	三	修理费
四	井巷费	四	井巷费
五	维简费	五	维简费
六	地塌费	六	地塌费
七	其它	1、矿产资源补偿费	七	其它	1、矿产资源补偿费（2015 年没有提取）
		2、设备租赁费			2、设备租赁费
		3、外委工程费			3、外委工程费
		4、生产补勘费			4、地方三项费用
		5、地方三项费用			5、成本税金
		6、成本税金			6、安全费用
		7、安全费用			7、造林育林费
八	新井建设基金（2009 年停止提取）				

（二）成本核算办法

成本计算期为每月 1 日至月末最后一天，在同一计算期内，产量、支出、消耗的起讫日期做到一致、配比，按权责发生制原则，不提前或推后结帐。

（三）原煤成本计算程序

临涣煤矿是集团公司二级核算单位，是成本核算中心；均采用制造成本法核算原煤成本。其计算的程序如下：

1. 根据外来原始凭证和自制原始凭证填制记账凭证；

2. 根据收、付、转三类记账凭证登记管理费用明细账、生产成本明细账和制造费用明细账；

3. 将上述明细账进行归集编制出原煤成本计算表。

（四）原煤成本项目

原煤产品成本基本上按费用性质归类，费用的使用状况由财务科按期编制成本报表，各年度成本按要素分项如下：

2005年以来，原煤成本按要素分为：材料、工资、福利费、电力、折旧、井巷工程费、维简费、修理费、地面塌陷补偿费及其他支出。

（五）成本指标

2005年7月～2015年6月，由于受集团公司管控政策等因素的影响，原煤成本变化较大。历年原煤成本完成情况见表7-8-6。

表7-8-6 历年原煤成本完成情况统计表（单位：元/吨）

年 份	单 位 成 本		其 中				
	完全成本	制造成本	材料	工资	电费	修理费	其它支出
2005（7-12）	387.73	318.99	57.57	70.37	16.62	16.19	53.69
2006	325.98	266.72	44.94	77.55	16.55	5.94	67.46
2007	351.48	306.7	56.96	83.29	15.37	14.94	81.89
2008	488.53	423.07	72.83	122.44	17.42	20.69	98.7
2009	349.77	282.93	60.87	80.82	15.41	6.26	91.83
2010	366.42	310.74	70.98	92.09	14.92	9.77	70.77
2011	424.75	360.88	43.58	97.73	19.36	25.03	100.7
2012	383.25	338.94	40.51	96.27	20.2	23.91	75.81
2013	344.1	320.02	41.52	95.3	19.12	5.21	49.91
2014	319.89	287.58	28.39	87.5	17.35	3.8	58
2015（1—6）	328.15	299.61	24.44	72.48	18.76	4.83	62.88

二、工业总产值、利润和税金

2011年前，临涣煤矿是淮北矿业（集团）有限责任公司二级核算单位，2011年后，临涣煤矿是淮北矿业股份有限公司二级核算单位。主管部门每年年初下达产量、成本、利润（或亏损）计划。在会计核算期内，淮北矿业（集团）有限责任公司对所属生产矿井进行分月考核，年终兑现。由于受国家宏观经济政策、淮北矿业（集团）有限责任公司经营管理策略、企业目标利润等因素的影响，加上交叉投资，股权结构较为复杂，尽管生产的煤炭均主要是销往临涣选煤厂入洗，但临涣煤矿生产经营管理的第三个十年，其工业总产值、利润和税金具有不可比性。比如缴纳的"税金"项目，其中有若干年份，临涣煤矿与临涣选煤厂是同一纳税识别号码，煤炭销售业务不涉及增值税；又有若干年份，临涣煤矿与临涣选煤厂不是同一纳税识别号码，煤炭销售业务涉及增值税，且独立纳税，各年度缴纳的税金金额差别较大。历年工业总产值、利润、税金完成情况见表7-8-7。

表7-8-7 历年工业总产值、利润和税金完成情况统计表（单位：万元）

年 份	单 位 成 本		其 中				
	完全成本	制造成本	材料	工资	电费	修理费	其它支出
2005（7-12）	387.73	318.99	57.57	70.37	16.62	16.19	53.69
2006	325.98	266.72	44.94	77.55	16.55	5.94	67.46
2007	351.48	306.7	56.96	83.29	15.37	14.94	81.89
2008	488.53	423.07	72.83	122.44	17.42	20.69	98.7
2009	349.77	282.93	60.87	80.82	15.41	6.26	91.83
2010	366.42	310.74	70.98	92.09	14.92	9.77	70.77
2011	424.75	360.88	43.58	97.73	19.36	25.03	100.7
2012	383.25	338.94	40.51	96.27	20.2	23.91	75.81
2013	344.1	320.02	41.52	95.3	19.12	5.21	49.91
2014	319.89	287.58	28.39	87.5	17.35	3.8	58
2015（1—6）	328.15	299.61	24.44	72.48	18.76	4.83	62.88

第七节 临涣煤矿破产重组期间财务资产管理

一、基本情况

淮北矿业（集团）有限责任公司临涣煤矿由于井下地质条件复杂、经营负担重，至2007年4月30日，账面累计亏损174,825,556.18元。

根据全国企业兼并破产和职工再就业工作领导小组[2004]18号《关于下达江淮航空仪表厂等81户企业破产项目的通知》文件，淮北临涣煤业有限责任公司被列入破产计划。

安徽省淮北市中级人民法院于 2007 年 4 月 17 日下达《安徽省淮北市中级人民法院（2007）淮民二破字第 7-1 号民事裁定书》宣告申请人淮北临涣煤业有限责任公司破产还债。

二、审计结果

经安徽正信会计师事务所审计，淮北临涣煤业有限责任公司 2007 年 4 月 30 日的资产总额为 270,291,062.07 元，负债总额为 418,029,032.36 元，所有者权益金额为 -147,737,970.29 元（其中：未分配利润 -183,898,750.20 元）。

三、破产清算

淮北临涣煤业有限责任公司于 2007 年 4 月 17 日宣告破产，2007 年 5 月 1 日进入破产清算阶段。按照国家政策及当时核定的人数，需要对相关人员进行破产安置，同时上级政府、主管部门抽调肖琦等 80 名原淮北临涣煤业有限责任公司管理人员组成破产清算组，参与破产清算协调、破产财产维护管理等工作。至 2008 年 8 月 31 日，共发生破产人员安置费等破产费用 60006836.52 元。

四、生产自救

为了维护社会稳定，在进行破产清算工作的同时，淮北矿业（集团）有限责任公司、原淮北临涣煤业有限责任公司组织破产人员开展生产自救。

生产自救期间，与淮北惠临工贸有限责任公司签订托管协议，日常购销业务挂靠淮北惠临工贸有限责任公司，但独立设置核算体系，进行自主核算。采购生产物资、销售煤炭产品、缴纳各项税金等均使用淮北惠临工贸有限责任公司的资质及税号。

生产自救期间，使用破产企业的固定资产进行运作，成本费用核算方面：不计提固定资产折旧；不计提新井建设基金、上级管理费、造林育林费；维简及井巷费、安全费用均实行自提自用政策，不上交集团公司。

五、淮北临涣煤电有限责任公司的成立与运作

经过生产自救期间的充分准备，2008 年 9 月，淮北临涣煤电有限责

任公司正式挂牌运作，是淮北矿业（集团）有限责任公司的二级子公司。新公司成立后，先将生产自救期间的形成的资产、负债、所有者权益转入到新公司账务体系中。2008年底，淮北矿业（集团）有限责任公司使用原淮北临涣煤业有限责任公司的破产资产（固定资产等）、福利性资产作为投资投入，破产企业职工（自然人）使用国家拨给的破产企业职工安置费（职工经济补偿金）及其他补偿金作为投资投入。经过社会中介机构验资及变更验资，至2010年12月，淮北临涣煤电有限责任公司注册资本为30238.09万元，实收资本30238.09万元，其中国有法人资本17331.47万元，占57.32%，个人资本12906.62万元，占42.68%。

2008年4季度至2009年，淮北临涣煤电有限责任公司陆续收到淮北矿业（集团）有限责任公司下转的破产企业职工安置费（职工经济补偿金）、破产清算费用等破产拨款，均是"上下级往来"存款。

六、淮北临涣煤电有限责任公司的资产剥离及变更

2010年12月，淮北矿业（集团）有限责任公司聘请社会中介机构将淮北临涣煤电有限责任公司的生产经营性净资产进行剥离，出售给淮北矿业股份有限公司，剥离出来的净资产账面价值34399.29万元，净资产出售价格（评估价格）57791.89万元，营业外收入23392.60万元。资产剥离出售后，淮北临涣煤电有限责任公司仅保留福利性资产，不能再从事煤炭采掘业务，因此淮北临涣煤电有限责任公司于2011年3月份办理了机构名称、营业执照及组织机构机构代码证变更，机构名称变更为淮北临涣投资有限公司，经营范围变更为"投资举办商贸实体及管理咨询服务"。后期的福利性工程建设项目，包括矿山地质灾害治理项目、廉租房工程建设项目、棚户区改造工程建设项目等均在淮北临涣投资有限公司进行核算。

七、淮北矿业股份有限公司临涣煤矿成立

2010年12月，淮北矿业股份有限公司将从淮北矿业（集团）有限责任公司收购的淮北临涣煤电有限责任公司生产经营性净资产34399.29万元，投入到新成立的淮北矿业股份有限公司临涣煤矿，另外，淮北矿业股份有限公司投入采矿权13985.62万元，投入土地使用权2854.19万元。至2011年1月1日，淮北矿业股份有限公司临涣煤矿的"上级拨入资金"达51239.11万元。

第九章 煤质和运销管理

第一节 机构设置

2006 年 7 月，煤炭管理科有职工 98 人，其中科长 1 人，书记 1 人，副科长 2 人，工会主席 1 人，技术员 2 人，工人 91 人。

2011 年 3 月，装车、皮带操检人员划归保运一区管理。

2015 年 6 月底，全科有职工 32 人，其中科长 1 人，书记 1 人，副科长 1 人，工人 29 人。

2005 年 7 月，临涣煤矿煤炭销售由淮北矿业（集团）公司运销处集中管理，单独成立驻矿销售科，负责煤炭的地销工作。驻矿销售科设有科长 1 人，开票员 1 人，统计员 1 人，营销员 2 人，司磅员 4 人。煤炭管理科增加监磅员岗位 2 人。

至 2015 年 6 月，驻矿销售科有科长 1 人。

煤管科业务工作联系见图 7-9-1。

图 7-9-1 煤管科业务工作联系图

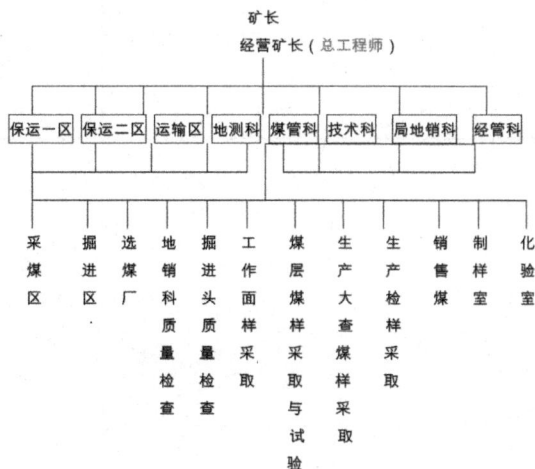

第二节 煤质特征

临涣井田煤的变质因素以区域变质为主，各主要可采煤层由东向西煤种分带和有浅向深变质程度逐渐增高。煤种按区域分布为：东部三采区以东多为1/3焦煤，以西多为焦煤。主要可采煤层为7、8、9、10煤层。7煤层以肥煤、气煤为主，并有少量焦煤和天然焦；8煤层主要为肥煤、焦煤和气煤；9煤层主要为肥煤、焦煤、气煤并有少量天然焦；10煤层以焦煤为主，次为天然焦，并有少量肥煤、气煤、无烟煤、贫煤等。

临涣井田地质条件复杂，影响煤质因素主要为顶、底板混入和地质构造，煤层顶板除10煤砂岩外，其余7、8、9煤层多为泥岩顶板，且破碎不易管理，造成很大的外来混入。10煤层大断层较发育，附存一些次生断层，加大煤质管理难度。可采煤层主要指标统计表7-9-2，历年煤质情况见表7-9-3。

表7-9-2 可采煤层主要指标统计表

化验项目 \ 煤层名称		7	8	9	10
半工业分析 %	Ad	11.76~39.40 23.38	8.56~27.19 19.05	11.35~33.54 22.62	7.95~34.60 17.32
	Vdaf	21.49~39.75 31.03	21.74~35.68 30.22	13.11~38.77 29.50	18.15~38.26 27.97
胶质层（m/m）	Y	10~42 25.50	14~31 23.52	13~34.5 23.57	0~38.50 22.86
硫%	St, d	0.20~1.05 0.42	0.37~0.98 0.61	0.18~1.34 0.63	0.12~1.16 0.40
磷%	Pd	0.0013~0.00359 0.0144	0.0012~0.0077 0.0025	0.0011~0.0745 0.0057	0.001~0.0059 0.0029
发热量（卡/克）	Qb, ad	4737~7433 6236	5918~7875 6710	5192~7220 6261	5782~7908 7012

表 7 — 10 — 3 历年煤质情况表

年份 / 煤层	煤层	可采灰分	Ad(%)毛煤灰分	(%)毛煤含矸率	毛煤产量
2005 (7-12月)	7				
	8				
	9				
	10				
	回采				
2006	7	23.35	41.37		729468
	8				
	9	23.06	40.27		613890
	10	20.41	40.60		237454
	回采	22.80	38.43		1580312
2007	7	23.02	42.12		1114136
	8				
	9	22.87	37.84		570628
	10	20.20	25.33		121348
	回采	22.72	39.57		1811068
2008	7	23.70	49.01		965234
	8	23.64	38.45		31526
	9	24.32	54.3		526829
	10	20.46	34.94		277488
	回采	23.38	48.45		1801077
2009	7	25.55	56.32		707457
	8	24.09	42.04		437678
	9	25.35	53.13		815781
	10	20.46	36.31		118836
	回采	24.87	50.23		2079752
2010	7	25.14	48.84		2021739
	8	24.63	50.12		166986
	9	24.15	41.28		468970
	10				
	回采	24.93	47.66		2657695
2011	7				
	8				
	9				
	10				
	回采				
2012	7	26.60	48.49		877579
	8	26.09	47.31		385365
	9	23.04	45.23		504168
	10	22.24	42.93		310295
	回采	24.65	47.06		2590937
2013	7	29.35	44.10		82578
	8	24.68	56.40		238194
	9	28.75	54.54		484178
	10	23.13	40.55		520632
	回采	25.45	46.13		2676266
2014	7	29.28	51.05		168584
	8				
	9	31.16	47.48		538874
	10	25.82	44.27		327219
	回采	27.07	45.52		2497595
2015 (1-6月)	7	29.28	52.05		238369
	8				
	9	30.52	46.63		551953
	10	25.12	33.92		352976
	回采	28.63	43.41		1143298

第三节 煤质管理方法

煤质管理主要是毛煤质量管理、原煤拣选、商品煤售前管理及采制化工作。其管理方法与矿井的地区条件、开采方法、生产技术诸因素有关。

煤管科配备了井下取样工、煤质检查员、采制样工、化验员、拣矸工。为贯彻执行《煤炭质量、数量管理试行规定实施细则》和集团公司《煤炭产品质量实施细则》，并根据具体实施情况，每年都对临涣煤矿煤质管理与考核办法进行补充和完善，具体采取了以下措施：

一、组织落实

（一）规定矿属有关领导把煤质管理工作列入议事日程，定期计划、布置、检查、总结煤质工作情况。

（二）建立三级煤炭质量领导小组。矿成立质量领导小组，矿长、总工程师任正、副组长；区队成立质量管理小组，区队长、技术员任正、副组长；班组设有兼职质量管理员。

（三）建立、健全煤质管理职能机构。配置采制化人员、专职煤质检查员、设置煤质兼职管理员，建立煤质汇制度，形成比较完整的煤质管理网络。

（四）建立健全各级领导、职能部门和生产岗位的产品质量责任制。形成由矿长对产品质量负全面领导责任；分管生产或经营的矿长对产品质量负直接领导责任；矿总工程师对产品质量负全面技术责任和矿井的计划、设计；生产技术、调度部门对企业目标、计划平衡、开拓设计、生产组织指挥中的煤质保证措施负责；采掘区队对毛煤生产质量负直接责任；保运区、运输区对毛煤运转过程的质量负责；煤炭管理科负责对全矿煤炭质量的管理、检查、监督和商品煤出矿的质量检查。

（五）开展宣传教育，利用广播、标语、板报、印发煤质管理知识手册及原销煤质量五日报等宣传工具，认真开展煤质提质升级创效益等系列活动，向广大职工宣传提高煤炭质量的重要意义，及时通报煤炭质量情况，发动全矿职工抓好煤质管理。

二、技术措施

（一）加强技术管理，从源头抓煤质。优化采区设计，对高灰块段及不经济块段进行经济技术一体化论证。合理确定回采工艺及设备选型，以提高煤炭质量。开拓方面设计时必须有完善的出矸系统，掘进必须跟煤施工；编制采掘作业规程时，必须把各项提高煤质的措施在作业规程中明文规定。

（二）强化现场管理，过程控制抓煤质。对采区每月下达毛煤计划，实行收购制，并执行超灰扣产制度。对采、掘区队违反煤质管理规定进行处罚，对严重违章行为进行责任追究。回采工作面严格实行"三不打"（炮眼不打顶板，不打底板、不打夹石层）、"三封闭"（顶板封闭、煤帮封闭、老塘挂笆封闭），工作面必须做到带压移架。加强煤质监督管理，煤炭管理科及煤质兼职网员富有"三大权力"即：（1）停车停产权：凡回采工作面和半煤岩掘进头，主观可行而又不按煤质管理规定作业，严重影响煤炭质量的，煤质管理人员有权停止其作业；（2）煤管科有权对违反煤质管理规定的单位和个人提出处理意见；（3）煤管科有权对未完成当月煤质计划灰分的采区实行超灰扣产及扣罚吨煤单价。

（三）合理配采，科学管理抓煤质。对高低灰分工作面，合理配采，以稳定和提高煤炭质量，做到效益最大化。

（四）充分发挥煤种优势，分装分运提高效益。临涣矿东三采区及以西采区多为焦煤，东三采区以东为1/3焦煤，由于焦精煤价格要远高与1/3焦精煤价格，必须对焦煤、1/3焦煤进行分装分运，以提高经济效益。

三、制定、落实奖惩办法

2005年始，逐年建立健全临涣矿煤质管理考核办法，制定相应的煤质奖罚制度。

（一）严格实行超灰扣产、降灰奖产，对各采煤区队逐月下达毛煤灰分计划，完不成煤质计划的区队，按《临涣矿煤质管理考核办法》中规定的公式进行扣产，降灰则加产。同时实行毛煤优质优价，劣质劣价。

（二）对严重违反煤质管理规定及连续三个月完不成煤质指标的单位进行责任追究。

（三）因采掘设计、工作面接替、配采方案不合理、掘进违反作业规程规定不跟煤层施工等造成对煤炭产品质量严重影响的，进行责任追究。

历年商品煤煤质指标及增（减）收煤款见表7-9-4.

表7—9—4历年商品煤煤质指标及增（减）收煤款表

指标\年份	计划灰分	(%)实际灰分	(%)计划水分	(%)实际水分	(%)发热量	(MJ/kg)增收煤款
2006	35.50	35.49	7.0	5.97	20.30	
2007	35.50	37.12	7.0	6.78	19.75	
2008	46.00	45.6	7.0	6.16	16.46	
2009	45.00	47.45	7.0	6.27	15.94	
2010	46.00	42.60	7.0	5.88	16.59	
2011	43.50	41.40	7.0	5.51	15.22	
2012	42.50	44.57	7.0	5.4	16.12	-64529638
2013	44.00	43.02	7.0	5.8	15.18	+36085206
2014	44.00	42.83	7.0	5.8	16.85	+26087763
2015(1-6)	41.5	41.55	6.0	5.6	13.29	

第四节 煤质分析

一、分析内容及人员配备

煤质分析主要包括煤样的采取、煤样的制备和分析化验及统计分析等工作。其中采样工作分为地面商品煤采样和井下煤层采样、生产检查煤样采取。煤质分析受集团公司煤质化验室的业务指导。

2015年，化验室面积50平方米，工作人员有化验员3人，采制样工5人，井下取样工3人。2014年5月化验室从矿内搬到原铁运处调运楼办公楼。

二、化验项目及仪器设备

（一）化验项目

2005年始，煤质化验项目开展7项：灰分（Ad）、分析水（Mad）、全水分（Mt）、挥发分（Vdaf）、发热量（Qnet,ar）、硫分（St）、真密度（TRD），对各种煤种采制样，煤质化验均已达到国家标准要求。

（二）仪器设备

1. 2015 年，制样设备有鄂式破碎机 2 台，对辊式破碎机 1 台，联合式破碎机 1 台，振动磨 2 台，干燥箱 1 台。

2. 化验仪器设备现有马沸炉 1 台，智能马沸炉 1 台，干燥箱 1 台，数显干燥箱 2 台，热量仪 1 台，自动量热、控制仪 1 台，三用恒温水箱 1 台，电热蒸馏水器 1 台，全自动电子分析天平 2 台，自动测硫仪 1 台。

第五节 煤炭运销方式

一、原煤入洗

2005 年始，临涣矿原煤主要通过临涣煤矿至小湖孜的运输专线运往临涣选煤厂入洗，由机电合一轨道衡计量， 铁运处统筹安排老 K 车辆，统一运输调度。入洗煤计量及路矿交接由专职监装员办理，入洗煤采取一批次一化验，以集团公司运销处驻临涣选煤厂地销科的化验数据为依据，上报运销处煤质科审核，并盖上"入洗原料质量检查专用章"，按照集团公司下达的内部结算价进行结算。

二、商品煤火车外运销售

2005 年始，商品煤由运销处统一销售。

车运计划由运销处计划按合同来统筹编排。临涣矿供应淮北力源热电有限责任公司煤炭，属于煤炭外运。

三、地销煤

2005 年始，临涣矿没有地销煤，商品煤全部入洗临涣选煤厂。

第六节 原煤流向

2005年以来，临涣矿原煤绝大部分进临涣选煤厂入洗，仅有少量供淮北力源热电燃料。临涣焦精煤主要流向上海、南京、合肥、马鞍山、芜湖等地区。

第七节 煤炭储运

矿井投产时就建有地面储煤圆筒仓3座，储煤量为12000吨；地面储煤场1座，至2015年，面积为15000平方米，储煤能力为160000吨。临涣矿配有两路装车线，两个火车放煤漏斗，两部调度绞车，圆筒仓下有12台K4型给煤机，给煤机放出的煤由皮带机输送至装车漏斗，由放眼工控制漏斗及调度绞车装车，5分钟可装满两节车皮。两股道一次对位25节车皮，1小时可装煤1200吨。在圆筒仓储煤不能满足装车需要时，将采用铲车把煤场的落地煤回装。在入洗不能保证实际生产时，将通过给煤机、皮带机、堆取料机输送到地面储煤场。

第八节 价格与结算

一、价格

临涣煤矿煤炭价格由淮北矿业集团公司根据市场情况下文规定和调整，2005年以来，商品煤实行集中管理以来，所辖各厂、矿煤炭销售（包括外运、地销、入洗、出口煤、自用煤）均由煤质运销处制定内部结算价，入洗原料煤以盈亏测算灰分指标为基础进行计价，混末煤以盈亏测算发热量为基础进行计价。

二、结算

2005 年始，淮北矿业集团所辖的各厂、矿煤炭销售（包括外运、地销、入洗、出口煤、自用煤），均由煤质运销处按内部结算价与矿统一结算，地销煤按市场价与矿结算，入洗原料煤按灰分计价，一批一结算，结算时应凭盖有煤质运销处"入洗原料煤质量检查专用章"印记的化验单与煤质运销处财务科结算。凡超过规定水份的按规定扣水折量。历年原煤产、销、存汇总见表 7-9-5.

表 7 — 9 — 5 历年原煤产、销、存汇总表

项目 年份	资源量		销售量					帐面存煤
	脏杂煤 当年	上报产量 当年	入洗量 当年	外运量 当年	地销量 当年	生产自用 当年	总销售量 当年	
2006	15781	1590195	1512355	93930	1392	1549	1609226	1459
2007	132000	1698303	1730646	92132	4811	1758	1829347	2415
2008	53200	1786788	1693971	132865	3738	2028	1832602	9801
2009	394198	1845511	2099734	127638	1826	2127	2231325	18185
2010	372540	2380898	2672802	0	31684	2132	2771508	115
2011	82770	2398169	2393272	73962	4411	1687	2473332	7722
2012	262500	2396336	2661358	0	107	1740	2663205	3353
2013	411068	2399000	2798852	11137	0	1890	2811879	1542
2014	0	2561940	2494574	5719	0	1700	2501993	61489
2015	0	1242618	1252146	6671	11117	310	1270244	33863

第十章 物资供应管理

第一节 机构设置

2006 年 7 月，物管科有职工 38 人，其中管理干部 5 人，工人 33 人。管理干部设党支部书记 1 人，科长 1 人，副科长 1 人，一般管技 2 人。

2014 年 12 月，淮北矿业集团公司供应分公司管理体制改革，撤消驻矿供应站，成立驻矿验收部，设验收人员 1 名，负责进矿物资验收工作。

至 2015 年 6 月，物管科有职工 38 人。其中管理干部 4 人，职工 34 人。

管理干部设党支部书记1人，科长1人，车间工会主席1人，一般管技1人。惠临公司汽车运输公司货车队由物管科代管，人员5人。货车队固定资产属临涣煤矿，有大小车辆7台，其中：徐工"海虹"16吨吊车1台，徐工50型装载机2台，货运车辆4台。

第二节 物资采购

2006～2014年12月，物管科工作的重心是物资计划管理和仓储管理。物资采购工作实行集团公司统一管理。物管科督促配合集团公司物资分公司驻临涣煤矿供应站，确保计划物资及时到货。根据物资管理状况，制定《临涣矿物资管理办法》、《临涣矿物资验收管理制度》，成立了物资验收领导小组，所有到货物资，必须经物管科验收员、库管员共同在规定时间内验收。对料厂物资塘材、笆片，水泥制品、黄沙、石子、锚杆、U型钢、钢筋网严把质量验收，并由经管部、财务科、纪委不定期抽查．验收过程中出现的质量、价格、数量等问题，由验收小组配合驻矿供应站协商处理；对物资在使用中发现的质量问题，由使用单位填写《物资质量信息反馈表》，交验收小组，鉴定属实后，由验收小组负责办理退赔事宜，并将退赔情况书面反馈给分管领导和使用单位。

2014年12月，集团公司供应分公司管理体制改革，撤消驻矿供应站，成立驻矿验收部，物资采购工作由集团公司供应分公司实行网上比价采购，采购工作更加公开化、透明化。集团公司对全局物资进行集中统一验收，并委派专人驻矿对所有材料进行现场验，物管科也加强物资验收人员配备，联合驻矿人员，由保管员会同验收小组成员或班组长共同验收，现场就其质量和数量、尺寸等检测检验进行检查、验收并办理手续，没有验收人员现场验收不预签字进库。 注重物资材料的安全性能放在第一位，杜绝不合格的的物资入矿入井。

第三节 仓库管理

一、井口超市

2007 年年初，临涣矿根据集团公司内部市场化要求，结合该矿物资管理工作实际，成立井口超市。井口超市主要负责对生产单位领出的材料、小型设备、配件和常用工具等物资进行集中保管，零散发放，并对存放的物资按集团公司标准化仓库管理的要求进行管理。井口超市位于矿副井口一楼东西两侧，库房总面积 517.60 平方米，分东库、西库两部分。其中东库（含大棚）面积 303.76 平方米，西库面积 213.84 平方米。井口超市东库存放统管和配件小型物资，西库存放二类、三类物资。井口超市东库有货架 40 套，地铺 12 套；西库有货架 42 套，地铺 13 套。另有发料柜台 2 套，发料窗口 5 个。人员配置 11 人，设主管 1 人，保管员 10 人。制定《井口超市工作标准》、《井口超市保管员岗位职业道德规范》等各项规章制度。2003 年始，逐步回收基层单位小仓库、综掘配件库、综采配件库，在井口超市东库专门设置了综采综掘配件库，西库主要是 1-28 类的小型设备、配件和常用工具。2015 年 6 月底，井口超市在册职工 9 人。每月发放物资大约 170 万元。

二、南库房

2006 年 6 月，物管科南库房建成，与物管科大院相连，总面积达 10000 平方米，共设标准库房 10 个，分别是统管库、二类库、三类五金库、三类电料库、配件库、自制加工库、杂品库、钢材库、设备库、配件副库。库房面积达 3650 平方米。

2007 年初，物管科井口超市成立，南库房小型设备、配件和常用工具由井口超市发放，南库房配置保管员 3 人，只负责钢材等大型材料的发放与管理。

2009 年 5 月，淮北矿业集团公司代储库成立，库房设置在南库房大院内，主要负责南部矿井的生产用料。代储库房设置保管员 1 人。其后，2012 年三一重工，2013 年上海创立，2013 年中煤张家口等综采、综掘设备生产厂家陆续进驻矿，为集团公司南部矿区调配配件提供服务，为临涣矿减少储备。

2011年9月，由于井口超市所在的地理位置及面积无法满足当时集团公司文明仓库管理的要求，按照标准化管理要求在南库房重新设统管库房、二类库房、三类库房、配件库房及代储库和驻矿厂家。配置货架249架、地铺149块、物资管理七项制度牌43块、大小架（堆）头牌板93块、经济指标牌板7余块、及平面示意图牌板1块等。

2012年3月，惠临公司劳保库划入物管科南库。

2015年6月底，南库房在册职工8人，队长1人。

三、物资品种

临涣煤矿物管科仓库的库存量通过标准化管理，库存结构已趋于合理，做到"样样都不缺，样样都不多"。2015年6月底，库存物资品种为1434种。仓库年吞吐物资为9600余万元以上，月平均占用储备资金均在500万元左右，低于集团公司下达的考核指标。

四、管理方法

2007年6月底，物管科积极推进"煤矿精益管理信息系统"实施，科办、仓库和料场配置齐全计算机，仓库保管员、计划员、统计员、科管技人员人手一台，所有人员都掌握本岗位在该系统中的工作流程，材料收入与发出均通过计算机管理，数据准确，初步实现了管理信息化。建立《材料分类目录》和《材料价格目录》。

2013年3起，物管科在抓好硬件的同时，开展"文明仓库管理"活动。活动组织主要由经管办、物管科相关人员参与。重点检查一、二级库物资的验收、发放、保管保养、账卡物是否相符及保管员、材料员的业务素质和服务质量。每月底进行月度评比，季度小结。对达标库房授予"文明仓库"的称号，对优秀保管员、材料员给予适当奖励。

2013年7月，按集团公司物资分公司的要求，完成手工帐脱离工作，账务处理实现了电子办公。9月份，矿实行刷卡领料制度，从而实现了基层科区领料员申请、科区负责人审批、经管部批料及科区领料员持卡到仓库刷卡确认领料并记账的无纸化管理流程，更加有利于加强材料发放的管控。

2014 年 4 月，按照集团公司物资分公司的要求，对基层单位 8 个二级仓库进行清仓查库并回收，基层单位所有物资回归物管科仓库，取消了基层单位二级库房，此次共计回收二级库房物资 918.33 万元，充分的盘活物资，减少物资积压与浪费。

储备资金实行二次分解包干。即：将集团公司下达的储备资金定额指标，预留出价格差异、在途材料部分后，按库分解到对应的保管员的头上。分解后的指标不予调剂，实行节奖超罚，结合矿制定的《物资管理办法》，对违反《办法》的人，除给予相应的处罚外，责成其写出书面材料，拿出整改措施，限期整改，确保完成储备资金定额指标。历年吨煤材料费情况见表 7—10—1， 历年储备资金占用情况见表 7—10—2。

表 7-10-1 历年吨煤材料费统计表

年份	定额（元/吨）	累计完成（元/吨）
2005	28.23	43.83
2006	31.35	43.152
2007	33.46	56.96
2008	38.49	49.243
2009	31.35	60.87
2010	44.03	81.66
2011	47.7	57.97
2012	58.53	52.94
2013	55.38	55.45
2014	32.81	37.97

表 7-10-2 历年储备资金占用统计表

年份	定额（万元）	期末占用（万元）	年平均占用（万元）
2005	385	381.22	371.56
2006	350	348.83	386.27
2007	350	545.68	361.65
2008	350	2101.46	1336.05
2009	350	470.49	1382.37
2010	450	546.17	420.16
2011	450	417.43	448.89
2012	500	1016.8	794.09
2013	500	400.85	493.14
2014	450	1596.3	927.11

第四节 坑木管理

一、坑木场概况

（一）坑木场概况。

坑木场座落在矿主、副井西南侧，西邻铁路专用线，总面积为15000多平方米，设有黄沙区、原木区、半成品区、笆片区、塘材区、支护专用品区、土产区、木材加工改制区、笆片加工区等；设有支护材料仓库2个，袋装水泥库2个，容量300吨散装水泥仓库1座。

（二）坑场储量。

黄沙区最大可储6000吨，一般在3000吨左右；坑木区（包括半成品区）最大可储2300立方米；笆片区最大可储大小笆片（包括半成品）5万片左右；塘材区各种规格塘材最大储量为1200吨。

（三）人员变动。

2005年6月，坑木场在册职工20人。2015年6月底，坑木场在册职工13人。

（四）设施变动。

2010年8月始，将坑场内架线运输改为电瓶机车运输，拆除架线设备，提高材料安全运输的质量。

黄砂大棚由长时间使用老化，漏水、破损。2011年5月，黄砂大棚拆除。

2012年10月，经矿整体规划，笆片加工区搬迁，只保留一个加工大棚。同时鉴于原来笆片、塘材垛大，不利于物资的保管保养等因素，对坑木场笆片、塘材垛区进行整改规划，把大垛全部改为小垛，垛间距加大宽度，既便于装、拆垛，又增加了通风。设塘材垛3垛，笆片1垛。

二、坑木加工

2005年7月至2015年4月，坑木加工改锯车间600余平方米，大小带锯机3台，圆盘锯1台，跑车1台，磨锯机4台。

坑木综合出材率保持在95%以上，锯耗在集团公司规定的5%以下。坑木在加工过程中，严格按照先到先用、推陈储新、劣材先用的原则，根据使用单位要求标准，合理用材。

2015 年 4 月，根据集团公司要求南部矿区物管科锯房木料加工由海孜煤矿统一加工配送，矿大锯拆除到海孜矿，保留小锯两个，简单加工矿用小料。

三、坑木消耗

2005 年始，随着金属支架的大量投入使用，坑木消耗较以往有所下降，2005 ~ 2014 年间累计消耗坑木 40327 立方米。　历年坑木万吨消耗情况见表 7-10-3。

表 7-10-3 历年坑木万吨消耗情况表

项目 年份	坑木消耗（m³） 企　　业	m³/万吨 原　　煤
2005	3189	21.07
2006	3371	21.05
2007	3468	18.95
2008	3247	17.60
2009	4591	20.54
2010	5129	18.63
2011	5498	22.16
2012	4517	16.99
2013	3586	12.76
2014	3731	13.79

第五节　支护材料管理

2005 年 7 月始，临涣煤矿支护材料管理由支护科负责。其主要管理职能：负责单体液压支柱及内注式支柱、三用阀维修和调试，负责综采（轻放）支架上下井，负责乳化泵修理，负责全矿"五铁"现场跟踪管理、用料审批；负责综采（轻放）工作面安装前的配件准备和综采支架维修，工字钢加工、修复、校直及井下工字钢库管理等工作。2013 年 10 月，矿撤销支护科，成立机厂。原支护科承担的"五铁"现场跟踪管理、用料审批职能并入经营管理科，其他职能延续到机厂。

至 2015 年 11 月，临涣煤矿液压支柱在册液压单体支柱 4205 根，在用 2845 根；铰接顶梁在册 2401 根，在用 1618 根；金属支架在册 365329 根。在用 357034 根。

第六节 火工品管理

2006 年 6 月至今，火工品管理仍归口通风区，由通风区储存保管、使用，物管科负责物资的验收及账务处理。历年火工品消耗情况见表 7-10-4。

表 7-10-4 历年火工品消耗情况统计表

年份	炸药消耗定额（t/万 t）	实际（t/万 t）	累计（t）	雷管消耗定额（发/万 t）	实际（发/万 t）	累计（发）	备注
2005	1.56	1.916	290	3850	4585.322	694126	
2006	2	1.830	293	4000	4517.472	723428	
2007	2	1.606	294	4000	4136.819	757162	
2008	2	1.578	291	4000	3721.334	686400	
2009	2	1.678	375	4000	3675.661	821400	
2010	1.5	1.416	390	3500	3111.317	856670	
2011	1.5	1.850	459	3500	3870.37	960200	
2012	1.5	1.177	313	3500	1633.703	434369	
2013	1.5	1.139	320	3500	1964.14	551943	
2014	1.5	0.905	245	3500	1641.53	444198	

第七节 修旧利废

2006 年至今，临涣煤矿建立健全了规范废旧物资管理的各项规章制度，主要有《物资交旧领新制度》、《废旧物资管理制度》和《保管员岗位责任制》。废旧物资的管理按仓库新品物资正规化管理，收货有记录，出库有手续，库存物资均有帐册。在严格交旧领新制度的同时，加强废旧物资的分拣工作。对升井入库的废旧物资，由专人负责进行分拣，可修复的物资分拣归类后入库保管；无修复价值的集中存放，统一处理，近两年物资回收复用、修旧利废力度明显加大，累计修旧利废值明显提高。历年修旧利废情况见表7-10-5。

表 7-10-5 历年修旧利废效益统计表

年份	累计修旧利废值（万元）
2005	185.81
2006	197.54
2007	212.23
2008	231.42
2009	243.55
2010	247.66
2011	288.86
2012	912.82
2013	2644.84
2014	2531.00

第十一章 基本建设与房地产管理

第一节 基本建设管理

一、机构设置

2005 年 7 月，临涣煤矿基本建设管理由基本建设科负责。基本建设科科长 1 人，副科长 2 人，技术员兼施工员 5 人。

2007 年 6 月，基本建设科与计划科合并，成立计划工程科，计划工程科设工程建设组。

2014 年 4 月，计划工程科并入经营管理科，基本建设中小型工程现场监督职能划入物业管理科。

2015 年 6 月，经营管理科设工程计划主管 1 人，施工员 1 人，物业管理科设工程主管 1 人。

二、基本建设工程管理职责范围

主管全矿所有的建设工程建筑技术和现场施工管理，其职责范围是：

（一）执行国家的基本建设方针、政策及有关法规规定，按照基本建设程序有计划地组织矿井及生活服务设施的建筑安装工程的实施，确保矿井安全生产和发展；

（二）组织和参与编制建筑安装工程的设计（包括方案设计、初步设计、施工图设计等），并按规定办理设计和施工中的申报手续，负责矿井生活服务设施长远规划的编制工作；

（三）负责建筑安装工程的招投标管理，接受集团公司主管部门和矿纪检监察部门的监督检查，负责施工合同文书的编制工作；

（四）组织和参与建筑安装工程施工、安全设计的编制工作，参加现场管理和工程质量监督，及时处理施工中发生的问题，确保工程进度；

（五）负责工程的开工、竣工、设计变更、材料代换和工程更改等报告的编制及工程质量监督的申报工作；

（六）加强施工安全和材料质量的管理，组织中小型工程的管理评定及竣工验收、并办理工程交接手续；

（七）积极推广建筑工程的先进技术和管理经验，负责工程竣工验收资料的整理、编制工程施工的预算、结算和决算；

（八）参与治理环境污染的研究和治理实施工作；

（九负责全矿地面建、构筑物防震、抗震、安全加固工作，对矿井生命线工程进行监视、申报、治理研究和实施工程；

三、建设工程计划、监督与管理

临涣煤矿基本建设科存在时期，对全矿建筑安装工程实行专职管理，参加工程初步设计方案的研究，办理委托工程设计、绘制施工图、办理工程规划和施工许可证，办理工程质量监督委托、办理工程施工合同、监督工程材料的试验和进场情况。主持工程开工定位放线，组织工程地基、基础、主体质量验收，监督工程质量和安全，整理工程资料并报送审批、参加工程竣工验收，编制工程预算、拨付工程款，负责工程结算、决算，负责工程竣工验收交付使用后的善后服务工作。

至 2015 年 6 月，基本建设管理大部分职能由经营管理科（计划）负责，物业科负责中小型工程的现场监督。建设工程立项主要根据生产、经营、安全、生活等需要，提出方案建议，进行安全、经济、技术一体化论证，报淮北矿业集团公司同意下达专项资金计划后方可实施。建设工程项目设计一般由淮北工业建筑设计院或具备资质的设计单位设计，经集团公司有关部门审查方案，设计院根据确定的方案提供施工蓝图。工程建设队伍选择主要根据设计图纸编制预算书，造价超过 50 万元的项目需经过集团公司招标，低于 50 万元的由矿进行招投标，择优选择施工单位。矿经管管理科（计划）、物业科、、监察审计科、武保科、项目使用单位等为施工管理部门，共同监督建设工程施工质量、进度、安全等。严格按照设计图纸施工。 矿经营管理科（计划）科组织竣工验收工作，编制或审查竣工决算，监察审计科负责建设工程审计。

第二节 房地产管理

一、综述

至 2015 年 6 月底，临涣煤矿房屋总面积为 401742 平方米，原值 16503 万元。其中：工业用房建筑面：41413 平方米，原值 1951 万元，包括厂房 10652 平方米，办公用房 21882 平方米，仓库 4835 平方米，其他房屋 4044 平方米；非工业用房建筑面积 360329 平方米，价值 14552 万元。

其中：2005 ~ 2015 年，职工住宅总面积净增为 83323 平方米，投入资金净增 6516.93 万元。

二、房地产管理机构及职责

2005 年 7 月，临涣煤矿房地产管理由临涣煤矿物业处房地产科负责，房地产科设 1 人专职管理房改政策及产权办理工作，3 人专门负责工人村住宅的使用管理及房费收缴工作，2 人负责住房公积金管理。2009 年 5 月，撤销房地产科后，房地产管理职能相继由生活服务公司、物业科承担，2014 年 职工住房公积金管理由物业科划入人力资源管理部，2015 年元月，房产管理职能划入社区服务中心。

房地产管理的主要职责

（一）学习、传达、落实房改政策；房屋产权资料管理；产权办理；负责日常产权工作。

（二）对职工房屋使用权的管理及资料保存；社区内公房的出租、出售 ；社区内公房、住宅房的装修改建的监控工作；收集上报社区内公房、住宅房及公共排水系统的修缮需求。

（三）负责职工住房公积金的管理及资料保存；职工住房公积金的做帐、上报；职工住房公积金使用办理工作；职工住房公积金的解释；公积金微机室的使用与管理。

三、土地征迁管理

（一）机构设置

2005年6月，矿征迁办设副主任1人，征迁员3人。

2012年10月，征迁办列入物业科编制，设主任1人，征迁员2人，在经营矿长的直接领导下独立开展工作。

矿征迁办的主要职责：负责土地征用及村庄搬迁工作；维护地产产权及处理权属纠纷工作；参与地产产权档案资料的收集、汇总、存档工作；按上级的需要做好土地使用状况的社会统计调查工作。

（二）土地征用

2005年6月到2015年6月，因采煤塌陷和地面使用，新增征用土地6680.51亩，支出金额28240.7827万元。其中：工业基建用地新增86.8亩，支出金额346.7482万元；采煤塌陷用地新增6593.71亩，支出金额27894.0345万元。

（三）搬迁村庄

2005年6月至2015年6月，共新增搬迁村庄和单位9处，计1566户，搬迁人口7589人，支出搬迁费用16422.1346万元。新增搬迁村庄和单位分别是：韩村镇光明村桥头吴；小吴家；大吴家；骑路杨家；和谐村后陈圩；双沟村皂树底庄；孙疃镇陈楼村古轮桥等四庄一校；苏家；四铺镇梁圩村梁圩孜庄。

（四）塌陷区土地治理

1. 利用煤矸石回填复路

充分利用采掘生产排出的煤矸石充填塌陷区，恢复因采煤塌陷影响的矿区自用公路和农业生产道路。至2015年6月，该矿回填总方量已达321505立方米。

2. 在塌陷区边缘地带进行综合利用

对部分塌陷深度在1.5米以内的未征用土地进行复垦，还田于民，相对增加农民的可耕地面积，保证农民收益，符合国家的土地政策，而且还为集团公司节约征迁费用。至2015年6月，该矿业已复垦农业用地1103.755亩，塌陷区土地的回填利用率达15%。

3. 利用政策对采煤沉陷区进行矿山地质环境治理

2009～2010年，临涣煤矿利用矿山地质环境治理项目，对采煤沉陷地合计约1483.508亩进行治理，其中治理恢复建设用地面积约956.478亩，农业用地面积约527.03亩。

第十二章 通讯和计算机管理

第一节 机构设置与管理职能

一、机构设置

2008 年 12 月 23 日，通讯科和调度所合并成立安全生产信息中心

2013 年 8 月，井下维修班划为通风区管理。

2014 年 8 月，井下维修班划为安全生产信息中心（通讯）。

至 2015 年 6 月，安全生产信息中心（通讯）下设井下班、机线班、网络管理中心。有职工 19 人，其中副科长 1 人，专业技术员 2 人，中级技术工人 3 人，高级技术工人 2 人。

二、管理职能

（一）负责井下、地面生产通讯、人员定位、视频、计算机网络、计质计量设施的施工，通讯、人员定位、视频、计算机网络、计质计量线路的质量标准化管理，并负责通讯、人员定位、视频、计算机网络、计质计量的维护和调试，以通讯、人员定位、视频、计算机网络、计质计量的安装、拆除、移挪和日常维修。

（二）负责全矿通讯设施的施工，办公电话及家庭住宅电话的安装、拆除、移机的日常维修，并负责电话号码的查询，通讯交换设备，通讯电力设备的维护与调试。

（三）负责全矿计算机网络的管理以及计算机相关设备的调试与日常维护。

第二节 通讯制度

一、通讯保密制度

严格执行有关保密制度，不得将所掌握的机密事宜告诉他人；不准与工作无关人员进入机房等要害车间；工作过程中若必须监听时，不得超过三秒钟；各种资料记录须妥善保存，不得丢失短缺；若发现他人泄密时，应及时予以制止。

二、技术资料管理制度

建立建全机线等设备的技术档案；工程设计、安装、竣工、验收资料、技术说明书、图纸应存入档案，建全技术资料的借阅、归还及资料的丢损注销手续；设备及线路在使用期间，因位置变更原器件损坏、更新要及时记录，整修后的有关技术指标要测试准确，并将测试记录存档备案；建立一机一卡制，机厂卡的各项内容要逐一填写；对用户线路、分线箱、单机（包括装、拆、移机）配线号码、单门名称，要有详细记录。

第三节 通讯设备与手段

一、通讯设备

2011 年 12 月，安全生产调度信息系统安装完毕投入使用。

2012 年 10 月，井下安装视频系统

2012 年 12 月，更换调度交换机（DDK-6）。

2013 年 3 月，井下安装人员定位系统。

历年通讯设备配备见表 7-12-1。

表7-12-1 历年通讯设备配备表

序号	配备时间	名称	数量	型号	产地	备注
	2012年	安全生产调度信息系统				2012年安装
	2012年	生产调度交换机	1	DDK-6	江西南昌	2012年安装
3	2013年	井下人员定位系统	1	KJ303	工大高科	2013年安装

二、通讯手段

（一）临涣煤矿程控交换机，使用的电话机都是多功能双音频，交换机通过扩容已达到4000门。

（二）矿内工业广场SP30数字程控交换机使用NO.7号信令，通过光缆传输接入相山汇接局。DDK-6多媒体数字程控调度机通过中继线分别接入局调度交换机，SP30数字程控交换机。

第四节 计算机设备与管理

一、计算机设备

2005年12月，全矿共有计算机160台。

2006年，增设计算机20台；

2007年，增设计算机20台；

2008年，增设计算机20台；

2009年月10月，增设计算机20台。

2010年，增设计算机20台；

2011年，增设计算机10台；

2012年，增设计算机20台,配备服务器两台：HP 580、HP 380; 2013年，增设计算机20台；

2014年，增设计算机3台。

至2015年6月，全矿有计算机189台。

二、光纤网络

2011 年 10 月，井下建立工业环网。临涣煤矿工业环网以工业级千兆网管交换机为核心，在矿井上、下构建用于通信及工业控制的千兆级以太环网，在环网内任一点发生连接故障时，系统会在 300 毫秒内切换为具有全部传输能力的总线结构，不影响网络内信息传递，提升网络的可靠性。

2012 年 10 月，井下建立了可视化系统。临涣煤矿井下视频采用的是矿大华洋的视频系统，井下安装了视频服务器 17 台视频光端机，摄像头 126 台。地面采用的是海康威视的硬盘录像机，地面有摄像头 68 台。

2013 年 3 月，井下建立人员定位系统。使用的是合肥工大高科信息科技股份有公司提供的 KJ303（A）人员定位系统。安装控制分站 30 台，读卡分站 136 台，识别卡 4800 个。该系统具有双机热备、双向报警呼叫、系统报警、信息联网、人机对话功能、显示、监测、存储与查询等功能。

三、计算机管理

网络管理中心配备分管副科长 1 人，工程师 2 人，统一负责全矿计算机管理。其职责为：确保服务器、交换机、光纤交换器正常运行；网络管理有规划有制度；网络划分科学，IP 地址分配正确，权限设置合理；每月检查网络交换机运行日志，防止内部非法侵权；不准在网上传播和浏览不健康的东西；各计算机终端都装有防毒软件，防毒软件至少每月升级一次；确保网络线路的畅通和其它设备的正常工作。

第十三章 能源与计量管理

第一节 能源管理

一、管理机构

2005年7月，能源与计量管理隶属于企业管理科。

2007年6月，经营管理办公室与企业管理科合并，成立经营管理部，矿重新调整节约能源领导小组成员和聘请节能网员，全矿节能工作隶属经营管理部（经管科）。

二、节能工作状况

2005年7月至2015年6月，临涣煤矿节能工作成果有：

2006年，副井北勾电控改造，采用晶闸管控制可实现12脉动与6脉动相互切换，提高系统的可靠性，利用数字调速系统比原F-D机组每年可节约电量约200万度，节约电费约140万元，节约维修费用约20万元。Ⅰ4采区八四皮带运输机巷通过技术改造，通过改造胶带机带速由原来的2m/s提高到2.5m/s，提高运输能力，年节电量48.9万度，节约电费34.2万元。

2007～2010年，压风机房4台活塞式空压机陆续更换为双螺杆空压机。每台螺杆式压风机较活塞式空压机可实现多达20%的节能效果，全部空压机年节约电量约为90万度，节约电费约36万元。另外螺杆式压风机采用风冷，减少冷却水使用，达到低碳排放，每年可节约16万元。

2008年，地面排矸系统改造，该改造包括主井南勾提升系统改造、新建选矸楼、圆筒仓下皮带机系统改造。通过改造减少地面生产系统6条皮带的运输环节，可减装载容量17千伏，年可节约电量约81.6万度，节约电费57.1万元。西风井抽风机高压变频调速技术改造，采用高压变频装置控制风机转速控制矿井通风量，每年节约电费 85 万元，每年减少维修费用约为 5 万元，合计为 90 万元。

2010 年，主、副井提升机提效技术改造，主井提速将提升速度调至9.5m/s，一勾提升时间为 94s。原一勾提升时间为 110s，单勾缩短 16s。副井提速将提升速度调至 8.0m/s，一次提升时间缩短为 90 S（提速前运行时间为 120S）。主井提升机提速经济效益：单勾运行时间缩短，每天可以多提 1300 吨，一年可多提 44 万吨 。副井提升机一次提升时间缩短了30 S，提高副井运行效率，改造后比提速前每天多提 60 勾，有效缓解掘进提矸矛盾。

2011 年，压风机组恒压供风节能控制技术改造，该改造利用 PLC 与高压变频节能控制技术实现节能降耗，年节约电量 64.8 万度，节约电费为 38 万元；实现无人值守，年可节约人工工资约 20 万元；维修费用可减少 10 余万元。合计节约费用 68 余万元。

2012 年，采掘巷道全面推行无极绳绞车的应用，一台无极绳绞车平均可以替代 8 部调度绞车，每部无极绳绞车每年可以节约电费 58.44 万元。矿工人二村、三村住宅居民区部分住户更换了 DFB 系统集中式电子电能表，各户采取先预付交款充值后用电，实行网络（一户一卡）管理办法，减少抄表员的工作量，提高工作效率，准确率可提高 15% 左右，节约电量 6 万度，节约电费 3.4 万元。

2013 年，地面装车牵引绞车变频改造、地面变电所 2 台 630KVA 动力变和新煤仓 1000KVA、1600KVA 变压器节电器安装改造。通过改造场面装车牵引绞车每年电费及材料费节约 6.488 万元，4 台节能器投入每年节约电费 97.87 万元。

2014 年，东翼皮带运输系统实行集中控制，分别对东翼 1#、2#、3# 胶带输送机进行集控改造，实现集中控制，减少现场操作人员，年节约电量 157.3 度，节约电费为 110 万元。

2015 年，临涣煤矿东部井乏风余热利用项目，该项目研究开创了供暖（空调）一个新的技术途径，系统可靠，运行费用低，维护简单。年可节约电量 161.3 万度，节约电费 113 万元。

第二节 计量管理

一、管理机构

2007 年 5 月，撤销企业管理科成立经营管理部，矿重新调整节约能源领导小组成，由矿长任组长，机电矿长、经营矿长任副组长，成员由 10 个单位的主要负责人担任。下设计量管理办公室，隶属经管部，设办公室主任 1 人，办事人员 2 人，聘用计量网员 12 人。各单位也相应成立计量管理小组，配齐车间、班组计量管理人员，形成三级计量管理网络。全矿有专、兼职计量人员 40 人。计量管理办公室负责统管全矿计量工作，按有关文件规定检查、指导各单位的计量工作。

二、计量工作管理

根据《计量法》规定和淮北矿业（集团）公司计量管理工作的指导精神，临涣煤矿制定《计量管理十三项规章制度》和《计量管理办法实施细则》，建立健全计量器具管理台帐，做到帐、卡、物三统一，编制、下达各年度计量器具的周检、抽检和强制检定计划，绘制了计量管理三级网络图。

按照《煤矿计量器具配备通则》和安全生产等需要，至 2015 年 6 月，矿上配备各种计量器具共计 9296 台件，配备率 100％。其中长度计量器具 6 台件，热工计量器具 6 台件，力学计量器具 3496 台件，理化计量器具 1165 台件，电磁学计量器具 4623 台件。

能源消耗、产品质量、进出矿材料、定额管理计量检测率和标准器周期检定合格率均为 100％。

临涣煤矿计量器具的周检和抽检是根据淮北市质量技术监督局和集团公司质量技术监督处下达的有关文件，制定出详细的计划，定期进行。另外，根据《中华人民共和国强制检定的计量器具管理办法》第二条规定，将该矿在用的计量器具分为强制检定和非强制检定。其中用于贸易结算、安全防护、环境监测等强制检定的计量器具 1161 台件，检定周期为 1 年。集团公司依法对该矿使用的非强制检定计量器具 343 台件，检定周期为 1 年，按规定时间进行现场检定或送检。

至 2015 年 6 月，临涣煤矿实现法定计量单位，更加规范计量管理。

第八编　党群

第一章　中国共产党临涣煤矿委员会

第一节　机构沿革

1985 年 5 月，中共临涣煤矿委员会成立。

2008 年 5 月，因机构变更原中共临涣煤矿委员会更名为中共临涣煤电公司委员会。

2010 年 12 月，因机构变更原中共临涣煤电公司委员会更名为中共临涣煤矿委员会。

第二节　党员代表大会

2009 年 9 月 28 日，中共临涣煤电公司第一次代表大会召开，出席大会的正式代表 180 名，特邀代表 11 名，大会听取并审议通过武怀黎代表公司党委所作的《坚持科学发展、创新党建工作，为全面打造一流企业而奋斗》和孟凡春代表公司纪律检查委员会所作的《坚持惩防并举，更加注重预防，打造风清气正的矿区政治生态》的工作报告。大会选举产生了由王正武、张安临、武怀黎、孟凡春、胡海、韩流、潘富宝 7 名同志组成的中共临涣煤电公司第一届委员会，武怀黎任党委书记，潘富宝任党委副书记；大会选举产生了由王玉山、卞朝杰、毕正强、孟凡春、宫玺5名同志组成的中共临涣煤矿纪律检查委员会，孟凡春任纪委书记，毕正强任纪委副书记。

第三节 基层组织

中国共产党临涣煤矿委员会下设党总支委员会和党支部委员会。党总支委员会和党支部委员会每两年进行一次改选。

2005年7月，全矿共有党员1240人，2个党总支，40个党支部，105个党小组。

2009年9月28日，中共临涣煤电公司第一次党员代表大会召开时，党员651人，设31个党支部，92个党小组。

至2015年6月30日，全矿共有党员614人，设27个党支部，67个党小组。具体情况见表8-1-1。

表8-1-1 历年组织状况统计表

年 度 \ 项 目	党总支数（个）	党支部数（个）	党小组数（个）	党员总数（人）
2005年7月	2	40	105	1216
2006年12月	2	40	101	1271
2007年12月	2	40	98	1324
2008年12月	1	39	98	725
2009年12月	0	32	92	651
2010年12月	0	32	90	681
2011年12月	0	32	88	690
2012年12月	0	32	85	693
2013年12月	0	31	81	693
2014年12月	0	30	78	655
2015年6月	0	27	67	614

说明：2008年11月，当时全矿党员1335名，按照集团公司要求，610名退休党员组织关系转入烈山区党委组织部。

第四节　党员发展

　　临涣煤矿党委严格遵循"坚持标准、保证质量、改善结构、慎重发展"党员发展16字方针，贯彻"控制总量、优化结构、提高质量、发挥作用"的总要求，坚持"双培养三优先"，即把党员培养成业务技术骨干，把业务技术骨干和技术能手培养成党员，生产一线职工优先，优秀技术骨干、技术能手优先，优秀班队长优先，促进了党员发展工作的有序开展。同时，逐步建立发展党员工作失察、失实责任追究等制度。2005年以来，矿党委继续推行发展党员公示制度、发展党员票决制度，规范和完善了组织发展工作的程序；积极慎重地做好入党积极分子培养教育工作和发展新党员工作。2014年3月，按照集团公司《淮北矿业发展党员工作管理办法》（淮矿发〔2014〕16号）要求，在吸收党员过程中，进一步严格政治审查，建立了预审制、联审制，推行"双评议"，严格培训、测试制度、谈话制度等，严把党员"入口关"。

　　历年党员发展统计见表8-1-2。

表8-1-2 历年党员发展统计表

年度	2005年下半年	2006	2007	2008	2009	2010	2011	2012	2013	2014
发展党员数	23	31	34	29	31	51	20	33	43	12

第五节　党员管理

　　临涣煤矿党委始终坚持从严治党的原则、注重实效的原则、制度规范的原则、组织管理与思想教育相结合的原则、继承与创新相结合的原则，紧紧围绕安全、生产、经营中心工作，加强党员教育管理，全面提高党员队伍素质，发挥先锋模范作用。

临涣煤矿党委对党员进行管理的基本内容和方法途径：

一、组织生活会。每季度召开一次支部党员大会，每月召开一次支部委员会，每月召开一次党小组会，每季度上一次党课。

二、民主生活会。2005 年至 2015 年每季度召开一次基层党支部领导班子民主生活会，2005 年至 2015 年每半年召开一次基层党支部领导班子民主生活会。

三、每两年对党员进行一次民主评议。

四、党员目标管理。自 2005 年至 2012 年 5 月，主要从思想政治、组织生活、职业道德、安全生产、遵章守纪进行百分制月度考核。2005 年推行了党员不良行为记录卡制度。

五、"党员争星当先锋"。2012 年 5 月至今，围绕安全、生产、经营、技能学习、服务监督等重点工作，开展"安全生产之星、工作质量之星、学习技能之星、服务监督之星、勤廉形象之星"五星党员评比活动。

六、党内表彰。每年对先进党支部、优秀党支部书记、优秀党小组长、优秀共产党员进行评选表彰。详见 8—1—3 表。

表 8-1-3 历年"一先三优"表彰情况表

年 度 \ 项 目	先进党支部（五星党支部）	优秀党支部书记	优秀党小组长	优秀共产党员（五星党员）
2005 年度	10	10	20	115
2006 年度	10	10	26	50
2007 年度	10	10	36	60
2008 年度	10	10	35	51
2009 年度	10	10	36	59
2010 年度	10	10	32	44
2011 年度	未评	未评	未评	未评
2012 年度	12	未评	30	31
2013 年度	4	未评	未评	31
2014 年度	4	未评	29	30

第六节 党建活动

临涣煤矿党委为加强基层党支部建设，充分发挥党支部的战斗堡垒作用和党员的先锋模范作用，认真组织基层党支部围绕安全生产开展各项活动。长期开展了"党员身边无事故"、党员合理化建议、党员安全示范岗活动。

2005年6月，临涣煤矿党委完成学习实践"三个代表"重要思想为主要内容的保持共产党员先进性教育活动三个阶段工作，并进行了总结。6月至9月，开展了教育活动"回头看"。通过教育活动，"保持先进性、推进精细化、实现新突破"主题得到了加强，在安全生产、经营管理、民生建设和党建工作上积累了一定的经验。

2006年，矿党委围绕"干部作风建设年"这一主题，以季度为时间节点，按照学习动员、统一思想，广开言路、查找找问题，落实整改、完善制度，综合评估、检查验收四个阶段分步实施，思想教育和制度建设并举，着力树立干部的四种形象，即：勤于学习的形象、团结协作的形象、求真务实的形象、勤政廉政的形象。实现了我矿工作中心下移，管理重心下移，干部执行力的提升和质量标准化建设工作的有有序推进。同时组织开展了"八荣八辱"教育活动。

2008年，以反腐倡廉制度建设推进年活动为主线，精简机关部室14个，精简机关人员25人；组织职工向四川地震灾区捐款205558元；组织党员缴纳"特殊党费"105479元；220户符合条件的居民喜迁廉租房；610名退休人员移交社会化管理。在按照破产程序减员近千人的情况下，仍然保持产量大幅度的提升和安全形势、职工队伍的稳定。

2009年3月至8月，临涣煤电公司紧紧围绕"党员干部受教育，科学发展上水平，人民群众得实惠"总要求和"推动企业科学发展，构建和谐临涣煤电，打造安全高效矿井"活动主题，举行深入学习实践科学发展观活动，为应对金融危机挑战、推进质量标准化、提效益降成本创造了条件。

2010年2月至3月，开展"立足新起点、实现新目标、推动新跨越"解放思想大讨论活动；4月下发《关于推进学习型党组织建设的实施意见》；5月至2010年底开展"百名书记讲党课"活动；5月至2012年党的十八大召开前，以"组织强化、队伍优化、群众满意、企业发展"为总要，在基层党组织和党员中深入开展创先争优活动。

2011年2月至7月，开展 "抢抓新机遇、奋力新作为、推动新跨越"解放思想大讨论活动；6月开展"以人为本，执政为民"主题教育月活动；8月份出台"五星级党支部"创建考核办法，实行月度考核兑现；11月至

2012年2月，以"坚持以人为本、构建和谐矿区、推动科学发展"为主题开展了"大走访"活动，加强和改进新形势下群众工作，进一步增强群众工作的自觉性和主动性。

2012年1月至6月，开展"抢抓新机遇、迎接新挑战、加快12578目标实现"解放思想大讨论活动；4月始制定并实施了班组长素质提升和"乌金蓝领"工程；6月始开展领导大接访活动，加强群众工作，为党的十八大胜利召开营造和谐稳定的社会环境。7月开展"保持党的纯洁性、迎接党的十八大"主题教育实践活动。同时启动以"党员五带头"为主要内容的"红领工程"活动，促进基层党支部和党员两个作用的发挥。

2013年1月至3月，开展"保安全、提质量、增效益"解放思想大讨论活动；4月启动"班子建设关键工程、支部建设堡垒工程、职工培训基础工程、企业文化塑魂工程、党风廉政阳光工程和群众工作民心工程"六大工程建设活动；7月至年底，开展深入开展党的群众路线教育实践活动，围绕"为民构和谐、务实促发展、清廉树形象"主题，通过"学习教育、听取意见"，"查摆问题、开展批评"，"整改落实、建章立制"3个环节，认真查摆"形式主义、官僚主义、享乐主义、奢靡之风"方面问题，加强党员干部的宗旨意识和服务群众思想，促进党员干部思想提高、作风转变、党群干群主体关系密切、为民务实清廉形象的树立。

2014年3月至6月，开展"延伸教育实践活动、加强干部作风建设"活动；6月至12月，开展"吸取教训、统一思想、坚定信心、振奋精神、坚实安全红线"大讨论活动；6月下发"管技争优、支部创星"实施方案；12月，以"在职党员进社区，服务群众心连心"为主题，开展在职党员到社区报到为群众服务工作。实

2015年2月，开展"安全型、服务型、效率型、诚信型、创新型、廉洁型"六型机关创建活动；5月始，矿党政班子成员对照"严以修身、严以用权、严以律己，谋事要实、创业要实、做人要实"的要求，聚焦对党忠诚、个人干净、敢于担当，进行了"三严三实"专题教育。

第七节 党委工作制度

一、会议制度

党委会一般每月召开一次，会议由党委书记或副书记主持。

会议内容：研究贯彻执行党的路线、方针、政策和上级批示及决定的重要措施；研究全矿党的思想建设、组织建设、作风建设、制度建设和党的群众工作等方面的重大问题；研究全矿的思想政治工作、精神文明建设有关问题；研究全矿党的纪律工作和工、青、妇、武、综合治理及计划生育等方面的重大问题；研究安全、生产、经营的重大问题；研究干部教育、培养、考察、监督、任免、奖惩、调整问题；研究矿改革方案及实施措施；研究党政机构的编制、设置、变动和重要规章制度的建立、修改和废除。

二、党委中心组学习制度

每两周一次，参加人员为矿党政主要领导、分管领导、副总及党群机关部门负责同志，每次集中学习参学率不低于 90%。重要问题的理论学习，采取中心组学习（扩大）会议形式举行。坚持学习和调研相结合，以提升班子成员创新管理和解决实际问题的能力。

主要学习内容包括马克思列宁主义、毛泽东思想和中国特色社会主义理论体系；党的路线、方针、政策，以及重要会议文件及领导重要讲话；上级党委关于加强党风廉政建设的有关规定和工作部署；企业党建、思想政治工作和精神文明建设方面的政策、措施和要求；建立现代企业的法律、金融知识以及国有企业改革发展的政策措施和先进经验；集团公司生产、安全、经营等改革发展稳定重要工作所涉及的新知识。

中心组学习做到学习签到簿、学习记录簿、学习笔记簿"三簿"齐全。宣传部负责做好中心组集体和成员个人学习成果的收集整理工作，保持资料的完整性，以备上级部门检查和考评。同时，实行述学、评学、考学和成果交流汇报制度，以提高学习效果。

三、矿领导班子民主生活会议制度

2005 至 2015 年，矿领导班子民主生活会按集团公司安排时间节点召开，每年不于 2 次。会前，根据文件要求，矿党委结合中心工作确定会议主题，开展专题学习，并围绕主题通过下发征求意见表、召开座谈会、个别谈心交谈等形式进行意见征集，班子成员间相互谈心谈话，撰写个人发言材料；会议上，矿班子成员，特别是主要领导干部遵循团结——批评和自我批评——团结的方针，开展批评和自我批评，对自己思想、工作、作风方面存在的问题进行深刻剖析，查找原因，对别人存在的问题提出批评；会后，认真制定整改措施，对整改情况进行通报。

四、党建工作制度

每两年开展一次民主评议党员工作；每年年终进行一次党建工作检查；每半年召开一次党建工作例会；每月召开一次政工部门例会和基层党支部书记例会。

建立健全党的组织生活制度：认真落实"三会一课"和基层党支部民主生活会；对党支部和党员实行目标管理；建立党委委员党建工作联系点制度；积极开展党建理论研究，探索新时期思想政治工作的特点和规律；不断加强党务干部队伍的思想、组织、作风建设，不断提高党务干部素质；结合生产实际，开展多种形式的党建活动。

第八节 民主评议党员

民主评议党员就是按照党章规定的党员条件，通过对党员的正面教育、自我教育和党内外群众的评议，以及党组织的考核，对每个党员在各项工作中的表现和作用做出客观的评价，并通过组织措施，达到激励党员，纯洁组织，整顿队伍的目的。建立民主评议党员制度，是从严治党，加强党员教育、管理和监督的有效措施，有利于保持党组织的先进性，提高党员队伍的整体素质，增强党的凝聚力和战斗力。民主评议党员活动原则上每两年进行一次，在支部内部进行。按照学习教育、自我评价、党内外评议、组织考察、表彰处理 5 个阶段分步进行，最后评议定出优秀党员、合格党员、不合格党员（详见表 8-1-4）。按照上级党组织要求，2005 年度的民主评议党员工作与保持共产党员先进性教育活动同步进行，只开展评议，不定格次。历次民主评议党员情况见表 8—1—4。

表 8-1-4 临涣煤矿历次民主评议党员情况统计表

项目 年度	应参加评议党员（人）	实参加评议党员（人）	优秀党员（人）	合格党员（人）	不合格党员（人）
2007 年度	1324	1324	60	1264	
2009 年度	651	651	59	592	
2011 年度	690	690		690	
2013 年度	693	693	31	662	
2014 年度	655	655	30	625	

第二章 党的组织工作

第一节 机构

1985年5月，设立临涣煤矿党委组织部。

2007年6月，成立机关政工党支部，包含办公室、组织部、宣传部、纪检监察科、团委、计生办。成立机关生产党支部，包含调度所、技术科、地测科、通讯科，成立机关经营党支部，包含工资科、财务科、计划工程科、经营管理科。成立综采一区党支部、综采二区党支部、综采预备区党支部、掘进二区党支部、掘进三区党支部、掘进四区党支部、掘进五区党支部、综掘区党支部，武保科党支部，撤销原轻放四区党支部、原轻放五区党支部、原采煤预备区党支部、原掘进三区党支部、原掘进四区党支部、原基建五区党支部、原基建六区党支部、原掘进二区党支部、原武装保卫党支部。撤销采煤三区党支部、基建七区党支部。

2008年5月，撤销物业科党总支。

2008年12月，将组织部、宣传部、计生办、团委、职教学校等部门合并成立政工部。

2008年12月，撤销退离休科党总支、保留退离休科党支部。

2009年5月，撤销房地产科党支部。

2009年10月，采煤一区党支部更名为综采三区党支部，采煤二区党支部更名为炮采区党支部。

2011年6月，成立防突区党支部，保运一区党支部，保运区党支部更名为保运二区党支部。

2012年10月，撤销原政工部，宣传部职能独立，团委并入工会，职教办并入组织部，成立新政工部。

2013年7月，烈山留守处划入杨庄矿，隶属我矿的原党支部自然撤销。

2013 年 11 月，成立党委组织部、综采预备一区党支部、综采预备二区党支部、修护一区党支部、修护二区党支部、机厂党支部，撤销政工部、综采预备区党支部、炮采区党支部、修护区党支部、掘进六区党支部、支护科党支部。

2014 年 8 月，原综采预备一区承建制划入工程建设公司，隶属该矿的原党支部自然撤销。

第二节 任务与职责

临涣煤矿党委组织部是矿党委主管干部工作和组织工作的职能部门。

一、基本任务

正确贯彻党的组织路线，加强党的思想建设、组织建设和作风建设，坚持党要管党，从严治党，不断提高基层领导班子和领导干部队伍素质，落实"党管人才"要求，加强人才队伍建设，积极深化干部人事制度改革，切实增强基层党组织的创造力、凝聚力和战斗力，为全矿改革发展提供坚强的政治保证和组织保证。

二、主要职责

（一）督促、指导基层党支部（总支）按照党章和基层组织工作条例开展党的工作。

（二）做好干部的管理、教育和培训工作。

（三）按照《临涣煤矿关于加强后备干部工作的实施意见》，抓好后备干部队伍建设，做好后备干部的考察、选拔、培养工作。

（四）做好知识分子工作。负责落实知识分子政策；负责专业技术人员的考核、业务档案、专业技术资格的评审、考试以及专业技术职务的聘任工作；每两年进行一次科技兴矿项目暨优秀知识分子评审、表彰。

（五）按照"坚持标准，保证质量，改善结构，慎重发展"的方针，做好组织发展工作。有重点地吸收一线生产骨干、关键工作岗位、优秀青年知识分子、优秀青年团员入党。

（六）做好党员教育、管理和监督工作。结合党员队伍的实际情况，有针对性地开展党员教育活动；管理和接转党员的组织关系；按照规定收缴、管理、使用党费；做好民主评议党员工作；指导基层党支部开展工作；开展好"创先争优"活动。

（七）负责干部和党员统计工作；管理干部人事档案；做好组织发展工作材料的归档工作；负责党刊的征订、发放工作；做好文书归档工作。

（八）做好干部审查工作。负责因公出国、出境人员的政审工作；接待外调；处理党员、干部的申诉；做好党员、干部的来信来访工作；按照政策，审查、落实离休干部的有关待遇。

（九）做好上级党组织下达的其它各项任务；做好党委临时交办的其它工作。

第三节 干部管理

一、干部队伍基本状况

截至 2015 年 6 月 30 日，临涣煤矿干部 283 人（其中在岗人员 256 名，不在岗人员 27 名），其中男性 253 人，女性 30 人，副科级以上管理人员 174 人，专业技术人员 109 人；干部中有中共党员 151 人，共青团员 26 人；大专以上文化程度 247 人，中专文化程度 36 人；35 岁以下有 101 人，36 岁至 45 岁的有 80 人，46 岁至 55 岁的有 97 人，56 岁以上的 5 人。临涣煤矿历年干部基本情况见表 8-2-1、8—2—2。

表 8-2-1 临涣煤矿干部构成表

干部总数（在岗）	按职务分类			按文化程度分类				按职称分类				按性别分类	
	矿级	科级	一般干部	本科及以上	大专	中专	中专以下	高级	中级	初级	未聘	男	女
264	10	151	103	155	81	28	0	16	87	105	56	240	24

干部总数（不在岗）	按职务分类			按文化程度分类				按职称分类				按性别分类	
	矿级	科级	一般干部	本科及以上	大专	中专	中专以下	高级	中级	初级	未聘	男	女
19	1	12	6	5	6	8	0	1	7	5	6	13	6

表 8-2-2 历年干部基本情况表

项目 年 度	干部总数	女干部	科级以上管理人员数	各类专业技术人员数	技术职称			文化程度				年龄层次			
					高级专业技术职务	中级专业技术职务	初级专业技术职务	本科文化程度	大专文化程度	中专文化程度	高中及以下文化程度	35岁及以下	36岁至45岁	46岁至55岁	56岁及以上
2005 年	294	25	176	118	19	69	123	72	71	66	85	76	120	85	13
2006 年	339	38	201	138	19	49	112	75	92	53	119	126	132	78	3
2007 年	415	107	189	226	23	79	222	94	131	127	63	171	176	66	2
2008 年	310	41	185	125	21	60	149	88	96	64	62	110	127	67	6
2009 年	306	41	181	125	21	71	138	101	108	56	41	125	105	68	8
2010 年	299	40	187	112	22	73	128	129	113	45	12	103	102	87	7
2011 年	311	39	193	118	20	80	119	121	122	62	6	109	101	92	9
2012 年	308	38	183	125	21	76	105	131	136	36	5	99	113	90	6
2013 年	304	38	193	111	17	88	107	158	103	43	0	104	93	101	6
2014 年	275	30	171	104	17	91	102	153	88	34	0	97	78	96	4
2015 年 6 月	283	30	174	109	17	94	110	160	87	36	0	101	80	97	5

说明：统计数据包含离岗待退管技。 2007 年底，管技总数包含当时的职工医院 107 人干部。

二、干部的管理权限

2005 年始，临涣煤矿干部按照管理权限：

（一）集团公司党委和集团公司管理的干部有：党委书记、矿长、党委副书记、纪委书记、采煤副矿长、掘进副矿长、机电副矿长、经营副矿长、工会主席、总工程师、驻矿安监处处长、后勤副矿长、离岗待退处级调研员。

（二）集团公司党委工作部（原集团公司组织〈人事〉部）备案的干部有：组织人事部门负责人的任免由矿提出意见，报集团公司党委工作部研究同意后下文批复。纪委副书记、监察科长的任免要报集团公司纪委同意后、方可下文。

（三）协管干部有：团委负责人的任免要执行团干协管制度。

（四）矿管干部有：正（副）科（区）级干部（含副总工程师）、专业技术人员，在规定的定员定编范围内，报集团公司党委工作部审批后，由矿决定其职务任免。

2005年至2014年6月，矿管技人员任免实行前备案制，调整方案报集团公司党委工作部审核。矿副总工程师的任免要报集团公司党委工作部领导人员室审批。2014年6月始，对组织人事、人力资源、纪委监察审计、财务部门负责人和各单位副总师等双重管理岗位人员任职调整报集团公司党委工作部进行前备案管理；其余岗位管技人员任职调整由矿按规定自主进行，任职调整结果报集团公司备案。

第四节 科技干部管理工作

一、职责

负责全矿专业技术人员管理和专业技术队伍建设工作；负责专业技术人员职称评审、考试和专业技术职务聘任材料的审查上报工作；负责大中专毕业生接收、安置、见习、考核、转正、定级工作；负责专业技术人员继续教育培训工作；负责对专业技术人员进行年度考核工作；负责科技干部政策的咨询、来信来访和情况反馈工作；负责培养、选拔和推荐拔尖人才，加强专业人才、管理人才、岗位技术能手三支人才队伍建设。

二、职评工作

专业技术职称评审是临涣煤矿科技干部管理的一项经常性工作。2005年始，集团公司对煤炭工程序列、政工专业高、中、初级专业技术职务进行评审。2012年9月始，从事煤炭工程和政工工作岗位的员工，实行考评结合，参评人员须参加淮北矿业统一组织的专业技术职务任职资格考试，成绩合格后，方可进入评审环节。

从事经济、会计、审计、统计等岗位的员工，在符合相关专业技术职务评审基本条件和任职资格条件的前提下，可自行报名参加相应国家任职资格或执业资格考试。通过考试取得相应专业技术职务任职资格证书的人员，由所在单位组织人事部门，按照相应专业技术职务任职资格条件的相关规定确认其资格。

严格职评条件。申报人员须符合相应专业技术职务评审的基本条件和任职资格条件，按照岗职相符原则申报。受党纪、政纪处分未满处分期的、正在接受纪检监察或司法部门审查的、在申报前一年度履职考核为基本称职或不称职的、其它政策另有规定的人员，有上述情形之一者，当年不得申报认定或评审。

初次认定。获得大学专科或中专学历后，在管理或技术岗位工作满一年，可认定员级专业技术职务任职资格；获得大学本科学历或硕士学位后，实践锻炼期满一年，经考核竞聘上管理或技术岗位，可认定助理级专业技术职务任职资格；获得博士学位后，实践锻炼期满一年，经考核竞聘上管理或技术岗位，可认定中级专业技术职务任职资格。

二次认定。获得大学专科学历并经初次认定取得员级专业技术职务任职资格后，再从事专业技术工作满两年，可认定助理级专业技术职务任职资格；获得硕士学位并经初次认定取得助理级专业技术职务任职资格后，再从事专业技术工作满两年，可认定中级专业技术职务任职资格。

历年专业技术职务评考情况见表8—2—3。

表8-2-3 历年专业技术职务评聘一览表

项　目 年　度	高级专业技术职务	中级专业技术职务	初级专业技术职务
2005 年	7	6	2
2006 年	3	6	10
2007 年			
2008 年	3	6	9
2009 年	3	16	31
2010 年	1	4	7
2011 年	1	4	10
2012 年	2	14	35
2013 年		14	26
2014 年		17	16
2015 年		8	4

截至 2015 年 6 月，临涣煤矿现有具备各类专业技术职务的干部 220 人，具有高级专业技术职务 16 人，中级专业技术职务 93 人，初级专业技术职务 111 人；分工程、经济、会计、统计、政工、图书档案 6 个系列。

三、专业技术职务聘任

专业技术职务实行评审与聘任分开，即各级专业技术职务评审委员会只评审专业技术职务任职资格，专业技术职务由所在单位根据岗位需要进行聘任。

该矿于 1999 年 11 月 10 日首次对各专业系列的专业技术人员进行重新聘任。2002 年 1 月、2005 年 3 月分别进行第 2 次、第 3 次集中聘任。

2008 年 3 月，进行第 4 轮专业技术职务聘任，其中聘任高级专业技术职务 24 人；聘任中级专业技术职务 104 人；聘任助理级专业技术职务 130 人；聘任员级专业技术职务 64 人。聘期从 2008 年 1 月 1 日至 2009 年 12 月 31 日，聘期为 2 年。

2010 年 9 月，进行了第 5 轮专业技术职务聘任，其中聘任高级专业技术职务 18 人；聘任中级专业技术职务 72 人；聘任助理级专业技术职务 106 人；聘任员级专业技术职务 17 人。聘期从 2010 年 1 月 1 日至 2011 年 12 月 31 日，聘期为 2 年。

2012 年 5 月，进行了第 6 轮专业技术职务聘任，其中聘任高级专业技术职务 16 人；聘任中级专业技术职务 76 人；聘任助理级专业技术职务 103 人；聘任员级专业技术职务 12 人。聘期从 2012 年 1 月 1 日至 2014 年 12 月 31 日，聘期为 3 年。

2015 年 5 月，进行了第 7 轮专业技术职务聘任，其中聘任高级专业技术职务 16 人；聘任中级专业技术职务 90 人；聘任助理级专业技术职务 75 人；聘任员级专业技术职务 10 人。聘期从 2015 年 1 月 1 日至 2017 年 12 月 31 日，聘期为 3 年。

四、科技兴矿

2008 年 10 月，召开临涣煤电公司第一届人才工作会议暨科技表彰大会，对 67 名优秀人才、5 家人才与科技进步工作先进单位、80 个优秀科技项目进行表彰、奖励。

2010 年 12 月，召开临涣煤电公司第二届人才工作会议暨科技表彰大会，对 61 名优秀人才、3 家人才与科技进步工作先进单位、68 个优秀科技项目进行表彰、奖励。

第五节 干部考核

一、干部监督

2005 年始，为强化各级干部政治纪律、组织纪律、作风形象、安全管理等方面的能力素质，持续推进干部作风的转变，提高工作执行力，矿党委行政出台了《关于开展转变干部工作作风、树立干部形象活动的实施意见》，《关于加强干部队伍作风建设和严格有关规章制度的通知》、《临涣煤矿科区级管理人员问责暂行规定》、《加强管理干部作风建设的十四条规定》、《临涣煤矿进一步改进工作作风的二十三条规定》、《临涣煤矿关于落实集团公司安全生产严细实作风 10 条刚性规定实施意见》等重要文件和规定，强化制度的落实，对出现问题的干部严肃问责处理。

二、干部考核

干部考核是矿干部管理工作中的一个重要环节，是对干部进行任免、选拔、奖惩、培训和使用的主要依据。每年进行一次干部考核。

（一）干部考核的内容

1. 对基层科区级领导班子的考核。考察党政领导班子团结带领本单位职工学习贯彻执行党的路线、方针、政策和集团公司、矿党政重大决策、决定方面的情况；安全生产和经营管理等方面取得的成绩；加强党的建设、思想政治工作和精神文明建设方面的情况；团结、配合、协调，坚持民主集中制，坚持走群众路线方面的情况；党风廉政建设、作风建设和职业道德建设方面的情况等。

2. 对机关科室领导班子的考核。考察领导团结带领本科室职工学习贯彻执行党的路线、方针、政策和集团公司、矿党政重大决策、决定方面的情况；围绕矿各项工作目标和工作部署，主动发挥职能作用和转变作风方面的情况；贯彻执行民主集中制、党风廉政建设制度、加强科室自身建设方面的情况等。

3. 对科区级领导干部的考核。从德、能、勤、绩、廉五个方面全面考核，着重了解领导干部的政治思想素质、领导能力、工作作风、工作绩效、廉洁自律等方面的现实表现，查找存在的问题和不足等。

（二）考核的程序

1. 撰写述职述廉报告；

2. 民主评议；

3. 个别谈话；

4. 汇总分析；

5. 综合评价；

6. 通报考核意见；

7. 落实考核结果。

第六节 干部档案管理

一、管理权限

矿组织部负责管理在职科区级及以下干部人事档案、部分离休干部人事档案。同时，为保证科（区）级及以下各层级干部的有序接续，还在年度干部考核过程中以民主推荐的形式建立了科区级后备干部电子档案。

二、档案管理主要任务

收集干部档案材料、对干部档案材料进行鉴别、对干部档案进行整理装订造册、负责干部档案的保管保护、干部档案的提供利用、干部档案转递等。

三、干部人事档案的重要作用

干部人事档案是考察和了解干部的重要依据，是维护干部合法权益的重要凭证，对干部人事工作有较好的规范和监督作用，是研究组织干部工作规律的重要史料，是党和国家的宝贵史料。

四、干部人事档案材料管理

干部人事档案材料共分 10 类，按照先后顺序依次为：履历材料；自传材料；鉴定、考察、考核和审计材料；学历、学位、职称、培训材料；政治历史审查材料；党团材料；表彰奖励材料；违纪处分材料；任免、出国、工资材料；其他参考材料。干部人事档案材料的整理一般分为审核、分类、排序、编目、技术加工、装订六个步骤，干部人事整理可以使零散的干部人事材料成为规范的干部人事档案，有利于干部人事档案材料的保管和保护，方便干部人事档案的利用。

2011 年 11 月始，按照集团公司《关于全面开展干部档案审核整理工作的通知》，对全矿干部档案进行了全面审核整理。重点对"三龄一历"前后不一致的出具组织证明，收集补齐历次干部考核登记表、干部任免表、个人经济责任审计材料等，对 1977 年以后毕业的个人学位证书、毕业证书及各类资格考试合格证书复印入档，补齐档案中各类表格缺少照片等。同时，干部人事档案盒一律使用中组部规定的新型 16K 档案盒，每卷档案及时更新电子目录。各类需入档表格时，一律设计以 16K 或 B5 尺寸为标准，方便归档。

2015 年 3 月始，按照集团公司《关于开展人事档案专项审核的通知》，对全矿干部人事档案进行专项审核，重点审核干部出生日期、参工时间、入党时间、学历学位、家庭主要成员和社会关系等内容，对档案材料是否涂改造假、档案信息是否真实准确、档案材料是否完整规范进行再审核再确认。

第三章 宣传工作

第一节 机构

临涣煤矿党委宣传部负责全矿安全文化的推进,干部职工的理论学习,形势教育,新闻制作、播发,矿网站、广播站和电视台的新闻更新及日常管理工作。2008年12月,矿电视台3名工作人员的编制划归社区服务中心;2013年划归安全生产信息中心(通讯科);2015年又划归社区服务中心,负责工人村、矿内电视台的日常维护。至2015年10月,党委宣传部有3人。其中部长1人,宣传主管1人,工作人员1人。

第二节 理论教育

一、干部理论教育

2005～2007年,学习党的十六届六中全会精精神,开展"新起点、新作为、新形象"主题实践活动;对党员干部开展以"八荣八耻"为主题内容的社会主义荣辱观教育活动。

2007～2011年,学习党的十七大报告、十七届四中、五中全会决定、《党章》、《中共中央关于制定国民经济和社会发展第十一个五年规划的建议》和习近平同志在中央党校春季学期开学典礼上的讲话、"十二五"时期我国经济社会发展总体思路、十一届全国人大四次会议《政府工作报告》,开展学习实践科学发展观、"五级书记大走访"、"三走三进服务"、"金点子征集"活动;开展了"推动企业科学发展,构建和谐临涣煤电,打造安全高效矿井"主题解放思想大讨论活动。

2012 年，学习贯彻党的十八大，开展"保持党的纯洁性、迎接党的十八大"主题教育实践活动，加强"四好班子和三支人才队伍建设；深入贯彻落实《公民道德建设实施纲要》；开展以"抢抓新机遇，迎接新挑战，加快"12578"目标实现为主题的解放思想大学习、大讨论活动；开展"百名书记讲党课"活动；举办了党委中心组成员理论学习知识征答赛。

2013 年，学习贯彻十八大、中央经济工作会议精神，学习习近平总书记在第十八届中央纪委二次全会上的重要讲话、中央关于加强和改进党建工作的意见；科学发展观的历史地位和指导意义；深入开展"党的群众路线"主题教育实践活动；矿领导班子进行作风建设公开承诺；继续开展好理论下基层活动。

2014 年，学习贯彻党的十八届三中、四中全会精神、中央经济工作会议精神；十八届中央纪律检查委员会第三次全体会议精神，学习贯彻新《安全生产法》，观看电影《周恩来的四个昼夜》；深入开展"三严三实"专题教育活动、"延伸教育实践活动、加强干部作风建设"活动。

2015 年，深入开展"三严三实"专题教育活动，举行"三严三实"专题教育党课报告会、分系统举办"三严三实"专题教育党课，举行"三严三实"专题教育集中学习研讨会，学习习近平总书记关于"三严三实"的重要论述、从严治党的八点要求等系列重要讲话，观看电影《焦裕禄》，举办"八能建设"干部演讲比赛。

二、理论研究

2005 年至 2015 年 10 月，全矿撰写理论文章 166 篇。

2008 年 12 月，汇编《临涣煤电思想政治工作与安全文化论文汇编》一书，收录理论文章 51 篇。

2010 年 12 月，汇编《创新与跨越》一书，收录获矿、集团公司、市级以上以上奖励理论文章及文学作品 55 篇。

2015 年，矿党委中心组先后举办 6 次"三严三实"专题理论研讨会。

2015 年 8 月 19 日，党委书记王志宏的理论文章《践行"三严三实"，以"零死亡"理念抓好安全生产》在"淮北矿工报"全文刊发。

第三节 职工思想教育

2006 至 2008 年，坚持以科学发展观为指导，开展"十一五"主题系列教育活动，先后开展"新起点、新作为、新形象"的"三新"主题实践活动、"干部作风转变年"系列活动；举办"知荣辱、树新风"演讲比赛。对职工进行职业道德教育，开展"岗位职业道德标兵、岗位职业道德评选"等职业道德建设系列活动；开展"立足新起点、实现新目标、推动新跨越"的解放思想大讨论征文、"我为企业献一计"主题演讲比赛，深入开展"学沈浩、创先进、争优秀"主题实践活动；及时向职工宣传全国经济形势、煤炭行业形势、集团公司和矿情及各项经济政策。

2009 年，围绕"如何内外兼修，群策群力，共渡难关"组织开展"应对市场挑战、提振发展信心"主题大讨论活动。开展"如何从我做起，坚定信心，立足岗位，转变作风，真抓实干"思想教育。

2010 年，开展"立足新起点、实现新目标、推动新跨越"解放思想大讨论征文、"我为企业献一计"主题演讲比赛。

2011 年，围绕建党九十周年，开展 学习马克思列宁主义、毛泽东思想和中国特色社会主义理论体系，学习《中共中央关于制定国民经济和社会发展第十二个五年规划的建议》，学习科学发展观，学习党史活动。组织开展 "红色记忆"征文活动。

2012 年，学习党的十八大精神，深入贯彻落实科学发展观，宣传贯彻中央及上级党委关于加强党风廉政建设的有关规定和工作部署。开展"百名书记讲党课"活动。

2013 年，学习党的十八届三中全会精神，举办了党的群众路线教育实践活动专题党课，开展"每天一小时，每月一本书，每年一篇体会"的"三个一"读讲写活动。举办了管理干部培训班；开展了"保安全、提质量、增效益"解放思想大讨论，转变工作作风，强化工作执行力大讨论活动。开展形势任务、理论政策宣讲。

2014 年，开展"吸取教训、统一思想、坚定信心、振奋精神、坚守安全红线"大讨论活动。开展安全、经营政策下基层宣讲。

2015 年，围绕集团公司"稳中精进、转型升级、聚焦双效、实干兴企"工作总基调和工作重点，以聚焦效率、效益为主题，开展了解放思想大讨论活动；开展了学习贯彻集团公司"三个十条"形势任务教育和管技人员"以竞赛促学习，以演讲提素质"安全演讲比赛。

第四节　普法教育

贯彻以"以法治国"、"以法治企"的方针，坚持对职工进行法制教育：

2006 年，制定《临涣矿法制宣传教育"五五"普法规划》。深入学习邓小平民主法制理论，重点学习《煤炭法》。开展法制宣传培训，形成法制宣传网络。

2007～2010 年，普法工作由学习宣传转向以学法用法为重点，围绕依法治企开展法制宣传教育。组织职工进行"四五"普法、依法治企考试，参考率达 98%；抓好科区级干部和行政管理人员的法制学习，开展"一月学一法"活动。播放《劳动合同法》电视讲座，印发法制宣传材料；认真做好"四五"普法材料的收集、整理、归档工作。

2011 年，制定《2011-2015 年法制宣传教育和依法治企工作意见》。重点学习《安全生产法》、《劳动法》、《审计法》、《环保法》、《煤矿安全规程》以及与现代企业管理有关的规则。开展 "江淮普法行"法制宣讲下基层活动。

2012 年，健全完善普法网络，矿普法领导小组与 30 多个支部签订普法工作目标责任书。组织开展纪念"6.5"世界环境日"低碳减排、绿色生活"宣传咨询活动，开展 "12.4"法制宣传日活动。

2013 年，全面推进"五五"普法规划的实施，重点学习《宪法》、《新安全生产法》，组织职工在《拒绝邪教承诺书》上签字，开辟《法律知多少》专栏，电视播放法制教育影片，宣传橱窗张贴《安徽法制报》，工业广场悬挂法制宣传条幅，

2014 年,学习《中共中央关于全面推进依法治国若干重大问题的决定》、《宪法》、国资委《省属企业 2014-2016 法制工作三年目标》，举办环

境保护培训班、消防法培训班和新《安全生产法》专题培训班、新《安全生产法》专题征答赛。

2015年，举办新《安全生产法》专题讲座，组织开展新《安全生产法》知识竞赛活动。全矿参赛人数2006人，占全矿在岗人数的58%，副总以上领导全部参加了题，正科级干部49人参加，占正科级干部比例的98%，其他人员参加人数为1942人。临涣矿在全国新《安全生产法》知识竞赛中获集体和个人两个奖项，临涣矿安监处长张友根获"优秀组织者"奖，是淮北矿业集团唯一获奖的单位和个人。

第五节 安全理论 安全文化

2006年，制定下发《临涣煤矿十一五企业文化建设工作实施意见》，学习国务院安全生产"十一五"规划，学习精细化及企业文化知识。成立企业形象识别系统宣灌督导组，确保职工参学率和熟记率达到100%。

2007年，分别在矿南门通勤车停车场、长达1公里的矿内南北主干道，新制作12块固定式宣传牌板和巨幅过路横幅，将集团公司旗帜、标识、徽标、理念以写真的形式进行宣传。开展安全案例教育牌板展5次、安全咨询日2次、举办16种人学习班、井口安全文艺演出、安全知识竞赛、安全签名等活动。

2008年，举办安全文化、安全自主管理、思想政治工论文征集，推行《临涣煤电安全生产管理手册》。

2009年，举办首届班前礼仪，安全确认、手指口述"大赛，开展企业安全体系理念征集活动。

2010年，印发"班前礼仪、入井前安全确认"相关释义、说明，及《关于进一步规范执行班前礼仪程序的通知》。开展安全明星、安全标兵评选活动。

2011年，制定下发《关于全面推进2012年安全生产体系建设的指导意见》，举办两场"班前礼仪、安全确认、手指口述"大赛、安全知识现场征答赛。

2012年，建立和完善党委中心组、基层科区两级安全理论学习制度，开展争创"全煤系统企业文化示范矿"、"全国安全文化示范企业"活动，举行安全生产体系知识考试，组织观看《全国煤矿事故分析暨警示教育会》电视片，举办《生命警示录》、"一周一案例一讨论"活动。

2013年，学习贯彻习近平总书记重要讲话、《煤矿矿长保护矿工生命安全七条规定》》、《安徽省煤矿矿工珍爱生命七条守则》，制定下发《关于2013年安全生产体系建设的指导意见》、《重申进一步规范班前礼仪规定的通知》，举办"双七条"干部职工培训，安全管理培训班、班队长素质提升培训班。

2014年，学习习近平总书记关于安全生产的重要讲话，下发《临涣煤矿进一步加强领导干部、机关科室联系点工作的补充规定》、《关于进一步规范职工日常行为的补充规定》，开展"'反三违'、查隐患、强管理、保安全"、"八查八反八从严、坚决实现安全年"、"吸取教训，统一思想，坚定信心，振奋精神，坚守安全红线"大讨论、反"三违"、反形式主义、反好人主义、稳定安全形势活动。

2015年，学习国家煤矿安监局局长黄玉治在全国煤矿水害防治工作现场会讲话、《淮北矿业安全管理二十条红线》、《关于强化安全生产严细实作风的十条刚性规定》、《2015年下半年强化经营管控十项举措》、《关于开展转作风、治隐患、保安全专项整顿的通知》、《强化煤矿瓦斯防治十条规定》。对工广、安全文化长廊进行了刷新。开展安全体系知识考试、安全警示教育、撰写心得体会和读后感382篇。举办体系大讲堂活动19次，其中副总以上领导12次，职能科室负责人7次，2000余人次参加学习。每月举办一次理论下基层活动，每次听讲达1600余名干部职工。

第六节 新闻报道

临涣煤矿宣传报道坚持团结、稳定、鼓劲及以正面宣传为主的方针，坚持以马列主义、毛泽东思想、邓小平理论、"三个代表"重要思想和科学发展观为指导，紧紧围绕经济建设中心和改革发展稳定的大局，以外树企业形象,内增企业凝聚力为主线,以增强企业竞争力为己任,迅速、准确、生动地报道矿政治建设、经济建设、安全生产、企业改革、职工生活等方面的新人、新事、新气象和取得的成就、经验。

2006年,党委宣传部电视专题片《张宝军冲刺中原——风云争霸》在淮北矿区引起了强烈反响,受到了广大职工及家属的一致好评。

2006～2008年,联合矿区电视台《小祁说事》栏目,先后将职工华奇志、陆芳芳、杨继富,职工家属樊玉生的个人事迹搬上荧屏,展示职工爱岗敬业、脚踏实地,对工作、对生活充满热爱的良好形象。

2009年10月15日,安徽电视台播发临涣煤电新闻《基层新变化》。

2011年,推出《走进基层看变化》之《一休双十》、《PAR》、《98.7%》、《兵头将尾》、《安全为了谁》电视专题片。

2012年,宣传部调整精练基层通讯报道员队伍,全矿基层通讯员25人。宣传部每年定期举行通讯员新闻培训班,着重对通讯员进行业务培训。

2013年,矿《双联系、双稽查、临涣矿强作风》专题访谈节目,在矿区电视台《前沿访谈》播出。

2014年,制作《老公老公我爱你》、《还是在煤矿干着稳当》两部电视专题片,在矿区电视台专题栏目中播出。

至2015年10月,临涣煤矿以文字、图片等形式进行的对外宣传报道取得优异成绩,先后被国家、省、市级新闻单位采用的文字稿件、新闻照片达3500余篇(幅)。其中《临涣矿教育实践活动顺民心解民意》、《临涣矿干部自揭短振作风解民意》、《临涣矿"对症下药"营造干事创业良好氛围》、《临涣矿无房户职工家庭喜圆"安居梦"》、《梁作喜用20多米长软管吹葫芦丝》、《临涣矿实行脚印管理法》、《亮明身份抓管理》、《"三违"公开仲裁》、《井口劲吹清凉风》、《临涣矿一条一体化论证增效600余万元》、《抗战阅兵女兵方队中的矿工女儿》等稿件分别被《中国煤炭报》、《安徽日报》、《中国企业报》、《中国工业报》、《科技日报》、《淮北矿工报》、《淮北晨报》等多家报刊杂志发表。

第七节 广播、电视

一、广播

临涣煤矿广播站由党委宣传部负责管理。

2010 年，更换了 PDS-3100 数控网络主机。

2012 年，更换了 LG 牌 AM642D 音频工作站。

作为国情、集团公司和矿情的宣传舆论阵地，广播站每天播音 3 次，除正常转播中央广播电台新闻节目外，自办《本矿新闻》节目，并配合矿上的重点工作，开办《安全专题》、《政策解读》、《五星耀矿山》等节目。每逢重大节日、大型会议、重大事件，相应增加专题新闻报道。

二、电视

临涣矿数字电视中心设置一个转播机房，并配备了相应的电视接收转播设备，全天转播电视节目。

2007～2008 年，为保证电视信号的顺利升级，将工人村电视转播机房机房和线路进行升级改造。

2012～2015 年，闭路电视升级为数字电视，接收转播与自办 126 套电视节目。

该矿自办台节目的制作由矿内电视站负责，矿内电视站集采、摄、录、编、制为一体，每周编辑制作新闻两次，及时报道该矿安全生产、经营管理、党建工作、文明建设动态。为丰富电视内容，电视站创新开办《今日视点》、《今日》、《科区长访谈录》、《曝光台》等栏目。

矿电视站所采编的新闻每年都被矿区电视台采用 100 篇以上。

第八节 统战工作

临涣煤矿统战工作由党委宣传部负责。

2006～2007年，对全矿统战对象进行详细考察、登记，组织统战对象参加 "十一五"建功系列活动。开展"合理化建议"奖，为科技兴企做出了贡献。邀请党外知识分子为学员授课，向干部职工讲授各种业务知识，受教育人员达2000余人。

2008年，开展"自觉接受中国共产党领导，坚持走中国特色社会主义道路"主题教育活动，学习中国特色社会主义理论、多党合作和政治协商制度、无党派人士工作的方针政策、老一代无党派人士的优良传统和新时期无党派人士的先进事迹等。组织无党派人士读一本好书、写一篇内容深刻的心得体会、参加一次主题教育考察实践活动、为改革发展献一计良策、提交一份主题教育学习总结。

2009～2010年，建立党外代表人物成长信息反馈渠道，重点培养有突出贡献的党外代表人物。有2名统战对象走上科级领导岗位，5名党外知识分子担任市、区人大代表、政协委员。

2011年，对统战对象进行重新摸底、登记，建立健全统战对象档案，建立电脑数据库，使统战档案管理更加规范化、科学化。

2012年，开展读书会、演讲比赛、"祖国在我心中"征文、安全理念征集等一系列形式多样、内容丰富的活动，并积极参加集团公司开展的各类活动，在集团公司女工部举办的女职工读书征文比赛活动中，该矿2名统战对象获得二等奖，受到了表彰奖励。

2013～2014年，对少数民族职工和宗教职工进行全面摸底，召开少数民族职工座谈会，对统战工作提出具体的意见和建议。落实有关民族政策，组织统战对象参加开展的合理化建议活动，收集到来自基层生产实践中的建议和改进项目169条，其中矿向集团公司申报过程研修课题26项。

至2015年10月，临涣煤矿有市、区政协委员2人；统战对象56人。其中：非党知识分子44人；少数民族职工12人。

第九节 精神文明建设

2006年1月，全煤系统第五批文明煤矿表彰会上，该我矿被中国煤炭职工思想政治工作研究会命名为"全国煤炭系统文明煤矿"。

2006～2010年，制定下发《临涣煤矿"十一五"时期加强和改进思想政治工作实施意见与精神文明建设规划》，以文明矿立体型创建为主线，抓住企业文化建设和创建文明小区两个重点，搞好精装工程、职业道德、家庭美德三项建设，实现了队伍素质、治安秩序、环境面貌和道德水准的明显提高。下发《关于进一步加强工广区标准化管理的通知》、《关于进一步加强职工劳动纪律管理的通知》、《临涣煤电公司地面质量标准化管理规定》、《关于严明劳动纪律完善管理制度通知》等文件，参加中宣部公民道德建设知识竞赛，开展岗位道德建设样板岗、岗位职业道德标兵创建评选、"五好文明家庭"评选。

2011～2012年，制定《淮北矿业集团临涣煤矿2011～2015年法制宣传教育和依法治企工作意见》，继续深入推进法制宣传教育和依法治企业工作，为矿区新一轮跨越发展提供有力保障全面部署"六五"法制宣传教育工作。组织开展月度精神文明考核、"五清楚、六必谈、七必访"、"月进一家门、情暖十户心"活动，持续深入开展地面质量标准化创建，制定下发《临涣矿文明环境检查考核评分标准》，开展地面文明环境检查。

2013年，开展"季评十好、年评十佳"精神文明创建活动，下发《2013年地面文明创建实施意见》、《关于重申地面卫生责任区范围及责任的补充规定》文件，切实加强矿内环境卫生管理。

2014年，积极贯彻落实《公民道德建设实施纲要》，制定下发《临涣矿文明创建标准及考核评分办法》、《临涣煤矿关于禁止在公共场所吸烟的管理规定》、《关于东部井工区地面文明环境整治办法》，对文明环境、文明车间、文明服务窗口、文明小区、文明机关科室创建进行细化、量化。

2015年，学习《社会主义核心价值观》读本，开展"中国梦"主题教育、"在职党员进社区服务群众心连心"主题活动，举办"道德讲堂"。制定下发《关于进一步明确地面卫生责任区范围及责任的通知》，文明委坚持每周一检查一通报及集体检查、动态检查，全面加强地面车间文明环境创建。每月开展"好人好事"评选。

第四章 党的纪律检查与行政监察审计工作

第一节 机构

中共临涣煤矿纪律检查员会与临涣煤矿监察科合署办公。

2005年7月，临涣煤矿纪委、监察科有专职纪检监察工作人员4人，其中纪委书记1人，副书记1人，监察科科长1人，专职纪检员1人。

2007年6月，监察科、审计科合并，成立监察审计科。纪委、监察审计科共有专职纪检、监察、审计干部5人。其中纪委书记1人，副书记、监察审计科科长1人，专职监察员1人，专职审计员1人，干事1人。

2008年5月，临涣煤矿更名为临涣煤电有限公司。中共临涣煤电有限公司纪律检查委员会与监察审计科合署办公。

2010年12月，临涣煤电有限公司更名为临涣煤矿。纪委、监察审计科有专职纪检、监察、审计干部5人，其中纪委书记1人，副书记、监察审计科科长1人，专职审计员2人，干事1人。

至2015年6月，纪委、监察审计科有专职纪检监察干部4人。其中纪委书记1人，副书记、监察审计科科长1人，监察审计科副科长1人，干事1人。

第二节 工作职责

一、党的纪律检查委员会的主要职责

（一）维护党的章程和党内法规，检查党的路线、方针、政策和决议的执行情况，协助党委落实主体责任，加强党风建设和反腐败工作。

（二）加强对党员干部进行遵守纪律，反腐倡廉教育，增强党员干部的政治责任感，提高党员干部按政治规矩办事的意识和廉洁自律的自觉性，筑牢思想道德防线。

（三）严肃党的纪律，检查和处理党的组织和党员违反党的章程和其它党内法规的案件。

（四）认真贯彻落实监督职责，对党员干部行使权力进行监督，按章办事，规范党员干部的行为。

（五）受理党员的控告和申诉，保障党员的权利。

（六）在矿党委的领导下，组织协调职能部门，在全矿开展党风廉政建设和反腐倡廉工作。

（七）培养和表彰廉政建设先进典型，配合组织和宣传部门做好加强党的基层组织建设和党员的思想教育工作。

（八）加强纪检机关的自身建设，提高纪检监察干部的政治素质、业务能力。

二、行政监察工作的职责

（一）监督检查矿行政管理部门和任命的行政管理干部 及其工作人员在遵守和执行法律、法规和矿规矿纪的情况。

（二）调查处理监察对象违反法律、法规的以及违反政纪的案件。

（三）受理单位和个人对监察对象违反行政纪律的行为的检举、控告和监察对象不服行政处理的申诉。

（四）教育监察对象认真履行职责，清正廉洁遵纪守法。

（五）保护监察对象的民主权利。

（六）开展效能监察，实行管理中的再管理，监察中的再监察。

第三节　纪检监察队伍建设

2009 年 10 月 28 日，中共临涣煤电第一次党员代表大会召开，大会选举产生了中共临涣煤电公司纪律检查委员会，由 5 人组成，孟凡春任书记。

根据党风廉政建设和纪检监察工作的需要，基层党支部设立纪检委员（一般由党支部书记兼任），党小组设立纪检监察网员。截至 2015 年 6 月，全矿有纪检委员 27 人，纪检监察网员 67 人。

2010 年临涣煤矿纪委、监察审计科坚持党风廉政建设齐抓共管，聘请基层单位 31 位车间工会主席为党风廉政建设监督员。

第四节 党风党纪教育

2006 年，把荣辱观教育纳入反腐倡廉教育之中，以"八荣八耻"为内容，组织全矿 160 名副科级以上干部参加，举办"知荣辱、树新风"演讲赛；加强家庭助廉教育，组织科区级干部、矿领导和领导干部配偶到警教育基地接受教育；组织举办矿副总以上领导干部配偶学习班，观看警示教育片《廉内助、贪内助》、《钱窗内的忏悔》等。

2007 年，邀请集团公司纪委杨守富主任讲课，向干部配偶赠送廉政倡议书 65 份；对矿 24 名新提拔的科级干部进行廉政谈话。

2008 年，邀请集团公司纪委领导来临涣煤电公司上《坚持廉洁从业，不辱企业使命》的廉政课；举报了生产一线班队长以上干部廉政学习班。

2009 年，邀请集团公司纪委王声辰副书记为科级干部及其配偶上一堂主题为：《打造良好政治生态，保障矿区科学发展》廉政课；在临涣煤电公司电视中心每晚新闻节目后陆续播放 38 集大型纪实电视专题片《职责与犯罪》；纪委对公司新提任的 35 名干部进行廉政谈话，组织新提任的干部面对党旗进行廉政宣誓："正确用好手中的权利、不吃拿卡要、不克扣截留，严格遵守集团公司'八条高压线'"。

2010 年，邀请集团公司纪委领导、部分职工代表、女工代表和离退休老同志代表参加"临涣煤电公司开展克扣截留专项治理活动回头看暨第二阶段动员会"；邀请集团公司纪委领导来公司上《安全是保障，清廉是幸福的基石》廉政课；开展了"学习廉洁从业规定、规范从业行为、促进科学发展"主题教育活动。

2011 年，举办科区级领导人员配偶家庭助廉教育学习班，向党员干部配偶发出了题为《争当廉洁内助，同建幸福家庭，共创和谐公司》的倡议书；组织新进矿的大学生上廉政课。开展"以人为本，执政为民"主题教育活动。

2012 年，邀请集团公司纪委武文斌主任来矿讲题为《打造风清气正呵护幸福家园》的廉政课；对 37 位新担任干部进行廉政谈话；通过短信平台，给全矿党员干部发送廉洁祝福短信，倡导大家移风易俗，清廉过节。

2013 年，开展廉洁文化"五进"活动。廉洁文化"进班子"、"进基层"、"进岗位"、"进家庭"、"进社区"。

2014 年，开展拒绝"吃喝"、"红包"风廉洁承诺活动，全矿有 135 名领导干部和 41 位关键岗位工作人员签订承诺书；通过短信平台，在元旦、春节、中秋、国庆等节日期间给全矿党员干部发送廉洁祝福短信，倡导大家移风易俗，清廉过节。

2015 年，组织副总以上矿领导和全矿副科以上管理干部集中观看学习《作风建设永远在路上——落实中央八项规定精神正风肃纪纪实》电视专题片；加强《关于重申学习贯彻集团公司"党员干部操办婚丧嫁娶喜庆等事宜的规定"的通知》宣传教育活动，把严禁党员干部操办"升学宴"和治理"两节"期间不正之风作为重点，突出廉政建设宣传教育，注重廉政警示提醒。

第五节 党风廉政建设

一、建立和完善党风廉政建设制度

矿纪委、监察审计科围绕矿党委、行政的中心工作，突出把权力关进制度的笼子里，加强监督检查，协助矿党委、矿行政建立和完善党风廉政制度，为企业的发建设和稳定保驾护航。

2005 年，制定《临涣煤矿党风廉政建设和反腐倡廉宣传教育联席会议制度》。

2006 年，印发《临涣矿 2006 年惩治和预防腐败体系建设工作意见》。

2007 年，制定下发《关于进一步规范基层单位活动经费管理办法的通知》、《廉政诫勉谈话暂行规定》、《安全诫勉谈话制度暂行规定》。

2010 年，党政联合下发《关于制止克扣截留职工工资奖金的若干规定》，制定下发了《关于规范基层区队经济管理的规定》、《临涣煤电党风廉政建设监督员管理办法》。

2011 年，制定下发《关于进一步规范各类单项奖的通知》。

2012 年，为推进廉能文化建设，7 月份制定下发《关于深入推进廉能文化"1353 工程"建设、优化矿井政治生态的实施意见》，并下发《关于实行廉政风险预测预警的规定》、《关于进一步规范奖金审批发放及公开有关规定的通知》、《临涣煤矿 2012 年矿务、党务公开工作意见》；出台《关于继续对基层班队长进行"职工满意度"测评的通知》。

2013 年，下发《关于规范二次分配单位计分、奖罚、翻分及公开的补充规定》和《关于规范和调整基层活动经费、廉政抵押金的通知》，制定《临涣矿进一步改进工作作风二十三条规定》。

2014 年，制订《临涣煤矿党委贯彻集团公司〈惩防体系 2013～2017 年实施细则〉实施方案》，下发《关于落实"严禁党员干部利用子女升学大操大办、借机敛财通知"通知》。

二、专项治理和执法监察情况

2006 年，将克扣截留、私设"小金库"、吃拿卡要、以权谋私列为治理的重点，组织开展治理商业贿赂专项工作；对基层单位二个点名簿和冒名顶替进行调查，清查 86 位冒名顶替人员。

2008 年，按照集团公司《关于开展反腐倡廉制度建设推进年活动》要求，对全矿各项制度文件进行梳理调研，废止 5 项制度，修订完善 8 项制度。

2009 年，组织开展了帮助、指导、规范科区级单位内部市场化运作、工资奖金分配、活动经费使用等专项调研工作。

2010 年，开展"克扣截留职工工资奖金专项治理"活动，对基层单位的办事员、材料员实行轮岗换岗制。

2012 年，开展廉洁风险防控机制建设工作，通过清权确权，廉洁风险点排查，制订职权运行流程图，完善防范措施，确定全矿 127 个岗位的 776 风险点。并把廉政风险点按三级划分。即：Ⅰ级风险点（一般风险级别）、

Ⅱ级风险点（较高风险级别）和Ⅲ级风险点（高风险级别），根据测评结果进行分级预警，出台了《关于实行廉政风险预测预警的规定》，实行每季度有针对性地对职能部门和关键岗位的工作人员进行一次廉政风险反向测评。开展收费单位的专项监察，出台《关于收费项目的补充规定》。

2013年，开展对出台的文件进行跟踪问效，按照"谁起草、谁负责、谁落实"的原则，会同责任部门进行督查督办，对文件的执行情况进行调查分析、评估总结。

2014年，根据中纪委的规定精神，开展"关于严禁公款购买印制寄送贺年卡等物品的通知"落实情况进行督查。

三、开展效能监察

临涣煤矿纪委、监察审计科坚持"两个安全"并重，着力围绕"拓展效能监察范围、提高效能监察质量"开展工作，建立完善各项制度，堵塞管理漏洞，提高经济效益，夯实政治生态环境。

2006年，对废旧物资处置、物资管理、精细化管理等工作进行效能监察。

2007年，对基层单位岗位绩效工资管理、党员干部工作作风转变、供用电管理、煤质管理、废旧物资处置进行效能监察。在供用电管理中，节约电量539.86万kwh，减少支出310.42万元。

2008～2015年，对安全生产、工程建设、岗位绩效工资管理、设备维修、物资采购、其他应收款、住房公积金等进行效能监察。

2012年，对奖金分配公开、外转供电管理进行效能监察。

2013年，开展对工程建设管理（避免和挽回损失709.48万元）、四项费用管理（增加和创造效益88.66万元）、维护职工权益（建章立制2条）、作风建设的效能监察。

2014年，对基层6家收费单位收费情况效能监察，发现突出问题3条，下达效能监察整改通知书3份。

第六节 信访和案件查处工作

2005 年 7 月至 2015 年 6 月,临涣煤矿纪委、监察审计科共受理群众来信来访 65 件。共立案查处党员干部违纪案件 5 件,办结 5 件。受处分党员 6 人,其中科级干部 6 人。按所受党纪处分类别分:开除党籍 1 人,党内严重警告 1 人,党内警告 4 人。其中移送司法机关 1 人。此外,受到行政降职处理 1 人。

历年来信来访、立案和党员受党纪处分情况见表 8—4—1、表 8—4—2。

表 8—4—1 历年信来访、立案统计表

年份	总件数	线索来源				转立案(件)
		来信(件)	来访(件)	电话短信	其他	
2005.7—12	4	3			1	1(9 月移送司法机关)
2006	6	6				
2007	9	9				
2008	9	9				1
2009	11	11				1
2010	11	11				2
2011	0					
2012	4	2	1	1		
2013	6	4		2		
2014	3	2				
2015.1—6	2	2				

表 8—4—2 历年党员受党纪处分情况统计表(单位:人)

项目\年份	受处分人数	职务分类			处分类别				
		科级	一般干部	工人	警告	严重警告	撤销党内职务	留党查看	开除党籍
2005.7—12									
2006	1	1							1
2007									
2008	1	1			1				
2009	1	1				1			
2010	3	3			3				
2011									
2012									
2013									
2014									
2015.1—6									

第七节 审计工作与成果

2005 年 7 月，审计科设审计科科长 1 人，审计员 2 人。

2007 年 6 月，因机构调整，审计科与监察科合并，成立监察审计科。科长由纪委副书记兼任。

监察审计科除开展财务日常收支审计、经济效益审计、经济合同审计、基建及财务年终决算审计外，还根据集团公司监察审计处和矿领导的安排，进行专项审计工作。

2006 年，参加技校招生的督导工作；对 11 名科区级离任干部的审计工作；参加了煤气站废旧物资和矿内其他废旧物资的出售招标工作；参与了煤气站集资建房和矿廉租房分配方案的制定工作。

2008 年，对综采配件修理费进行专项审计，审计金额 256 万元，核减 67.8 万元，防止管理上的漏洞。

2009 年，加强干部离任审计，对 3 位行政正职进行离任审计，追缴不合理使用经费 4.54 万元。

2010 年，开展安全费用投入的审计，提高安全投入资金的使用效果，为安全生产服务，保证安全投入项目资金的合理使用。

2011 年，对矿工会 2008～2010 年经费收支及管理情况的专项审计，对审计中发现的问题提出建议。

2012 年，对地面 7 家单位的科级干部进行离任审计。

2013 年，参与配合做好矿废旧物资处理工作；进行井下设备维修价格的审定；对临涣矿东部风井基本建设投资工程预算审计。

2014 年，参与竞价出售废旧物资全过程监督审计，出售废旧物资 281.02 吨，为矿创收 777736.16 元。参与设备维修议价、中检、合同会签和验收工作

至 2015 年 6 月，按集团公司监察审计处的要求开展对住房公积金和征迁费用两项专项审计，针对审计调查中发现的问题，审计科及时提出审计建议，完善管理制度。

第五章 党政办公室

第一节 机构与职责

一、机构

2015年7月，临涣煤矿党政办公室（简称办公室）下设文书室、秘书室、档案室、信访室、打字室、收发室、招待所、小车班。至2015年6月底，有工作人员12人，其中管技人员3人，工人9人。

二、职责

负责矿党委会、矿长办公会、矿年度工作会议及各类综合会议的通知、记录及督查会议决议的执行情况；矿党政召开的综合性会议的组织、安排和会务工作；起草矿党政有关文件、报告、工作计划和总结，以及其它有关材料；围绕矿党政的中心工作，深入基层，调查研究，及时上传下达；负责文件、电函的收发、传阅、催办；矿党政发文的登记、打印和分发；负责矿党政的印章、介绍信的使用和管理；办公室承办的文件、电函、重要人民来信来访等文书档案的立卷归档；接受并管理矿属所有档案；矿保密领导小组的日常事务工作；处理全矿和上级领导机关交办的人民来信来访，并督促、检查、指导基层单位的信访工作；上级领导、来宾的接待工作及在该矿召开的会议接待；负责矿小车班的管理工作；各单位报刊的订阅和信件的分发工作。

第二节 文书与秘书工作

一、文书工作及内容

（一）文书工作

至 2015 年 6 月，该矿文书工作按照对公文的收发、登记、传阅、拟办、整理、归档等文书处理的程序来进行。

随着计算机在信息管理方面的运用，于 2004 年 7 月实行办公自动化。至 2015 年 6 月底，办公室设文书 1 人，配备复印机 1 台，速印机 1 台，打印机 4 台。

（二）工作内容

1. 文字、文号管理。完成领导交办的文字工作，掌握各类文字材料的格式、编号、用印。

2. 会议管理。负责全矿范围的大型会议的通知、会务安排等等。

3. 印章和介绍信的管理。临涣煤矿文书管理矿党、政、办公室及矿主要领导的印章 5 枚。凡属新增或撤销机构、均由办公室文书负责印章的刻制或销毁工作。出差人员凭所在单位领导的同意和证明方可到矿办公室办理出差介绍信。

4. 事务管理。负责传达承办上级的电话和其它事宜；负责矿属各单位的电话请示、询问、报告的传递和答复；负责完成领导交办的事宜、协助接待上级机关和其他单位派到该矿联系业务的工作人员。

5. 公文处理。从 2004 年 7 月，临涣煤矿实行办公自动化，网上公文处理。电子公文与纸质公文并存。

二、秘书工作

工作职责：在办公室主任领导下，负责矿党政的文秘工作；负责拟定起草有关的调查报告、工作简报、会议讲话，会议纪要以及通知、函件以及《临煤信息》的编辑；协调领导搞好调查研究，为领导及时、准确、客观地提供具有实用价值的情况和资料；做好信息转达工作，及时向矿领导转达上级电话通知、指示和交办的工作；向下级传达党委的指示、意见和要求；协助有关部门组织好各种会议，认真负责地做好会议准备工作，完整地做好有关会议记录，会后及时整理会议纪要；做好人民群众来信来访的接待工作，对群众的来信及时登记，抓紧送阅和处理，对于重大信访及时向有关部门转达；按照保密工作条例，做好保密工作，严守纪律，妥善保管文件；认真完成领导交办的其它任务。

至 2015 年 6 月，办公室设专职秘书 1 人。秘书除完成领导日常交办的工作和起草全矿综合性的月度、年度工作计划、总结外，还积极开展调查研究工作，为矿领导提供决策依据。同时，秘书每月向集团公司办公室报送 3 篇以上的信息，定期向集团公司报送矿工作总结和重要工作进展情况。

第三节　档案工作

一、机构

临涣煤矿档案工作由矿总工程师和办公室主任分管。综合档案室具体管理全矿的档案，并对矿属各单位的档案工作进行监督和指导。

二、库房设施

至 2015 年 6 月底，档案室库房面积 184 平方米，实现库房、办公、调阅分开。库房安置两层防护窗，配置计算机 1 台、柜式空调 2 台、去湿机 1 台、温湿度仪 2 台、缝纫机 1 台、碎纸机 1 台。

三、档案内容

综合档案室存有档案 9880 卷，科技档案 1953 卷、财务档案 5468 卷、文书档案 2659 卷；另以件为保管单位的档案 4067 件、照片 895 张。

2005 年始，临涣煤矿档案按淮北矿业档案分类方案分类。

（一）文书档案

按年度—机构—保管期限分类法整理文件，即有多少个内设机构就有多少类，按年度、机构、保管期限进行整理，在一个年度内的同一个机构的同一个保管期限下，从"1"件顺序排列，这样每个机构的每一个保管期限的件号都是唯一的。

（二）科技档案、会计档案、特殊载体档案

依据《煤炭工业企业档案分类规则》设置7个一级类目。即地质勘测类、基本建设类、科学技术研究类、设备仪器类、产品类、会计类、特殊载体类。

E 地质勘测类：包括煤田地质、煤矿地质、水文地质、工程地质、环境地质、地球物理勘察、遥感及化学勘察、探矿工程、实验测试、共伴生矿产、矿区测绘、矿井测绘、工程测量、测绘材料、开采沉陷、矿井储量管理等方面的文字材料及图纸。

F 基本建设类：包括矿建工程、工业建筑、民用及公用建筑、设备布置安排、第三产业建筑等方面的文字材料及图纸。

G 科学技术研究类：包括地质勘测、采掘、机械、电气、土建、环保等方面的技术研究、技术经验、总结等。

H 设备仪器类：包括采掘、运输、提升、通风、压风、排水、施工、动力、安全检测、通讯、实验化验、环境保护、地质勘探、机电检修及第三产业方面设备的文字材料及图纸。

J 产品类：包括机械、煤炭加工、电气、火工、建材等产品的文字材料、图纸。

K 会计类：包括凭证、账簿、报表、工资清册等。

M 特殊载体类：包括照片、录音、录像、磁盘、光盘、实物6个类目。

四、归档办法

凡矿属各职能部门在工作中形成的具有保存价值的文件材料均由文书或业务职能部门进行立卷，并定期向档案室移交。

会计档案由财务会计部门按照上级业务主管部门的要求负责整理财务档案、装订成册、定期向档案室移交。

科技档案由矿档案室指导业务单位按照上级档案部门的要求整理、归档。

综合档案室负责接收矿属所有档案、然后按照集团公司档案馆的要求进行集中统一管理。

五、管理办法

综合档案室负责全矿档案的日常管理和借阅工作，建立健全各类统计台帐，对档案的收进、移出、保管、借阅、利用等情况进行统计。综合档案室建立健全了各类档案管理制度，主要有《档案库房管理制度》、《档案的管理、收集、借阅、统计制度》、《档案的鉴定销毁制度》、《文书、科技、财会档案的归档制度》、《声像档案保管制度》、《底图保管制度》、《档案员岗位责任制》等，做到了各种档案收集齐全，整理规范。综合档案室于 1998 年顺利通过"企业档案工作目标管理国家二级的重新认定工作"。

六、档案利用

在整理的基础上，每年都续编档案检索工具——《案卷目录》、《卷内文件目录》、《职工惩处目录》、《干部任免目录》等。此外还编写《全宗介绍》、《组织沿革》、《档案利用效果汇编》、《职代会简介》、《党代会简介》、《矿井治理工程简介》等。

至 2015 年 6 月底，提供利用档案 3912 人次，7692 卷次。为安全生产、设备维修、基建项目的改扩建、政策的研究制定等方面提供决策参考和依据凭证。

第四节 信访工作

一、机构

信访办公室属矿办公室主任领导。全矿建立信访工作网络，有专兼职信访干部 1 人，基层信访网员 24 人。

二、职责

信访办公室承办信访的工作原则为分级负责、归口办理、就地解决问题，对于涉及几个单位和部门的疑难案件，由信访办公室牵头、有关部门参加、共同分析、提出处理办法、分头落实。

对于不便归口的历史遗留问题，提交信访工作领导小组研究处理。

分级负责，归口管理的具体做法，是按照来信来访人申诉的性质，先分级后归口。对于重要的来信来访先摘录其要点、呈送领导阅批、然后根据领导的批示转交有关单位和部门处理、并负责及时催办和检查，发现问题、及时向领导汇报、处理。

至 2015 年 6 月底，信访办共受理人民来信 12 件，接待大量群众来访。

三、信访工作原则

依据国家信访条例规定，该矿信访工作主要有五大原则。

（一）信访部门管理、分级负责，谁主管、谁负责原则。明确主管领导及信访部门在处理信访问题中的责任和分工，处理好各部门之间的关系。

（二）依法、及时、就地解决问题与疏导教育相结合原则。这一原则强调信访工作既是依法、高效处理信访问题的过程 ， 又是对群众开展思想政治工作、进行宣传教育、疏导情绪的过程。

（三）标本兼治、预防和化解相结合原则。这一原则强调信访工作的主动性和整体性，要求变被动为主动，不仅要及时处理信访问题，而且要深入分析信访问题的成因，超前预防，正本清源，标本兼治。

（四）公开、便民原则。这一原则强调保障信访人知情权 ， 增加工作透明度，自觉接受职工监督，为信访人提出建议、意见或者投诉提供便利条件。

（五）双向规范原则。这一原则强调信访人有依法信访的权利 ， 但必须在法律规定的范围内行使。

四、信访工作制度

对于来访群众要文明礼貌，热情接待，认真记录，耐心解答，及时办理；建立领导干部接待日制度，及时接待群众来信来访；矿领导要亲自阅批人民来信，亲自处理或主持会办疑难信访案件，亲自审阅报结材料；收到群众来信要及时登记，做到当天送领导阅批；对于领导阅批的来信，做到当天交责任部门办理；对于交办的信访，要跟踪督办，每月由矿办公室向矿办公会通报办理进度；对于办结的信访，要及时上报矿主要领导，同时将结果反馈给集团公司信访办公室和信访举报人，并将完整的资料归档备查；对于群众来信来访的办理结果，要及时进行回访；对重大疑难信访问题的办理结果，要召开矿长办公会进行联合会审把关；对上级信访部门转交和该矿受理的一般信访案件，月处理率要达到100%以上，年末处理率要达到100%；每季度召开一次矿信访工作会议，每年组织一次信访培训；按时上报信访统计材料、信访工作总结和信访信息；及时对信访材料按制度立卷归档。

五、信访档案

对上级交办的重要来信来访，将批示原件、信访人的申诉材料、来信来访登记材料、内容摘要和交办、催办函、承办单位上报的调查处理报告和审查结果材料同时组卷。

直接处理的信访案件，将信访人的申诉、领导批示、调查取证材料和处理决定、本人意见等一起组卷。

临涣煤矿有关单位联合办理的案件，将有关单位以往处理的材料，联合办案的组织情况、调查材料、处理决定、信访人的意见等一起组卷，一人一卷。最后编制案卷目录，统一保管。

第五节 保密工作

矿办公室实行严格的保密制度，认真贯彻执行《中华人民共和国保守国家秘密法》等法律法规制度，确保党和国家的核心机密。此外在保密的前提下，有领导、有控制地放宽对非核心秘密的限制范围，为矿区的经济发展服务。

第六节 接待工作

接待工作的主要职责是：调派矿领导和各单位的工作用车；接待来矿

联系工作的各单位人员；领导小车班工作。

至 2015 年 6 月底，小车班有司机 10 人，配备小车 11 辆。

一、车辆使用管理规定

（一）任何单位或个人公务用车，必须向办公室要求申派，由办公室统一安排。

（二）矿领导公务用车，提前告知办公室，由办公室出具"用车申派单"，安排车辆。

（三）副总开会用车，由系统分管矿领导向办公室申要；副总特殊公务用车，经矿党政主要领导同意，办公室安排车辆。

（四）基层单位或部门公务用车，办公室一般不予安排，特殊情况下，须动用办公室车辆的，经矿主要领导批准，方可安排。

（五）因公去外地的矿领导，在集团公司规定的区域范围内用车，经矿党政主要领导批准同意，并提前一天通知办公室，以便准备车辆。

（六）同方向的公务用车，尽量合用一车。

（七）任何单位或个人在使用办公室车辆时，不得随意改变行车路线和车辆使用期限。

（八）矿领导需动用非值班车辆公务往返工人村的，须告知办公室，以便记录考核。

（九）矿领导非公务性用车，必须经矿主要领导同意，按每公里 1 元向矿办公室缴纳使用费用。用车超过 3 天的，除按公里计费外，每超 1 天另加收 200 元延时使用费用。

（十）其他单位或个人非公务性用车，禁止动用矿办公室车辆。

二、公务就餐管理规定

（一）矿领导、副总按标准在招待食堂交费就餐。禁止在工作日饮酒。

（二）集团公司内部公务活动（包括各种检查、验收、评比、会议及来矿联系工作等）须要就餐的，由系统分管矿领导在下班前 1 小时向办公室交办来宾就餐情况，由办公室统一安排工作餐。

（三）接待集团公司以外来宾，就餐招待提倡不饮酒，确须酒水招待的，经矿党政主要领导签字批准，并由办公室严格控制就餐标准。

（四）实行对口接待，严格控制陪客人数。不论集团公司内外宾来矿就餐，均提倡不陪客；如必要作陪时，参陪人数不超过2人。

（五）集团公司来矿内部公务活动，任何单位或个人不得利用公款在矿招待所食堂以外的饭店宴请。

（六）任何单位或个人不得以任何借口利用公款随意在相山地区餐馆设宴请客。确因工作需要的，必须提前报请矿党政主要领导同意，并在事后及时报批。

三、接待管理规定

（一）集团公司来矿公务活动（包括来矿进行各种检查、验收、评比、会议及来矿联系工作等），不招待烟、水果等招待物品。

（二）集团公司以外来宾来矿公务活动，提倡不用水果、烟等招待物品。确需招待的，经矿党政主要领导同意后，由办公室统一购买。

（三）集团公司内外宾来矿，须使用会议室时，由系统矿领导提前告知办公室，由办公室统一安排。

第七节 政研工作

临涣煤矿于1999年12月2日成立政策研究室。

政策研究室工作职责是：政策研究室围绕矿中心工作，对有关矿生产、经营、安全、精神文明建设等方面的方针、政策问题进行调查研究，向矿领导提出意见和建议，供矿领导决策参考；组织协调有关职能部门，对矿生产、安全、经营、精神文明建设方面的重大问题进行调查研究，并提出意见和建议；负责起草或修改矿有关重要文件、文稿；做好贯彻执行党的方针、政策和重要决策中的信息反馈工作，深入基层、调查研究，集中情况，汇总资料，向矿领导综合反映基层单位和广大干部群众的有关意见及各种带有倾向性的问题，提出完善决策的建议；根据需要组织撰写宣传、阐释矿有关方针、政策的文章；完成矿领导交办的其他任务。

第八节 法律顾问工作

临涣煤矿法律顾问室于1988年12月1日成立。其工作的基本原则为：预防为主的原则；助手原则；经济法律事务为主原则；不强加于人原则；保密原则；法制原则。

临涣煤矿法律顾问工作参与矿规章制度的起草和制定。1995年修订实施了《临涣煤矿经济合同管理办法》和相关规章。至2015年6月底，矿法律顾问室共审查经济合同1279份，标的额达17846.52万元。通过议价洽谈，节减资金支出1946.6万元。代理诉讼案件289件，劳动争议案件147起，通过诉讼和调解等多种形式，共挽回和避免经济损失1084万元。其中通过诉讼手段，追回欠款89万元。

第六章 人民武装与保卫

第一节 机构与职责

一、机构

2005年7月，矿人民武装部与保卫科分设，人民武装部设副部长1人，干事1人，至2007年6月，设副部长1人；保卫科设副科长1人，主持行政工作；设工会主席1人，主持党务工作。下设外勤组、治保队、门卫队、防火办、单身宿舍治安办、矸石山治安办、煤场治安办等。

2005年12月，集团公司保卫处统招的18名治保队员分配到科。

2007年6月，武装部与保卫科合并为武装保卫科，设党支部书记1人，科长兼武装部长1人，工会主席1人。

2009年11月，第二次增编集团公司保卫处统招的18名治保队员。

2009年12月，按集团公司要求，于2005年12月分配保卫科的治保队员保留4名骨干，其余14人统一转岗。

2010年8月，从全矿各单位择优录取8名退伍军人，增编为治保队员。

2011年4月，由于队员相继全部调出和转岗，女治保班撤销。

2013年6月，集团公司下发淮矿劳〔2013〕214号《关于印发淮北矿业武装保卫系统定员方案的通知》文件，武装保卫科定员45人。

2014年4月始，科班子调整，设科长兼支部书记1人，副科长兼工会主席1人，撤销外勤组、矸子山和煤场等治安办，门卫队合并到治保队。至2015年6月，武保科在册42人。

二、职责

（一）负责各进出矿大门的看守，出入人员、车辆的证件检查和携带物品检查。

（二）负责矿内生产、经营、生活等关键岗位和部门的警卫、治保、值班、巡逻，办理职责范围内的案件。负责组织对全矿发生盗窃、寻衅滋事案件的侦破、查处和打击处理。协助当地公安派出所开展工作。

（三）负责全矿范围内各地面车间、办公场所消防安全监督检查和措施落实；并负责新建设施的消防方案的审查，参与地面工程消防设施的检查验收。协助消防部门对火情的处置。

（四）负责参与处置突发性事件、大型集会活动的执勤、保卫等工作。负责对工人村的治安联防工作进行业务指导。

（五）负责人民武装、征兵和复原退伍军人、劳务市场人员及南门停车场的管理工作。

（六）负责提供全矿治安综合治理工作及责任制落实情况，供领导参考和决策。

第二节 人民武装

一、民兵组织

（一）民兵建设

1. 普通民兵

2005～2015年6月，临涣煤矿民兵组织属团建制，人员编制按照一年一度的民兵整组情况编定。由于新招职工的减少，大龄职工的不断增加，符合民兵条件的青年逐年减少，分别由2005年的1056名减少到2015年的613名。

2. 基干民兵

2006年4月，临涣煤矿基干民兵100人，编为两个基干民兵连，其中，保畅分队30人，防控作战分队30人，动员预编分队40人，其中女民兵10人。

2007年3月，根据上级军事部门要求，在民兵整组时，成立民兵连部1个，下设3个分队，民兵一体化分队11人，应急分队10人、12.7高机分队10人，步兵连60人，男民兵50人、女民兵10人。

至2009年3月，根据上级军事部门要求和民兵执行任务的需要，基干民兵编制80人，设1个基干民兵步兵连60人，物资油料分队20人。

至2012年3月，根据上级军事部门要求和民兵执行任务的需要，基干民兵编制60人，步兵连40人。物资油料分队20人。

至2014年、2015年3月，"十二五"时期根据上级军事部门要求和民兵执行任务的需要，该矿基干民兵分队20人，抗震救援分队10人，后勤勤务保障分队10人。

（二）军事训练

根据上级军事部门下达的训练任务，民兵的军事训练采取上级军事部门集中基地专业训练和矿自训相结合的办法进行。对象包括专职武装干部、基干民兵、应急分队、首批兵员动员对象，青年新工人、职工准军事化培训和初一、高一新生。训练中保证时间、内容、经费、人员、任务"五落实"。

2007年6月，庆祝建军八十周年举行"八一杯"军事比武，矿武装委员会成员参加集团公司举行的军事日"射击"比赛，获团体第二名。

2008年10月，矿武装委员会成员参加集团公司举行的军事日"射击"比赛，获团体第三名。同年4月，基干民兵军事训练获集团公司武装部先进单位

2006～2008年，基干民兵基地"37"高炮军事训练连续3年获集团公司武装部优胜单位。

（三）预备役工作

民兵预备役分一类、二类和退伍军人预备役，平时分散在各自的工作岗位上。矿人武部每年利用民兵整组，对预备役人员进行登记，调整出、入、转队人员，统计上报和存档。

（四）战备执勤

战备执勤是指在重大节日期间，根据上级军事部门要求，从基层抽出基干民兵组成班或排集合待命，配合保卫部门执勤巡逻，守护重要目标、场所，维护矿山安全和正常生产秩序，随时听从上级军事部门指挥调动。

至2005年6月底，战备执勤由"民兵应急分队"担负，同时撤销"民兵护矿队"组织。

二、输送新兵

临涣煤矿人民武装部依照《中华人民共和国兵役法》的规定，积极为

部队输送新兵。每年征兵期间，矿党委成立征兵工作领导小组，下发征兵工作文件，并采取各种形式对应征对象进行爱国主义、国防知识教育。坚持把政治思想好、觉悟高、身体素质好、文化程度高的适龄青年送到部队，保证了兵员质量。2013年征兵工作由原来的冬季征兵改为夏季征兵。2005年12月至2015年9月，共输送新兵43人。历年输送新兵见表8—6—1.

表8—6—1 历年输送新兵一览表

时 间	兵 数	时 间	兵 数
2005	5	2011	3
2006	7	2012	1
2007	3	2013	2
2008	8	2014	3
2009	5	2015	2
2010	4		

三、民兵参建

矿人民武装部紧紧围绕矿安全生产和精神文明建设，组织民兵预备役人员学政治、学文化、学技术，在基层民兵中开展争当安全卫兵、生产尖兵、维稳哨兵、树新风标兵的、"四兵"活动。设立民兵兼职安全监督岗员，带头搞好安全互保，抵制"三违"，能够及时发现和制止"三违"行为，敢于反映各类安全隐患信息，检举安全生产中的违法违规行为，为民兵身边无"三违"无事故、实现零伤害做出贡献。

四、拥军优属

矿建立拥军优属工作机制，矿人民武装部分别建立《拥军优属活动制度》、《拥军优属服务网络》、《军、烈、残、困难登记制度》。坚持做好拥军优属工作，每逢春节、中秋节、"八一"建军节，向拥军优属对象送去慰问金、优待金、困难补助金。每年"八一"建军节，组织召开座谈会，对在全矿两个文明建设和支持国防建设做出贡献的军烈属、转业退伍军人代表进行表彰。矿领导和武装部的同志坚持每年到部队走访一次，探望服役的战士。

2006年7月、2008年8月，2010年8月，2012年8月，临涣煤矿拥军优属工作分别被集团公司党委评为"爱国拥军模范单位"和"拥军优属先进单位"。

五、国防教育

2005年始，矿人民武装部把"爱国主义、革命英雄主义、国防知识"列为宣传教育的主要内容。利用职工培训班、新工人岗前培训、学生军训上国防知识教育课。利用新闻媒体、墙报、图片、标语、知识竞赛等形式，进行形势教育、战备观念教育和革命传统教育。每年制定国防教育计划，订阅《解放军报》、《中国民兵》、《武器常识》、《人民防空知识》、《三防知识》等报刊供民兵、中学生学习。坚持每年对中学生、青年新工人和人防专业人员进行"人民防空知识"轮训，提高全员防空意识，以应对新形势局部战争对防空的需要。

第三节 矿山保卫

一、防范措施

（一）在全矿设定主副井、变电所等重点要害部位13个。制定完善《重要部位突发事件应急措施》、《重要部位工作人员岗位责任制》、《重要部位工作人员管理规定》，对重要部位工作人员实行定期考核。

（二）2006年8月，工广区重要部位和路段安装9画面视频监控防盗系统。2008年9月，视频监控防盗系统升级改造为16个。2012年2月至2014年10月，视频监控防盗系统先后扩容至3套主机，计48个摄像头，其中云台20个，固定摄像28个。

（三）在工广区和重点要害部位加大治保队员巡逻密度，充分发挥视频监控作用，实现了"技防监控零盲区、巡逻守候零死角、治安防范零隐患"的治安防范格局。

（四）2007年1月，配置三轮警用摩托2辆，无线对讲机10对。

（五）2012年9月，配无线电对讲机10部、中继台1部；2013年8月配警用两轮摩托车2部，提高治保队员的应急反应能力。

二、治安管理

武保科认真贯彻"预防为主、单位负责、突出重点、保障安全"的工作方针，积极协助配合公安机关开展打击违法犯罪活动，同时充分发挥单位内保作用，及时查处发生在单位内部的各类一般违法违规违纪行为，确保了矿区治安稳定大局。历年矿行政处理和移交公安机关处理案件见表8—6—2。

表8—6—2. 历年矿行政处理和移交公安机关处理案件统计（单位：人）

年份	矿行政处理	移交公安机关处理	年份	矿行政处理	移交公安机关处理
2006 年	3	4	2011 年	0	4
2007 年	0	3	2012 年	2	5
2008 年	1	11	2013 年	0	2
2009 年	2	1	2014 年	1	0
2010 年	1	2	2015 年	0	0

三、消防工作

2005 年 7 月始，修改完善《消防安全工作管理规定》、《消防器材管理规定》、《危险物品储存管理规定》、《用火用电管理规定》等制度；按照综合治理文件要求，对基层各单位日常考核，年底综合表彰会予以表彰奖励；

每年年初调整防火委员会成员并下发文件，矿长任防火委员会主任。消防办设在武保，设兼职消防员 2 人。以武保科治保队员为基础建立 2 支义务消防小队，义务消防员 30 人。每年下半年针对防火重点部位人员举办两期消防安全培训班，利用每周防火安全检查契机对现场操作人员开展现场消防安全知识培训，累计培训人员达 1600 余人次。加强消防宣传工作，利用标语、板报、网络开展消防宣传活动。每年在"119"前夕，防火委组织人员下基层开展消防安全知识宣贯工作。设立防火重点保卫部位 22 个，并针对性的制定消防《预案》，每年开展不少于两次的《预案》演练工作。配有消防水池 4 座，电动消防泵 1 台，矿井东风井、西风井、东部井地面各有 1 个消防储水池，以保证消防用水。配置二氧化碳、干粉灭火器 350 余具。

2005 年、2007 年、2009 年、2010 年临涣煤矿被淮北矿业集团公司评为"防火先进单位"。

四、治安综合治理

2006 年始，矿深入开展创建"平安单位"活动，及时调整充实矿综治委成员，由党委书记和矿长亲任综治委主任，综治委成员由主要职能部门组成，武保科科长兼任办公室主任。研究制定治安综合治理工作计划，指导帮助各基层单位落实综治工作，年终考评各单位综治工作情况，实行"一票否决制"。基层各单位成立综合治理领导小组，班组成立治保小组。工人村管理委员会在 4 个居民区分别设立 1 个调解委员会，主要职责是调解发生在工人村内部的一般民事纠纷。

2005 年度，获集团公司综治工作"先进单位"，治安保卫工作"先进单位"；2007 年 1 月，被评为集团公司首批"标准化保卫科"；2007 年获集团公司"平安单位"单位；2008 年度武保科团支部获集团公司"青年文明号"；2012 年度获集团公司综治工作"先进集体"。

第七章 工会

第一节 机构沿革与组织建设

一、机构

2005年6月2日，按集团公司要求，临涣煤矿职工消费合作所属固定资产移交给物业管理处。

2006年，临涣煤矿工会委员会委员由17人组成，设主席1人，副主席2人，常委9人。委员会设办公室、生产劳保部、权益保障部、宣传教育部、女职工部，队伍建设办公室。每部室有主任或部长1人。经费审查委员会设主任1人，委员6人。矿工会有人员21人，其中干部9人，工人12人。全矿有29个车间工会，有专（兼）职工会干部38人。

2009年7月，撤销队伍建设办公室，其工作职能并入工会生产部；计生办与女职工部合并，工会设副主席1人。

2013年，临涣矿工会设权益保障部、宣传教育部、女职工部。设兼职工会主席1人（副矿级），副主席1人，部长、主管3人，计生干事1人。

2014年，按集团公司要求，矿工会财务划入矿财务科统一管理，工会帐户独立。

2015年1月，临涣煤矿工会委员会委员由11人组成，设主席1人，副主席1人，常委9人。委员会设权益保障部、宣传教育部、女职工部。每部室有主管或部长1人。经费审查委员会设主任1人，委员5人。至2015年，矿工会机关有人专职工会干部6人，全矿设27个车间工会，配备专（兼）职车间工会主席27人。

二、组织建设

2005年1月，制定下发《临涣煤矿工会模范职工小家考评办法》的通知，对深化建设职工小家工作进行规范。

2006 年 2 月，建立健全工会干部学习制度和激励机制，建立工会部室"建家"活动联系点制度。

2007 年 1 月，贯彻实施《企业工会工作条例》，开展"双爱双评"和"关爱职工、实现双赢"活动。

2008 年 1 月，深化职工建家工作，修改完善建家考核标准和评比办法，每半年对工会工作进行检查考核。

2009 年 3 月，制定下发《临涣煤矿车间工会主席直选方案》，每年选择 1～2 个条件成熟的车间工会进行工会主席直选。

2010 年 3 月，开展《临涣煤矿工会 "双走访、促三保"活动。

2011 年，完善《工会财务管理制度》、《工会干部党风廉政制度》，工会财务和资产管理工作得到了加强。

2012 年，结合矿开展的廉政风险预控机制建设，构建和完善工会系统廉政风险防控机制。

2013 年，坚持工会政治理论学习制度，开展工运调研，撰写理论研究文章，有 5 篇获集团公司工会奖励。

2014 年，开展党的群众路线教育活动，推进工会联系点制度，发挥职工生活监督委员会的作用。

第二节 工会会员代表大会

2006 年 9 月 27 日，临涣矿四届七次职工、工会会员代表大会召开，出席大会正式代表 175 人。大会审议通过"临涣煤矿关闭破产工作实施方案"；"临涣煤矿关闭破产职工安置实施方案"。

2009 年 1 月 16 日，临涣煤电公司召开一届一次职工、工会会员代表大会，出席大会正式代表 180 人。大会选举产生了临涣煤电公司工会第一届委员会和经费审查委员会。

2011 年 1 月 18 日，临涣矿召开五届四次职工、工会会员代表大会，出席大会正式代表 180 人。大会审议通过了六个书面报告。

2015 年 1 月 16 日，临涣矿召开六届一次职工、工会会员代表大会，出席大会正式代表 161 人。大会选举产生了矿工会第六届委员会和矿工会第六届经费审查委员会。

第三节 民主管理

一、职工代表大会

2005 年 1 月 18 日，临涣煤矿四届五次职工代表大会召开，出席大会的代表 180 人，审议通过矿长、矿党委书记谢清焕作的《同心同德，团结鼓劲，务实创新，为我矿的稳定发展贡献力量》的行政工作报告、工会主席颜庆玉作的《履行职能，服务中心，充分发挥工会组织在矿改革发展中的重要作用》的工会工作报告、副矿长王大田作的《提案工作报告》以及《劳动保护工作报告》、《行政业务招待费使用情况报告》、《临涣矿工会经费使用情况的报告》、《2004 年福利基金使用情况及 2005 年安排意见的报告》、《临涣煤矿贯彻落实<淮北矿业（集团）公司关于进一步加强矿（厂）务公开的实施意见>的实施办法》、《临涣煤矿 2005 年职工教育培训工作实施意见》书面报告。大会对矿级领导班子和领导干部进行评议。

2006 年 1 月 22 日，临涣煤矿四届六次职工代表大会召开，出席大会的代表 173 人，审议通过了矿长韩流作的《迈向新征程、实现新突破、再创新辉煌，全面促进临涣矿三个文明建设和谐发展》的行政工作报告、工会主席颜庆玉作的《围绕中心，履行职能，转变作风，推动工会工作再上新水平》的工会工作报告、副矿长袁兴全作的《提案工作报告》以及《劳动保护工作报告》、《行政业务招待费使用情况报告》、《临涣矿工会经费使用情况的报告》、《2005 年福利基金使用情况及 2007 年安排意见的报告》、《临涣煤矿 2006 年职工教育培训工作实施意见》书面报告。审议通过临涣矿关于实行全员动态考核区别激励的实施方案。大会对矿级领导班子和领导干部进行评议。

2007 年 1 月 26 日，临涣煤矿四届八次职工代表大会召开，出席大会的代表 173 人，审议通过矿长韩流作的《求真务实，开拓创新，争先进位，建设安全高效和谐的临涣矿》的行政工作报告、工会主席颜庆玉作的《围绕中心，履行职责，充分发挥工会在建设安全高效和谐矿山中的重要作用》的工会工作报告、副矿长袁兴全作的《提案工作报告》以及《劳动保护工作报告》、《行政业务招待费使用情况报告》、《临涣矿工会经费使用情况的报告》、《2006年福利基金使用情况及2007年安排意见的报告》、《临涣煤矿贯彻落实〈淮北矿业（集团）公司关于进一步加强矿（厂）务公开的实施意见〉的实施办法》、《临涣煤矿2007年职工教育培训工作实施意见》个书面报告。大会对矿级领导班子和领导干部进行评议。

2008年1月25日，临涣煤矿四届九次职工代表大会召开，出席大会的代表59人，审议通过矿长韩流作的《立足新起点，再创新辉煌，全面促进我矿各项工作再上新水平》的行政工作报告、工会主席潘富宝作的《围绕中心，履行职能，为促进我矿更好更快发展再立新功》的工会工作报告、副矿长袁兴全作的《提案工作报告》以及《劳动保护工作报告》、《行政业务招待费使用情况报告》、《临涣矿工会经费使用情况的报告》、《2007年福利基金使用情况及2008年安排意见的报告》、《临涣煤矿贯彻落实〈淮北矿业（集团）公司关于进一步加强矿（厂）务公开的实施意见〉的实施办法》、《临涣煤矿2008年职工教育培训工作实施意见》书面报告。大会对矿级领导班子和领导干部进行评议。

2009年1月16日，临涣煤电公司一届一次职工代表大会召开，出席大会的代表180人，审议通过董事长、总经理韩流作的《把握新形势，应对新挑战，实现新发展，谱写临涣煤电公司的新篇章》的行政工作报告、工会主席潘富宝作的《围绕中心，履行职能，为促进公司更好更快发展建功立业》的工会工作报告、副总经理朱世奎作的《提案工作报告》以及《劳动保护工作报告》、《行政业务招待费使用情况报告》、《临涣煤电工会经费使用情况的报告》、《2008年福利基金使用情况及2009年安排意见的报告》、《临涣煤电公司2009年职工教育培训工作实施意见》、临涣煤电公司《职工代表大会条例》实施细则、临涣煤电公司贯彻《淮北矿业集团有限责任公司集体合同》实施细则书面报告。选举产生新一届"两委"委员，大会对矿级领导班子和领导干部进行评议。

2010年1月28日，临涣煤电公司一届二次职工代表大会召开，出席大会的代表178人，审议通过董事长、总经理李明好作的《认清形势，坚定信心，攻坚克难，为实现临涣煤电公司发展新辉煌而努力奋斗》的行政工作报告、工会主席潘富宝作的《履行职能，凝心聚力，为谱写工作新篇章再作新贡献》的工会工作报告、副总经理王正武作的《提案工作报告》以及《劳动保护工作报告》、《行政业务招待费使用情况报告》、《临涣矿工会经费使用情况的报告》、《2009年福利基金使用情况及2010年安排意见的报告》、《临涣煤矿2010年职工教育培训工作实施意见》书面报告。大会对矿级领导班子和领导干部进行评议。

2011年1月28日，临涣煤矿五届四次职工代表大会召开，出席大会的代表180人，审议通过矿长李明好作的《立足新起点，瞄准新目标，再创新辉煌，为建设临涣煤矿更加灿烂的明天而努力奋斗》的行政工作报告、工会主席潘富宝作的《凝心聚力，履职尽责，在跨越发展中彰显工会作用》的工会工作报告、副矿长张安临作的《提案工作报告》以及《劳动保护工作报告》、《行政业务招待费使用情况报告》、《临涣矿工会经费使用情况的报告》、《2010年福利基金使用情况及2011年安排意见的报告》、《临涣煤矿2011年职工教育培训工作实施意见》书面报告。大会对矿级领导班子和领导干部进行评议。

2012年1月6日，临涣煤矿五届五次职工代表大会召开，出席大会的代表185人，审议通过矿长王大田作的《谋划新发展，开创新局面，夺取新胜利，为建设临涣煤矿灿烂美好的明天而努力奋斗》的行政工作报告、工会主席潘富宝作的《服务中心促发展，情系职工建和谐，为谱写临涣煤矿又好又快发展做出新贡献》的工会工作报告、副矿长杨振洲作的《提案工作报告》以及《劳动保护工作报告》、《行政业务招待费使用情况报告》、《临涣矿工会经费使用情况的报告》、《2011年福利基金使用情况及2012年安排意见的报告》、《临涣煤矿2012年职工教育培训工作实施意见》书面报告。大会对矿级领导班子和领导干部进行评议。

2013年1月17日，临涣煤矿五届六次职工代表大会召开，出席大会的代表182人，审议通过矿长张清作的《解放思想，加快转型，为全面提升我矿管理水平而努力奋斗》的行政工作报告、工会主席王玉山作的《凝心聚力促发展，心系职工建和谐，在建设安全、幸福、和谐临涣中彰显工会作用》的工会工作报告、副矿长张连福作的《提案工作报告》以及《劳动保护工作报告》、《行政业务招待费使用情况报告》、《临涣矿工会经费使用情况的报告》、《2012年福利基金使用情况及2013年安排意见的报告》、《临涣煤矿2013年职工教育培训工作实施意见》书面报告。大会对矿级领导班子和领导干部进行了评议。

2014年1月20日，临涣煤矿五届七次职工代表大会召开，出席大会的代表176人，审议通过矿长张清作的《强化管理，提升素质，为完成全年目标任务而努力奋斗》的行政工作报告、工会主席张宗标作的《聚力中心，助力发展，努力开创工会工作新局面》的工会工作报告、副矿长王金波作的《提案工作报告》以及《劳动保护工作报告》、《行政业务招待费使用情况报告》、《临涣矿工会经费使用情况的报告》、《2013年福利基金使用情况及2014年安排意见的报告》、《临涣煤矿2015年职工教育培训工作实施意见》书面报告。大会对矿级领导班子和领导干部进行评议。

2015年1月16日，临涣煤矿六届一次职工代表大会召开，出席大会的代表161人，审议通过矿长李学良作的《加快调整，聚力攻坚，谱写临涣煤矿建设发展新篇章》的行政工作报告、工会主席张宗标作的《聚力中心，服务大局，为推进矿井安全健康发展再立新功》的工会工作报告，会议审议通过《提案工作报告》、《劳动保护工作报告》、《行政业务招待费使用情况报告》、《临涣矿工会经费使用情况的报告》、《2014年福利基金使用情况及2015年安排意见的报告》、《临涣煤矿2015年职工教育培训工作实施意见》书面报告。会议选举产生了新一届工会"两委"委员。大会对矿级领导班子和领导干部进行评议。

二、民主评议干部

2005年始，临涣煤矿党委、临涣煤矿工会坚持每年一度开展科（区）级领导班子和管技人员民主评议。科（区）普通职工、管技人员、机关科室负责人、矿领导依据德、能、勤、绩、廉五个方面评议内容进行综合正向评议，个别年份引入反向评议，以提高民主评议的全面性和公正性。依据评议得分和年度安全、生产、经营、综治、计生、信访、干部问责情况，给予每名管技人员评定为优秀、称职、基本称职、不称职四个等级，对综合考核评议为优秀的给予适当奖励或通报表扬；对考核评议为一般或较差的科区级班子和基本称职或不称职的管技人员进行组织处理。历年管技人员考核评议情况见表8—7-1。

表8—7—1 历年管技人员考核评议情况一览表

时 间	被评议干部人数	85分以上	85分以下	备注
2005年度	283人	262人	21人	85分以下为基本称职或不称职
2006年度	315人	291人	24人	

时 间	被评议干部人数	优秀	称职	基本称职	不称职	备注
2007年度	150人	20人	121人	7人	2人	
2008年度	276人	54人	214人	7人	1人	
2009年度	261人	47人	205人	3人	6人	
2010年度	259人	59人	199人	1人		
2011年度	271人	44人	130人	3人		四星技术员10人 三星技术员25人 二星技术员57人 一星技术员2人
2012年度	272人	55人	214人	3人		
2013年度	267人	16人	246人	4人	1人	
2014年度	247人	42人	195人	10人		

说明：被评议干部为在岗干部。

三、民主接待日

临涣煤矿党委、临涣煤矿工会在工人村社区中心、矿内职教学校分别设立民主接待室，矿党政工领导以及工会干部、部分职工代表分别组成10个民主接待日小组，围绕职工群众关心关注的热点难点问题，面对面地与职工群众座谈交流，接受职工群众的质疑咨询，听取职工群众的意见建议，帮助职工群众解决实际问题。一般十日内向来访职工群众反馈信息，对一时不能处理或无法解决的做好解释工作。

至2015年6月底，共接待来访职工群众1100多人次，对提出的160多条问题给予了答复和解决。

四、职工代表视察

2005年始，由工会各专门委员每年组织开展两次职工代表视察活动，视察内容分井下和地面。井下主要视察工程质量、一通三防、机电管理、环境卫生、职业病防治和安全隐患的检查、排查。地面主要视察职工代表的提案落实、职工食堂、单身宿舍、职工浴池、矿内及工人村等职工福利设施。视察结束后及时将视察情况向矿党政领导汇报并责令有关单位限期整改。

五、合理化建议

至 2015 年 4 月底，征集合理化建议 1612 条，报集团公司参评 375 条，其中获奖 137 条。

第四节 群众生产与劳动竞赛

2005 年，组织开展"安全班队长、优秀群监网员"评选活动、"降成本、增效益"立功竞赛、"重点工程质量标准化"竞赛、"掘进队单进创水平、上台阶"竞赛、"安康杯"竞赛、"女工红旗班组"等竞赛评选活动。

2006 年，组织开展"保产、保尺、保运转"、"最佳采掘能手"、"优秀采掘区队长"、"高产量、高出勤、高工资"、"安全红旗区队"、"区队管理行家"、"双十佳"等竞赛评选活动。2006 年，被淮北矿业集团公司评为"经济技术创新工程先进单位"。

2007 年，组织开展"高产、高质、高效、保安全"、"最佳采掘能手"、"优秀采掘区队长"、"高产量、高出勤、高工资"、"安全红旗区队"、"区队管理行家"、"双十佳"等竞赛评选活动。

2008 年，组织开展 "高产、高质、高效、保安全"、"多拉、快跑促生产"、"采煤管理上台阶"、"炮采单产上台阶"、"掘进单进创水平"、"最佳采掘能手"、"优秀采掘区队长"、"安全红旗区队"、"区队管理行家"等竞赛评选活动。2008 年，被淮北市评为"劳动竞赛先进单位"。

2009 年，组织开展"一通三防管理"、"三高一保"、"多拉、快跑促生产"、"采煤管理上台阶、掘进单进创水平"、"最佳采掘能手"、"优秀采掘区队长"、"安全红旗区队"、"区队管理行家"等竞赛评选活动。2009年，被淮北矿业集团公司评为"经济技术创新工程先进单位"。

2010年，组织开展"三高一保"、"掘进重点工程"、"掘进单进创水平"、"最佳采掘能手"、"优秀采掘区队长"、"安全红旗区队"、"区队管理行家"、"争创巾帼示范岗"、"矿区职工总动员、节能降耗做贡献"等竞赛评选活动。2010年，被淮北矿业集团评为节能降耗先进单位。

2011年，组织开展"三高一保"、"掘进重点工程会战"、"掘进单进创水平"、"最佳采掘能手"、"最佳采掘区队长"等竞赛评选活动。

2012年，组织开展"三高一保"、"最佳采掘能手"、"最佳采掘区队长"、"一通三防"管理、"掘进重点工程"、"煤质增收节支"竞赛评选活动。

2013年，组织开展了"三高一保"、"采煤管理上台阶"、"掘进单进创水平"、"最佳采掘能手"、"最佳采掘区队长"、"一通三防"管理、"掘进重点工程"、"煤质增收节支"等竞赛评选活动。

2014年，组织开展了"采煤上台阶、掘进创单进"、"创建标准化班组、争当标杆班组"、"三无、四好"金牌班组长、"创建优胜安全班组"、"最佳采掘能手"、"最佳采掘区队长"、"支护用品管理节支降耗"、"优质供电、节电降耗"、"巾帼示范岗、岗位标兵"、女工红旗班组等20多项竞赛评选活动。

2015年，组织开展"采煤上台阶、掘进创单进"、"三无、四好"金牌班组长、"最佳采掘能手"、"最佳采掘区队长"、"个、百、千、万"节约、"支护用品管理节支降耗"、"优质供电、节电降耗"、"创建效益型区队、节约型科室"、"巾帼示范岗、岗位标兵"、"女工红旗班组"、"群策群力、聚焦双效"等竞赛评选活动。

第五节 群众安全活动与劳动保护

2005年，组织开展"安全为天"演讲、"安全漫画展"、"安全知识征答赛"、"职工代表安全视察"、"夫妻携手、共保安全"活动、"安全贤内助"评选、"安全流动红旗"活动、"强管理、严责任、堵漏洞、保安全"活动，安全咨询活动2次，安全橱窗8期。

2006 年，组织开展"安康杯"竞赛、"安全红旗区队"评选、"安全贤内助"评选、"安全文艺汇演"、"优秀群安网员"评选、"职工代表安全视察"、"安全生产和劳动保护法律知识征答"。2006 年，被淮北矿业集团公司评为"安康杯"竞赛先进单位，"劳动保护工作先进单位"。

2007 年，组织开展"安康杯"竞赛、"安全演讲"演讲、"最佳协安员"评选、"优秀群安网员"评选、"安全牌板展"、"安全书法展"、"职工代表安全视察"。举办学习劳动保护培训班两期，有 210 多名群安网员。2007 年，被淮北矿业集团公司评为群安工作先进单位。

2008 年，组织开展"安康杯"竞赛、"安全发展、安全矿区"活动、"最佳协安员"评选、"好矿哥、好矿嫂"评选、"安全牌板展"、"职工代表安全视察"、"工人先锋号"活动。举办学习劳动保护培训班两期，有 210 多名群安网员。2007 年，被淮北矿业集团公司评为群安工作先进单位。

2009 年，组织开展"安康杯"竞赛、"安全流动红旗"评选、"职工代表安全视察"、"安全知识征答"竞赛、"安全为天"文艺汇演。2009 年，被淮北矿业集团公司评为"职工代表安全视察先进单位"。

2010 年，组织开展"安康杯"竞赛、"最佳协安员"评选、"安全牌板展"、"职工代表安全视察"、"工人先锋号"活动。举办群安网员培训班两期，有 190 多名群安网员参加。2010 年，被淮北矿业集团公司评为"群安工作先进单位"。

2011 年，组织开展"群安网员身边无事故"、"优秀群安小组"、"安全挂图展"、"安全漫画展评"、"职工代表安全视察"等活动，举办千人安全应急知识竞赛。被淮北矿业集团公司评为"群安工作、职工代表安全视察先进单位"。

2012 年，组织开展"安康杯"竞赛、"群安网员身边无事故"、"优秀群安小组"、"节日送平安"、"安全牌板展评"、"职工代表安全视察"、"巾帼协安大行动"、"安全宣讲进采区"等活动。

2013 年，组织开展学习落实《淮北矿业工会群安工作条例》，职工代表、群安网员安全视察，举办了"安全牌板"展，安全咨询活动 2 次，安全橱窗 6 期。

2014 年，组织开展"安康杯"竞赛、争创"三优"评选、举办"远离十一种隐患人安全签名"和"安全为天"演讲活动和"建功十二五、巾帼保安全"协安帮教活动。

第六节 职工权益维护与保障

一、职工代表大会制度

根据《临涣煤矿职工代表大会条例》的要求，矿每年坚持召开一次职工代表大会，审议矿年度生产规划、经营方案、安全承包方案、劳动保护工作、职工福利基金使用等关系企业发展和职工切身利益的重大方案。2005 年 7 月至 2015 年 6 月，召开职工代表大会 10 次，审议议案 64 项。

二、职工代表团（组）长联席会议制度

在职代会闭会期间，对矿出台的一些经济政策、企业改革和有关职工下岗分流、晋级等方案，矿都及时召开职工代表团（组）长联席会议进行审议，审议通过的决议并提交下次职工代表大会确认。2005 年 7 月～ 2015 年 6 月，共召开 7 次职工代表团（组）长联席会，审议议案 12 项。

三、健全矿务、科（区）公开制度

2005 年 1 月 19 日，临涣矿四届五次职工代表、四届二次工会会员代表大会审议通过了"关于贯彻落实《淮北矿业集团公司〈关于进一步加强矿（厂）务公开的实施意见〉的实施办法》。《实施办法》共分为矿务公开的指导思想、主要内容、基本形式、领导机构、公开的程序、检查与考核、责任追究等进行了规范和要求，是今后一段时间矿务公开工作指导性的文件。

四、贯彻集体合同实施的落实情况向职代会报告制度

从 2005 年开始，矿工会每年组织一次由各职能部门负责人和职工代表参加的临涣煤矿《贯彻集团公司集体合同实施细则》的兑现落实情况检查组，对照劳动用工、工作时间和休息假、劳动报酬、职工下岗与再就业、劳动安全卫生、保险和福利、职工的责任和义务、职工的奖励和处罚、合同的监督检查和争议处置的条款进行逐条检查，并把检查的兑现和落实情况向矿党政汇报后，在职工代表大会上通报。

五、职工代表提案征集和检查

每年在召开职工代表大会前 15 至 20 天，提案工作委员会要向职工代表征集提案，征集提案经归纳整理后，由矿长办公会研究后按提案内容安排各分管领导和有关部门解答，并将解答内容和对上届职代会提案的检查情况提交职代会审议。会后，提案工作委员会对提案的落实情况进行督促检查。至 2015 年，征集提案 482 多条，向大会解答 240 多条。

第七节 职工生活福利事业

一、职工互助储金

至 2015 年，参储人员 2100 人，互助金额 38600 元。为 1024 多人经济互助 25300 元。

二、困难救济

坚持开展"金秋助学．爱心圆梦"活动，帮助解决贫困职工子女考取大、中专院校无资金入学的实际困难。至 2015 年，资助困难职工子女 758 人，发放资助金 63.65 万元。中秋节、春节期间为 1420 多名特困职工家庭送去慰问金 186420 元；日常救济职工 5960 人次，使用资金 246300 元。

三、职工意外伤害保险

2010 年，矿工会为采掘、井下辅助系统职工办理职工意外伤害保险。至 2015 年 6 月，有 103 名职工办理了意外伤害赔偿，赔付金额 47 万元。

第八节 女工工作

一、女职工工作

工会女工部为矿女工工作的职能部门，女职工工作主要是维护女职工的合法权益和特殊劳动保护，组织女职工代表进行专项集体合同落实情况视察。加强女职工思想政治教育和技能培训，实施女职工素质提升工程。组织女职工开展"争当巾帼示范岗、争当巾帼岗位标兵"双争竞赛活动和女职工技术比武。开展妇女协安工作，协助矿行政开展安全宣传教育工作。

（一）女职工权利的维护

至 2015 年，女职工部坚持每年一次为女职工定期进行了妇科、乳腺普病检查，计 4350 人次。每年坚持外聘医生，定期为全矿女职工开办"女职工保健专题知识讲座"培训班。坚持开展的"姐妹献爱心"帮扶单亲困难女职工，救助 400 名单亲困难女职工。

（二）女职工工作

至 2015 年，在 16 个女工班组中开展以"巾帼创新功、岗位争优秀"为主题的"争当巾帼示范岗，争做岗位标兵"竞赛、"女工红旗班组"竞赛和岗位练兵技术比武活动。实施女职工素质提升工程，以培训班和女职工"流动课堂"等素质达标活动。

（三）女职工风采

2006 年，陆芳芳获淮北市"女职工建工立业先进个人"，陈广华、曹矿勤被评为淮北矿业"协安标兵"，张红梅被评为淮北矿业"学习型女职工"。

2007 年，张红梅、周开红被评为集团公司"素质达标先进个人"，张学兰被评为淮北矿业"好矿嫂优秀人物"，陆芳芳、陈广华、周开红被评为"巾帼岗位标兵"。

2008 年，陆芳芳获安徽省妇联颁发的"第六届江淮十大女杰"、淮北矿业"拔尖人才"称号，张学兰被评为淮北矿业"安全贤内助"、"优秀协安员"，刘羽平淮北矿业"群众安全工作先进个人"、"优秀女职工工作者"。

2009年，况兰、苏红艳被评为集团公司"素质达标先进个人"。刘耿艳、张静、陈友华、刘羽平被评为集团公司"巾帼岗位标兵"；张学兰、代素华被评为集团公司"好矿嫂"。女工部被评为淮北市女职工"学比创争"先进集体。

2010年，王艳获淮北市"星级安全矿井"创争活动十佳个人，王玲、郭翠萍、赵晓春被评为淮北矿"巾帼岗位标兵。

2011年，高美荣被评为"淮北矿业巾帼十杰"，张学兰被评为淮北市"十佳协安员"，高美荣田园园、郭翠萍被评为"巾帼岗位标兵"，高美荣、苏红艳被评为"素质提升达标先进个人"，张学兰被评为"协安好矿嫂"。

2012年，高美荣淮北市 "三八红旗手"，刘耿燕、许巧华、田圆圆被评为淮北矿业"巾帼岗位标兵"，张学兰被评为集团公司女工安全协管"十佳标兵"。

2013年，张学兰被评为淮北矿业 "十佳好矿嫂"。高美荣被评为集团公司"女职工素质达标十佳个人"。邵玲被评为淮北矿业"优秀妇女协安员"。妇女协安会获"最佳协安活动创新奖"。

2014年，高美荣荣获淮北市"五一劳动奖章"、刘羽平获淮北市"三八红旗手"。

2015年，张学兰、韩素梅、马敏被评为淮北矿业"最美矿嫂"

（五）五好文明家庭创建

2006～2013年，该矿有40户职工家庭获得集团公司工会颁发的"五好文明家庭"称号。

二、妇女协安工作

妇女协安工作是女职工工作的重要组成部分，矿工会女职工部于2006年3月始，调整为13个矿妇女协安分会。妇女协安工作主要是组织女职工及职工家属开展安全宣传教育和送温暖活动。基层协安分会与18个井下采掘和辅助单位结对子，送温暖，进行安全监督，协助结对子单位做安全不放心人和"三违"人员的帮教工作。节假日期间和特殊时期开展"送温暖、送祝福、献爱心"活动；协安员开展"百名协安员百家入户访视"活动，做"重点职工"的帮教转化。每年定期举办伤亡职工家属失去亲人的痛苦经历现身说教及组织职工家属"走千米巷道 知亲人艰辛"井下体验，发挥亲情效应，做好一线职工安全督导工作。

第九节 职工宣传教育工作

一、宣传队伍

至 2015 年，工会宣传教育工作随着机构改革、人员精减的具体变化，随时调整，充实"通讯报道员"、"信息网员"队伍，利用网络通讯平台，掌握基层动态，报道先进单位，先进个人事迹、工会工作动态。

二、思想政治工作

至 2015 年，临涣煤矿工会宣传思想政治工作围绕全矿工作的中心，开辟橱窗专栏、悬挂宣传标语、制作专题牌板和灯箱式明星大道标牌、安全文化长廊、开办工会网站等宣传阵地，对职工进行党的方针政策的教育、形势教育，让职工了解情况，掌握最新动态。

2005 年，宣传贯彻法律知识，对职工进行普法宣传。举办"近年来临涣煤矿安全事故展"。

2006 年，组织举办"临涣煤矿安全知识征答赛"，举办"集团公司劳动模范、优秀共产党员风采展"。

2008 年，宣传学习贯彻《中华人民共和国劳动合同法》、《中华人民共和国劳动争议调解仲裁法》，举办"反三违安全漫画展及安全签名"活动。

2009 年，组织宣传学习集团公司《关于加强政治生态建设的指导意见》文件；

2010 年，举办"预防安全生产事故、增强自主保安意识"安全漫画展；

2011 年，举办以"安全在我心中"为主题安全知识大赛；举办"庆祝建党九十周年系列活动"及"安全生产月"系列宣传活动。

2012 年，加强职工社会主义核心价值观体系教育，推进"创争"活动和"职工书屋"建设；组织宣传学习"好人郭明义"；举办"安全知识征答赛"；组织参加集团公司第二届"安全矿区·安全发展"主题教育活动。

2013 年，学习宣传贯彻党的十八大精神，组织参加"党的十八大精神、转型跨越发展"知识竞赛。围绕"安全生产体系建设提升年"、"安全生产零死亡"目标，开展"安全事故典型案例牌板展"和"集中宣传咨询日"活动。

三、读书活动

2007～2013年，矿工会为15家有条件的车间职工小家配置了书柜、图书、电视、阅读桌椅和电子音像制品等，建立"职工书屋"，为爱好读书学习的职工提供了学习平台。

2008年，临涣煤矿"职工书屋"获安徽省"职工书屋"称号。

至2015年，矿车间工会有读书自学小组195个，参加读书自学职工2925人。矿工会每年对读书自学先进小组、先进个人进行表彰奖励。1997年至2005年，表彰奖励读书自学小组90个，328人次。

第十节 班组建设工作

至2005年，坚持每年谋划班组建设工作新发展，制定班组建设工作实施意见，明确班组建设指导思想、总体思路、工作目标和保障措施。

2006年，修订《临涣煤矿创建六好区队考核标准》，以"六五五"为创建重点开展工作，坚持定期考核，实现科区管理制度化、规范化。

2007年，开展"十佳职工、十佳班队长"、"矿山功臣"评选和优秀班组管理创新成果征集。切实发挥了班组在企业中的作用。

2008年4月，召开班组建设工作座谈会，修订《临涣煤矿班组建设考评办法及考核标准》，落实责任，保障了班组建设工作的开展。

2009年6月，制订《临涣煤矿推行班安全评估制度的实施办法》，通过推行"班前、班中、班后"安全评估，实现了班组安全动态全过程管理。

2010年5月，制订《临涣煤矿煤矿班组建设工作条例》，形成班组建设长效机制，持续加强和改进班组建设工作。建立了临涣煤矿领导干部联系班组工作制度，矿副总以上领导每月参加被联系班组的班前（班后）会至少1次，到联系班组所在工作面 2 次以上。

2011年4月，制订《临涣煤矿班队长公推直选实施方案》和《关于推行大学生任职班组长或班组长助理的工作办法》，明确班队长公推直选的范围、办法和程序，规范班队长使用和管理。

2012年3月，制订《临涣煤矿班组长素质提升及"乌金蓝领"工程实施方案》，明确了班组长素质提升工程职责分工和目标任务分解，建立健全班组长素质提升工程督查、考核制度。

2013年，建立四级安全自主管理责任体系，制订"596"班组管理体系推行制度和落实办法，建立和坚持班组建设督查考核制度，实现班组自主管理。

2014年，制订临涣煤矿"人人都是班组长"轮值管理实施方案（暂行）。

2015年2月，制订《关于推进班组建设"12577"管理体系的实施意见》，明确了"12577"管理体系内涵、体系规范要求。每季度举办一次"班组自主管理暨安全确认风险预控"大赛。

第八章 共青团工作

第一节 机构

2005 年 7 月，共青团临涣煤矿委员会设副书记 1 人，委员 11 人，下属 2 个团总支，21 个团支部，团员 286 人。

2010 年 7 月，共青团临涣煤电公司委员会由 11 人组成设副书记 1 人，委员 10 人，下属 2 个团总支，18 个团支部，团员 208 人。

2015 年 6 月，共青团临涣煤矿委员会设副书记 1 人，委员 11 人，下属 18 个团支部，团员 162 人。

第二节 团员青年的先锋突击作用

一、劳动竞赛

至 2005 年，矿团委立足青年实际，团结带领广大团员青年，以服务安全生产为中心，提升青年员工综合素质、强化青工安全生产意识、增强青工技能操作水平为目标，积极组织开展多种形式的劳动竞赛。

2006 年，矿团委在各团总支、团支部组织团员青年开展"奋战 120 天，誓夺安全年"竞赛活动。

2007 年，组织团员青年围绕战高温、保安全、抓质量、夺高产开展岗位争优劳动竞赛，全年开展创建青年文明号竞赛活动。

2008 年，在全矿团员青年中开展"安全知识 PK"竞赛活动。

2009 年，组织团员青年开展"青工百日安全竞赛活动"。

2010 年，组织开展淮北矿业"安全发展与青年责任"辩论赛，青年安全优胜杯竞赛，"一帮一对红"导师带徒竞赛活动，临涣煤电公司首届"名师高徒大赛"。

2011 年，组织开展临涣煤电公司第二届"名师高徒大赛"，获淮北矿业第二届"名师高徒大赛"第二名；青年安全优胜杯竞赛活动；参加淮北矿业首届青岗员技术比武，在 4 个工种中，取得了 2 个工种的冠军，获总分第一名；组织开展共青团安全文化车场创建竞赛活动。

2012 年，组织开展临涣煤矿第三届"名师高徒大赛"，获集团公司第三届"名师高徒大赛"第一名和优秀组织单位称号；在全矿范围内开展安全生产体系建设征答赛。

2013 年，组织开展"读党史、话发展"有奖征文活动，"争做攻坚突围急先锋"活动，临涣煤矿第四届"名师高徒大赛，"安全确认、手指口述大赛。

2014 年，在全矿团员青年中，开展了"青年岗位能手"竞赛活动。

2015 上半年，组织开展"青安杯"竞赛，安全形势政策知识征答赛活动。

二、安全生产监督

2005 年，矿团委组织青岗员开展青岗安全检查活动。2006 年，组织团员青年开展青工安全不放心人座谈会；开办青年安全监督岗员培训班。2007 年，矿团委组织开展青工百日安全活动；开展安全牌板展出活动，展出牌板 20 块。2008 年，开展"与不安全行为告别做有素养的安全人"活动。2009 年，全年开展"零点行动" 64 次，查处隐患 984 条。2010 年，开展"百日安全、青年攻坚"活动。2011 年，成立团委安全宣讲团，全年深入基层班前会、安全例会宣讲 14 次。2012 年，对青年安全监督岗队伍进行整顿，全矿设分岗 19 个，岗员人数 76 人，下发了《临涣煤矿青年安全监督岗考核办法（试行）》和《临涣煤矿青年安全监督岗位工作管理制度（试行）》；同时开展了青工安全"百团大战"活动。2013 年，组织青岗员开展"青年安全零隐患"系列活动。2014 年，开展各类安全检查 79 次，查处有效隐患 1327 条，整改率 100%。2015 年上半年，开展安全形势政策知识征答赛，通过 4 场比赛的争夺，运输区获第一名；开展"青安杯"安全互查活动。

第三节 团员青年思想政治教育

一、理想道德教育

2005 年，对团员青年进行主题教育，开展"做新世纪合格共青团员"主题教育活动。

2006 年，组织开展"学习雷锋精神、岗位奉献争先"主题教育。

2007 年，组织团员青年召开座谈会，学习贯彻"十七大会议精神"和"省十二次团代会"精神。

2008 年，在团员青年中开展"保奥运、话安全"座谈会，同时开展文艺汇演活动。

2009 年，对全矿团员青年进行爱国主义教育，组织召开"庆祝建国 60 周年"座谈会。

2010 年，组织全矿团员青年学习沈浩精神，同时开展"学沈浩、创先进、争优秀"主题实践活动。

2011 年，举办"永远跟党走——我的青春故事"纪念建党 90 周年暨青年先进典型事迹报告会。

2012 年，组织团员青年学习"十八大会议精神"，开展爱国主义主题活动。

2013 年，开展"读党史 话发展"主题教育活动和征文活动；

2014 年，组织团员青年召开座谈会，认真学习"十八届四中全会"会议精神。

2015 年上半年，开展"我以杨杰为榜样，对照先进找差距"活动；同时在各团支部开展了解放思想大讨论活动

二、青年志愿者活动

至 2015 年 6 月，临涣煤矿团委每年都会组织开展"学雷锋、树新风、促团结、保安全"便民服务一条街活动。同时组织青年志愿者开展"三进门"服务、井口学雷锋等活动共计 28 次，参加人次达到 1200 人次，直接被服务人员近 7000 人次。

第四节 团的建设

2005年，矿团委组织开展"做新世纪合格共青团员"主题教育活动

2006年，矿团委组织开展增强共青团员意识主题教育活动。

2007年，按照文件要求认真开展好"双推"工作，推荐入党4名。对基层团支部进行改选。

2008年，开展"红旗团支部"和"青年文明号"创建活动，全年推荐6名优秀团员青年作为党的发展对象。

2009年，全年发展新团员7名，推荐2名优秀团员青年作为党的发展对象。

2010年，对基层团支部进行改选。

2011年，基层单位团的工作纳入星级支部考核范围，矿团委组织举办为期3日的全脱产团干培训班，受训人员28人。

2012年，荣获省属企业"五四红旗团委"，在"双推"工作中共推荐3名优秀团员青年作为党的发展对象。

2013年，发展新团员6名，推荐入党1名。

2014年，实施全矿团员青年档案管理，同时综采三区青工郑吉羊获"全国煤炭系统优秀共青团员"称号。

2015年上半年，在全矿范围内开展"青年文明号"创建，"红旗团支部"评选活动。

第九章 社团

第一节 职工思想政治研究会

临涣矿重视职工思想政治研究工作。2005年~2015年，每年召开职工思想政治工作研讨会，累计组织撰写职工思想政治工作研讨论文256篇，并对部分优秀论文进行了表彰，2013年10月，举办职工思想政治工作研讨会，基层6家单位发布论文成果。

第二节 煤炭经济技术研究会

临涣煤矿经济技术研究会，隶属于淮北矿业集团煤炭经济技术研究会，经营矿长任秘书长，有会员48人，主要来自矿财务科、工资科、物管科、经管部等单位。近十年来，围绕淮北矿区和临涣煤矿改革和发展的各项经济工作，认真组织人员进行调查、研究和探讨，提交有理论价值和实践价值的论文。2005－2015年，临涣煤矿煤经会多次被集团公司煤经会评为组织活动优秀单位，共有138篇论文在相关杂志上发表，其中获得中国煤经会优秀论文的有46篇。

第三节 体育活动兴趣小组

2009年，临涣煤电公司成立文化体育活动兴趣小组。办公室设在工会组宣部。设有球类、棋牌、钓鱼、武术、集邮等13个兴趣小组，共计91人。

第四节 关心下一代委员会

临涣矿关心下一代工作委员会（简称关工委）设常务副主任1人，副主任4人，委员19人，秘书1人，办公室主任1人。下设中学、小学、幼儿园、青工、社会青年5个关工小组。

临涣煤矿关工委的工作职责是：以竭诚为青少年服务为落脚点，以青少年成才教育为核心，以企业中心工作为重点，指导、推动、协调、配合矿中学、小学、幼儿园、基层科区抓好对青少年的培养教育。

2011年，经淮北市关工委淮北矿业关工委检查验收，命名临涣矿关工委为"五好关工委合格单位。

2008年、2010年、2012年、2014年，临涣煤矿关工委分别被淮北矿业关工委授予"关心下一代工作先进单位"。

第九编　科教文卫

第一章　科研与环保

第一节　机构设置

至 2005 年 7 月，临涣煤矿科研工作属矿总工程师分管，根据项目内容划分：机电运输科研项目隶属机电科、采掘支护类科研项目隶属技术科、"一通三防类"科研项目隶属瓦斯办，地测防治水属地测科。

第二节　科学研究

一、科研项目与成果

（一）大吴家断层水害防治技术研究。获淮北矿业集团 2007 年过程研修继续教育一等奖。研修人：陈明灿、方宝松、崔家圣等。

1. 课题提出的背景

大吴家断层位于临涣井田中部，将井田分为南北两部分，正断层，落差 20-360 米，走长延展长度 15 千米。该断层平面位置已被勘探资料基本查明，但断层导水性有待进一步探查，断层水直接威胁矿井安全生产。根据该矿生产接替安排，2007 年 2 月，开始施工 I113 轨道石门，施工层位为

7煤底板，预计9月巷道将穿过大吴家断层（此处断层落差为160米）进入10煤底板。针对这一问题，该矿组织人员对断层富水性及水害治理方案进行专题研修。

2.课题实施过程

2007年2月，Ⅰ13轨道石门开工，淮北矿业集团公司、临涣煤矿对大吴家断层水害防治工作十分重视。5月11日，集团公司总工程师李伟带领有关专家、领导在临涣煤矿主持召开Ⅰ13轨道石门过大吴家断层现场会，安排集团公司、矿和中国矿业大学有关人员根据《煤矿防治水工作条例》和有关规程要求，组织实施对过断层前水害防治工作。

（1）搜集有关大吴家断层物探、钻探资料，系统地加以分析整理。

（2）编制断层水害治理方案，报集团公司审批，同意防治水方案分二个阶段，每个阶段先物探，后钻探。

（3）实施：第一阶段：2007年4月26日，该矿与中国矿大合作采用矿井瞬变电磁法在Ⅰ13轨道石门石6点前27m处进行了超前探测，得出结论：Ⅰ13轨道石门石6点前27m处向前约40m左右范围内无明显含水裂隙发育，在前方50m开始巷道底板下30m范围构造或裂隙赋水。5月，设计并施工水文验证孔，查明电法超前探异常区的赋水性。5月，对过大吴家断层进行过断层防治水设计报集团公司审批。集团公司以淮煤地测[2007]106号文批复，同意分组布局施工钻孔。5月28日开始施工Ⅰ13轨道石门第一组断层探查孔，6月16日封孔竣工，工程量323.5米。第二阶段：2007年7月25日，该矿与中国大矿合作采用矿井瞬变电磁法在Ⅰ13轨道石门石7点前53m处进行了超前探测，得出如下结论：Ⅰ13轨道石门石7点前53m处迎头前方40～70m左右、巷道底板下40m左右含水裂隙发育，且赋水性较强，可能影响巷道正常掘进。根据电法探水结果，修改第二组钻孔的参数。8月5日开始施工Ⅰ13轨道石门第二组断层探查孔，9月6日早班封孔竣工，工程量530.0米。第二组钻孔施工结束后，由于断层带宽且较破碎，为减少施工难度，排除安全隐患，补打一个注浆孔，孔深70米，对断层破碎带带进行注浆加固，注入水泥196吨，治理效果较好。

3.成果

（1）防治水方案确定。根据以往经验，断层落差大于100米且破碎带较宽，一般采用地面钻探对破碎带进行抽（注）水试验，根据断层富水强弱，地面注浆加固治理。但由于该断层倾角较大（平均70°）且平面位置摆动较大，地面钻探很难准确钻到断层位置，07-1大巷导向孔没有控制大吴家断层位置且费用较高，经反复研究确定，在井下采用物探、钻探、注浆加固相结合治水方案。

（2）物探成果。在I13轨道石门轨6点前27米，轨7点前53米采用瞬变电磁超前探水技术对掘进前方及底板方向探测，第一次探测I13轨道石门石6点前27米迎头向前40米左右范围内无明显含水，裂隙发育，在前方50米开始巷道底板下30米范围内构造或裂隙赋水；第二次探测结论为迎头前方40-70米左右，巷道底板下40米左右含水裂隙发育且富水性较强，可能影响巷道正常掘进。建议巷道继续掘进之前，向巷道前方底板布置一超前钻孔，终孔水平距离迎头50-70米之间，垂直距离巷道底板在40-50米之间。

（3）钻探成果。根据《煤矿防治水工作条例》及物探成果，在I13轨道石门石6点前27米及石7点前53米分别设计一组钻孔，每组钻孔水平方向1-2个，底板方向2个。第一组3个钻孔均没揭露断层带，但岩芯破碎；第二组4个钻孔，均在断层带及岩石破碎段附近出水，经测试水量较小（小于0.3吨／时），水压小于0.4MPa，经水质化验为砂岩裂隙水。

（4）断层破碎带特征。结合井上下钻探资料，大吴家断层为正断层，倾角68°-76°，落差80米（I13轨道石门揭露），断层面光滑，潮湿，断层两盘岩石挤压作用明显，节理极发育，断层带均被断层泥和角砾充填，宽40米左右，断层泥约占62%，质地松软，角砾为中细粒砂岩、泥岩、铝质泥岩等组成，偶见煤屑，角砾原始结构均被破坏。初步判断断层力学性质为扭性。

（5）断层带富水性及安全可行性评价。地面钻孔揭露大吴家断层时均未发现漏水，断层带均为泥质充填，构水2. 补构水2. 构水1，$q=0.00017-0.0032L/S*m$，$K=0.00011-0.0162m/d$，再结合水质化验及断层带构造特征，综合分析说明断层富水性不强。结合地面太灰长观孔位观测资料，突水系数$Ts=0.3<0.5$，太灰水对掘进安全施工不会构成威胁，因此13轨道石门可以安全揭露大吴家断层。

（6）注浆加固。虽然该断层富水性较弱，断层水不会威胁掘进安全施工，但考虑到断层带及附近岩石较破碎，为了减少施工难度，决定对断层带及附近岩石进行注浆加固治理。经验证注浆效果良好。

（7）效果效益分析。临涣煤矿《大吴家断层水害防治技术研究》课题。通过对该断层构造特征、水文地质特征等分析，采用井下物探、钻探相结合方法查明断层富水性，采取注浆加固治理措施，不仅技术可行，治理费用低，而且安全可靠，确保矿井安全生产。本次断层水害治理为矿井断层水害防治提供切实可行的方法，具有推广和应用价值。

（二）Ⅰ11采区瓦斯治理研究。获淮北矿业集团2009年过程研修继续教育一等奖。项目实施人：郭家标、方仲春、赵强等。

1. 课题提出的背景

临涣煤电公司随着向东翼采区的开拓和延伸，煤层瓦斯压力、矿井瓦斯涌出量不断增大，根据以往测定的数据，Ⅰ11采区7煤在标高 -388.6m 处测定的瓦斯绝对压力为0.76MPa，9煤在标高 -407.5m 处测定的瓦斯绝对压力为0.15MPa，且7煤的坚固性系数 f 值和瓦斯放散初速度 $\triangle$ p 分别为0.58和9。可能存在着煤与瓦斯突出潜在的威胁。为落实《防治煤与瓦斯突出规定》，防患防范于未然，确立Ⅰ11采区瓦斯治理研修课题，针对Ⅰ11采区瓦斯压力、瓦斯含量等基础参数进行测定分析，开展瓦斯赋存和涌出规律的研究，提出科学合理、切实可行的瓦斯综合治理措施。

2. 研修过程

该矿由总工程师牵头，由通风副总带领通风区及生产管理部技术骨干成立课题研修小组。

3. 成果主要内容

（1）I11采区瓦斯参数确定。测定煤层及与瓦斯相关的各项参数。

煤层瓦斯压力测定。本次瓦斯压力测定应用速凝膨胀水泥封孔测定煤层瓦斯压力新技术，采用水泥浆直接封孔，通过水泥的膨胀渗入钻孔周边裂隙，杜绝了瓦斯的泄漏，从而使测出的瓦斯压力值等于真实的煤层瓦斯压力。

煤的坚固性系统 f 值的测定。具体做法是将块度为 10～15mm 的煤样分成5份，每份重40克，分别置于测筒中进行落锤破碎试验，每份冲击3次，用公式 f=20n/1 计算出煤的坚固性。

煤样瓦斯放散初速度 $\triangle$ P 测定。在井下采新鲜暴露面的煤样 250g，地面打钻取样时取新鲜煤芯250g。旋下仪器的煤样瓶下部的紧固螺栓，将煤样装入。通过测定，瓦斯放散初速度14.79 ⊿P/mmHg.

煤的破坏类型分析。通过在7114机巷及7114风巷现场观察及实验室煤样观测7煤，发现7煤在宏观上较有次序，层理清晰，比较光亮；用手可剥成小块，因此断定其破坏类型为Ⅱ类。

煤层瓦斯含量测定。煤层瓦斯含量测定方法采用高压吸附法，取0.2～0.25mm煤样80g，装入测定罐。先在70℃条件下，抽真空脱气2天，然后在0.1～0.5MPa压力与30℃恒温条件下吸附甲烷，测量吸附或解吸的瓦斯。通过测定，瓦斯含量如下：

测点	见煤点标高（m）	瓦斯压力（MPa）	吸附量（m³/t）	游离量（m³/t）	总含量（m³/t）
Ⅰ₁₁采区轨道大巷	-373.0	0.65	5.41	0.18	5.59

⑥ I11采区7煤层突出危险性鉴定。

通过测定Ⅰ11采区7煤层瓦斯参数测试结果如下：

煤层	煤层破坏类型	最大瓦斯压力/MPa（绝对压力）	瓦斯放散初速度 △P/mmHg	煤层坚固性系数f最小值
7煤层	Ⅱ	0.65	14.79	0.4

根据《煤与瓦斯突出矿井鉴定规范》（AQ1024-2006），认定Ⅰ11采区7煤层（标高-405.3m以上）为无突出危险性煤层。

（2）掘进工作面瓦斯治理措施

①石门揭煤工作面瓦斯治理措施：

根据突出危险性测定结果，I11采区7煤层为无突出危险性煤层，由于临涣煤电公司的相邻矿井为突出矿井，为保证揭煤安全，7煤层石门揭煤均应按照《防治煤与瓦斯突出规定》，采取严格的防突措施。

距煤层法距10m处，施工不少于3个有效探煤孔，准确探明煤层赋存和地质构造情况，同时利用3个探煤孔测定煤层瓦斯压力，并取煤芯实验室测定瓦斯放散初速度△P和煤的坚固性系数f值，判定是否为突出危险工作面。

当巷道掘进到距煤层顶板法距5m处时，停止施工，分别在巷道中打不少于3个探煤孔一次穿透煤层进入底板0.5m。测定煤层钻屑瓦斯解吸指标（△h2、K1），采用钻屑解吸指标法进行煤层突出危险性预测。

Ⅰ 11 采区煤层为缓倾斜煤层，最小岩柱取 2m。当达到最小岩柱时，停止施工，分别在巷道中打不少于 3 个探煤孔一次穿透煤层进入底板 0.5m，采用钻屑指标法进行效果检验。

Ⅰ 11 采区石门揭煤过程中严格按照以上措施进行揭煤，经测定无突出危险性，但在揭煤过程中仍采取必要的安全防护措施后，远距离爆破揭穿 7 煤层。

②煤巷掘进工作面瓦斯治理措施

Ⅰ 11 采区 7114 机、风巷掘进工作面在掘进过程中煤体瓦斯涌出量较大，达到 2～3m3/min。研修人员勤跑现场，根据煤体瓦斯以及生产情况制定瓦斯治理措施。

①用钻屑指标法进行突出预测工作。7114 掘进工作面采用钻屑指标法进行突出连续预测，实测得到的 S 、K1 或△ h2 的所有测定值均小于临界值，并且未发现其他异常情况，确定 7114 掘进工作面为无突出危险工作面。

②掘进过程中采取的瓦斯治理措施：

Ⅰ施工瓦斯排放钻孔。每班施工结束后，必须按要求打瓦斯释放钻孔，孔数 8 个，孔深不得低于 5m，每班进尺不得超过 3m，保持不少于 2m 的排放钻孔。

Ⅱ高压注水。沿走向施工 1 个走向顺层钻孔，孔径 42mm，倾角 5°～7°，孔深为 10m，注水管插入孔内，开启流水泵注水。采取注水 10m，掘进施工 5m，一次循环进行。

Ⅲ爆破施工措施。严格控制施工速度，采取爆破施工时，每次爆破炮眼不超过 6 个，孔深不超过 1.5m，炮眼必须用水炮泥、炮泥封满填实。

Ⅳ"四不生产"治理措施。根据 7114 掘进工作面瓦斯涌出较大，研修人员提出了"四不生产"原则，即瓦斯释放孔数不够 8 个、瓦斯释放孔深度不足 5m、每班进尺不超过 3m、瓦斯浓度不超过 0.6%。由瓦斯检查员现场落实，任何一个不符合规定，即停止掘进工作面施工。

（3）回采工作面瓦斯治理措施。

7114 掘进工作面施工过程中瓦斯涌出量较大，预计工作面回采期间仍存在上隅角瓦斯超限或回风巷道瓦斯超限等现象，采用高位钻孔抽采瓦斯和上隅角埋管抽采瓦斯措施，防止瓦斯积聚，保证工作面安全生产。

3. 效果分析

（1）为东翼采区瓦斯治理提供技术保障。通过研修制定的方案和施工中采取的石门揭煤、煤巷掘进工作面瓦斯治理、回采工作面瓦斯治理措施，保证Ⅰ11采区的正常开采，为Ⅰ13、Ⅰ15采区的开拓提供重要的技术参数和宝贵的经验。

（2）降低施工成本，提高施工进度。由于制定科学合理的瓦斯治理方案，消除因瓦斯问题而带来的施工影响。7114岩巷揭煤比预定提前10天完成，；7114煤巷掘进工作面比预定提前30天贯通，经济效益约400万元。

(3) 提高研修人员的专业技术水平，开拓新思路。

围绕研修课题，系统学习掌握瓦斯治理相关技术理论，拓展知识领域和解决问题的思路，为今后瓦斯治理工作的开展打下基础。

（三）2010年，《强力胶带机的安全运行研修》 获集团公司2010年专题研修继续教育成果特等奖。项目负责人：卢志强。

1. 背景：临涣矿原年设计生产能力为180万h/a，2010年实际生产能力达到280万h/a，计划2011年生产能力达300万h/a。原采区机巷原煤运输统一为150胶带输送机进行输送，输送能力为630吨/小时，进入各个系统大眼，再由矿车运输直到主井滚笼，不但输送能力小，而且运输速度慢，掉道事故常有发生。基于以上情况，2010年5月份该矿对东部运输系统进行改造，从东十一大眼到主井共安装四部强力胶带输送机，提高矿井的原煤运输能力。

2. 主要做法：（1）从运输上看，改变矿车运输原煤，统一胶带机运输，安全可靠，效率高。（2）各个转载点有所更新，由原先统一挡煤板结构改为钢制小煤仓，可以存储4吨原煤，解决大煤眼满仓临时存储问题。（3）控制系统方面，采用远控操作，集中控制，用通讯载波电话解决电缆信号衰减问题（100米安装一台载波电话）。（4）在胶带输送机重点部位安装摄像头，采用影像监控系统，实现胶带机运行可视化。（5）供电系统的合理化，三部胶带输送机机头均设有一个配电硐室，实行双回路供电，保障供电的安全性。(6) 对东翼运输系统实行全封闭式管理，在机头、机尾配电硐室安设防火门，中间联巷用护网封闭，并悬挂"封闭管理 闲人禁止入内"警示牌板。（7）规范维修和保养制度，按照操作规程和管理制度实行操作。(8) 由于运输系统长，确保检修工的安全问题，胶带输送机重点部位架设行人天桥。(9) 整个运输系统机电硐室，均设有消防灭火装置。(10) 在控制原理上，实现单机、双机、三机自动切换，增强系统的可靠性、安全性。

3. 科研成果：该矿在保证煤矿正常生产情况下，东部运输系统实现软启动控制和集中控制，基本实现无人操作化，达到减员提效的作用。改变原先矿车运输的诸多缺点，采取胶带机运输速度提高，原煤产量提高。东部系统投入运行后，日提升能力达到八千多吨，事故率明显降低，方便维修。系统改造后，具有稳定性、先进性、通用性和可扩展性等特点，可在集团公司内推广。

(四)《立井摩擦提升HLB型感力机械手捕绳式防滑绳溜车保护装置》。获 2011 年度江苏省煤炭科学技术进步奖 一等奖。项目负责人：卢志强。

1. 背景：(1) 中国立井提升有单绳缠绕和多绳摩擦两种形式。多绳摩擦式提升是将多根钢丝绳搭在摩擦轮上，利用摩擦力传动钢丝绳用以升降容器。摩擦式提升能够适合矿井高产高效的特点，在提高提升效率的同时，也带来一些安全隐患，其中滑绳、溜车事故就是比较常出现的一种。(2) 所谓滑绳、溜车就是提升钢丝绳与摩擦轮产生高速相对滑动从而导致的恶性事故。虽然摩擦提升钢丝绳与摩擦轮衬垫之间有足够的摩擦力维待着提升钢丝绳与摩擦轮的同步运行，但是由于外界不确定因素的影响，提升钢丝绳与摩擦轮衬垫的摩擦轮的摩擦力会发生显著降低，影响提升机的可靠性，此外一旦某种外界因素冲击钢丝绳系统（例如提升机的紧急制动），也会导致系统的滑动力超出钢丝绳与衬垫的极限摩擦力，产生滑绳、溜车，对提升系统的安全运行构成严重威胁。因此，如何防止提升钢丝绳在摩擦轮上的滑动始终是摩擦提升技术研究的一项重要课题。

2. 主要做法：HLB型感力机械手捕绳式防滑绳溜车保护装置由机械系统和电控系统两部分组成。机械系统主要由主体机架、活动机架、同步挡梁、丝杠传动机构、双楔式全自动卡绳装置等部分组成，此装置一套两组，分别控制正向及反向滑绳溜车。电控系统主要由三部分构成：检测系统、控制系统、执行制动系统三部分组成。检测、控制系统采用旋转编码器（分别安装在主导轮和摩擦轮上）提供给PLC进行分析判断；摩擦提升运行过程中安装在主导轮和摩擦轮上的两只旋转编码，只要有一只出现问题，摩擦提升溜车、滑绳综合保护系统发出警示信号并处于自保状态；执行机构是在步进电机推动下工作的，为保证执行机构在断电情况下也能参与工作，保证系统安全，此装置中采用 UPS 备用电源。

3. 科研成果：HLB 型感力机械手捕绳式防滑绳溜车保护装置制动力稳定可调，在滑绳、溜车状态下，即使提升机制动闸失灵，也能将钢丝绳可靠制动，而且不损绳；感力机械手依照滑绳、溜车状况，对钢丝绳进行智能抓捕；绞车房控制系统可直接监测提升机运行情况，一旦检测出滑绳、溜车状况，除声光报警外，执行机构在 PLC 控制下使机械手进入工作状态，完成智能抓捕动作。防滑绳溜车保护装置结构简单，动作灵活，安装方便，不需要改动原有系统，可直接安装，能够很好地与现行提升系统配合使用。

（五）2012 年，《胶带复用修边装置》。获国家专利。发明人：卢志强、程世国、李广勇、徐坤。

1. 背景：随着矿井综合自动化水平的提高，原煤运输、矸石后运胶带化的普及，胶带使用量大大增加，新胶带的投入成本较大，每年新胶带的投入费用为 300 万元。而如果将旧胶带直接再利用，旧胶带磨损后带边胶线脱落，会缠绕托辊或机架，一方面造成托辊、机架的损坏，另一方面加大胶带磨损程度。如何将更换下来的旧胶带循环利用，做到利废降耗，为企业经营做贡献，是重要研究课题。

2. 装置介绍：胶带复用修边装置总体结构包括机架、固定平台、切割平台、驱动部分、切割装置、清理装置。工作过程：旧胶带通过机架缓冲托辊进入固定平台，在固定平台上通过长孔槽、定位角钢、平压角钢等定位装置对胶带进行方向校正，使其可以平直通过切割平台；确定胶带切割后宽度，调整两刀口间距为所需要的胶带宽度；把待切割胶带置于刀具前，然后与牵引小胶带连接。牵引小胶带通过切割平台在转动滚筒上固定牢固后，开动绞车带动滚筒牵引胶带前进，胶带通过切割刀具从而对胶带边进行切割。切割期间，如果胶带上有赃物，可以调整胶带清扫器，打开水雾喷头对赃物进行清洗。切割完毕后，可以打开转动滚筒支撑座，用吊车吊出滚桶，让滚筒一端着地，吐出打好卷的胶带。

3. 应用效果：胶带复用修边装置的研制成功，解决了目前胶带运输机上胶带两侧被磨损后只能作报废处理的问题，将旧胶带重新切割，适用于范围在 700mm-1200mm 的胶带。旧胶带经胶带复用装置切除毛边后边缘光滑整齐如新，而且统一宽度后，胶带再次搭接也不会出现因中心线不同造成局部跑偏了。胶带的重复利用，大大增加旧胶带的再次使用时间，减少托辊、胶带机架损毁率，提高运输系统的可靠性，经估算每年为矿井无形节省资金 50 万元以上。

胶带复用修边装置制作所用材料简单，成本低廉，性价比较高，具有较高的推广价值。

（六）2014 年，《电缆收放及清洁一体装置》。获国家专利。发明人：卢志强、卓书杰、裕海东、高美荣。

1. 背景：工矿用电缆粗且长达几百米甚至几千米，非常笨重，电缆入库及出库多为人力盘放，通常由七至八人协作完成，劳动强度大，效率低；虽然有采用电缆盘转动装置盘放，但需要多人参与，自动化程度不高，不能实现智能控制；矿用电缆在井下使用后会被污泥及煤渣等杂物所覆盖，会造成库房二次污染，不利于电缆的维护及保存，甚至严重影响后期的安全使用，对电缆表面的清洁工作仍然依靠手工，费时费力，清理的效果也不理想，也有使用喷淋装置对电缆表面进行清污，但对附着力强的杂物很难清理干净。

2. 装置介绍：电缆收放及清洁一体装置，共分为传动、清扫两大部分组成。（1）传动部分：电缆传动装置机械部分利用闲置的电机、齿箱等配件加工自制。该装置由电机、皮带轮、皮带、主轴、主动轮、从动轮、配重、张紧装置与中间架、电缆盘放装置、电缆传动架等组成。该部分与电缆盘配套使用，当盘放电缆时，只需将电缆端头固定在电缆盘上，控制电机转动，这时电缆在主动轮与压轮之间产生摩擦力，从而带动电缆，使电缆吐入矿车内。在矿车与电缆库之间的滑动采用皮带机架形式，从面减少滑动阻力。电缆发放的速度控制由变频器来完成，可以做到无级调速，大大提高盘放电缆的速度，而且安全性大大提高。收电缆时，将电缆端头缠在电缆盘上，开动电缆传动装置，将回收电缆缠入电缆盘中。电缆清扫装置在电缆回收过程中自动清扫电缆灰尘，做到回收电缆清洁如新。电动放发电缆的效率远远超过人力盘放效率。该设备投入使用后，减少了人力盘放电缆的劳动强度，工作效率提高三倍以上，具有广泛推广使用价值。（2）清扫部分：该部分是利用电缆传动装置架，用角铁、扁铁固定棕毛刷，依靠固定在螺丝上面的张紧弹簧来调节棕毛刷与电缆之间的距离，当电缆缠绕装置运行时，棕毛刷就可以将电缆上面的灰尘清除。回收的电缆经过除尘装置，灰尘即可被清理掉，保证入库电缆的干净、整洁、美观，避免因看不清电缆等级及编号而误收、误发电缆，影响安全生产，并且保证了库房的干净整洁

3. 应用效果：电缆收放及清洁一体装置结构简单、操作方便；利用原有旧设备加工制作，节省材料投入；大大减少了人力收、发放电缆的劳动强度与时间，减少碰手、碰脚现象；减少用工人数，创造一定经济效益；美化库房环境，节省清扫库房的时间，使职工解放劳动力，改善职工脏、乱、差的工作环境，具有良好的推广价值。

（七）临涣煤矿西风井抽风机房风机基础变形监测与治理方案设计。获临涣煤矿2009年专题研修一等奖。研修人：张邦仕。

1. 综述

临涣煤矿西风井风机基础在长期的使用过程中，由于地基的不均匀沉降，导致风机主轴中心线与电动机主轴中心线发生挠曲变形，出现电动机主轴烧瓦现象，严重影响风机的正常使用。目前采用的权宜处理措施只能保证风机的暂时使用，为了能从根本上解决电动机烧瓦现象，必须要在查明风机基础及地基产生不均匀沉降的原因的基础上，有针对性的采取基础加固措施，才能彻底解决威胁风机运行安全的问题。

2. 主要研究内容

（1）西风井局部区域地表沉降观测。采用精密水准测量，连续观测风机局部区域地面的沉降特点，获得地面沉降规律；

（2）风机和电动基础沉降观测。在基础的上下两层的关键角点处，分别设置变形观测点，采用精密水准测量，获得基础底面沉降规律；

（3）基础挠度测量。沿风机主轴中心线，连续布置观测点，观测风机基础的挠度变化特性；

（4）地下水位观测。利用西风井附近的水文孔或水井，连续观测测区附近地下水位的变化规律，获得地面沉降与地下水位变化之间的相关性规律；

（5）基础沉降的治理。根据基础和地面沉降观测的结果，分析获得区域地基不均匀沉降变形的规律，结合数值模拟结果，研究提出针对风井基础不均匀沉降的治理措施。

3. 研究方法

（1）地面沉降观测。采用精密水准测量的方法，获得如下成果：①沉降观测点位分布图及各周期沉降展开图；②沉降速度－时间－沉降量曲线图；③地面等沉降曲线图；

（2）地下水位观测。采用人工量测方法获得地下水位变化曲线图；

（3）基础沉降观测。获得基础主轴中心线挠度变化曲线图；

（4）利用 ADINA 数值分析软件，建立流固耦合分析模型，模拟地基与基础的差异变形特性。提出合理的风机基础加固处理方案。

4. 提交成果

（1）地面沉降观测提交成果：①沉降观测成果表；②沉降观测点位分布图及各周期沉降展开图；③沉降速度—时间—沉降量曲线图；④建筑物等沉降曲线图；⑤沉降观测分析报告。

（2）挠度观测提交成果：①挠度观测点位布置图；②观测成果表与计算资料；③挠度曲线图；④挠度观测分析报告。

（3）基础加固处理方案：①风机基础差异沉降原因分析；②风机基础及地基变形数值模拟结果；③风机基础加固方案及施工图。

4. 研修效果分析：

该过程研修的实施，通过监测能够及时发现风井地区沉降，包括风机基础的不均匀沉降情况，有针对性的采取基础加固措施，确保风机正常运转。

（八）其他科研项目与成果：

1.2011 年，《利用虹吸原理解决井下供水与疏排水》获集团公司第五届青年创新创效活动特等奖。项目负责人：卢志强、石松林。

2.2011 年 12 月，杨振州设计完成"远距离嵌入式风动保险档"项目获淮北矿业首届"五小"实用技术成果特等奖。

3. 卢志强《矿井摩擦提升滑溜车重大事故隐患保护技术及装置》获2012 度江苏省科学技术奖、三等奖。

4.2012 年，卢志强《淮北地区地面电力设施及井下供电智能管理系统关键技术研究》获中国煤炭工业科学技术奖、三等奖。

5.2013 年，临涣煤矿研制的《井塔及多绳摩擦提升系统的一体化动力响应研究》取得成功，经安徽省科学技术厅审查符合省级研技成果条件。

6.2013 年，安徽省科技厅专家委员会审核通过临涣煤矿申报"矿井提升机直流调速实训操作控制平台的研究与应用"项目。

7.2014 年 ，卢志强《地面电缆回收除尘装置》获 集团公司第四届职工"五小"实用技术成果特等奖。

二、新技术、新装备、新工艺推广与应用

（一）煤巷综掘进尺 2007 年始，临涣煤矿推广应用煤巷综掘施工工艺。综合机械化掘进技术是由掘进机、转载机、胶带运输机等组成的综合性配套技术。在用掘进机掘进的巷道内，将测量定向、割煤、运煤、通风、防尘、辅助运输、巷道支护、供水、供风、排水、供电等系统配套成型，形成一条高效、相互配合、连续均衡生产的、完整的掘进系统，实现掘进巷道一次成巷，快速成巷，提高掘进速度和效率。截至 2015 年 6 月，矿井煤巷施工已完全实现了掘进机械化，月平均单进在 150 米／月，最高单进达到 320 米／月。

（二）综采工艺 2007 年 6 月始，临涣煤矿停止使用轻型放顶煤工艺，推广使用长壁综合机械化一次采全高采煤法。综采工艺的实施，降低复杂地质条件下回采难度，降低职工的工作强度，提高工作面单产。综采工作面单产最高达 8.5 万吨／月，平均单产达 6 万吨／月以上。至 2015 年 6 月，矿井全面实现综合机械化采煤。

（三）锚网索注支护技术 2010 年，临涣煤矿首次与中国矿大合作在 Ⅱ 2 采区大巷进行锚网索注加固技术，解决受 Ⅱ 728 工作面回采动压影响，巷道及硐室变形的问题，避免巷道二次修复。至 2015 年 6 月，先后在 Ⅰ 13 轨道大巷、运输大巷、回风大巷，Ⅱ 13 轨道上山、运输上山、回风上山，Ⅱ 3 轨道上山、回风上山、运输上山、主斜井，六采区轨道上山、运输上山实施了锚网索注一次成巷技术。

（四）无极绳连续牵引绞车 2010 年，临涣煤矿首台无极绳绞车在 995 风巷推广应用，保证辅助运输的连续性，避免多部小绞车接力使用。至 2015 年 6 月，已经在全矿各采掘工作面推广使用。

（五）单轨吊车 2013 年，临涣煤矿首台单轨吊车在 7116 工作面安装。单轨吊车配合着无极绳绞车应用，解决在不能实现无极绳绞车运输的地段连续运输的问题，减轻职工的劳动强度。

第三节 环境保护

一、管理概况

临涣煤矿环境保护工作由经营副矿长分管，征迁环保办负责日常工作，设专职环保工作人员 1 人。

环境保护工作主要职能：负责环保宣传教育、工业"三废"和噪音的防治、放射源和危险废物的管理、排污申报和环境统计、环保设施的运行管理与考核等。

二、环境保护工程

2005 年 7 月至 2015 年 6 月，临涣煤矿由临涣力源热电公司电厂发电余热进行供气、供暖，停止使用燃煤锅炉，避免大量烟尘、二氧化硫、氮氧化物等有害物对大气环境的污染。

（一）矿井工业废水及生活污水的治理

1. 矿井工业废水处理 1991 年始，临涣煤矿对矿井废水进行综合利用，1995 年 11 月，水厂二期扩建工程通过淮北市环保局组织的环保验收，日净化水量可达 3000 吨，2000 年，又进行三期扩建工程，日净化量可达 5000 吨，解决工厂职工洗浴、洗衣、绿化、冲刷和临涣力源热电公司电厂用水的问题，节省大量的水资源费，减少矿井水外排对周围环境的污染。

2. 矿井生活污水处理 该矿工人村生活污水处理采用地埋式 A/O 工艺、日处理能力每天 2000 吨。2010 ～ 2013 年，投资近 400 万元，分两次对污水站进行大修、改造，新增脱氮工程一套。COD、氨氮、悬浮物等主要污染物排放浓度全部达到国家《城镇污水处理厂污染物排放标准》中的一级 A 排放标准。2011 年，该矿投资 500 余万元，在物业科水厂院内建设一座日处理 2500 吨生活污水的污水处理厂，该污水处理采用氧化沟工艺，处理后的生活污水符合国家《城镇污水处理厂污染物排放标准》中的一级 A 排放标准。

（二）灰渣及其治理

2011 年始，临涣煤矿对矸石山进行环保综合治理，包括建挡渣墙、导流渠、沉淀池、安装喷雾设施等。矿井外排矸石不再堆积矸石山，随时排出随时运走，综合利用于回填、修路、建筑等，减少矸石山扬尘对环境的污染。

（三）噪音及治理

2004 年、2006 年、2012 年，该矿投入 162 万元对西风井、东风井超标厂界噪声进行治理，厂界噪声从 63.18 分贝降到了 50 分贝以下。

三、矿区绿化

2005 ~ 2015 年，临涣煤矿绿化日常工作分别隶属于物业科、社区服务中心，2015 年 6 月，物业科配有绿化工作人员 6 人，绿化工作纳入矿文明创建的总体目标。矿工人村新增南苑小区绿化区，矿内新增招待所南、新单身宿舍、南门、调度所等绿化区。至 2015 年 6 月，该矿矿内绿化面积达 61569 平方米。

第二章 教育

第一节 学龄前教育

一、综述

2005 年始，临涣煤矿幼儿园以"一切为了孩子，为了孩子的一切"为服务宗旨，以"幼儿发展为本"为办园理念，开展教研活动，深化教育教学改革，注重教师队伍建设。

临涣煤矿幼儿园位于该矿工人二村，占地面积 2820 平方米。其中建筑面积 1965.3 平方米，活动场地 1180 平方米。幼儿园设有教学楼 1 栋，大型活动室 1 栋。教学楼分上下两层，设有 7 个教室；大型活动室分上下两层、配置净水设备 1 套。每个教室都配置桌椅、床、玩具、空调、消毒柜、平板电视机、EVD、录音机、电子琴等设施。全园配置电视机 7 台，空调 8 台，EVD6 台，消毒柜 8 台，洗衣机 2 台，电脑 4 台，大型玩具 3 件。

2005 年，幼儿园隶属物业管理处；2007 年，隶属房地产科；2009 年，隶属社区服务中心。2014 年，幼儿园通过公推直选选举产生园长。至 2015 年 6 月，幼儿园园有教职工 13 人。其中园长 1 人，副园长 1 人，教师 10 人，后勤 1 人。

2008 年，临涣煤矿幼儿园被淮北矿业集团评为"花园式学校"。2009 年、2010 年、2011 年在集团公司"六一"文艺汇演中获奖，2010 年、2012 年，该园教师在集团公司技术比武中两次进入个人前六名。

二、班级及课程

2005～2015 年，幼儿园开设 5 个班，接收幼儿 160 人左右。按幼儿年龄分设大、中、小 3 个班别。课程按照教育部颁布的《幼儿园教育指导纲要》要求，开设语言、科学、健康、社会、艺术等课程。2005 年始，与深圳新知识公司联合开展幼儿英语课研活动。

第二节 职工教育

一、综述

2005 年始，临涣煤矿职工教育学校负责职工教育培训计划的制定，举办安全资格、应知应会、技能提升等各类培训班，加强培训管理与创新，管理各类成人大中专学校报考和职工教育培训经费的使用。

2004 年 8 月，临涣煤矿根据安徽省煤矿安全监察局要求，成立四级煤矿安全培训中心，地点设在职工教育学校。

临涣煤矿职工教育学校 2006 年 、2007 年、2008 年、2009 年和 2011 年分别获集团公司职工教育先进单位，获集团公司优秀教师 13 人次。

2008 年 12 月，职工教育学校合并至政工部，2013 年 11 月，职工教育学校划归人力资源部。至 2015 年 9 月，人力资源部（职工教育学校）有教职员工 3 人。其中职教主管 1 人，专职教师 2 人。

二、教学设施

至 2010 年 6 月，职工教育学校在工会楼四楼，有一个 40 座位的教室和一个 80 座位的多媒体教室，配有安全教育展室，采掘、机电、通风实验室，小型电脑室，拥有各类培训教材 1700 多册。

2010 年 6 月始，临涣煤矿建成机电维修实训中心，职工教育学校搬到实训中心，校舍面积 876 平方米，设 66 座位多媒体教室 2 口，配置 40 台电脑的，计算机室，办公室 3 间，图书阅览室 1 个，档案资料室 1 个，会议室 1 个，专业实训教室 10 个，设有 2 个机械实训车间及 1 个接线工艺练兵场，计 2400 平方米。

实训基地可开展的实训项目有：直流提升人机界面、供电系统微机保护、胶带输送机集控系统等 10 余项。2011 年始，已承办集团公司钻机工、矿井维修钳工、电工、PLC 编程等培训班 8 期，培训学员 212 人。

三、安全培训

（一）安全资格培训

职工教育学校负责对井下主要技术工种进行安全资格取证培训、复训，共举办安全资格培复训班 506 期，培训学员 20240 人次；新工人培训班 23 期，培训新工人 1063 人；转岗培训班 15 期，培训转岗职工 985 人次。

（二）全员安全培训

依托基层科区培训主体，推行"手指口述"、"每日一题、每周一案、每月一考"，将管技人员系统上大课纳入到长期培训规划，做到人人培训，人人过关。

四、技术培训

临涣煤矿通过外聘专家、厂家、分管领导、技术员授课，举办职工技术比武等进行技术技能提升培训，共培训职工 2364 人次，在矿技术比武中获奖 356 人次，在集团公司技术比武中获奖 125 人。

至 2015 年 6 月，举办各类技术培训班 152 期，培训职工 4521 人次，外训职工 1154 人次。

五、技能员工考试与考核

至 2015 年 6 月，临涣煤矿有高级技师 20 人，技师 122 人，高级工 291 人，中级工 235 人。按季度组织考试，按考试成绩兑现津贴，考试不及格者不兑现津贴。

临涣煤矿历年技能员工分类表

年份	2005	2006	2007	2008	2009	2010	2011	2012	2013	2014	2015
高级技师				2	2	2	6	8	8	21	20
技师	26	26	39	48	57	67	79	108	124	123	122
高级工	9	17	30	48	71	83	114	151	227	289	291
中级工	77	79	86	95	113	121	132	183	206	214	235

六、学历教育与自学考试

（一）学历教育

2005 年，临涣煤矿开办采矿中专班，招收学员 35 人。

2007 年，开办采矿中专班，招收学员 46 人。

2012 年，开办采矿大专班，招收学员 55 人。

2013 年，开办采矿大专班，招收学员 11 人。

2014 年，开办采矿大专班，招收学员 9 人。

2005 ～ 2015 年，该矿职工先后考取成人中专 81 人，大专 154 人，本科 49 人。

（二）自学考试

至 2015 年，共有 164 人参加自学考试，其中 94 人已获全国自学考试委员会颁发的毕业证书。

七、技术人员过程研修

2005-2012 年，临涣煤矿申报专题研修课题 328 项。其中采煤类 36 项，掘进类 38 项，安全生产、经营管理 24 项，机电运输 115 项，通风安全 117 项，其它 18 项。

2007 年地测科陈明灿同志研修"大吴家断层富水性及过断层技术研究"课题获集团公司过程研修课题一等奖；

2010 年机电科裕海东同志研修"井下中央泵房集中控制技术研究"课题获集团公司过程研修课题二等奖；

2011 年方宝松同志研修"六采区内大吴家断层导水性的研究" 课题获集团公司过程研修课题二等奖。

八、师带徒活动

临涣煤矿选择一些关键岗位或者技术含量较高的工种开展师带徒活动，通过采取"名师带高徒"、"技术大拿领跑团队"、"老工人带新工人"等形式提升职工的技能水平。

九、扣红卫、杨友彪工作室

（一）扣红卫工作室

扣红卫工作室以保运一区维修队队长扣红卫命名，成立于 2012 年 3 月，于 2013 年 11 月，获"全国煤炭行业技能大师工作室"命名。扣红卫大师工作室以扣红卫为带头人，组织一批理论基础扎实、现场经验丰富，具有较强技术水平的技能人才开展技能培训、技术攻关、技术创新、师带徒等活动。扣红卫工作室先后自主研制了矿井直流传动模拟装置用于实训教学，增强煤矿机电技术人员培训工作的针对性、实效性，提高维护工作的效率，缩短故障处理的时间；主、副井提升防超载保护的课题攻关，提高生产效率，保障安全生产；一二水平变电所高爆开关掉电报警装置，减少职工劳动量，节约排查掉电高爆的时间，保证供电安全；原煤外运装车系统变频改造，一年节约费用约23万元；地面皮带给煤机变频改造，在上位机上通过拖动滚动条改变给煤速度，避免煤从振动筛跑煤，每年节约60万元；II3采区泵房地面远程控制，精简人员，一年节约人员工资支出约18万元。

（二）杨友彪工作室

杨友彪工作室以综采三区副区长杨友彪命名，成立于2014年10月，工作室采用理论教学和实操相结合的培训方法对综采区电工进行培训，每期培训从各综采区抽10名电工进行培训。培训内容包括综采电工基础知识、电工仪表使用方法及注意事项、井下电气完好标准及要求、综采常用开关及煤机的工作原理、互动学习剖析故障案例和现场实训故障处理等。采用先讲解电器设备的工作原理，进行事故案例分析和学员互动学习，进行设备模拟故障处理的教学模式。利用矿上闲置的电气原配件成功组装了一台和井下工作面具有同样操作功能的采煤机模型，该采煤机模型的电气控制系统和井下生产用采煤机电气控制系统完全一样，用于职工培训学习、实操、模拟故障处理收到较好效果。

第三节 老年大学

临涣煤矿老年大学创办于1995年8月，同时成立老年大学校务委员会，党委书记、矿长任名誉校长，党委副书记任校长并分管老年大学工作，设常务副校长1人名，副校长2人，办公室主任1人，专职工作人员1人。至2015年7月，老年大学学员856名经考核合格获准毕业，领取了毕业证书。

　　老年大学办学条件逐年改善，由办学初期的一口教室，发展到三口教室，面积192平方米，另有办公室一口，64平方米，图书室一口，64平方米，多功能活动厅一口，220平方米，室外活动场地500平方米。配置了柜式空调一台，电视机一台，音响一套，VCD、录音机、录像机各一台，脚踏风琴一架，购置图书1000册。老年大学初具规模，各种设备、设施基本满足老年教育的需求。

　　老年大学办学规模逐年扩大，由办学初期开设书法、保健两个专业，扩大到政治教育、音乐、国画、书法基础、书法提高、老年保健、健身、舞蹈、太极拳、太极剑、木兰扇、秧歌等十余个专业。2006年以后，班数逐步减少，2015年7月，老年大学开设旅游、地理、保健、书法四个班。老年大学学员将所学的知识为社会服务，书法班的学员义务为职工家属写春联4000余幅；保健班的学员主动在群众中宣传科学保健常识，倡导科学的生活方式，义务为群众推拿按摩达100余人次；太极拳、剑和舞蹈班学员义务辅导传授所学的技艺，促进全民健身运动的开展。

第三章 文体设施与活动

第一节 文体设施

2005年始，临涣煤矿先后在矿内工业广场修建了塑胶体育场、室内外篮球场、室外网球场、室内外羽毛球场、室内外排球场；在矿内改建了健身路径、室内体育馆；修缮了工人一、二、三村三个游园，配备健身器材，增设乒乓球室、台球室。

2008年，该矿按照省总和集团公司工会的要求，创建职工书屋，投入近七万元为采煤一区和通风区两家试点单位购置了电视机、DVD，及政治理论、技术业务、文学艺术、健康保健等多方面的书籍近三千册。

第二节 文体活动

一、文艺活动

临涣煤矿坚持自办为主、基层为主、小型为主、节假日为主的原则，每年缝重大节假日组织开展职工娱乐文艺活动。

2008年，举办了井口安全文艺演出，"创一流业绩展女工风采"演讲比赛，"月圆、家圆"中秋文艺演出及"煤矿安全"主题电影展播活动。

2009年，举办"和谐发展、创新进取"迎新春文艺晚会，与友邻单位代表开展迎新春联谊会，举办元宵焰火晚会，开展淮北矿业第八届安全文艺汇演西南片区演出活动，组织参加淮北矿业庆祝新中国成立60周年群众歌咏比赛，举办了"祖国在我心中"诗歌朗诵比赛，举办"梨园春"剧组、徐州市歌舞团慰问演出，为"祖国喝彩"职工歌手大奖赛。

2010年，举办"迎新春"文艺晚会，"我为安全献一计"演讲比赛，组织中国煤矿文工团慰问演出，"和谐矿区、安全临涣"安全文艺演出以及"迎中秋、庆国庆"青工联欢会。

2011年，举办"安全伴我行，慰问到井口"文艺演出，与童亭矿、杨柳矿、袁店矿、涡北矿、孙疃矿、许疃矿联合举办迎新春文艺演出，举办"最美的赞歌献给党"职工大合唱比赛。

2012年，举办"你的安全生产，我的幸福保障"主题演出。

2013年1月29日晚，举办淮北矿业中南片区8家单位迎新春文艺汇演，举办了大手拉小手、共同学雷锋"演出。

2014年，举办"安全宣传月"井口安全文艺演出，举办"丹桂飘香庆团圆，相约幸福守安全"联欢活动。

十年间，该矿职工个人文化艺术才能也得到展示，2008年，退休干部周学才，一幅以《喜迎奥运》为主题的巨幅剪纸艺术长卷，获中华民族文化促进会剪纸艺术委员会举行的"东风颂·中国剪纸艺术大展"银奖。2010年，退休职工王斌创作的中国结艺作品《孔雀》和挂件共100多件将作为国家领导人出访礼品，并在上海世博会"安徽地方工艺精品馆"展出。

二、体育活动

2008年，组队参加海孜煤电公司组织的临海童职工篮球邀请赛。

2009年，组织运动员参加淮北矿业第三届职工运动会，获优秀组织奖和优秀领队奖。邀请五沟煤矿篮球队开展比赛。

2010年，邀请袁店二矿、海孜煤电公司篮球队组织友谊赛。举办淮北矿业（中南片区）职工乒乓球赛、篮球赛，临涣煤电公司篮球队获第一名，

2011年，举办淮北矿业（中南片区）职工篮球赛。组队赴海孜矿参加淮北矿业职工围棋赛（中南片区），获团体第一名。

2012年，举办青工篮球赛。组队赴青东矿参加集团公司职工运动会（中南片区）象棋比赛，获团体第三名。2014年，在集团公司中南片区"围棋、象棋赛"中，临涣矿代表队获围棋第一名、象棋第二名。举办职工羽毛球比赛。

2015年，组队参加集团公司乒乓球男子团体赛。

十年间，临涣煤矿职工个人和团队在全民健身和体育比赛好取得好成

绩、好名次。2008 年，退休职工樊玉生历时 3 个多月，骑行近 1100 公里，独自骑自行车到北京迎奥运。2009 年，该矿职工董长胜参加安徽省太极拳、木兰拳比赛获得四项比赛第一。2009 年，该矿老年门球队在中国门球冠军赛（安徽赛区）淮北市选拔赛暨淮北市第九届老年人门球赛比赛中获亚军。

第四章 医疗卫生与计划生育

第一节 医疗保健

一、职业病防治

2005年始,临涣矿认真贯彻落实《职业病防治法》等国家关于职业病防治的法律法规,加大职业病防治工作力度。成立以主要领导为核心的职业危害防治工作领导组,生产、通风、安全、卫生、工会、劳资、物管、后勤等有关部门分工负责,全面开展职业危害防治工作。领导小组下设办公室,由专职干部任办公室主任,从安监处和人力资源部抽调两名同志任专职管理人员。下发《关于印发临涣煤矿职业病防治工作实施办法》,建立《职业健康安全管理体系》、《本质安全管理体系》、《职业危害奖惩制度》、《职业危害防治责任制度》、《职业危害告知制度》、《职业危害申报制度》等14项管理制度。制定职业病危害防治年度计划和实施方案,年初度全费用计划,经矿主要负责人审核上报集团矿批准后予以实施,在职业危害防治方面做到专款专用。每半月对各扬尘点进行全面检查,每月进行职业危害专项安全大检查,对重大危险源进行适时评价。在井下各作业场所安设职业危害警示标识,及时告知从业人员工作过程中可能产生的职业危害及其后果,为员工配备高级别的系列防尘口罩和防尘、防雾滤棉,定期发放口罩和及时更换滤棉。职工教育学校负责建立员工健康教育培训档案,人力资源管理部门

负责建立个人职业健康监护档案和职业健康监护信息管理制度,每年组织接触职业危害人员进行年度体检。

2008年,引进KJ90B煤矿监测监控系统,对井下各区域进行连续监控,设定专职测尘人员,按照要求进行监测,发现问题及时采取措施进行处理。2014年,组织两名职业病防治专职管理人员到合肥参加省职业病防治工作培训班,六月,组织2551名干部职工参加全国职业病防治知识竞赛。

2015 年，组织两名职业病防治专职管理人员参加集团公司培训班，按照安全生产监督管理总局 73 号令，对十四项管理制度进行重新修订并行文下发。

二、卫生防疫

（一）免疫规划

临涣煤矿卫生防疫免疫规划由社区服务中心负责，对 7 周岁以下儿童建立免疫规划健康档案，每周组织二次健康体检及全天候预防接种，免费为儿童接种免疫规划疫苗十一种（乙肝疫苗，卡介苗，百白破疫苗，麻疹风疹联合疫苗，AC 群流脑疫苗，麻疹风疹腮腺炎联合疫苗，甲肝疫苗，A+C 群流脑疫苗，白破疫苗）22 针次。临涣煤矿免疫规划工作近年来连续被评为全市免疫规划先进单位，有 3 次被评为免疫规划先进个人。2005 年始，按照上级的要求，实行免疫规划信息化管理，儿童资料全省联网，资源共享，接种资料每日上传升级平台。2005 年、 2008 年、2011 年开展了 3 次消灭脊灰强化免疫活动，确保该矿实现连续无脊灰状态。2012 年，根据集团公司与淮北市卫生局达成的协议，免疫规划工作业务上由医院管理。

（二）卫生监督协管

2012 年，临涣煤矿根据淮北市卫生局的统一要求，成立卫生监督协管站，设在社区服务中心。对临涣煤矿社区服务范围内市场的食品经营单位、公共场所（包括美容美发、宾馆、洗浴中心、网吧等）、医疗机构建立档案，实行一户一档，每 3 个月轮回巡查一次，每月将检查情况上报烈山区卫生监督所，确保公共场所卫生安全。

三、职工健康体检

2005 年始，临涣煤矿关心职工身心健康，为职工进行健康体检，建立健康档案。历年职工体检人为：

（一）男职工：2006 年，680 人；2007 年，700 人；2008 年，800 人；2009 年，2350 人；2010 年，2115 人；2011 年，2015 人；2012 年，1942 人；2013 年，2146 人；2014 年，2196 人；2015 年，1799 人。计 16743 人次。

（二）女职工

2005 年 6 月始，女职工部坚持每年一次为女职工定期进行了妇科、乳腺普病检查，计为 4350 人次女职工进行了普查。

第二节 计划生育

一、综述

（一）机构设置

2006年5月～2015年4月，临涣煤矿4次调整人口与计划生育委员会成员，2009年5月，计划生育工作划归工会女工部管理。人口与计划生育办公室保留。至2015年6，人口与计划生育办公室设主任1人，工作人员1人。

（二）工作职责

做好人口与计划生育法律法规的宣传普及工作；协助临海童街道办事处做好辖区居住人员的计划生育工作，完成矿与集团公司、街道办事处每年签订的《人口目标责任书》的各项内容；做好各单位重点人群的管理，建立人口档案，落实节育措施，定期随访，杜绝计划外生育；提供避孕节育知识、加大生殖保健知识的宣传力度；搞好药具管理与服务工作，认真落实各项奖励政策；准确及时地做好日常统计工作，按时上报各种统计表；做好基层来信来访工作。临涣矿历年计划生育情况见表9-4-2。

表9-4-2 临涣矿计划生育历年统计一览表

年份	总人口	育龄妇女	已婚育龄妇女						出生人数		计划生育率％	晚婚率％	出生率
			人数	无孩	一孩		二孩	多孩	计划内	计划外			
					男	女							
2006	17048	4018	2565	235	707	540	556	527	122		100	100	7.16
2007	16997	4067	2655	223	752	591	563	526	126		100	100	7.41
2008	17050	3895	2542	209	807	628	526	372	112		100	100	6.57
2009	17012	3904	2619	206	843	666	532	372	86		100	100	5.06
2010	13864	2267	1844	35	845	590	360	14	52		100	100	3.75
2011	8629	2219	1820	62	852	559	333	14	42		100	70.83	4.87
2012	8218	2118	1655	54	774	507	309	11	35		100	78.46	4.26
2013	7811	1927	1493	51	706	448	275	13	27		100	73.91	3.46
2014	7530	1862	1462	40	684	447	278	13	19		100	77.14	2.52
2015	5884	1668	1239	27	579	381	239	13	12		100	75.14	2.04

二、节育与妇幼保健

（一）节育

根据《安徽省人口与计划生育条例》的有关规定，有生育能力的夫妻应当并在规定的期限内参加矿安排的"三情"检查。对已生育一个子女的夫妻，提倡首选长效避孕措施，已生育两个子女的夫妻或因身体原因不宜再生育的夫妻，提倡首选一方落实绝育措施。对不符合条例规定妊娠的，应当及时终止妊娠。

对实行避孕节育的夫妻免费提供避孕药具和节育技术服务。节育手术费生育保险列支。职工凭节育手术证明，按规定享受假期，休假期间，工资、奖金照发。《安徽省人口与计划生育条例》规定，女职工及男职工家属妊娠１４周以上要求施行终止妊娠手术的，应当遵守《安徽省禁止非医学需要鉴定胎儿性别和选择性终止妊娠的规定》。

（二）妇幼保健

临涣矿计生办结合国家取消新婚夫妇结婚登记必须进行婚前检查的规定，对育龄妇女开展婚前保健、孕产期保健知识的宣传活动，倡导婚前保健服务的重要性。开展母婴保健工作，进行避孕节育知识的宣传，帮助孕产妇了解特殊生理期的避孕节育方法，减少意外妊娠对妇女健康的损害；对孕妇、产妇提供卫生、营养、心理方面知识的咨询和指导。结合年度的孕情监测和生殖健康检查活动，宣传生理卫生、母婴保健和科学育儿知识，及时掌握孕情，有效控制常见妇女病的发生。对有生育指标的孕妇，由发证地统一办理"妇幼幸福健康保险"，减轻孕产期因意外引流产或重大疾病给职工家庭造成的经济损失。临涣煤矿历年避孕措施见表9-4-3。

表 9-4-3 临涣煤矿历年避孕措施一览表

年份	采 取 措 施									节育率％
	男扎	女扎	上环	口服药	避孕针	外用药	避孕套	其他	合计	
2006	105	504	1349	110	6	24	164		2262	100
2007	105	506	1455	92	5	24	149		2336	100
2008	90	396	1440	60		23	195		2204	100
2009	65	360	1400	47		15	250		2137	100
2010	8	180	1245	13		2	349		1797	100
2011	4	156	1260	12		3	329		1571	100
2012	4	122	1098	14		3	329		1570	100
2013	3	100	970	12		5	321		1411	100
2014	3	101	945	11		4	321		1385	100
2015	3	86	802	10		4	284		1189	100

三、计划生育奖励

对于实行晚婚、晚育的职工，给予下列奖励：

（一）晚婚的初婚者，除享受3天婚假外，可另享受延长婚假20天，婚假期间享受在职在岗的工资、奖金、福利待遇。

（二）女职工正常生育的，产假为98天；剖宫产的，增加产假15天；多胞胎生育的，每多生育一个婴儿，增加产假15天；晚育初次生育的，延长产假30天；在产假期间领取《独生子女父母光荣证》的，另外增加30天产假。休假期间待遇执行《淮北矿业集团公司职工生育保险暂行规定》。

（三）在产假期间申请领取《独生子女父母光荣证》的职工，给予一次性奖励200元。夫妻双方均有工作单位的，由双方所在单位各发一半；一方无工作的，由有工作的一方所在单位全额发放。

（四）在产假期间申请领取《独生子女父母光荣证》的夫妻在同一地生活的，男方可以享受10天的护理假；夫妻不在同一地生活的，男方可以享受20天的护理假。护理期间，男方享受在职、在岗的工资、奖金、福利待遇。

（五）女职工怀孕未满4个月流产的，享受15天产假；怀孕满4个月流产的，享受42天产假。7个月以上流产的，享受98天产假。以上假期待遇按《淮北矿业集团公司职工生育保险暂行规定》执行。

（六）女职工妊娠、生育和哺乳期间享受国家规定的特殊劳动保护。

（七）女职工在法定产假期满后，因哺乳婴儿有困难的，经本人书面申请，单位批准，可休满一年。后续的哺乳假工资以固定工资加本人年功工资支付。

（八）对领取《独生子女父母光荣证》的职工，从领证之月起每月发给25元独生子女保健费，至独生子女满16周岁为止。夫妻双方均有工作单位的，由双方所在单位各发一半；父母离异，由子女跟随方所在单位全额发放；一方无工作的，由有工作的一方所在单位全额发放。

（九）领取《独生子女父母光荣证》的职工退休时，给予一次性2000元补助。终身无子女或者领取《独生子女父母光荣证》后子女死亡不再生育的职工，退休后，由所在单位给予一次性6000元补助。

四、责任与处罚

违反《安徽省人口与计划生育条例》政策外生育的职工，除按《条例》第六章第四十八条的规定由属地计生部门征收社会抚养费外，还依据《淮北矿业集团公司职工惩处暂行规定》，根据情节轻重，分别给予记过、记大过、降薪、留用察看、解除劳动合同的处分。没有完成人口与计划生育管理目标的单位，追究其主要领导的行政责任，本年度单位不能评为先进单位，主要负责人不能评为先进个人。临涣矿计划生育历年发放保健费见表9-4=4.。

表9-4-4 临涣矿计划生育历年发放保健费一览表

年份	发保健费	
	人数	金额
2006	956	109615
2007	1124	152302
2008	1181	154785
2009	1137	141052
2010	1040	149640
2011	879	199895
2012	842	204977.5
2013	744	179400
2014	680	162275
2015	693	167287.5

第十编　生活福利

第一章　物业管理

第一节　机构沿革

2005年7月，临涣煤矿物业和生活后勤服务工作由临涣煤矿物业管理处负责。临涣煤矿物业处为副处级单位，隶属于淮北矿业集团公司物业总公司管理。物业管理处设处长兼党总支书记1人，设副书记1人、副处长2人，处机关设综合办公室、经营管理部。管辖水电管理科、房地产科、生活服务公司、社区服务中心、烈山留守处等5个二级单位及幼儿园独立核算点。

2007年8月30日，撤销物业管理处机关综合办公室、经营管理部。

2008年5月22日，撤销物业管理处，水电管理科、房地产科、生活服务公司、社区服务中心、烈山留守处等单位回归临涣煤矿管理，幼儿园并入社区服务中心。

2009年5月11日，撤销房地产科，房屋管理职能划归社区服务中心，单身宿舍管理职能划归生活服务公司，幼儿教育及卫生防疫职能划归社区服务中心。

2012年10月3日，成立物业管理科，撤销水电管理科、生活服务公司。

2013年7月17日，按淮北矿业集团公司安排，烈山留守处划归杨庄煤矿管理。

第二节　管理

一、综述

2005 年 6 月，临涣煤矿物业处在淮北矿业集团公司物业总公司领导下独立运作，物业处党组织工作、工会工作归临涣煤矿党委、临涣煤矿工会代管。按淮北矿业集团公司要求，物业处依托母体，实行条块管理，以块为主的运行模式，负责全矿职工就餐、住宿、洗浴、来宾就餐、居民生活供电供水、社区管理、幼教、生活服务等。在运行期间，物业处推行企业化管理、市场化运作、社会化服务的有偿经营管理体制，建立并不断完善与矿服务价格结算体系。

2008 年月，临涣煤矿物业处撤销后，水电管理科、房地产科、生活服务公司、社区服务中心、烈山留守处列入临涣煤矿二级单位，纳入临涣煤矿正常管理。

2012 年 10 月后，临涣煤矿物业管理工作主要由物业管理科、社区服务中心承担。

二、物业管理科职责范围

2015 年 6 月，物业科辖工人村水电队、矿内水电队、卫生绿化队、单身宿舍、洗衣机房、招待所等 6 个班队，矿征迁办公室纳入物业科编制。物业科职工 155 人，其中管技人员 6 人，工人 149 人。

（一）负责工广范围内及矿属居民区室外供电线路零壳以下供电线路的日常维护及配件、设施的更换。负责各办公室及室外供电线路、照明设施的维修、更换。

（二）负责工广及社区日常供水及供水泵房、管路、室外照明设施的日常维护及配件、设施的更换。

（三）负责工业用水的制作、供应；负责废水达标处理后的排放。

（四）负责职工浴池、淋浴的热水供应，及时更换浴池水，保持池净水清、温度适宜。负责打扫更衣室、清刷浴室，防止洗浴人员财物丢失。

（五）负责看管、修理更衣箱及其附属设施和收、发、修配钥匙。

（六）负责工广、矿北新村、二处及各办公楼、生产楼楼道的卫生保洁、垃圾外运、道路洒水、夏季灭蚊蝇等工作。

（七）负责职工宿舍看管、室外走廊、楼梯、厕所及院落卫生保洁。

（八）负责工广及宿舍茶水供应。

（九）负责入井工作服的绣号、洗涤、烘干、缝补、叠衣、更新、按号收发及洗衣设备保养等。

（十）负责工广草坪、花卉、树木的栽（培）植、浇灌、修剪、管理等。

（十一）负责对居民用水、电量的抄表及费用的收取工作。

（十二）负责矿内小型工程的施工质量监督管理。

（十三）负责职工食堂、宾馆的卫生监管工作，为外来人员提供住宿服务。

（十四）负责矿内车棚管理，办理自行车、摩托车的存放、看管、收费等。

（十五）负责矿划定责任范围内文明环境创建及矿安排其它工作。

第二章 生活设施

第一节 食堂

一、职工食堂

临涣煤矿职工食堂由物业管理处生活服务公司负责管理，2013年，矿对职工食堂重新进行维修改造。职工食堂建筑面积约2400平方米，就餐大厅面积750平方米，设两个正餐窗口、两个早餐窗口，后堂各功能间齐全，全面配备电热灶具，就餐大厅配备了就餐桌椅、电视、单元式空调等。矿职工食堂采取承包经营、自负盈亏的营运模式，矿适度补贴水电费，矿设专职管理员1人，以围绕让"职工吃上放心饭"为方向，强化对承包方的监督与管理，提出加强食品卫生、规范管理的具体要求，督促管理、炊事、服务人员定期健康检查，持健康证上岗；严把主、副食及各类食材的采购关，杜绝不合格食品；开展良性竞争，让职工享受价廉物美的服务；保证24小时服务窗口开放，保证职工随时才能吃上质优价廉可口的饭菜。

二、班中餐食堂

2005年7月，班中餐食堂实行个人承包，上缴管理费用。2010年改为科区级干部就餐食堂，2013年，科区级干部就餐改到矿招待所，班中餐食堂重新由个人承包经营，只开放早餐。2014年，班中餐食堂关闭。

三、工人村食堂

2005年7月，工人村实行个人承包，费用自理，上缴管理费用。2009年，矿上在工人村食堂原址新建职工集资住房，工人村食堂因此拆除。

四、招待所

临涣煤矿招待所负责矿内外来宾的就餐和住宿安排，业务上受矿办公室领导，人员由矿物业科管理。招待所有会议室1个，餐厅2个，包间6个，标准客房16间，普通客房32间。2015年6月，时有职工10人。招待所来宾就餐住宿凭领导批条安排，月底一次性结算。

第二节 浴池

一、男职工浴池

2012～2014年，矿分别对男浴池、来宾浴池进行维修与改造。临涣煤矿现设职工浴池四个，大班浴池1个，来宾浴池1个，总计面积4911平方米，男职工浴池配有更衣箱4000余个，完全能满足下井职工的更衣、就浴。改造后的职工浴池新增了吸烟室、卫生间，为浴池更衣室分别安装了制冷量为28千瓦的单元式空调机。男浴池队有职工31人，设2个班组，队长负责日常管理工作，以让"职工洗上舒心澡"为标准，落实物业科现场管理主体责任和浴池职工岗位责任制，适时清刷换水，保持班班水清池净，水温适宜；职工洗澡做到先淋后浴，文明洗浴；及时清扫更衣室，做到门窗、玻璃、更衣柜无浮灰，墙壁无污渍、蜘蛛网；夏冬两季，适时开放空调与暖气。

二、女浴池

临涣煤矿女职工浴设更衣室2个，配有更衣箱124个。女职工浴池同时承担社会服务功能，对矿北、二处工人村、在韩村镇租房住职工家属开放。女浴池时有职工3人，隶属于洗衣机房队管理。

三、工人村浴池

2007年11月，工人村浴池建成，对工人村离退休职工、职工家属开放。工人村浴池由个人承包经营，矿适当补贴电费、锅炉用煤。

四、井口洗衣机房

井口洗衣机房设在职工浴池区域，配有 SXT700F8Q 型号洗衣机和 SXT700F8Q 型号洗衣机各一台，配有 H6140D 型号烘干机两台，设有蒸汽烘干室 2 个，配有衣架 16 个。日平均为下井职工洗涤工作服 1200 多套。

井口洗衣机房时有职工 14 人，常年组织"文明窗口"、"巾帼示范岗"创建活动，组织职工为下井职工缝补工作服，为职工提供贴心、温情服务。

第三节　职工宿舍

一、综述

2012 年，临涣煤矿在矿西单身宿舍原址新建单身宿舍 2 栋，2013 年、2014 年，矿分别对原武保楼、老单身宿舍 1 号、2 号、3 号楼进行维修与改造，（其中武保楼改造成科区级干部宿舍）。2015 年 6 月，临涣煤矿有职工单身宿舍楼 6 栋，总房间 450 间，入住职工 1000 余人。矿职工宿舍统一安装空调、暖气。矿西新单身宿舍、统一配置衣柜桌椅、床上用品等，设有独立卫生间，配备电视室。在职工宿舍区设有保证 24 小时供应热水的茶水站。

二、管理

临涣煤矿职工宿舍隶属于物业科管理，为规范职工宿舍管理，先后制订建立《临涣煤矿职工宿舍管理规定》、《临涣煤矿职工宿舍消防安全管理规定》、《临涣煤矿职工宿舍服务人员岗位职责》、《临涣煤矿职工宿舍环境卫生管理规定》、《临涣煤矿职工宿舍文明创建考核办法》。临涣煤矿职工宿舍管理以让"职工睡上安心觉"为目标，矿针对职工宿舍定管理人员少、工作量大的实际，实行"室内卫生住宿人员自行打扫、外围环境物业科工作人员负责"的管理模式，让管理服务人员都有自己的卫生责任区，做到宿舍外环境卫生全天保洁，同时提醒督促住宿人员自主搞好室内卫生，自觉自为自管，使宿内外舍卫生动态达标。

第四节 职工住宅

一、建设概况

至 2015 年 6 月，与 2005 年 6 月相比，临涣煤矿住房面积净增 83323 平方米，总建筑面积达到 313763 平方米，人均约 8.48 平方米，总投资 12673 万元。

（一）集资建房

2005～2015 年，临涣煤矿集资建房计 16 栋，建筑面积 44910 平方米，集资建房户数 528 户。

1."南苑小区"集资建房

2010 年 1 月，为解决职工住房困难，临涣煤矿根据当时政策，结合矿实际，充分利用工人村原煤气站闲置土地（28628 平方米），集资兴建了砖混五层住宅楼 14 栋（计 440，套其中：A 型 73.8 平方米／套，410 套；B 型 90.7 平方米／套，30 套），总建筑面积 34050 平方米，形成住宅小区。

2. 工人一村 29 号、30 号住宅楼

2010 年 12 月，临涣煤矿拆除了工人村职工食堂、职工百货商店及单身宿舍楼，集资兴建了工人一村 29 号住宅楼一幢（砖混五层，83.05 平方米／套，计 40 套）、工人一村 30 号商住楼一幢（砖混五层，92.30 平方米／套，计 48 套），总建筑面积 10860 平方米。

（二）廉租住房

2006 年度始，根据根据国家保障性住房政策和淮北矿业集团（公司）淮矿办便[2005]109 号文件精神，经申报，该矿于 2006 年度、2009 年度和 2011 年度开工建设廉租住房计 4 处，分别为：2006 年度开工两处：临涣煤矿工人二村廉租住房 2 栋计 40 套；烈山留守处东风井廉租房 9 栋计 180 套；2009 年度开工一处：烈山留守处三十亩地廉租住房 6 栋计 210 套；2011 年度开工一处：临涣西风井计 8 栋 290 套。

1. 临涣煤矿工人二村和留守处东风井廉租住房。

临涣煤矿工人二村和烈山留守处留守处东风井廉租住房属于淮北市"惠临小区"廉租住房 I 期工程范畴。临涣工人二村廉租住房计 2 栋（40

套），砖混五层，建筑面积 2180 平方米；留守处东风井廉租住计 9 栋（180套），砖混三层，建筑面积 9810 平方米。

两处廉租住房于 2006 年度开工，2007 年度建成，2008 年 6 月开始配租。

2. 烈山留守处三十亩地廉租住房

烈山留守处三十亩地廉租住房属于淮北市"惠临小区"廉租住房Ⅰ期工程范畴，计建设砖混五层廉租住房 6 栋（210 套），建筑面积 11006 平方米。

该工程于 2009 年 12 月份正式开工建设，2010 年 10 月份全面完成主体工程，2010 年 11 月通过竣工验收并配租。

3. 临涣煤矿西风井廉租住房

临涣煤矿西风井廉租住房属于淮北市"惠临小区"廉租住房Ⅱ期工程范畴，计建设砖混五层廉租住房 8 栋（290 套），建筑面积 15417 平方米。

该工程于 2011 年 6 月份开工，2013 年 12 月 17 日竣工，并于竣工前的 10 月份开始筹备进行配租。

2013 年 7 月 17 日，烈山留守处东风井廉租住房和三十亩地廉租住房计 15 栋，整体移交至杨庄煤矿管理。至 2015 年 6 月底，临涣煤矿共有职工住宅楼 148.5 栋。其中：矿工人一、二、三村 110 栋；南苑小区 14 栋；矿西风井 18 栋；矿北新村 6.5 栋。2005 年至 2015 年，历年新建住宅建筑情况见表 10—2—1。

表 10—2—1 2005 ~ 2015 历年住宅建筑情况一览表

建成年月	项目名称	栋数	结构	层数	套数	造价	资金来源
2007 年 3 月	临涣矿二村廉租房	2	砖混	五	40	111.97	企业自筹
2007 年 3 月	留守处东风井廉租房	9	砖混	三	180	503.12	企业自筹
2010 年 1 月	临涣煤矿南苑小区	14	砖混	五	440	2950.88	全额集资
2010 年 11 月	留守处 30 亩地廉租房	6	砖混	五	210	805.00	企业自筹
2010 年 12 月	临涣矿一村 29 号住宅楼	1	砖混	五	40	382.49	全额集资
2010 年 12 月	临涣矿一村商住楼	1	砖混	五	48	563.47	全额集资
2013 年 12 月	临涣矿西风井廉租房	8	砖混	五	290	1200	企业自筹

二、住房分配

（一）集资建房

1. "南苑小区"集资建房

2007 年，为解决无房户职工住房困难，矿决定利用工人村原煤气站闲置土地（28628 平方米）集资建设住宅楼 14 栋，制订并经 2007 年 6 月

5 日"职工代表联席会"通过了《临涣煤矿关于集资建房集资方案》。根据淮煤物业〔2000〕209 号文件和本次集资建房集资方案，"南苑小区"住房集资对象为本矿全民合同制职工（包括离、退休职工），符合分房条件的均可参加集资。集资原则：一对夫妇只能选择一处（一套）参加集资建房，不得多处参加集资建房（夫妻双方必须都是城镇户口）。集资金额：依据淮煤物业〔2000〕209 号文件精神，按竣工后的实际成本全额上报集团公司计划建设部、房改办审批后结算；按淮北矿业集团公司房地产开发处预算，集资均价为 860.44 元／平方米；楼层定价系数：一层为 1.15；二层为 1.05；三层为 1.05；四层为 1.0；五层为 0.75；县处级以下干部（不含县处级）、职工每户建筑面积为 75 平方米，县处级每户建筑面积为 85 平方米，凡超出规定面积的部分，每平方米增收 200 元。

该次集资分配本着公平公正公开的原则，实行"评分制"的办法，以总分由高到（如遇等分，年长优先；若再等，采掘优先）低依次选取楼栋、楼层、房号。

2008 年初，依据集资方案，经过初审评分、三榜公示、终审确定、选号交款，完成了"南苑小区" 440 套住房的集资分配工作，并于 2011 年办理了 410 户个人房地产权证，剩余 30 户因个人原因暂未办理。

2. 工人一村 29 号、30 号集资住宅楼

2008 年 12 月，按照临煤电〔2008〕13 号会议纪要工作安排，经立项申报，淮北矿业（集团）公司《关于临涣煤电公司集资建房》的批复文件（淮矿建发便〔2008〕345 号）下发，随即，临涣煤电公司制定了集资建房分配方案（临煤房管〔2008〕158 号）。集资分配方案确定该次集资对象为：1. 该次集资建房牵涉到的拆迁户；2. 原参与煤气站集资建房报名且已审定评分，但未分配的职工；3. 该次新登记报名的临涣煤电公司全民合同制（包括离退休）职工。

2009 年 3 月份，依据立项批复、集资分配方案和各次集资分配领导小组会议纪要精神和工作安排，开始对两栋住宅楼进行集资分配。该次集资分配本着公平公正公开的原则，仍实行"评分制"的办法，以总分由高到（如遇等分，年长优先；若再等，采掘优先）低依次选取楼栋、楼层、房号，并坚持首先解决拆迁户，其次解决原煤气站集资建房审定评分后未分配的职工，最后解决本次新参与的集资户的集资分配原则。

根据该次集资建房完全成本测算价格和淮北矿业（集团）公司淮矿建发便〔2008〕345号批复文件，该次集资建房集资单价（建筑面积均价）为：1132元／平方米，每套住房的集资款总额根据该套住房所在的楼层位置将楼层系数纳入计算。该次参加集资建房的职工，可以使用本人及配偶的住房公积金，操作办法是先交齐集资款后，再统一申请使用公积金。

经过报名登记、初审评分、三榜公示、终审确定、选号交款等环节，2009年4月17日完成集资建房分配工作，并于2013年3月份完成产权初始登记及分割工作。

（二）廉租住房

临涣煤矿廉租住房是政府在住房领域实施社会保障职能，由临涣煤矿所辖并管理，可向临涣煤矿低收入、住房困难家庭提供住房保障的租金相对低廉的住房。2007年7月2日，制订《廉租房分配方案、集资房集资方案》实施细则，其中列出《时间表》、《证件种类》及《证件出具单位》。临煤纪要〔2007〕30号文件严格规定：各单位出据证明时要求实事求是，并由经办人、单位主要负责人签字并对所出证明负主要责任。

（1）惠临小区Ⅰ期廉租住房分配

淮北市惠临小区Ⅰ期廉租住房工程包括：临涣矿工人二村廉租住房、烈山留守处东风井廉租住房和烈山留守处三十亩地廉租住房3处。2007年11月，临涣工人二村和烈山留守处廉租住房工程竣工验收；2010年11月烈山留守处三十亩地廉租住房工程竣工验收。

在3处廉租住房工程竣工验收前，临涣煤矿已依据淮矿办便〔2005〕109号文件精神，经办公会研究，分别制定《临涣煤矿关于廉租房分配方案的通知》（临煤物业〔2007〕80号）和《临涣煤电烈山留守处廉租房分配方案》（临煤办〔2010〕197号）。随后充分利用广播、电视、网络、宣传栏等多种形式进行广泛宣传，并开始进行登记、审核、公示、审定工作。

2007年8月21日，按照《临涣煤矿关于廉租房分配方案的通知》（临煤物业〔2007〕80号）文件规定，开始对临涣矿工人二村廉租住房、烈山留守处东风井廉租住房经行分配，经矿办公会、分配领导小组多次会议研究、公示，完成两处廉租住房的实物配租工作。

2011年度，在矿分配领导小组的安排部署下，由烈山留守处按照《临涣煤电烈山留守处廉租房分配方案》（临煤办〔2010〕197号）文件规定，对烈山留守处三十亩地廉租房进行分配，并按预期完成了实物配租工作。

（2）惠临小区Ⅱ期廉租住房分配

淮北市惠临小区Ⅱ期廉租住房工程是指：临涣煤矿西风井廉租住房 8 栋计 290 套。该工程 2011 年 6 月份开工，2013 年 12 月 17 日竣工，并于竣工前的 10 月份开始筹备进行配租。

三、住房管理

住宅管理包括产权管理和使用管理两部分：产权管理主要包括住宅产权政策的宣传、职工住宅产权证的办理、职工产权相关资料的保管及提供、调解职工之间产权纠纷、维护职工房产使用权；使用管理主要包括成本价（标准价）房款分期付款的收缴、租金房的租金收缴、发现和制止乱搭乱建行为、擅自改变房屋结构行为、公共设施保养维修、廉租住房入住退出机制动态管理、处理职工之间因房屋使用产生的纠纷。

四、租金收缴

临涣煤矿租金房的收费标准以房改为界，分为两个阶段。房改前所有住房是按每平方米 0.8 元的标准收费，房改后按每平方米 0.8 元和每平方米 0.55 元的两个收费标准收费。

廉租住房租金收取是按照淮北矿业（集团）公司淮煤房改组字［2007］第 001 号文件第五条："2008 年度矿区廉租住房的租金标准为住房使用面积 1.00 元／平方米"的规定执行的。

五、房改遗留问题处理

2014 年，临涣煤矿依据淮北市《关于公有住房出售工作有关问题的通知》（淮房组【2000】2 号）和淮北矿业《关于认真做好房地产资源处置工作的通知》（淮矿物业【2014】182 号）、《关于印发淮北矿业房改部分产权房和租金房出售办法的通知》（淮矿物业【2014】268 号）精神，按照集团公司工作安排，先后印发《临涣煤矿关于房改部分产权房、租金房出售工作的通知》和《临涣煤矿关于工人三村"八栋楼"产权分割、出售办证的通知》。根据文件规定，该次住房出售范围是矿区房改部分产权房和符合出售条件的租金房；出售对象是已经购买房改部分产权房或租住租金房的职工家庭。经逐户排查，掌握每一套房改遗留房的详实资料和住户情况，最后，该次出售部分产权房 6 套，出售租金房 107 套。

第五节 其它福利设施

一、通勤客车

临涣煤矿职工住宅区距矿区直线距离 5.5 公里，为解决职工上下班交通问题，临涣煤矿于 1985 年成立通勤客车队，开通通勤班车。2015 年 6 月，通勤客车队所有通勤车辆资产属临涣煤矿，其员工隶属于淮海集团惠临工贸有限责任公司下属的汽车运输公司。

通勤车辆由通勤客车队承包营运，营运内容为临涣矿至小湖孜工人村职工上下班往返通勤；营运班次为日常往返 60 趟，每周五增加往返班次 8 趟，临时增减往返班次或营运线路以外的运输任务以矿通知为准。2014 年 5 月，临涣煤矿东部井建成，为解决东十三采区、东十一采区工人上下井交通问题，开通到东部井的通勤班车，每天运行 20 个班次。

至 2015 年 6 月，通勤通道客车队有大通道 6 辆，其中黄海 4 辆、安源 2 辆；单程客车 7 辆，其中金龙客车 3 俩、黄海客车 3 辆、江淮客车 1 俩。

二、通勤火车

通勤火车于 1991 年 5 月 1 日正式运行，主要负责接送上大班的职工。2005 年 7 月，设有 4 节车厢，480 个座位，每天运行 8 个班次。运行路线为工人村站至临涣站。通勤火车归属于淮北矿业集团公司铁路运输处管理。2009 年 6 月，通勤火车停运。

第三章 社区建设与管理

第一节 机构

至2015年6月，社区服务中心设设主任1人，书记1人，工会主席1人，治安员3人，卫生防疫1人，汽车司机1人，卫生工51人，幼儿园13人。

第二节 社区管理职能

社区服务中心主要负责临涣煤矿工人村居民民事纠纷调解、街道事务管理、工人村卫生管理、游园管理、车棚管理，配合当地派出所参加工人村的治安管理及市场的规范经营管理等工作。职责范围主要有：

负责社区（含西风井、南苑小区）的道路、游园、楼栋间卫生保洁、绿化管理、垃圾中转及协调垃圾外运工作；

负责社区计划生育管理、低保人员摸底、矛盾纠纷调解、治安联防等工作；

负责离退休职工活动场管理，提供配套游艺设施及活动场所卫生保洁；

负责图书室图书、杂志的上架、更换、管理，办理借阅相关手续；

负责矿属房产的管理和安排维修房屋、建立帐、卡。严格按有关规定进行房产管理，掌握房屋的变更情况，及时提供房屋的有关数据，做好新建房屋登记、交易等手续；

负责幼儿园管理工作，负责入园儿童的抚教、活动、卫生及在园期间的安全等工作，按时收缴幼儿学费；

负责社区公共秩序管理，商贩摆摊、车辆停放有序；

负责矿划定责任范围内文明环境创建及矿安排其它工作。

第三节　工人村文明创建

2010 年，工人村主干道路扩建加宽，由原来的 5 米拓宽至 9 米，安装太阳能路灯，道路两侧铺设大理石人行道，种植香樟树 200 多株。工人村供电、通讯等架线统一规划铺设，架设铺设线槽 2300 米。7 月工人村至淮北市"101"公交车开通，方便矿职工家属的出行。

2011 年 4 月工人二村楼房墙体外粉刷，工人村楼房面貌一新。5 月，矿通勤车停车场、公交车站由工人村北大门搬迁至工人村东大门外停车场。6 月，根据淮北市文明城市创建的需要，社区服务中心办公室从工人村服务楼三楼搬迁至退离休管理科院内，退离休管理科与社区服务中心合并为一个单位。8 月，工人村主要路口安装监控摄像头九处，监控室设在辖区派出所内，打造平安社区。

2013 年 7 月，清退临时社区用工，工人村垃圾转运由原来的垃圾车往垃圾站运送，改为自动垃圾车和垃圾桶转运生活垃圾。

2014 年，工人村在浴池门前建设小吃点大棚，摆设摊点 20 个，规范小吃摊点的管理。

第四节　烈山留守处

一、机构沿革

1984 年 12 月，淮北矿务局宣布撤销烈山煤矿，其整体人员逐步调入临涣煤矿，在原烈山煤矿的基础上成立烈山留守处，负责原烈山煤矿遗留下来的房地产、多种经营、离退休人员、居民区职工家属用水、用电、治安、医疗、学校等管理工作。后多种经营、医疗、学校、离退休等管理职能相继转移。至 2013 年 7 月，烈山留守处时有职工 29 人，其中干部 5 人，职工 24 人，主要负责留守处居民区房屋维修、水电管理、离退休人员管理等工作。

二、综述

烈山留守处至 2013 年 7 月，原八宗土地资产因烈山公墓地块（权证编号：淮国用 2000 第 071 号）由淮北市人民政府按程序收储核销，实际只有 7 宗；房屋建筑物 27 项、构筑物 4 项，计提折旧会计期为 2013 年 5 月，原值 2188.97 万元，净值 1833.38 万元；待报废建筑物（构筑物）计 58 项，多为 70 年代初期建设的平房及其它房屋建筑，计提折旧会计期为 2013 年 5 月，原值 508.88 万元，净值 76.89 万元，残值 25.44 万元；设备资产 14 台，主要为配电柜、变压器、开关柜、水泵等，计提折旧会计期为 2013 年 5 月，原值 32.75 万元，净值 16.58 万元；离退休人员 478 人（其中：离休人员 4 人、退休人员 474 人），伤病亡遗属 194 户。

三、住户情况

（一）东风井廉租房住户情况

按照临煤物业 [2007]80 号文件规定，于 2008 年对烈山留守处东风井 180 套廉租房分配。拆迁户 154 户（东风井 114 户、西风井 39 户），安排周边无房老弱病残特困户 26 户。其中：该矿住户 129 户、集团公司兄弟矿井 41 户、职工子弟无业 8 户、特殊人员及退休后无居所无业 1 户。

（二）三十亩地廉租房住户情况

按照临煤办 [2010]197 号文件规定，于 2011 年对烈山留守处三十亩地 210 套廉租房进行分配。拆迁户 150 户，安排周边无房户、工伤户 57 户。其中：临涣矿住户 139 户、职工子弟无业 18 户、集团公司兄弟矿井 45 户、局以外 5 户。

（三）十八亩地住户情况

10 栋楼房共计 120 户（其中：全部产权 47 户、部分产权 31 户、租金房 42 户），平房居住 5 户。

（四）西风井平房住户情况

西风井平房共居住 72 户，其中：该矿职工 36 户、职工子弟（无业）9 户、淮矿集团本系统其他单位住户 21 户、市直系统 5 户、无业 1 户。

四、留守处整体移交

2013 年 7 月 17 日，按照集团公司工作部署，烈山留守处整体移交至杨庄煤矿管理。

（一）交接项目

土地资产、房屋建筑物（构筑物）、设备资产、在岗人员、离退休人员、伤病亡遗属、签订的合同协议（计六份，其中：外包协议 3 份、收费协议 2 份、置换协议 1 份）、住户资料（住户台账、廉租住房入住合同、配套文件及会议纪要）

（二）交接方式

1. 分组交接

双方各自由分管矿领导组织，抽调矿办、财务、物业、机电、工程、社保、组织、工资等对口部门人员，按移交项目成立交接小组进行分组交接。

2. 操作办法

所有移交项目相关的地籍、房产、工程、设备、离退休人员、伤病亡遗属、住户台账等资料档案及文件，一并提档至移交现场，做到台账、实物、资料档案等同一时点、一次性签字交接。

（三）交接时点

在双份交接工作准备充分后，按照集团公司要求，于 2013 年 7 月 17 日在杨庄煤矿会议室进行交接仪式，签订交接合同。

（四）交接监督

集团公司委派交接项目对口业务部门人员作为交接项目监交人，进行交接工作的监督和鉴证。

（五）善后工作

交接清册签认后，涉及到资产划拨、人员调动、离退休、伤病亡遗属账务划转等工作，由临涣煤矿和杨庄煤矿相互配合配合，联系集团公司对口业务部门办理相关手续。

第四章 劳动保护与社会保障工作

第一节 劳动保护用品管理

2005年7月始，临涣煤矿继续按原煤炭工业部颁布的《煤炭工业职工劳动保护用品发放标准》发放劳动保护用品。职工劳动保护由临涣煤矿工资科负责审批，惠临公司劳动保护用品仓库负责发放，2012年改由临涣煤矿物管科发放。

第二节 社会保障工作

一、机构

2007年7月，社会保障科并入工资科，1名副科长负责养老、医疗保险等业务。2013年11月，工资科更名为人力资源管理部，至2015年6月，人力资源管理部设社保主管1人、科员2人负责社会保障工作，主要负责全矿主要负责全矿职工养老、医疗、工伤、生育、失业保险、住房公积金、伤病亡遗属管理等业务。

二、病亡、伤亡职工待遇

2005年以来，国务院、国家民政部、人力资源和社会保障部、安徽省、对病亡、伤亡职工待遇进行调整。

2004年7月21日，安徽省劳动和社会保障厅财政厅（2004）193号文件；2010年12月20日，中华人民共和国国务院令第586号《国务院关于修改〈工伤保险条例〉的决定》；2011年11月15日，民政部、人力资源和社会保障部和财政部（2011）192 号文件规定。

（一）病亡职工待遇

1. 丧葬补助费：职工死亡发给丧葬补助费 2000 元，应实行火葬的地区擅自土葬的不发（少数民族，国家允许土葬的除外）。

2. 一次性困难补助费：在职职工死亡发给直系亲属 8 个月本人生前月缴费工资，退休人员死亡发给直系亲属 8 个月本人生前月基本养老金；离休人员和建国前参加革命工作的退休老工人死亡，其直系亲属一次性困难补助费为上一年度全国城镇居民人均可支配收入的 2 倍加本人生前 40 个月基本工资或基本离退休费，没有直系亲属的不发。

3. 供养直系亲属抚恤金：死亡职工有供养直系亲属的，不分居住地，抚恤金均按死亡职工生前单位所在地城镇居民最低生活保障标准发给，供养直系亲属为 1～3 人的（含 3 人）据实发给，3 人以上的按照城镇居民最低生活保障标准的 300% 发给，但初次核定的抚恤金总额，不得超过死者生前月缴费工资或月基本养老金。今后随死者生前单位所在地城镇居民最低生活保障标准同步调整。

4. 按上述规定执行的供养直系亲属抚恤金标准，如低于省劳动保障厅劳社秘（2000）311 号文件规定标准的，可按 311 号文规定执行，今后与当地城镇居民最低生活障标准调整时冲减。

5. 企业离休人员和建国前参加革命工作的退休老工人去世后，符合享受供养直系亲属抚恤金条件的父母、配偶，每人每月除按规定标准发给抚恤金外，1937 年 7 月 6 日以前参加革命工作的人员死亡后，抚恤金另加 50 元；抗日战争时期参加革命工作的另加 40 元；解放战争时期参加革命工作的另加 25 元。无依无靠孤独供养直系亲属，除按规定标准发给抚恤金外，另加 25 元。

（二）伤亡职工待遇

1. 丧葬补助金：为 6 个月的统筹地区上年度职工月平均工资；

2. 一次性工亡补助金：为上一年度全国城镇居民人均可支配收入的 20 倍。

3. 供养直系亲属抚恤金：按照职工本人工资的一定比例发给由因工死亡职工生前提供主要生活来源、无劳动能力的亲属。标准为：配偶每月 40%，其他亲属每人每月 30%，孤寡老人或者孤儿每人每月在上述标准的基础上增加 10%。核定的各供养亲属的抚恤金之和不应高于因工死亡职工生前的工资。供养亲属的具体范围由国务院社会保险行政部门规定。

第三节 离退休职工管理工作

一、机构

2005 年 7 月，退离休管理科设科长 1 人，党总支书记 1 人，副科长 2 人。老年大学常务副校长 1 人。

2008 年 8 月，退离休管理科划归物业后勤系统。2008 年 12 月，鉴于退休党员关系成建制移交地方进行社会化管理，临涣煤矿党委决定撤销退离休科党总支，保留退离休科党支部。

2011 年 6 月，临涣煤矿撤销退离休管理科，退离休管理职能分别划入社区服务中心和人力资源管理部。

社区服务中心设有老年活动中心，配有麻将、扑克、象棋、健身、阅览、老年教育、关工委等活动室，常年开展文体娱乐活动，丰富退离休职工精神文化生活。

二、工作职责

贯彻执行党和国家上级主管部门关于老龄工作的方针、政策，落实好离退休职工政治待遇和生活待遇；加强和改进社区范围内离退休职工党建和思想政治工作；走访慰问离退休特困职工，帮助解决实际问题；组织开展好离退休各类文体娱乐活动；积极做好离退休职工的管理服务工作，促进队伍稳定；办好老年大学，协助做好关心下一代工作。

三、离退休职工分布

2015 年 6 月，临涣煤矿有离退休职工 2546（2510）人，退休干部 245 人，其中离休干部 5 人，退休矿处级干部 8 人；退休工人 2252 人，。离退休人员主要分布在临涣煤矿工人一村、二村、三村、西风井、二处、淮北市区等，有部分离退休职工回到原籍安度晚年。

四、主题教育活动

2006年2月26日，临涣矿社区以关工委（2006）02号文下发《关于成立社区关爱团》的决定，下设五个分团。

2008年社区组织离退休职工和中小学生开展"迎奥运、促和谐、讲文明、树新风"活动。

2009年临涣矿社区成立"五老话安全"宣讲团。

2010年4月8日和2011年3月26日，淮北矿业集团公司授予临涣矿关工委"五老话安全"先进单位称号。

2010年7月16日，成立"五老话安全文艺宣传队"。

2012年3月，社区建立青少年学习传承雷锋精神常态化机制，开展"爱祖国、学雷锋，心向党、见行动"主题教育活动。

2013年3月，社区中心组织"五老"话和谐宣讲团，广泛开展"讲文明、讲礼貌、讲道德、讲诚信"主题教育活动。并在离退休职工设立和谐宣传员、调研员、信息员，调解员。

2014年，在离退休职工中广泛开展十八大、十八届三中全会精神，企业经济形势主题教育活动。

2015年2月，社区成立"宣传法制，话和谐"文艺宣传队，相继开设了道德讲堂，家长学校，不间断进行法制教育和思想道德教育。

2015年8月，社区组织由离退休、中小学、社区居民参加的"纪念抗日战争胜利70周年"演唱会。

五、离退休干部工作

2005年始，临涣煤矿认真贯彻执行党和国家关于离退休干部工作方针、政策，制定好年度活动计划，做好离退休干部服务工作，落实好政治待遇。按规定为老干部报销电话费、交通费；为离休干部建立健康档案，每年离退休县处干部进行一次体检、组织部分人员外出疗休养；为离休干部、中级职称、副科以上退休干部订阅报刊。完善离退休干部阅文学习制度，组织召开各类座谈会、学习会、报告会，及时传达上级文件精神，通报矿区生产经营形势等。邀请部分老干部参加矿党代会、职代会等重要会议。认真执行在职领导干部联系老干部制度，在重大节日和重要政治活动中，对老干部开展多种形式的走慰问活动。适时做好退离休干部职工的思想政治工作，组织开展丰富多彩的文体娱乐活动，寓教于乐，保持离退休干部队伍的稳定。离退休干部享受的津贴及其他待遇主要有：

根据淮煤办（1998）321 号文件规定，离退休处级干部享受电话费每人每月 40 元，处级干部遗孀每人每月 15 元；按照淮北社保（2003）1 号文件规定，离休干部每人每年享受 500 元特需费，350 元由企业营业外支出，150 元由省社保局列入统筹，根据集团公司退管处要求，春节发放 200 元，中秋节发放 150 元；根据淮煤退离（1996）199 号规定，离休干部交通费标准为处级离休干部每人每月 30 元，处级以下干部每人每月 20 元；每年 9 月份对离退休处级干部健康体检；订《开心老年》杂志等报刊杂志。

六、离退休职工待遇

2005 年以来，国家、安徽省多次对离退休人员的工资进行了调整，临涣煤矿认真执行国家的政策和上级有关规定，落实离退休待遇。

（一）省劳社字 [2006]61 号和省劳社字 [2006]62 号文

2005 年调整基本养老金的人员为 2004 年 12 月 31 日前已经办理退休的人员；2006 年调整基本养老金的人员为 2005 年 12 月 31 日前已经办理退休的人员。

普调：2005 年普调增加的养老金为 75 元，从 2005 年 7 月 1 日起执行；2006 年普调增加的养老金为 85 元，从 2006 年 7 月 1 日起执行。

政策倾斜：普调后月基本养老金低于 615 元的，增加 30 元；普调后月基本养老金高于 615 元但低于 645 元的，补齐到 645 元；获副高以上职称、国家高级技师职业资格的，增加 60 元；高龄补贴：至 2005 年 12 月 31 日，男年满 70 － 79 周岁、女年满 60 － 69 周岁的增加 30 元；男年满 80 周岁、女年满 70 周岁及以上的增加 50 元。从 2006 年 7 月 1 日起执行。

（二）省劳社 [2007]45 号文

调整范围：2006 年 12 月 31 日前已经办理退休手续的企业退休人员。

调整时间：从 2007 年 7 月 1 日起执行。

普调：每人每月增加基本养老金 90 元。

政策倾斜：退休前获副高专业技术职称或国家高级技师职业资格的另增加 60 元；退休前获正高专业技术职称或按照《国务院关于高级专家退休问题的补充规定》（国发 [1986]26 号）享受全薪退休的另增加 70 元。

2006年1月1日至2006年12月31日期间，男到达70周岁、女到达60周岁另增加30元；男到达80周岁、女到达70周岁另增加20元。1959年12月31日前参加工作的，缴费年限（含视同缴费年限，不含特殊工种折算工龄，下同）满35年及以上的另增加50元，满30年但不满35年的另增加40元，不满30年的另增加30元。普调后月基本养老金仍达不到615元（含）的，另增加30元；普调后超过615元但达不到645元的，补到645元。

（三）省劳社 [2008]6 号文

调整范围：2007年12月31日前已经办理退休（退职）手续的企业退休人员。

调整时间：从2008年1月1日起执行。

普调：每人每月增加基本养老金55元；按本人缴费年限（含视同缴费年限，不含特殊工种折算工龄）每满1年另增加1.50元，累计缴费年限尾数不足1年的按发给1年发给。

政策倾斜：退休前获副高专业技术职称或国家高级技师职业资格的另增加60元；退休前获正高专业技术职称或按照《国务院关于高级专家退休问题的补充规定》（国发[1986]26号）享受全薪退休的另增加70元。1953年12月31日前参加工作的另增加40元。企业退休人员中的原工商业者，另增加30元。2007年1月1日至2007年12月31日期间，退休人员到达70周岁的另增加30元；到达80周岁的另增加20元。但在2006年、2007年调整养老金时，已经享受过另增加30元至50元的女性退休人员，不再按本条规定另增加基本养老金。

（四）省劳社 [2008]54 号文

调整范围：2008年12月31日前已经办理退休（退职）手续的企业退休人员。

调整时间：从2009年1月1日起执行。

普调：每人每月增加基本养老金65元；按本人缴费年限（含视同缴费年限，不含特殊工种折算工龄）每满1年另增加1.50元，累计缴费年限尾数不足1年的按发给1年发给。

政策倾斜：退休前获副高专业技术职称或国家高级技师职业资格的另增加60元；退休前获正高专业技术职称或按照《国务院关于高级专家退

休问题的补充规定》（国发〔1986〕26号）享受全薪退休的另增加70元。1953年12月31日前参加工作的另增加40元。企业退休人员中的原工商业者，另增加30元。2008年1月1日至2008年12月31日期间，退休人员到达70周岁的另增加30元；到达80周岁的另增加20元。但在2006年、2007年调整养老金时，已经享受过另增加30元至50元的女性退休人员，不再按本条规定另增加基本养老金。

（五）皖人社明电〔2010〕19号文

调整范围：2009年12月31日前已经办理退休（退职）手续的企业退休人员。

调整时间：从2010年1月1日起执行。

普调：每人每月增加基本养老金80元；按本人缴费年限（含视同缴费年限，不含特殊工种折算工龄）每满1年另增加1.50元，累计缴费年限尾数不足1年的按发给1年发给；2009年1月1日至2009年12月31日期间，退休人员到达70周岁的另增加30元；到达80周岁的另增加20元。但在2006年、2007年调整养老金时，已经享受过另增加30元至50元的女性退休人员，不再按本条规定另增加基本养老金。

政策倾斜：退休前获副高专业技术职称或国家高级技师职业资格的另增加60元；退休前获正高专业技术职称或按照《国务院关于高级专家退休问题的补充规定》（国发〔1986〕26号）享受全薪退休的另增加70元。1953年12月31日前参加工作的另增加40元。企业退休人员中的原工商业者，另增加30元。

（六）皖人社发〔2011〕5号文

调整范围：2010年12月31日前已经办理退休（退职）手续的企业退休人员。

调整时间：从2011年1月1日起执行。

普调：每人每月增加基本养老金90元。按本人缴费年限（含视同缴费年限，不含特殊工种折算工龄）每满1年另增加1.50元，累计缴费年限尾数不足1年的按发给1年发给。

政策倾斜：退休前获副高专业技术职称或国家高级技师职业资格的另增加100元；退休前获正高专业技术职称或按照《国务院关于高级专家退休问题的补充规定》（国发〔1986〕26号）享受全薪退休的另增加120元。

1953 年 12 月 31 日前参加工作的另增加 40 元。企业退休人员中的原工商业者，另增加 30 元。

（4）至 2010 年 12 月 31 日前，退休人员到达 80 周岁及以上的，未享受过的本次另增加 70 元，但累计增加不足 70 元的，补足到 70 元；到达 70 周岁及以上的，未享受过的本次另增加 50 元，但累计增加不足 50 元的，补足到 50 元，累计增加已达到的本次不再增加。

（七）皖人社明电 [2012]29 号文

调整范围：2011 年 12 月 31 日前已经办理退休（退职）手续的企业退休人员。

调整时间：从 2012 年 1 月 1 日起执行。

调整标准：每人每月增加基本养老金 100 元。按本人缴费年限（含视同缴费年限，不含特殊工种折算工龄）每满 1 年另增加 2 元，累计缴费年限尾数不足 1 年的按发给 1 年发给。退休前获副高专业技术职称或国家高级技师职业资格的另增加 180 元；退休前获正高专业技术职称或按照《国务院关于高级专家退休问题的补充规定》（国发 [1986]26 号）享受全薪退休的另增加 200 元。至 2011 年 12 月 31 日前，年满 70-74 周岁的，调整至 80 元；年满 75-79 周岁的，调整至 100 元；年满 80-84 周岁的，调整至 150 元；年满 85 周岁及以上的，调整至 200 元。（即：1941 年出生的，男同志每人每月增加 80 元，女同志每人每月增加 50 元；1937 年至 1940 年出生的，每人每月增加 30 元；1932 年至 1936 年出生的，每人每月增加 50 元；1931 年出生的，每人每月增加 100 元；1927 年至 1930 年出生的，每人每月增加 80 元；1926 年 12 月 31 日以前出生的，每人每月增加 130 元。）

（八）皖人社明电 [2013]34 号文

调整范围：2012 年 12 月 31 日前已经办理退休（退职）手续的企业退休人员。

调整时间：从 2012 年 1 月 1 日起执行。

调整标准：每人每月增加基本养老金 90 元。按本人缴费年限（含视同缴费年限，不含特殊工种折算工龄）每满 1 年另增加 2 元，累计缴费年限尾数不足 1 年的按发给 1 年发给。高龄增加基本养老金：2012 年 1 月 1 日至 2012 年 12 月 31 日期间，达到 70 周岁的每人每月另增加基本养老金标准补齐到 80 元；达到 75 周岁的每人每月另增加基本养老金标准补齐到

100 元；达到 80 周岁的每人每月另增加基本养老金标准补齐到 150 元；达到 85 周岁的每人每月另增加基本养老金标准补齐到 200 元。（即只有以下四个时间点出生的参与调整：① 1942 年出生的，男同志每人每月增加 80 元，女同志每人每月增加 50 元；② 1937 年出生的，每人每月增加 20 元；③ 1932 年出生的，每人每月增加 50 元；④ 1927 年出生的，每人每月增加 50 元。）。退休前获得正高专业技术职称的人员，2000 年 12 月 31 日前退休的，每人每月另增加基本养老金 280 元；2001 年 1 月 1 日后退休的，每人每月另增加基本养老金 200 元。退休前获得副高专业技术职称或国家高级技师职业资格的人员，2000 年 12 月 31 日前退休的，每人每月另增加基本养老金 200 元；2001 年 1 月 1 日后退休的，每人每月另增加基本养老金 120 元。

（九）皖人社明电 [2014]17 号文

调整基本养老金的范围：2013 年 12 月 31 日前已办理退休（职）手续的企业退休人员。

调整时间：从 2014 年 1 月 1 日起执行。

调整标准：普调每人每月增加 95 元。按本人缴费年限（含视同缴费年限，不含特殊工种折算工龄）每满一年另增加 2 元，累计缴费年限尾数不足一年的按一年发给。高龄增加基本养老金（见表 10-4-1）。

表 10-4-1 高龄增加基本养老金

年龄	月增资额	计算公式	备注说明
男70周岁	110		
女70周岁	80	=110-30=80	30元就是以前年度已享受的高龄
71-74周岁	30	=110-80=30	
75周岁	70	=150-80=70	2013年调待时74周岁标准80元，2014年调待时75周岁标准150元，差额70元
76-79周岁	50	=150-100=50	
80周岁	120	=220-100=120	2013年调待时79周岁标准100元，2014年调待时80周岁标准220元，差额120元
81-84周岁	70	=220-150=70	
85周岁	140	=290-150=140	2013年调待时84周岁标准150元，2014年调待时85周岁标准290元，差额140元
86周岁以上	90	=290-200=90	

（十）皖人社明电 [2015]38 号文

调整基本养老金的范围：2014 年 12 月 31 日前已办理退休（职）手续的企业退休人员。

调整时间：从 2015 年 1 月 1 日起执行。

调整标准：普调每人每月增加 125 元。按本人缴费年限（含视同缴费年限，不含特殊工种折算工龄）每满一年另增加 2 元，累计缴费年限尾数不足一年的按一年发给。高龄增加基本养老金（见表 10-4-2）。

表 10-4-2 高龄增加基本养老金

年龄	月增资额	计算公式	备注说明	对应出生年份
男70周岁	140			1944年男性
女70周岁	110	＝140-30＝110	30元就是以前年度已享受的高龄	1944年女性
71-74周岁	30	＝140-110＝30		1940年－1943年
75周岁	70	＝180-110＝70	2014年调待时74周岁标准110元，2015年调待时75周岁标准180元，差额70元	1939年
76-79周岁	30	＝180-150＝30		1935年－1938年
80周岁	110	＝260-150＝110	2014年调待时79周岁标准150元，2015年调待时80周岁标准260元，差额110元	1934年
81-84周岁	40	＝260-220＝40		1930年－1933年
85周岁	110	＝330-220＝110	2014年调待时84周岁标准220元，2015年调待时85周岁标准330元，差额110元	1929年
86周岁以上	40	＝330-290＝40		1928年及以前出生的

第十一篇 淮北力源热电有限责任公司

第一章 综述

第一节 基本情况

按照能源部基字〔1989〕98 号文《关于利用低热燃料和实行热电联供意见的通知》精神，根据临涣煤矿电负荷、热负荷的状况和需求，临涣选煤厂的洗矸量与热值的资料，临涣煤矿于 1994 年 1 月提出了《临涣煤矸石热电厂的可行性研究报告》。1994 年 5 月 14 日，在煤炭科学院会议室，由煤炭工业部多种经营公司对煤炭部北京设计研究院做的淮北矿务局临涣煤矸石热电厂的可行性研究报告进行审查。

中华人民共和国煤炭工业部于 1994 年 5 月 20 日以煤函字〔1994〕第 18 号文《关于淮北矿务局临涣煤矿煤矸石热电厂可行性研究报告的批复》同意淮北矿务局临涣煤矿利用洗矸、次杂煤为燃料建设煤矸石热电厂。

1997 年 12 月 15 日正式开工建设，2002 年 1 月 31 日竣工，建成三炉两机，装机容量为 2×6MW。

2002 年 9 月，由淮北矿业（集团）有限责任公司控股 61.43%，淮北万里电力实业总公司参股 28.57%，淮北矿业（集团）有限责任公司工会委员会（职工股）参股 10%，3 家共同组建成立淮北力源热电有限责任公司，注册资本 3500 万元。

2005年7月起，淮北力源热电有限责任公司董事长一般由临涣煤矿（临涣煤电）公司矿长（总经理）担任，党务、工会等群团工作隶属于临涣煤矿党委、工会等部门管理，业务上临涣煤矿机电矿长领导或指导。2015年1月，淮北力源热电有限责任公司隶属于淮北矿业集团股份公司电力分公司。

第二节 燃料

临涣煤矸石热电厂的燃料来源临涣选煤厂的副产品—煤矸石和临涣煤矿生产的次杂煤。煤矸石和次杂煤混合比约为5:2，低位发热量为 $Q_{net.ar}$ =7.195MJ/kg。

煤矸石：临涣选煤厂煤矸石产率为20%计算，40万吨/年。

次杂煤：临涣煤矿平均日产次杂煤约200吨，年产次杂煤6万吨/年。

第三节 电热负荷

一、电负荷

淮北力源热电有限责任公司二台发电机组发出的6KV电压的电能，除部分厂用外，其余的经2台8000KVA主变压器升压至35KV，通过35KV配电室输往临涣煤矿35KV地面变电所。年发电量8000万度，除自用电量外，可供临涣煤矿电量7000万度。

二、热负荷

淮北力源热电有限责任公司承担临涣煤矿热负荷，主要是冬季井筒防冻和办公室采暖，浴室和洗衣机房供热，年供热量5~6万吨蒸汽。

第二章 生产系统与主要设备

第一节 生产系统

一、热力系统

热力系统主要有三台 35T/h 中压电站沸腾炉，二台 6MW 汽轮发电机组、蒸汽管道、主厂房（锅炉房、除氧煤仓间、汽机房）、烟道、引风机房、烟囱、水膜除尘器、定期排污膨胀器等组成，是热电厂核心工程。

二、燃料供应系统

燃料供应系统的土建工程主要在主厂房的南侧，由卸煤缝式煤槽、2#输煤地道，3# 输煤栈桥、碎煤机室、4# 输煤栈桥、干煤棚和 5# 输煤栈桥等建筑组成。

三、除灰除渣系统

除灰系统原设计采用多管旋风除尘器和文丘里水膜除尘器，对进入引风机前的烟气进行两级除尘。多管旋风除尘器排下的干灰由箱式冲灰器以 1:4 灰水比混合排入冲灰沟。由文丘里水膜除尘器排下的水灰进入冲灰沟，再由激流喷嘴将灰水冲入缓冲池。灰沟坡度为 I=0.015。缓冲池的灰水混合物由灰浆泵抽出经冲灰管穿过铁路至主厂房西偏南约 500 米处的沉灰池，灰水在沉灰池沉淀后，清水流到清水池，由清水泵抽出供除灰、冲灰循环使用，沉灰池中的灰脱水后由桥式抓斗起重机抓出装车运走填平坑洼地带或综合利用。2009 年 8 月对除尘系统、除灰系统进行了更新改造，在水膜除尘器原址了新建了三台单室三电场静电除尘器，在铁道沉灰池西新建二座 600 立方米钢灰库，配套气力输灰系统将干灰通过气力输送至钢灰库。

除渣系统原为锅炉排下的炉渣直接落入四轮拖拉机的车厢内拉走，卸在缝式煤槽和破碎机房之间的渣场内，冷却后由汽车拉出厂外进行综合利用。为提高运行经济性，加大余热回收利用，现除渣系统为锅炉热渣经冷渣器回收余热冷却后经输渣皮带输送至渣仓。

四、化学水处理系统

化学水处理车间为一独立建筑，位于厂区大门东侧，有厂区道路相隔。单层，柱距6米，跨距4.5米，净高4.5米，预制钢筋混凝土屋面梁、空心板。水泵间为单层，柱距6米，跨距4.5米，净高4.5米，预制钢筋混凝土屋面梁、空心板。酸碱贮存间为单层，砖混结构，6米柱距，跨距4.5米，预制矩形屋面梁，空心板。

化学水处理系统原水来自四台分布于厂外西侧四台水源井，经消防水池、工业水池自由沉淀，通过机械过滤器、保安过滤器二级过滤至电渗析和阴阳离子交换器两级除盐后供锅炉用水。

2013年4月化学水处理系统原水改用矿井排水，经净水器、机械过滤器、活性炭过滤器、保安过滤器多级过滤后经反渗透和阴阳离子交换器两级除盐后供锅炉用水。

五、供水系统

该供水系统由锅炉补给水和冷却水两大系统组成。其中，补给水系统由水源井——贮水池——化学水处理车间——锅炉。冷却水系统则是由矿井井下中央水泵房——污水处理厂——冷却水池——循环水泵——汽机冷凝器——冷却塔。锅炉补给水的水源来自设在临涣煤矿西院墙边的水源井，井深70米。在主厂房东侧设置300立方米贮水池2个，贮水池西侧建1个综合泵房。

冷却水系统的主要建筑有：自然通通风冷却塔；循环水泵房。在电厂外的临涣煤矿污水处理厂，扩建源水池1座，水泵房1座，无阀滤池3座，循环澄清池3座以及煤泥池、集水池各1座。

综合水泵房，IS125-100-200型水泵2台，作为消防和其它用途用水。在厂区内专门设置了消防水管，呈闭路环形回路。在主厂房的各个层次均设置了消防栓；在室外，设置多处消防栓，并用醒目的标志指示其位置。

消防水管直径为 150 毫米，长度有 0.52 千米。

六、电气系统

电气系统主要由 2 台发电机、2 台主变压器、2 段 6KV 母线、2 段 35KV 母线、3 段 400V 母线、2 条 35KV 供电线路和 4 台厂用变压器等系统组成。发电机容量 7.5MVA，出口电压 6.3KV，发电机发出电能经 2 台 8000KVA 升压变升压至 35KV，经 35KV 供电系统输送至临涣矿 35KV 变电所。自用电从 6.3KV 母线经厂用变降压至 400V3 段母线作为电厂内部设备供电。

七、热工控制系统

电厂主蒸汽系统及除氧给水系统均为母管制，机与机、炉与炉之间横向联系密切，对锅炉机组，汽轮发电机组及除氧给水等系统分别采用车间就地集中控制方式。在主厂房的除氧煤仓运转层设置锅炉、汽机控制室，面积约为 100 平方米。

除氧给水控制室：位于 ±0.00 米平面，面积 15 平方米。

化学水处理系统采用就地监测的控制方式。该工程的变送器安装不设置集中变送器室，将变送器就地布置。主要设备：自动调节设备：选用 DDZ-Ⅲ型电动单元组合仪表，配用电动执行器；DDZ-Ⅲ型变送器；ER 系列记录仪；XDZ 系列数字式仪表； yEJ 系列膜合微压仪表；CJ 氧化锆分析器；XSS 系列闪光信号报警仪。

八、上网工程

临涣煤矸石热电厂发出的 6KV 电压的电能，除部分厂用外，其余的经 2 台 8000KVA 主变压器升压至 35KV，通过 35KV 配电室输往临涣煤矿 35KV 地面变电所，在 35KV 侧并入供电网系统。

电厂 35KV 配电室距临涣煤矿 35KV 变电所约 860m，期间用 35KV2 个回路连接，共设供电架线杆九基，其中 1# 杆为 35kv 配电室的出线杆，由 3 棵水泥电杆组成的排架构成。2#~9# 杆为 35J 系列钢管塔，同杆架设 2 个回路，导线型号为 LGJ—120，避雷线型号为 GJ—35。

为便于 2 个变电所之间联络，同杆架设通讯电缆 1 根。

因电厂上网的需要，临涣煤矿 35kv 变电所进行改造。此次改造包括室外部分和室内部分，室外部分扩建 2 个 35KV 出线间隔（断路器为 SF6 型断路器），2 台 35kv 电压互感器和 1 座避雷针。

第二节 主要建筑构筑物和设备

主要建筑构成物和设备见表 11—2—1、表 11—2—2。

表 11—2—1 临涣煤矸石热电厂厂房建设情况一览表

序号	单位工程名称	结构类型	面积（长度）
1	主厂房	框架结构	4128m²
2	炉后构筑物	砖结构	231m²
3	烟囱	砖结构	233m²
4	机炉电检修间	砖混结构	214m²
5	点火油库	砖混结构	42m²
6	3#转运站及地下煤斗	钢筋混凝土	检修间 46.51m² 煤斗 21m²
7	干煤棚	框架结构	1830m²
8	3#输煤栈桥	砼结构	32.5m
9	4#输煤栈桥	框架结构	41.6m
10	5#输煤栈桥	钢桁结构	66.25m
11	碎煤机室	框架结构	437m²
12	缝式煤槽	钢筋砼架	600m²
13	主控楼及天桥	框架结构	860.25m²
14	35KV 配电室	砖混结构	189.60m²
15	主变基础及构架	钢筋混凝土	33m²
16	灰浆泵房	钢筋砼、砖	33m²
17	沉灰池	钢筋混凝土	1557.5m²
18	冷却塔	砼薄壳结构	1157m²
19	循环泵房	钢筋砼、砖	185m²
20	化水车间	砖混结构	493m²
21	化水室外构筑物	钢筋砼、砖	688m²
22	综合泵房	砖混结构	61.5m²

表 11—2—2　临涣煤矸石热电厂设备情况一览表

序号	设备名称	型号规格	单位	数量
一	热机系统			
1	锅炉	DG35/3.82-19	台	3
2	凝汽式汽轮发电机组	N6-35-2QF-6-2	套	1
3	抽汽式汽轮发电机组	C6-35/5QF-6-2	套	1
4	除氧器	40t/h	台	3
5	电动吊钩桥式起重机	16/3.2t 起升高度 10m	台	1
6	送风机	9-26N14D 配电机 JS137-4.6KV	台	3
7	引风机	Y4-68-NO14D 配电机 Y355M2-4	台	3
二	除灰系统			
1	灰浆泵	150NDI, 电机 Y280s-8, 37KV	台	2
2	静电除尘器	WT55-3	台	3
3	钢灰库	600 立方	座	2
4	输灰系统	QL700	套	1
5	空压机	R90	台	3
三	输煤系统			
1	抓斗吊	LK=22.5m, 起重 5t 起升高度 12m	台	1
2	1#—6#胶带机	TTD75 型	台	6
3	环锤式破碎机	PCH—1016 型	台	1
4	单轴振动筛	ZD1530 型	台	1
四	化水系统			
1	反渗透	Q=30m3/h	台	2
2	阳离子交换器	$\mathcal{C}$=2000mm	台	2
3	阴离子交换器	$\mathcal{C}$=2000mm	台	2
4	机械过滤器	$\mathcal{C}$=2000mm	台	2
5	活性炭过滤器	$\mathcal{C}$=2000mm	台	2
五	水工系统			
1	循环水泵	350S26Y315M1-4, 132KW	台	3
2	循环水泵	400S26Y355M1-4, 200KW	台	1
3	工业水泵	IS150—125—315	台	2
4	消防水泵	IS125—100—200	台	2
六	电气系统			
1	主变压器	SF7—8000/35	台	2
2	高压开关柜（35KV）	JYN1-35（F）-26D	面	10
3	高压开关柜（6KV）	KYN28A-12	台	12
4	低压配电屏	MNS	台	69
5	直流屏	PGD2-IV-300-220	面	6
6	控制屏	PK-1/800	面	22
七	热控系统			
1	锅炉控制盘	PK-1/800	台	6
2	汽机控制盘	PK-1/800	台	4

第三章 环境保护工程

第一节 大气污染及治理

临涣煤矸石热电厂工程的大气污染物主要是锅炉排出的粉尘、二氧化硫和氮氧化物。

锅炉耗煤量：12.5t/h. 台；

除尘方式：电袋复合除尘；

除尘效率：99.9%；

脱硫方式：炉内干法脱硫

脱硫率：85.0%；

脱硝方式：选择性非催化还原（SNCR）

脱硫率：60%；

锅炉机械不完全燃烧损失：8.73%；

烟囱出口烟温：59.35℃；

烟气量：75873.2m³/h. 台；

燃煤时的低位发热量：$Q\,dwy = 7194.6kj/kg$；

燃煤的灰份：Ay=59.47%；

烟囱高度：100m。

该电厂一期工程为 3×35T/h 沸腾炉配 2×6MW 发电机组，燃料为临涣选煤厂生产的煤矸石和临涣煤矿生产的次杂煤。混合燃料的灰份为 59.47%。设计选用了多管旋风除尘器和文丘里水膜除尘器，除尘率达 98.75%。经计算，粉尘和二氧化碳的排放量如下表：

污染物	排放量　kg/h	排放浓度　mg/Nm³
	3×35t/h 炉	3×35t/h 炉
粉尘	10.4	165
二氧化硫	43.6	502.8

根据 GB13223——91《燃煤电厂大气污染物排放标准》进行计算，全厂粉尘允许排放浓度为 250mg/Nm³，SO2 的允许排放量为 1200 mg/Nm³ 从上表的实际排放量数据来看，均满足国家排放标准。

2009 年 8 月，根据 GB13271——2001《锅炉污染物排放标准》进行了除尘、脱硫系统改造，2011 年建设完成三台单室三电场静电除尘器和一套炉内干法脱硫系统。烟尘排放浓度 <100 mg/Nm³，二氧化硫排放浓度 <400 mg/Nm³。

2015 年 4 月，根据 GB13271——2014《锅炉污染物排放标准》，新建了一套 SNCR 脱硝系统，2015 年 9 月对原静电除尘进一步升级改造为电袋复合除尘。烟尘排放浓度 <80 mg/Nm³，二氧化硫排放浓度 <400 mg/Nm³，氮氧化物排放浓度 <400 mg/Nm³。

污染物	排放量　kg/h	排放浓度　mg/Nm³
	3×35t/h 炉	3×35t/h 炉
粉尘	3.4	80
二氧化硫	8.7	300
氮氧化物	31.3	300

第二节　工业废水及生活污水的治理

该工程的污水水源主要有：电厂循环冷却水的排污水，139t/h；辅机用工业冷却水，45t/h；化水车间酸、碱废水，120t/h；冲灰水（采用循环冷却水排污水）139t/h；生活污水，14t/d。

上述各种废水都经处理达到排放标准后排放。循环冷却水的排污水用作锅炉冲灰水，不直接排放；辅机冷却水无污染直接排入排水系统；化学水处理车间的酸、碱废水经中和池中和到 PH 值为 6 ～ 9 之间排放；生活污水经化粪池处理后排入下水道系统。

第三节 灰渣及其治理

电厂原除灰系统采用水力除灰，灰水由泵送至铁路西侧距主厂房约500m的沉灰池。本工程锅炉排灰量6.25吨/时，年排灰量为43750吨。设计了两个52×10×6米的沉灰池，一个12×6m的清水池和5×3.5×2.5米的缓冲池。灰水在沉灰池沉淀后，湿灰用桥式抓斗起重机抓起，用汽车运至电厂外进行综合利用；清水由水泵打入不膜除尘器和冲灰沟循环使用。炉渣采用锅炉直接排至四轮拖拉机车箱，拉到堆渣场，冷却后用汽车拉出厂外综合利用。

该工程锅炉排渣量为17.04吨/时，年排渣量11760吨。

现除灰系统采用气力输灰，除尘器除下了粉尘经输灰管道送至铁路西侧距主厂房约700米的二座600立方的钢灰库后用汽车运至电厂外进行综合利用。炉渣采用冷渣机冷却后经输渣皮带输送至渣仓，用汽车拉出厂外综合利用。

第四节 噪声及其防治

临涣煤矸石热电厂的噪声主要来自启动和运行中的对空排汽、锅炉安全阀排汽以及汽轮发电机组、给水泵、送引风机、碎煤机等设备运行过程中的机械噪声。根据《工业企业噪声卫生标准》的规定，工业企业的生产车间和作业场所的工作地点的噪声标准为85分贝db(A)，为防止噪声对环境及人体的影响，采用：在设备选型时，优先选用制造质量好，性能好，噪声小的设备；在对空排汽系统的管道口设备消声装置，引风机设置在隔音的小室内；汽机、锅炉控制室、各值班室在建筑上采用吸音材料、隔声门窗，减少噪声对外界的干扰。

在厂区进行绿化，使电厂周围的环境噪声有所降低。

第四章 生产管理与经营

第一节 管理机构

2005 年 7 月，淮北力源热电有限责任公司隶属于淮北矿业集团电力公司，机构设置有运行车间、燃运车间、检修车间，经营管理部、技术部、政工部、治安办公室和督查办公室。

2006 年 7 月，隶属于淮北矿业多总经营总公司，机构设置有运行车间、燃运车间、检修车间，经营管理部、技术部、政工部、治安办公室和安监站，职工 210 人。

2008 年 1 月，隶属于淮北矿业临涣煤电公司，机构设置有运行车间、燃运车间、检修车间，经营管理部、技术部和安监站，定编 178 人。

2015 年 1 月，隶属于淮北矿业股份公司电力分公司，机构设置有运行车间、检修车间，综合管理部，定编 135 人。

第二节 生产经营情况

1# 汽轮发电机组于 2000 年 7 月 2 日并网发电，8 月 16 日移交生产；2# 汽轮发电机组于 2001 年 10 月 31 日并网，11 月 23 日移交生产。

自正式投产以来，未发生人身事故，未发生重大设备损坏事故，未发生影响电网安全运行事故，未发生火灾事故，做到连续安全生产 15 周年。

至 2015 年 6 月， 1 # 锅炉累计运行 71587 小时， 2 # 锅炉累计运行 68571 小时，3 # 锅炉累计运行 69064 小时，累计发电量达 12.57 亿千瓦时。

2005 ～ 2015 年 6 月生产经营情况见表 11—4—1。

表 11—4—1 2005 ~ 2015 年 6 月份生产经营情况表

项目	发电量 （万度）	供电量 （万度）	销售收入 （万元）	销售成本 （万元）	利润 （万元）
2005 年	10560.4920	8953.3757	3461.78	4812.03	-1350.26
2006 年	10165.2960	8723.9913	4088.37	5100.05	-963.35
2007 年	10024.4640	8625.9258	3839.20	5372.23	-1463.49
2008 年	10231.6200	8816.6157	4327.03	4509.35	-32.09
2009 年	9410.5560	7977.9483	4337.47	4137.47	162.12
2010 年	7292.6040	6176.7005	3780.35	4601.63	-796.49
2011 年	7219.9440	6181.5971	4304.50	5905.12	-1628.00
2012 年	8779.2575	7685.4065	5440.36	6974.70	-1524.34
2013 年	8039.4360	6727.4915	4949.50	6537.34	-1574.12
2014 年	8249.0760	7247.8119	5055.30	6186.90	-1060.07
2015 年 1-6 月	5765.8560	5027.1900	3028.02	2753.41	425.73
合计	95738.6015	82144.0543	46611.88	56890.24	-9804.36

第十二编　荣誉·人物

第一章　荣誉

第一节　集体荣誉

一、省部级荣誉

2005年，临涣煤矿被安徽省劳动和社会保障厅授予"安徽省劳动保障诚信示范企业"。

2006年，临涣煤矿被安徽省委、省政府授予"安徽省文明单位"；《临涣煤矿志（续志）》在中国煤炭学会史志工作委员会举办的煤炭史志著作评选中获"优秀奖"。

2007年，临涣煤矿被安徽省委、省政府授予安徽省文明单位。

2008年，临涣煤电公司被安徽省委、省政府授予"安徽省文明单位"；被安徽省环境保护宣传教育中心授予"环保公益活动贡献单位"；被中国煤炭工业协会授予"全国煤炭系统安全高效矿井"。

2009年，临涣煤电公司被安徽省委、省政府授予"第二届省属企业文明单位"；临涣煤电公司职工书屋被安徽省总工会授予"安徽省职工书屋"示范点。

2010年，临涣煤电公司被中国煤炭工业协会授予"全国煤炭系统行业二级安全高效矿井"；被授予"煤炭工业先进煤矿"。

2012年，临涣煤矿被安徽省国资委党委授予"第三届安徽省省属企业文明单位"；临涣煤矿团委被共青团安徽省委员会授予"省属企业五四红旗团委"。

2013年，临涣煤矿被安徽省人力资源与社会保障厅授予2012年度"安徽省劳动保障诚信示范单位"；被安徽省工商行政管理局授予"2011－2012年守合同重信用单位"。

2014年，临涣煤矿被中国煤矿体育协会授予"全国煤矿全民健身活动先进单位"。

2015年，临涣煤矿被安徽省总工会授予"安徽省职工互助保障先进单位"。

二、市局（集团公司）级荣誉

2005年，临涣煤矿被淮北市人民政府评为"安全生产先进集体"；被淮北矿业（集团）公司评为"第十届拥军优属先进单位"、"安全行车先进单位"、"治安综合治理工作先进单位"；获淮北矿业（集团）公司"专题研修继续教育工作组织奖"三等奖、"通风安全质量标准化知识培训竞赛"二等奖。

采煤二区、轻放五区、掘进四区、基建六区、机电科、物管科被淮北矿业（集团）公司命名为"六好区队"；党委宣传部、物业公司留守处被命名为"六好科室"；采煤一区周亚鲁班被命名为"红旗班组"；采煤三区王振班、掘进二区程志奎班、掘进三区郭静班、保运区米占水班、修护区张坤跃班、安监处机运检查组、调度所调度班、物业处男浴池班被命名"五好班组"；工人一村、工人二村被命名"为文明小区"。

轻放四区党支部被中共淮北矿业（集团）公司委员会授予"创先争优红旗党支部"，物管科党支部、安监处党支部被授予为"创先争优先进党支部"。

2006年，临涣煤矿被中共淮北市委、淮北市人民政府评为"2001－2005年度全市依法治理和法制教育先进集体"、"全市绿化模范单位"；被淮北矿业（集团）公司评为"人口和计划生育工作先进单位"。

轻放四区、轻放五区、掘进二区、机电科被淮北矿业（集团）公司命名为"六好区队"；调度所、离退休管理科、安监处采掘科被命名为"六好科室"；采煤三区生产一班、采煤准备区生产班、基建五区14队三班、基建六区 18 队二班、保运区三队维修班、通风区监测班、支护科铁料维修班、煤管科装车班、调度所调度班、地测科测量班被命名为"五好班组"。

综采二区党支部被中共淮北矿业（集团）公司委员会授予"创先争优红旗党支部（提名奖）"，通风区党支部被授予"创先争优先进党支部"。

2007 年，临涣煤矿被淮北矿业（集团）公司评为"文明矿"、"绿化工作先进单位"；被中共淮北矿业（集团）公司委员会授予"红旗党支部"。

综采准备区、掘进一区、掘进四区、运输区、综采一区被命名为"六好区队"；地测科、财务科被命名为"六好科室"；临涣矿综掘区一队二班被命名为"红旗班组"；采煤一区生产一班、综采一区生产一班、掘进一区一队一班、机电科灯房班、保运区检修班、通风区放炮二班、运输区电车维修班、生产支部调度班、物业处生产公司卫生班被命名为"五好班组"。

通风区党支部、临涣煤电公司采煤一区党支部被中共淮北矿业（集团）公司委员会授予"先进党支部"。

2008 年，临涣煤电公司被淮北矿业（集团）公司评为"第九届职工技术比武运动会技术比武优秀组织单位"。

采煤二区、综掘区、保运区、修护区、社区服务中心被命名为"六好区队"；经管部（财务）、安监处被命名为"六好科室"；掘进一区二队四班被命名为"红旗班组"；采煤一区生产一班、综采二区生产准备班、掘进四区十队一班、机电科机修班、支护科支柱维修班、通风区监测班、社区服务中心绿化卫生班被命名为"五好班组"。

采煤二区党支部被中共淮北矿业（集团）公司委员会授予"红旗党支部（提名奖）"，综掘区党支部被授予"先进党支部"。

2009 年，临涣煤电公司被淮北市委、淮北市人民政府授予"2007—2009 年度先进集体"；被淮北市总工会授予"2007-2008 年度先进女职工集体"；被淮北矿业（集团）公司党委、集团公司、集团公司工会命名为"文明矿"；被淮北矿业（集团）公司评为"安全示范矿井"、"质量标准化一级矿井"、"安全文化建设优秀单位"、"第九次人才工作会议暨第十一次科技大会人才与科技进步工作先进单位"、"深入学习实践科学发展观活动先进单位"、"2008-2009 年度关心下一代工作先进单位"、"人口计划生育先进单位"。

临涣煤电公司围棋队在集团公司第三届职工运动会围棋比赛"获团体第一名";临涣煤电公司门球队在2009年中国门球冠军赛（安徽赛区）淮北市选拔赛暨淮北市第九届老年人门球赛比赛中获亚军；综采二区被淮北矿业（集团）公司命名为"双十佳节约型区队"，机电科机修班被命名为"双十佳节约型班组"。

综掘区、保运区、掘进三区、通风区、煤管科被淮北矿业（集团）公司命名为"六好科区"；政工部、安监处被命名为"六好科室"；综采一区生产二班、综准备区生产一班、综掘区二队三班、掘进三区八队三班、武保科门岗队、机电科挖养子班、运输区钉道队维修班被命名为"五好班组"。

综掘区党支部被中共淮北矿业（集团公司）委员会授予"红旗党支部（提名奖）"，炮采区党支部、机电科党支部被授予"先进党支部"。

2010年，临涣煤矿获淮北矿业（集团）公司"最佳协安活动创新奖"、"人口计划生育先进单位"，获淮北矿业首届"名师高徒大赛三星级优胜单位"。综采一区、综掘二区、掘进三区、修护区、物管科被命名为"六好区队"；安监处、安全生产信息中心被命名为六好科区；综采一区机电检修班被命名为标杆班组；炮采区生产三班、综掘一区一队三班、掘进五区十五队二班、机电科机修班、通风区监测班、力源热电电修班被命名为"五好班组"。

综采一区党支部、物管科党支部被中共淮北矿业（集团）公司委员会授予"先进党支部"。

2011年，临涣煤矿被淮北矿业（集团）公司评为"节能工作先进单位"、"拥军优属工作先进单位"；获"第二届淮北矿业名师高徒大赛"第二名和"优秀组织单位"、"人口计划生育先进单位"。

临涣煤矿团委被淮北矿业（集团）公司命名为"先进团委"；综采一区、综掘二区、保运一区、防突区被命名为"六好区队"；煤管科、社区中心被命名为"六好科室"；炮采区生产一班被命名为"标杆班组"；掘进三区八队二班、运输区电车修理班、通风区封闭班、水电科工人村水电班被命名为"标准化班组"。

综采二区党支部被中共淮北矿业（集团）公司委员会授予"红旗党支部"，综掘二区党支部被授予"先进党支部"。

2012年，临涣煤矿获淮北矿业第三届"名师高徒大赛"第一名和"优秀组织奖"，"第二届巾帼示范岗风采展示赛"获优秀展示奖；被评为"人口计划生育先进单位"。

综采三区、综掘二区、保运二区、通风区被中共淮北矿业（集团）公司命名为"六好区队"；技术科、安全生产信息中心被命名为"六好科室"；掘进三区八队二班被命名为"标杆班组"；综采一区生产二班、运输区钉道工程班、通风区封闭班、安监处稽查队被命名为"标准化班组"。

掘进四区党支部被中共淮北矿业（集团）公司委员会授予"五星红旗党支部"；保运一区党支部被授予"五星党支部"。

2013年，临涣煤矿被淮北矿业（集团）公司评为"最佳协安活动创新奖"、"人口计划生育先进单位"；临涣煤矿团委被命名为"先进团委"；保运一区被中共淮北矿业（集团）公司命名为"标杆区队"；综采二区、掘进四区、机电科被命名为"六好区队"；组织部、技术科被命名为"六好科室"；综采三区准备班、掘进三区8队1班、保运二区供电班、通风区药库班、煤管科采制化班被命名为"标准化班组"。

2014年，临涣煤矿被淮北矿业（集团）公司授予"征迁复垦先进单位"、"环境保护先进单位"；获淮北矿业"第十二届职工技术比武运动会优胜团体"；获淮北矿业"第五届名师高徒大赛优胜单位"。

临涣煤矿团委被命名为"先进团委"；掘进四区、保运一区被命名为"六好区队"；社区服务中心被命名为"六好科室"；综采一区机电检修班被命名为"标杆班组"；综掘一区二队一班、东部井运转班、通风区测气班、经营科定额班被命名为标准化班组。。

综采二区党支部被中共淮北矿业（集团）公司委员会授予"五星红旗党支部"；煤管科党支部被授予"五星党支部"。

2015年，临涣煤矿获"淮北矿业人口计划生育最佳创新奖"。

第二节　个人荣誉

一、省部级荣誉

2005年，陆芳芳被安徽省国资委授予"党员先锋标兵"称号，被安徽省妇联授予"安徽省女职工建功立业先进个人"。

2006年，吴向前被安徽省人民政府授予"劳动模范"称号；陆芳芳被安徽省人民政府授予"劳动模范"称号。

2007年，郭家标被中华人民共和国人事部、中国煤炭工业协会授予"全国煤炭工业劳动模范"。

2008年，陆芳芳被安徽省妇联授予"第六届江淮十大女杰"。

2009年，扣红卫获"兖矿杯"第三届全国煤炭行业职业技能大赛"矿井维修电工"比赛中夺得第九名，被中国煤炭工业协会授予"全国煤炭行业优秀技术能手"称号。

2010年，李明好获中国煤炭工业协会"煤炭工业双十佳矿长"。

2011年，周为军获共青团安徽省委、省科技厅、省国资委、省科协、省青年联合会"安徽省青年科技创新奖"。

2012年，卢志强"立井摩擦提升HLB型感力机械手捕绳式防滑溜车保护装置"被江苏煤矿安全监察局评为"江苏省煤炭科学技术进步奖"（一等奖）。

2013年，扣红卫获全国煤炭行业共青团工作指导和推进委员会首届"全国煤炭青年五四奖章"。

2014年，扣红卫获安徽省总工会"安徽省五一劳动奖章"。

2015年，刘群被安徽省总工会评为"职工互助保障优秀工作者"称号。

二、市局（集团公司）级荣誉

（一）矿山功臣劳动模范

杨友彪，男，1961年4月出生，安徽淮北人。1980年参加工作，2009年被淮北市人民政府授予"劳动模范"称号。2015年任临涣煤矿综采三区副区长。

周为军，男，1975年6月出生，安徽濉溪人。1995年参加工作，2014年被淮北市人民政府授予"劳动模范"称号。2015年任临涣煤矿防突副总工程师。

马　硕，男，1973年8月出生，安徽濉溪人。1993年参加工作，2014年被淮北市人民政府授予"劳动模范"称号。2015年在临涣煤矿综采三区工作。

陆芳芳，女，1969年9月生，安徽省淮北市人。1987年12月参加工作，2005年、2006年被淮北矿业（集团）公司授予"劳动模范"称号。已退休。

马　彪，男，1968年8月出生，安徽淮北人。1989年参加工作，2005年被淮北矿业集团公司授予"劳动模范"称号。2015年任临涣煤矿防突区支部书记。

薛振山，男，1949年12月出生，安徽淮北人。1992年参加工作，2006年被淮北矿业集团公司授予"劳动模范"称号。已退休。

周德忠，男，1954年10月出生，安徽濉溪人。1978年参加工作，2006年被淮北矿业集团公司授予"劳动模范"称号。已退休。

周　峰，男，1977年2月出生，安徽淮北人。1999年参加工作，2006年被淮北矿业集团公司授予"劳动模范"称号。2015年临涣煤矿安监处科员。

高　李，男，1967年9月出生，安徽濉溪人。1987年参加工作，2006年被淮北矿业集团公司授予"劳动模范"称号。2015年任临涣煤矿综采三区支部书记。

巩文江，男，1967年2月出生，安徽淮北人。1984年参加工作，2007年被淮北矿业集团公司授予"劳动模范"称号。2015年任临涣煤矿东部井工区支部书记。

杨俊华，男，1970年3月出生，安徽阜阳人。1988年参加工作，2008年被淮北矿业集团公司授予"劳动模范"称号。2015年任临涣煤矿综掘三区区长。

宋俊华，男，1965年5月出生，安徽淮北人。1985年参加工作，2009年被淮北矿业集团公司授予"劳动模范"称号。2015年任临涣煤矿综掘一区副区长。

任　文，男，1977年8月出生，安徽濉溪人。1994年参加工作，2009年被淮北矿业集团公司授予"劳动模范"称号。2015年任临涣煤矿武保科副科长。

石　强，男，1968年6月出生，安徽濉溪人。1990年参加工作，2010年被淮北矿业集团公司授予"劳动模范"称号。2015年任临涣煤矿保运二区支部书记。

宫梦勤，男，1962年4月出生，安徽淮北人。1980年参加工作，

2010年被淮北矿业集团公司授予"劳动模范"称号。2015年在临涣煤矿综采一区工作。

杨德四，男，1964年2月出生，安徽桐城人。1985年参加工作，2010年被淮北矿业集团公司授予"劳动模范"称号。2015年任临涣煤矿修护二区六队队长。

何成明，男，1967年3月出生，安徽濉溪人。1989年参加工作，2010年、2011年被淮北矿业集团公司授予"劳动模范"称号。2015年任临涣煤矿保运一区车间工会主席。

姜兴辉，男，1976年3月出生，安徽濉溪人。1997年参加工作，2010年被淮北矿业集团公司授予"劳动模范"称号。2015年任临涣煤矿综采二区副区长。

任　彬，男，1969年9月出生，安徽淮北人。1994年参加工作，2011年被淮北矿业集团公司授予"劳动模范"称号。2015年任临涣煤矿基建区副区长。

郭春晖，男，1981年12月出生，安徽萧县人。2000年参加工作，2012年被淮北矿业集团公司授予"劳动模范"称号。2015年任临涣煤矿瓦斯办主任。

黄侠兵，男，1970年9月出生，安徽淮北人。1988年参加工作，2012年被淮北矿业集团公司授予"劳动模范"称号。2015年在临涣煤矿综采二区工作。

杨　光，男，1970年10月出生，安徽淮北人。1989年参加工作，2012年被淮北矿业集团公司授予"劳动模范"称号。2015年任临涣煤矿运输区副区长。

程世国，男，1971年9月出生，安徽淮北人。1994年参加工作，2013年被淮北矿业集团公司授予"劳动模范"称号。2015年任临涣煤矿机电副总工程师。

方宝松，男，1970年11月出生，安徽六安人。1994年参加工作，2013年被淮北矿业集团公司授予"劳动模范"称号。2015年任临涣煤矿地测科科长。

冀振军，男，1972年2月出生，安徽淮北人。1993年参加工作，2012年、2013年被淮北矿业集团公司授予"劳动模范"称号。2015年任临涣煤矿综采二区生产一班班长。

许加强 男，1970年12月生，安徽省涡阳县人。1993年4月参加工作，2013年、2014年被淮北矿业（集团）公司授予"劳动模范"称号。2015年任掘进四区区长。

董克刚，男，1976年8月出生，安徽淮北人。1993年参加工作，2014年被淮北矿业集团公司授予"劳动模范"称号。2015年任临涣煤矿综掘一区2队队长。

姚术林，男，1972年4月出生，安徽淮北人。1992年参加工作，2014年被淮北矿业集团公司授予"劳动模范"称号。2015年任临涣煤矿东部井工区维护修队队长。

刘言平，男，1962年6月出生，安徽淮北人。1982年参加工作，2014年被淮北矿业集团公司授予"劳动模范"称号。2015年任临涣煤矿综采一区机电班班长。

（二）五好职工

2005年，周开勇、张开计、谢时忠、宫梦勤、曹化本、张玉彬、张勇、邵元才、徐展、李彬、王金保、朱加海、胡德明、王大明、秦文明、倪文成、胡传利、黄侠磊、赵德玲、刘从顺、董珩、李浩、周风安、侯国雄、王怀兵、陈友华、李宝玉

2006年，周开勇、张开计、秦力峰、薛作祥、姚景安、闫桂忠、邱朝柳、张永、吴怀春、沈连心、赵德华、李计划、李雷、张宏亮、周开军、何瑞、刘振强、刘运民、陈国军、任启刚、刘新明、秦文明、宫玺、黄侠磊、刘从顺、董矿达、袁兴全

2007年，谢时忠、赵金红、黄侠兵、杨秀华、何林、任化田、何成民、陆芳芳、周义凯、杜学刚、吴怀春、孙国武、杨志刚、蔡超、杨彬、高兴敏、孟奎、朱自彬、郭杰、刘庆堂、宗兆华、刘新明、李雷、程世国、鲁自盛、黄侠磊、李浩

2008年，孙振、杨团结、张道巧、黄侠兵、许柱、杨德四、闫桂忠、杨俊华、付海、朱志军、许民付、李清华、孙杰、张峰、单团结、杨志刚、刘淑侠、祝士虎、卓祥龙、何智杨、宗兆华、王金柱、马彪、薛振山、胡传利、汪传江

2009年，张开计、吕群、宋俊华、扣红卫、范士灯、孟奎、谢时忠、

任　文、石德利、张恒保、杨彬、谢保华、余飞、陈友华、刘万友、吴怀春、何瑞　孙家才、何成民、朱超、程世国、王玉山、任启刚、陈若艾、刘新明。

2010年，陈令新、邓庆波、武学军、张玉斌、单光辉、高如钱、刘刚、杜学刚、杨光、杨彬、朱家海、朱文龙、马罡、常殿双、刘辉、石德利、李东、毕正刚、赵华、陈正萍、石强、王万秋、卓书杰、王昌存、王向阳、孟凡春

2011年，黄侠兵、周李、郭国防、杨德四、高如钱、纪三科、吴杰、夏文武、相森林、刘辉、王志远、汪洋、贺华龙、刘夫山、常殿双、刘庆堂、武保春、刘辉、杨发伍、刘新明、石强、冯西光、张帮仕、赵玉良。

2012年，姜兴辉、周李、张成功、唐明、彭士国、董昌龙、李奎、刘斌、夏文武、汪昌林、李广超、刘刚、李金、陈奇、孙安国、潘俊峰、单阵、付冠春、刘新明、程世国、张维国、刘涛。

2013年，刘言平、周维杰、李炳红、陈长永、董昌龙、张超、刘辉、杨德四、吕龙庆、王来喜、张家明、王峰、李长青、陈奇、郭江发、吴盛利、张道启、周峰、高如清、张六亿、马先科、黄侠磊。

2014年，李进站、王辉、刘夫山、黄侠兵、卢红明、张超、赵建波、刘辉、苏金、闫雷、陆银好、杨跃光、王杰、邓涛、李长青、周峰、杨俊华、王昌存、张天富、马虎、武保春。

（三）优秀党员、党小组长、党支部书记、优秀党务工作者

2005年，党员标兵：季言

优秀党支部书记：周诗荣、王德君、王金民

优秀党小组长：李新田、范兆标

优秀共产党员：杨俊华、陶清海、赵玉良、尤明芳、高峰、史凤田

2006年，党员标兵（提名奖）：张宏亮

优秀党支部书记：张福红、王金民

优秀党小组长：郑玉清、单光明

优秀共产党员：郭琨、薛作祥、姚景安、丁言平、祝龙伟

2007年，党员标兵：谢时忠

优秀党务工作者：田伯权、王玉山、段凌玺、陈若爱

优秀共产党员：李本清、董长胜、刘庆堂、张冠涛

2008年，党员标兵：任文

优秀共产党员：杜学刚、李兴振、闫桂忠

优秀党务工作者：蔡方和

2009年，党员标兵：任启刚

优秀共产党员：刘万友　梁敏清　何　瑞

优秀党务工作者：王玉山　吴　辉　周诗荣　王大明

2010年，党员标兵：石　强

优秀共产党员：刘新明、周淮临、杨德四

优秀党务工作者：王玉山、张冠涛

2011年，优秀共产党员：高有国、杨德四、赵　敏

优秀党务工作者：毕正强、孔　超、陈　刚

淮北矿业勤廉好公仆：王大田

2012年，党员标兵：杨友彪

五星党员：刘万友、张厚星、刘　涛

2014年，党员标兵：刘　斌

五星党员：杨运雷、王怀忠

（四）其他类先进个人

2005年，陈康平、马忠、张家明、王志远获集团公司"通风安全质量标准化知识培训竞赛优秀奖"；武冬梅获集团公司"人口和计划生育工作中先进个人"；刘运民、彭太平获"矿区治安综合治理工作先进个人"；须燕谨获"集团公司审计工作先进个人"。

2006年，陆芳芳被中共淮北市委员会、淮北市人民政府评为"女职工建功立业先进个人"；王锋被淮北矿业（集团）公司命名为"十佳毕业生"；李雷被命名为"优秀毕业生"；刘群、刘辉、武冬梅被评为为"集团公司人口和计划生育工作先进个人"。

2007年，田伯权被淮北矿业（集团）公司评为"组干工作先进个人"。

2008年，杨友彪被淮北矿业（集团）公司命名为"淮北矿业首席技师"；郭家标、鲁自盛被评为"淮北矿业拔尖人才"；侯国雄、裕海东、李雷、石宏伟、方宝松、杨发伍被评为"淮北矿业优秀专业技术人才"；田伯权、刘金钟、陈晓华、刘新明、赵玉良被评为"淮北矿业优秀管理人才"；张孝军、巩文江、宋俊华被评为"淮北矿业优秀技能人才"；马硕被评为"淮北矿业青年技能能手"。

王金柱《可拆卸移动式皮带保护架的应用》获"淮北市第十三届青年五小科技竞赛活动"二等奖。

2009年，董长胜、崔海哨被淮北矿业（集团）公司评为"优秀节能降耗义务监督员"，韩流、卢志强、景长青、张六意、黄侠磊、史云亮、石强、刘新民、胡传利被评为"节支降耗先进个人"；吴坤、姜兴辉、谢奎、蒋虎、高黎、李金、况成明、陈建、杨世贵、葛坤鹏被评为"青工安全夏日之星"；杨博、周李、程志奎被评为"上半年采掘能手"。

2010年，宋俊华在淮北矿业（集团）公司评为"首席技师"；王金柱、刘国生被评为"拔尖人才"；刘新明、任启刚被评为"优秀管理人才"；侯国雄、裕海东、张邦仕、马虎被评为"优秀技术人才"；王艳被中共淮北市委评为淮北市"星级安全矿井"创争活动十佳个人。

2011年，孟凡春被中共淮北矿业（集团）委员会评为"百名书记讲党课先进个人"；扣红卫、葛光、周义凯、马硕在淮北矿业第二届淮北矿业名师高徒大赛中分别获"矿井维修电工、放炮工、井下采掘电工、综采支架工专业"第一名，被评为"淮北矿业首席名师"；李奎、韩巧瑞、张健被评为"淮北矿业首席高徒"；戴本军、姜兴辉、宋俊华、张建军、李桂友、崔家圣、陈忠被评为"优秀名师"；贾亚明、路杰、吴永红、王晓矿、刘斌、谈旭、周维杰被评为"优秀高徒"；周游被中共淮北矿业（集团）委员会评为"第六届十佳毕业生"；高美荣被淮北矿业（集团）公司评为"淮北矿业巾帼十杰"；张学兰被评为"十佳协安员"。

卢志强、石松林《利用虹吸原理解决井下供水与疏排水》项目被中共淮北矿业（集团）公司委员会授予"星火杯"第五届青年创新创效活动特等奖；卢志强《强力胶带机的安全运行研修》被淮北矿业（集团）公司评为专题研修继续教育成果特等奖，《矸石山卸矸架自移系统改造》、《主井提升机提效技术研修》获二等奖。

2012年，高美荣被中共淮北市委员会授予"三八红旗手"；周为军被评为淮北矿业"首席技术专家"；扣红卫被评为"首席技能专"；张连福、杨友彪被评为"拔尖人才"；姜兴辉、汪洋被评为"优秀技能人才"；扣红卫、姜兴辉、周义凯、谢传博、张俊峰、李时忠、孙安国在淮北矿业第十一届职工技术比武运动会中被评为"技术状元"。

2013年，张学兰被淮北矿业（集团）公司评为"十佳好矿嫂"；高美荣被评为"女职工素质达标十佳个人"。

2014年，高美荣被中共淮北市委员会授予"淮北市五一劳动奖章"；刘羽平被授予淮北市"三八红旗手"；杨宇、刘斌在淮北矿业第十二届职工技术比武运动会中被评为"技术状元"；马硕、周明军、扣红卫、陈亮、张宏、魏计龙、王超、王宏被评为"技术能手"；李玉春、张训龙、高爱平、周义凯、李东、霍全全、纪青可、赵晨生被评为"优秀选手"；刘洪涛被中共淮北矿业（集团）公司委员会评为"第九届淮北矿区优秀青年"；卢志强《地面电缆回收除尘装置》获集团公司第四届职工五小实用技术成果奖。

2015年，韩素梅、马敏被淮北矿业（集团）公司评为"最美矿嫂"。

第二章 人物

第一节 人物传略

周大华

周大华，1950年2月生，安徽省濉溪县人，中专学历。1970年1月参加工作，1975年8月加入中国共产党，历任烈山煤矿、临涣煤矿采煤区工人、区长、党支部书记，临涣煤矿工管会主任党支部书记，2002年10月离岗休息。1975年以来，多次被授予淮北市淮北矿业集团公司劳动模范称号。1977年10月，出席全国"工业学大庆"会议，被授予"全国先进工作者"称号。2010年1月去世。

第二节 人物简介

王大田

王大田，男，汉族，1963年10月出生于安徽省泗县，本科学历，工程师。1990年6月加入中国共产党。

1981年8月于烈山煤矿采煤一区参加工作。1984年9月～1987年7月就读于淮北矿务局职工大学采煤专业。1987年7月毕业分配到临涣煤矿采煤四区，历任技术员、副区长、区长。1997年11月任驻临涣煤矿安全监察处主任工程师兼副处长。1999年11月任驻临涣煤矿安全监察处处长。2004年11月任临涣煤矿副矿长。2005年7月调任袁庄煤矿矿长。2008年12月任童亭矿矿长。2011年6月任临涣煤矿矿长。2012年6月调任新疆能源公司董事长。

王正武

王正武，男，汉族，1968年10月出生于安徽省明光市，大学工学学士，高级工程师。1994年6月加入中国共产党。

1988年7月于淮南矿业学院毕业分配到临涣煤矿工作，先后任临涣煤矿采煤二区见习技术员、采煤四区技术员、副区长、采煤四区区长、采煤四区党支部书记、轻放五区党支部书记。2002年11月任调度所副所长，之后又历任临涣煤矿采煤一区区长、调度所所长、采煤副总工程师，2008年5月至2010年2月任临涣煤电公司副总经理。2012年3月调神源煤化工工作。

王玉山

王玉山，男，汉族，1964年1月出生于安徽省亳州市，本科学历，高级政工师。1993年6月加入中国共产党。

1982年12月于烈山煤矿参加工作，先后任临涣煤矿中学教师、杨庄煤矿中学教师、临涣煤矿党委宣传部干事、党委宣传部副部长、临涣煤电公司党委宣传部部长、政工部副部长、机关政工部党支部书记。2011年12月任临涣煤矿纪委书记，2013年1月任工会主席、纪委书记，2014年7月任党委副书记、纪委书记，兼临涣投资公司监事。

王志宏

王志宏，男，汉族，1966年11月出生于安徽省芜湖市，硕士学历，高级政工师，全国注册安全工程师，1993年12月加入中国共产党。

1990年7月毕业于淮南矿业学院，同月到童亭矿采煤二区工作，历任采煤二区技术员、办公室秘书、掘进二区主管技术员、掘进二区党支部副书记、掘进四区党支部书记兼车间工会主席、通风区党支部书记兼车间工会主席、办公室主任。2002年9月至2004年7月就读于安徽大学，取得经济法专业研究生学历。2004年12月任袁店煤矿筹备处副总工程师。2005年10月任集团公司安监局信息处处长。2009年3月调任袁店煤矿筹备处副主任（分管安全）。2010年6月任袁店一井煤矿党委副书记、纪委书记。2011年3月任萧县人民政府副县长（挂职）。2012年12月任青东煤业公司党委书记。2014年6月调任临涣煤矿党委书记。

王金波

王金波，男，汉族，1966年3月出生于安徽省利辛县，本科学历，工程师。

1994 年 10 月加入中国共产党。

1989 年 5 月在张庄矿参加工作。1993 年 6 月调到临涣矿掘进十三队工作，后于 1997 年 8 月调祁南矿掘进二区工作。1999 年 11 月任祁南矿基建二区区长。后历任祁南矿基建一区区长、调度所所长、安全生产信息中心主任、掘进副矿长。2010 年 2 月调任海孜煤电公司党委委员、掘进副总经理，同年 12 月任海孜煤矿掘进副矿长。2011 年 12 月任临涣矿掘进副矿长。2012 年 1 月任掘进副矿长助理。2013 年 2 月任临涣煤矿生产副总（主持掘进工作），同年 8 月任临涣煤矿掘进副矿长。2015 年 6 月任神源煤化工公司主持行政全面工作，并作为董事长人选。

王金柱

王金柱，男，汉族，1969 年 11 月生于安徽省淮北市，本科学历，高级工程师。1998 年 5 月加入中国共产党。

1994 年 8 月分配到临涣煤矿工作，历任临涣煤矿基建六区技术员、副区长、区长，掘进五区区长。2009 年 5 月任掘进副总工程师。2012 年 10 月至 2013 年 3 月兼任技术科科长。2014 年 10 月至 2015 年 8 月兼任综掘一区区长、党支部书记。2015 年 6 月主持掘进工作，2015 年 8 月任临涣煤矿掘进副矿长。

卢志强

卢志强，男，汉族，1965 年 10 月生于安徽省砀山县，本科学历，高级工程师。1994 年 9 月加入中国共产党。

1990 年 7 月毕业于淮南矿业学院，同年月分配到临涣煤矿工作，历任临涣煤矿保运二区技术员、保运区技术员、机电科主管技术员、机电科副科长、机电科科长、机电副总工程师。2010 年 6 月任临涣煤电公司机电副总经理。2010 年 12 月因机构变更任临涣煤矿机电副矿长。

田伯权

田伯权，男，汉族，1972 年 8 月生于安徽省萧县，本科学历，工程师。1999 年 1 月加入中国共产党。

1999 年 7 月毕业于中国矿业大学（徐州）采矿工程专业，同年月分配到临涣矿采煤一区任技术员。后历任采煤三区主管技术员、副区长，采煤一区党支部书记、区长，组织部部长，政工部副部长（正科级），采煤副总工程师、综采预备区党支部书记，采煤副总工程师兼安全生产信息中

心主任等职。2013 年 8 月至 2013 年 9 月间任临涣矿采煤副矿长。2015 年
7 月任综采二区副区长（主持行政工作）。

刘其东

刘其东，男，汉族，1968 年 6 月生于安徽省涡阳县，本科学历，工程师。
1997 年 7 月加入中国共产党。

1991 年 7 月毕业于徐州煤校机电专业，同年月在朱庄矿参加工作，
任保运一区技术员。1994 年 4 月调任桃园矿物资供应公司坑代主管。后
历任桃园矿坑代科副科长、经管科科长、经管办主任、经营副矿长。2012
年 12 月调任临涣煤矿经营副矿长。

刘险峰

刘险峰，男，汉族，1968 年 10 月出生于安徽省濉溪县，本科学历，
政工师。1993 年 2 月加入中国共产党。

1988 年 7 月毕业于徐州煤校，同年月在石台矿参加工作，先后任石
台矿残掘区技术员、掘进三区助工、办公室秘书、办公室副主任、党委宣
传部部长、办公室主任，2008 年 9 月调任童亭矿党委副书记、纪委书记。
2011 年 6 月任临涣煤矿党委书记。2013 年 8 月调任孙疃矿党委书记。

朱世奎

朱世奎，男，汉族，1966 年 9 月出生于安徽省桐城市，本科学历，
高级工程师。1994 年 10 月加入中国共产党。

1989 年 7 月于淮南矿业学院毕业分配到朱庄矿工作，任朱庄矿掘进
三区技术员。1991 年 3 月调任临涣矿掘进五区主管技术员。1993 年 8 月
任临涣矿技术科技术主管，1999 年 12 月任临涣矿技术科副科长、科长。
2002 年 10 月任掘进副总工程师。2005 年 12 月任掘进副矿长，后任临涣
煤电有限责任公司副总经理兼总工程师。2009 年 3 月年调任石台煤矿矿长。

何健

何健，男，汉族，1963 年 7 月出生于安徽省淮北市，大专学历，工程
师。1998 年 5 月加入中国共产党。

1987 年 7 月毕业于北京煤炭工业学校煤田地质与勘探专业，同年月
于沈庄煤矿参加工作，任采煤区见习技术员。1988 年 4 月调任童亭煤矿
储备处技术员，之后历任童亭矿地测科技术员、技术科技术员、生产技术
科副科长、经管办主任、安监处副处长。2004 年 10 月至 2005 年 1 月间

兼任经管办主任。2005年2月任童亭煤矿安全副总工程师。2010年2月任安监处处长，同年11月童亭矿第四次党代会增补为党委委员。2011年12月调任临涣煤矿安监处处长。2012年1月任安全副总工程师。2014年6月调往集团公司党委工作部。

何爱忠

何爱忠，男，汉族，1967年10月生于安徽省巢湖市。1990年7月毕业于淮南矿业学院。本科文化程度，硕士学位，工程师。1992年12月加入中国共产党。

1990年7月分配到海孜煤矿工作，先后在掘进区、技术科任技术员。1998年10月任海孜煤矿办公室副科级秘书。2000年1月任掘进二区副区长。2001年3月任海孜矿掘进副总工程师。2004年8月任临涣煤矿副矿长。2005年12月调任岱河矿副矿长。

吴向前

吴向前，男，汉族，1972年8月生于安徽省宿州市，本科学历，工程师。1996年7月加入中国共产党。

1992年7月毕业于安徽煤炭工业学校采煤专业，同年月于童亭矿参加工作，先后任采煤二区见习技术员、技术员，考评办公室技术员，采煤一区技术主管、副区长、区长。2006年6月任采煤二区区长，后任综采区党支部书记、综采区区长、安全生产信息中心主任。2010年10月调任青东煤业公司采煤副总工程师。2011年12月任神源煤化工公司采煤副总经理，2014年6月调任临涣煤矿采煤副矿长。

张友根

张友根，男，汉族，1963年7月生于安徽省巢湖市，本科学历，工程师。1990年4月加入中国共产党。

1985年7月毕业于陕西煤校采煤专业，同年月分配到矿山救护队工作。1993年7月调安监局任安检员。1995年4月调任桃园矿工会生产部部长，之后历任桃园矿通风区书记、安监处党支部书记、安监处副处长、通风副总工程师。2011年12月任安监局通防监察处副处长。2014年6月任临涣煤矿安监处长。

张安临

张安临，男，汉族，1965年1月生于安徽省淮北市，本科学历，高级工程师。1994年6月加入中国共产党。

1988年7月毕业于淮南矿业学院矿井建设专业，分配到临涣矿工作，历任采煤一区、基建二区技术员、主管技术员，安监处技术主管、采掘科科长、副处长。2005年1月任安全副总工程师，后兼通防副总工程师。2009年3月任临涣煤电公司掘进副总经理。2011年12月调任岱河煤业副总经理。

张连福

张连福，男，汉族，1964年6月出生于河北省易县，研究生学历，正高级工程师，1987年1月加入中国共产党。

1987年7月毕业于焦作矿院矿建专业，同年月在杨庄矿参加工作，历任杨庄矿开拓五区技术员、基建二区助工。桃园矿技术科工程师、副科长、科长。1999年11月任桃园矿总工程师。2009年9月任信湖矿筹备处副主任、总工程师。2011年6月调任临涣煤矿总工程师。2013年8月调任亳州股份有限公司董事长、总经理。

张宗标

张宗标，男，汉族，1969年11月生于安徽省萧县，研究生学历，高级政工师，1998年1月加入中国共产党。

1992年7月毕业于淮南矿业学院，同年到岱河矿工作，历任岱河矿采煤三区、采煤五区、技术科技术员，岱河矿办公室秘书，宣传部副部长、部长。2005年5月至2009年4月先后任集团公司党委宣传部副科长、科长。2009年4月任集团公司工会办公室主任，2010年8月任集团公司安监局信息处副处长。2011年6月任物业公司办公室党总支副书记。2012年9月任行政事务服务中心党总支副书记。2013年8月调任临涣煤矿工会主席（分管后勤工作）。

张绍德

张绍德，男，汉族，1958年1月出生于安徽省灵璧县，本科学历，高级政工师。1985年12月加入中国共产党。

1981年8月于淮北矿工总医院参加工作。1984年2月任淮北矿工总医院团委副书记，1985年6月调任淮北矿务局团委宣传部长。1993年10月任淮北矿务局政研室科长。1994年1月至2004年8月间先后任多经总公司、阳光实业公司董事长、党委书记。2004年月至2005年11月间先后任淮北矿业集团卫生处处长、医疗集团董事长、党委书记。2005年12月任淮北矿业集团党校党委书记。2008年5月调任孙疃矿党委书记。2013年8月调任临涣煤矿党委书记，同年9月任临涣煤矿党委副书记，主持党务全面工作。2014年6月调往集团公司党委工作部。

张清

张清，男，汉族，1965年1月出生于安徽省太和县，研究生学历，高级工程师。1987年11月加入中国共产党。

1983年7月毕业于徐州煤炭工业学校，同年月在相城煤矿参加工作，历任相城煤矿采二区技术员、技术科技术员、采二区区长、支部书记。1995年9月调任桃园煤矿采一区区长、支部书记。2001年11月调任祁南煤矿副总工程师。2003年5月任副矿长。2004年11月于安徽工商管理学院取得MBA研究生学历。2007年6月调任袁店煤矿筹备处副主任，主持工作。2008年12月任袁店煤矿筹备处主任。2010年6月任袁店煤矿矿长。2010年12月任袁店一井煤矿矿长。2012年6月调任临涣煤矿矿长。2013年9月任副矿长（主持行政全面工作）。2014年6月调往集团公司党委工作部。

李长明

李长明，男，汉族，1956年5月出生于江苏省丰县。研究生学历。会计师。1990年9月加入中国共产党。

1975年9月于沈庄矿参加工作，先后在掘进二区销售科、行政科工作。1977年6月调财务科工作，历任工人、副科长。1989年12月调童亭煤矿财务科先后任副科长、科长。1998年3月任童亭煤矿副总会计师。1998年6月任临涣煤矿副矿长。2006年6月调任绿原实业公司副总经理。

李学良

李学良，男，汉族，1963年5月出生于安徽省濉溪县，本科学历，高级工程师。1988年6月加入中国共产党。

1983年8月毕业于北京煤炭工业学校采煤专业，同年月分配到杨庄矿采煤一区任技术员，1990年4月任童亭矿采煤二区技术主管，之后历任童亭矿生产技术科副科长、采煤三区代理党支部书记、采煤三区党支部书记、技术科科长、采煤副总工程师、采煤副矿长、掘进副矿长、总工程师。2013年4月调任许疃矿总工程师，同年8月任许疃矿党委书记、总工程师，9月任党委书记。2014年6月任临涣煤矿矿长。

李明好

李明好，男，汉族，1964年10月生于安徽省肥西县，研究生学历，高级工程师。1996年6月加入中国共产党。

1987年7月毕业于淮南矿业学院矿建专业，同年月分配到芦岭矿基建三区任技术员。后历任芦岭矿技术科助理工程师、工程师、副科长，副总工程师兼技术科科长，副总工程师兼防突区区长。1998年4月任总工程师。2003年10月任涡北矿筹备处副总工程师。2005年11月任涡北矿筹备处副主任兼总工程师。2006年12月至2007年8月任涡北矿总工程师、矿长。2009年12月调任临涣煤电公司党委委员、董事长、总经理。

杨军

杨军，男，汉族，1965年5月出生，安徽省怀远县人，本科学历，高级经济师。1994年6月加入中国共产党。

1986年7月毕业于淮南矿业学院采矿工程专业，在岱河矿参加工作，任技术员、助理工程师。后历任淮北矿务局办公室秘书科副主任、主任秘书，政研室副主任、主任。2006年6月调任临涣矿党委书记。2008年1月任临涣煤电公司董事。2008年9月调任南平煤化工筹备处主任。

杨振洲

杨振洲，男，汉族，1963年1月出生于安徽桐城县，本科学历，工程师。1985年12月加入中国共产党。

1980年12月于朱仙庄矿掘进一区参加工作。1981年6月至1984年7月就读于淮北矿务局职工大学，毕业分配到朱仙庄煤矿采煤二区任助理工程师。1987年9月任组织部干事，后历任采煤一区区长、采煤副总工程师。2010年12月调任淮北矿业设备管理中心主任。2011年2月调任临涣煤矿采煤副矿长。2013年8月调任孙疃矿采煤副矿长。

周曙光

周曙光，男，汉族，1956年11月20日出生安徽省濉溪县，本科学历，高级工程师，1985年6月加入中国共产党。

1975年5月下放到濉溪县韩村。1977年11月在朔里煤矿掘进二区工作。1978年12月就读于淮北矿务局职工大学采掘专业。1982年7月毕业分配到烈山煤矿采煤二区任技术员。1983年11月先后任相城煤矿采煤三区技术员、计划科计划员、工程师。1990年10月后任淮北矿业集团公司安监局副科长、科长、副主任工程师、副处级安全监察员。2005年7月任驻临涣煤矿安全监察处处长。2011年6月任安全副总工程师，同年12月负责矿后勤工作。2013年8月任临涣煤矿调研员。

周耀光

周耀光，男，汉族，1967年8月生于安徽省滁州市，本科学历，工程师，1995年2月加入中国共产党。

1990年7月毕业于淮南矿业学院采矿工程专业，同年月在朱仙庄矿参加工作。2001年至2008年历任朱仙庄矿采煤三区工会主席、党支部书记，采煤四区区长。2008年12月任朱仙庄矿采煤副矿长。2012年7月任双龙公司采煤副总经理。2013年9月任临涣矿采煤副矿长。2014年6月调集团公司党委工作部。

孟凡春

孟凡春，男，汉族，1955年10月生于安徽省亳州市，大专学历，助理政工师。1987年12月加入中国共产党。第四五届烈山区人大代表。

1975年9月于岱河煤矿采煤五区参加工作，任团支部书记。1987年6月调临涣煤矿采煤四区、历任团支部书记、车间工会主席、党支部书记。1996年3月任临涣煤矿副矿长。2002年12月任矿纪委书记。2011年12月任临涣煤矿调研员。2015年退休。

武怀黎

武怀黎，男，汉族，1960年12月生于安徽省五河县，本科学历，高级政工师，1991年4月加入中国共产党。

1976年12月高中毕业下放农村，后任淮北煤矿技工学校学生、教师。1980年8月至1984年7月在煤炭工业部师资班进修、淮北职工大学学生。后任淮北矿业集团教育处干事、纪委监察处室主任。2004年任朱庄矿党委副书记、纪委书记。2006年12月任淮北矿业集团机关党委书记、退离休管理处处长。2008年9月任临涣煤电公司党委书记、董事。2010年12月任临涣煤矿党委书记，临涣煤矿党委书记兼淮北临涣投资有限公司执行董事、总经理。2011年6月调任亳州煤业股份公司党委书记。

胡海

胡海，男，汉族，1964年1月出生于安徽省芜湖市，本科学历，高级工程师。1993年11月加入中国共产党。

1986年7月毕业分配到朱仙庄矿，历任朱仙庄矿局十二队技术员、掘进二区技术员、企管科主管工程师、技术科主管工程师、掘进一区副区长、掘进四区区长、技术科科长、企管科科长、多经公司总支部书记、副总经理。2003年4月任朱仙庄矿多经公司总经理。2006年6月调任临涣煤矿经营副矿长。2013年1月调任淮北矿业征迁环保处副处长。

饶志强

饶志强，男，汉族，1962年4月出生于安徽省蒙城县，1985年7月毕业于中国矿业大学采矿工程专业，本科文化程度，工程硕士学位，高级工程师。1985年7月加入中国共产党。

1985年7月分配到临涣煤矿筹备处任技术员。1985年12任临涣煤矿掘进一区技术主管。1987年8月任采煤四区技术主管。1987年11月调技术科工作，历任技术主管、副科长、科长职务。2000年8月任矿副总工程师。2002年12月任矿总工程师。2006年6月调淮北矿业（集团）公司工作。

徐崇建

徐崇建，男，汉族，1963年2月出生于安徽省濉溪县，大学本科文化程度，政工师。1990年11月加入中国共产党。第五、第六届烈山区政协委员。

1981年4月于淮北矿务局杨庄煤矿参加工作，先后任采煤三区、掘进二区工人。1983年9月就读于淮北矿务局职工大学采煤专业。1986年8月毕业分配到临涣煤矿先后在采煤三区、生产技术科任技术员。1993年10月任矿党委组织部副部长。1995年9月任矿党委宣传部部长。1999年4月任矿党委副书记。2002年8月至2004年8月任安徽省泗县人民政府副县长（挂职）。2006年6月调任双龙公司任党委书记。

袁兴全

袁兴全，男，汉族，1963年7月生于安徽省萧县，大学本科文化程度。工程师。1991年5月加入中国共产党。

1982年8月于烈山煤矿参加工作，先后任通风区测气员、调度所调度员。1984年10月至1987年8月就读于淮北矿务局职工大学。1987年8月分配到临涣煤矿采煤一区工作，历任技术主管、副区长、车间工会主席。1997年5月任采煤五区党支部书记。1999年12月任采煤预备区区长。2000年8月任采煤二区区长。2002年10月任调度所所长兼机关第二党支部书记。2003年8月兼任矿副总工程师。2004年12月任驻临涣煤矿安全监察处处长。2005年7月，任临涣矿副矿长。2008年7月调任刘店煤矿副矿长。

郭家标

郭家标，男，汉族，1967年11月生于安徽省宿州市，本科学历，高级工程师，1998年1月加入中国共产党。2007年9月被中华人民共和国人事部、中国煤炭工业协会评为"全国煤炭工业劳动模范"。

1991年7月毕业于淮南矿业学院矿井建设专业，同年月分配到临涣矿掘进一区任技术员。后历任临涣矿掘进四区技术员，技术科技术员、工程师、副科长、科长，生产管理部部长。2009年3月至2011年6月任临涣矿总工程师，后任临涣矿技术副总工程师。2013年8月任临涣矿总工程师。2014年10月调任调淮北矿业煤炭灾害防治院副院长。

梁峰

梁峰，男，汉族，1971年9月生于安徽省灵璧县，本科学历，高级工程师。2002年12月加入中国共产党。

1995年7月毕业于淮南矿业学院通风安全专业，同年月分配到朱仙庄矿工作，历任朱仙庄矿通风区技术员、副区长、党支部书记。2009年8月任通风副总工程师。2012年8月任掘进副总工程师。2014年10月调任临涣煤矿代理总工程师。2015年8月任临涣煤矿总工程师。

董启民

董启民，男，汉族，1958年11月生于安徽省亳州市，研究生学历，高级政工师，1983年10月加入中国共产党。

1980年12月毕业于淮南煤校，分配到烈山煤矿掘进区任技术员。1983年9月任矿团委副书记。1987年7月任临涣煤矿纪委副书记。1993年9月任矿办公室主任。1997年9月任副矿长。2004年12月任物业总公司临涣物业处处长。2007年8月任临涣煤矿后勤副矿长。2011年12月调任朱仙庄矿副矿长。

谢清焕

谢清焕，男，汉族，1949年7月生于安徽省淮北市烈山区。研究生学历。高级经济师高级政工师。1974年12月加入中国共产党。第十二、十三届淮北市人大代表，第五届杜集区人大代表，第六、第七届烈山区人大代表。

1970年1月于沈庄煤矿采煤二区参加工作，先后任工人队长党支部副书记（主持工作）。1979年12月任沈庄煤矿党委组织部副部长。1981年2月任采煤二区区长党支部书记。1985年6月任矿办公室主任。1990年1月调童亭煤矿任党委委员、党委副书记。1993年6月任副矿长。1995年3月任石台煤矿党委委员、党委书记。1998年6月任临涣矿党委委员、矿长。2003年3月任中共淮北矿业集团公司第三届委员会委员。2001年8月任临涣煤矿党委书记。2005年1月任临涣矿党委书记兼矿长。2005年7月不再兼任矿长。2006年6月任临涣矿调研员。

韩流

韩流，男，汉族，1962年9月出生于安徽省亳州市，研究生学历，高级工程师，1984年12月加入中国共产党。

1981年8月毕业于徐州煤校采煤专业，分配到袁庄矿采煤一区任技术员，后历任掘进二区技术员、副区长、生产技术科副科长、技术科科长，掘进副总工程师。1998年10月任副矿长。2003年12月任矿长。2005年7月调任临涣煤矿矿长。2008年5月任临涣煤电公司董事长、总经理。2009年12月调任许疃矿矿长。

颜庆玉

颜庆玉，女，汉族，1954年生于安徽省长丰县，研究生学历，高级政工师。1976年7月加入中国共产党。

1970年于烈山煤矿参加工作，先后任烈山煤矿学校教师、组干科干事、计划生育办公室副主任，1984年9月至1986年7月就读于淮北电大。1986年7月毕业分配到临涣煤矿工作，历任矿工会办公室主任、工会副主席、党委组织部部长、干部科科长职务。1993年10月任矿纪委书记。1999年4月任矿工会主席。2007年2月改任临涣矿调研员。2009年2月退休。

潘富宝

潘富宝，男，汉族，1963年3月出生于安徽省淮北市，本科学历，政工师。1990年6月加入中国共产党。

1983年6月毕业于淮北矿建技校，同年月于淮北矿建36处参加工作。1987年10月调任海孜矿团委干事，后又历任海孜矿办公室秘书、工会办公室主任。1996年11月调往桃园煤矿，先后任桃园煤矿团委书记、行政科党支部书记、组织部部长。2002年7月调任祁南煤矿办公室主任。2004

年 8 月任集团公司信访办主任。2006 年 6 月调任临涣煤矿党委副书记。2007 年 2 月兼临涣矿工会主席。2013 年 1 月调任淮北矿业党委宣传部副部长（主持工作）。

劳福贵

劳福贵，1956 年 11 月生，河北省威县人，中专学历，1972 年参加工作，1980 年 5 月加入中国共产党。历任烈山煤矿采煤区工人、党支部副书记、临涣煤矿掘进区党支部书记、临涣煤矿物业处生活服务公司副经理。1976 年以来，多次被授予淮北市、淮北矿业集团公司"劳动模范"称号；1978 年被授予煤炭部"劳动模范"称号，同年 10 月，出席中国共产主义青年团第十次全国代表大会，当选为共青团第十届中央委员会候补委员。1979 年被共青团安徽省委员会命名为"新长征突击手"，同年被团中央命名为"全国新长征突击手"。

贾玉珠

贾玉珠，女，1938 年 7 月生，安徽省蚌埠市人，高小文化程度。1958 年参加工作，原为烈山煤矿行政科浴池队工人，1990 年退休。1970 年以后，在干好本职工作的同时，坚持下井义务采煤 13 年，计 3900 多个小班，为国家多采出一万多吨煤炭。1962 年以来，贾玉珠多次被淮北市和淮北矿业集团公司授予"劳动模范"、先进工作者、"三八"红旗手称号，1984 年被授予安徽省"劳动模范"称号。

陆芳芳

陆芳芳，女，汉族，1969 年 9 月生，安徽省淮北市人，大专学历。1987 年 12 月参加工作，2001 年 6 月加入中国共产党。保运一区灯房班班长，2009 年退休。参加工作以来，多次在淮北矿业（集团）公司技术比武中获灯工专业比武第一名，获 2003、2004、2005、2006 年集团公司"劳动模范"。2004 年被安徽省国资委命名为党员先锋标兵。2005 年获"安徽省女职工建功立业先进个人"。2006 年被安徽省人民政府授予"劳动模范"称号。

（注：人物简介断限至该矿任职为止）

第三节 人物名录（按姓氏笔划为序）

一、历任副总名录

王正武	王金柱	牛广玉	卢志强	刘国生	田伯权	朱世奎
张安临	李 彬	陈若爱	杨 健	周为军	胡传利	钱桂仁
高 原	崔百才	潘俊行	程世国	鲁自盛		

二、历任科级干部名录

于海龙	马 忠	马 虎	马 彪	卞朝杰	孔凡敏	孔 超
方章英（女）	方兴利		方仲春	方宝松	尤明芳（女）	
尹天夫	毛 杰	牛广玉	牛心坤	王万秋	王大明	王大海
王友申	王月明	王东明	王正武	王玉山	王玉强	王红旗
王传志	王传贵	王向阳	王志业	王昌存	王 峰	王泽新
王金民	王金柱（安监）		王金柱（基建）		王金波	王桂侠（女）
王 锋	王殿国	王泽新	王德民	王德君	付冠春	邓庆波
冯西光	卢志强	卢昌国	史云亮	史世杰	叶劲兵	田伯权
石宏伟	石 强	任 力	任 文	任启刚	任晓飞	任 彬
任 斌	刘卫星	刘从顺	刘元节	刘 伟	刘庆文	刘羽平（女）
刘 克	刘克敏	刘 凯	刘国生	刘 杰	刘英奎	刘桂杰
刘洪涛	刘 涛	刘新明	刘鹏飞	华其奇	孙化坤	孙方友
孙丙远	孙 杰	孙 辉	巩文江	朱玉松	朱礼彬	朱明利
朱 雷	朱洪保	毕正强	纪三科	纪多海	纪 哲	何成明
何 瑞	闫桂忠	许加强	冷自超	况 兰	劳福贵	吴长安
吴二明	吴怀春	吴 坤	吴建华	吴 勇	吴炳义	吴晓东
吴 辉	宋俊华	张义峰	张士君	张从武	张 永	张六意
张玉芳（女）		张占峰	张立贵	张传合	张礼斌	张 扬
张帮仕	张孝军	张学锋	张宏亮	张志东	张宗奎	张治峰
张 明	张明培	张金跃	张冠涛	张春林	张 峰	张振友
张雪峰	张道明	张 惠	张 磊	李从召	李从迁	李本清

李 永	李兴振	李伯超	李志远	李国启	李宝玉	李建华
李金顶	李 健	李 浩	李 彬	李新田	李 雷	李福红
杨允敬	杨友彪	杨发伍	杨宇凤	杨 光	杨志祥	杨运雷
杨俊华	杨海林	杨静廷	沈家玉	邱朝行	汪传江	汪 宇
纵兆华	邹玉成	陆 娣（女）	陈士多	陈正军	陈书芹
陈书祥	陈令辉	陈光明	陈 刚	陈向军	陈庆海	陈忠义
陈明灿	陈 忠	陈若爱	陈钦孝	陈 峰	陈晓华	陈康平
陈超杰	卓书杰	单光明	单 磊	林建华	周凤安	周开军
周亚鲁	周 李	周 峰	周 珣	周诗荣	周淮临	周维凯
周 游	孟 奎	季 言	林建华	武冬梅	罗志强	苗之广
范振华	范孝成	郑玉清	郑成民	侯玉三	侯国雄	姚景安
姚 琴	姜兴辉	宫庆阳	宫 玺	施传龙	段凌玺	胡传利
胡 辉	胡德明	赵凤坤	赵玉良	赵迎光	赵国发	赵 健
赵 强（安监）		赵 强（综掘）		郇洪田	须燕瑾（女）	
奚万年	姬雪冰	徐 伟	徐 军	秦文明	耿士道	聂 军
郭春晖	郭 琨	郭绍军	郭召德	郭家标	陶清海	高如钱
高如清	高有国	高 李	商晓林	崔百才	崔家圣	崔福田
常立业	常景周	康 祥	曹化本	曹 磊	徐崇峰	梁玉臣
梁遵义	渐怀顺	黄侠磊	黄朝辉	彭学明	景长青	程世国
程志奎	程胜利	程 峰	程家军	葛子长	董 珩	裕海东
蒋平和	谢士云（女）		谢士全	鲁自盛	谢保华	谢 奎
谢 斌	路晓锋	蔡方和	蔡成林	樊西征	潘晓峰	薛庆金
薛作祥	薛振山					

三、历任高中级专业技术职务人员名录

（一）工程系列

1. 正高级工程师

张连福

2. 高级工程师

方章英（女）		王大明	王大田	王正武	王金柱	卢志强
朱世奎	年 斌	李学良	李明好	张礼斌	张安临	苏红艳（女）

张帮仕　吴建华　　汪本义　　陈明灿　　周为军　　周曙光　　胡中福
胡　海　郭家标　　梁　峰

3. 工程师

于海龙　方仲春　　方宝松　　王万秋　　王月珠　　王向阳　　王红旗
王志业　王金波　　王德君　　王殿国　　孔　超　　牛心坤　　牛广玉
石宏伟　石松林　　石　强　　田伯权　　刘其东　　刘庆虎　　刘国生
刘洪涛　刘　勇　　刘　杰　　刘　涛　　刘鹏飞　　刘维刚　　毕道玲
朱学文　朱洪保　　朱明利　　朱　雷　　任启刚　　任　斌　　闫道举
冷自超　李新德　　李　彬　　李逢波（女）　　　李新田　　李　雷
何　健　吴向前　　张友根　　张玉涛　　张　明　　张训龙　　张雪峰
张　惠　汪传江　　杨克武　　杨振洲　　杨　健　　陈　刚　　陈若爱
陈康平　陈　峰　　卓书杰　　范传征　　段凌玺　　邵扣忠　　郑长生
高爱平　赵淑侠（女）　　赵迎光　　赵国发　　高　原　　高美荣（女）
袁兴全　侯国雄　　袁圆圆　　郭春晖　　郭　琨　　周　游　　周　珣
裕海东　邹玉成　　常立业　　路晓锋　　姬雪冰　　程世国　　程　峰
黄朝辉　黄侠磊　　蔡成林　　崔家圣　　韩　流　　曹　磊　　董矿达
蒋平和　鲁自盛　　鲍义才　　寥锦用　　樊西征

（二）经济系列

1. 高级经济师

马海峰　李宝玉　　胡传利　　杨　军　　姚　琴

2. 经济师

丁方武　王玉强　　田永杰　　卢昌国　　张礼斌　　张传和　　张治峰
张　峰　李从迁　　李传球　　刘振强　　刘冬艳（女）　　　刘羽平（女）
汪　宇　纵莉（女）　　　周　俊　　周开红（女）　　　钱桂仁
武冬梅（女）　　聂　军　　崔家圣　　鲁自盛　　曹学根　　谢保华
陈　敏（女）　　商晓林

（三）会计系列

1. 高级会计师

潘俊行

2. 会计师

华奇志　孙化坤　　张玉梅（女）　　　李春艳（女）　　　郑　路
宫　玺　崔福田　　彭敏敏（女）

（四）统计系列

统计师

焦建国

（五）卫生系列

1. 主治（管）医（药护检验）师

王世才　李红花（女）

（六）中小学教师系列

1. 小学高级教师

刘爱玲（女）　　孙　莉（女）　　陈桂林（女）　　柴淑英（女）

常淑云（女）　　谢士云（女）　　赵阳芝（女）

（七）成人教育系列

高级讲师

陈钦孝　周春鲁

（八）图书档案系列

1. 副研究馆员

张红梅（女）

2. 馆员

况兰（女）

（九）政工系列

1. 高级政工师

王志宏　王玉山　毕正强　武怀黎　张宗标　张绍德　董启民

谢清涣　颜庆玉（女）

2. 政工师

刘　凯　刘从顺　刘羽平（女）　　刘险峰　刘　群（女）

刘盛昌　刘金钟　吴礼祥　张冠涛　李伯超　孟　奎　崔海明

常景周　程家军　梁遵义　董　珩　薛　萍（女）　　蔡方和

潘富宝

四、高级技师名录（注：2015 年 6 月在岗）

丁怀春　马　硕　王来喜　扣红卫　李庆华　李　军　李　利

陈若峰　苏　金　杜云林　张超伟　张家明　杨　宇　杨　彬

赵云峰　赵秀马　赵　敏　倪凤文　郜均龙　鲁德杰　程　军

编纂始末

1985 年，临涣煤矿建矿。1995 年、2005 年，临涣煤矿建矿十周年、二十周年时分别编纂了《临涣煤矿志》、《临涣煤矿续志》。2015 年，临涣煤矿迎来建矿三十周年。为总结历史，启迪后人，继承和和发扬"艰苦创新业，开拓争一流"的企业精神，我们组织力量又编纂了《临涣煤矿续志二》。

《临涣煤矿续志二》编纂工作前后历时 4 个月。于 2005 年 9 月铺开，12 月召开审稿会议，确定志书的定稿，。

2015 年 8 月 26 日，成立《临涣煤矿续志二》编审委员会及编辑办公室，安排 15 人负责矿志的编写，3 人负责图片资料的搜集、整理。

9 月 9 日，矿志编辑办公室拟订《临涣煤矿续志》编目，经矿志编审委员会审查通过。同日，召开全体修志工作人员会议，按照编目要求将志书内容分解到人。

12 月中旬，各卷材料成型，在淮北矿业（集团）公司史志办原工作人员查长贵同志的帮助下，完成初稿.

矿志编写期间，我们先后将各卷文稿分送矿领导和有关部门负责人审阅。矿领导对修志工作所取得的成绩给予了充分肯定，并对志书提出修改提出了不少意见。矿志编写人员在充分听取意见的基础上做了多次修改。同时，矿志用的照片、图表通过不断加工筛选完成。

12 月底，召开矿志审稿会议。矿历届领导、矿志编审委员会成员、淮北矿业（集团）公司史志办同志审查了《临涣煤矿续志》文稿和照片。至此，矿志编纂工作基本结束。

修志工作能够如期完成，主要因为：

一是矿领导非常重视。矿党委书记王志宏、矿长李学良任编审委员会主任，对修志人员的配备、矿志编目及资料审查等工作亲自安排，重点指导，对修志工作给予大力支持；党委副书记、纪委书记王玉山具体负责修志工作任务的落实，定期召开专题会议，协调解决修志工作中的疑难问题。

二是淮北矿业（集团）公司史志办原工作人员查长贵的热情帮助，也加快了修志的成书。查长贵同志多次来矿，对修志工作给予业务上的指导，提出修改意见，善始善终地指导我们完成了修志工作。

三是机关职能部门、基层单位和兄弟单位的积极参与。全矿机关职能部门及有关单位按照矿志编辑办公室的统一要求，安排专人负责，积极主动地为修志工作提供基础资料。

四是曾在临涣煤矿工作过的老领导、离退休老干部等，热情地为我们提供修志的调查线索和史料。

五是全体修志人员发扬吃苦耐劳，无私奉献的精神，在完成本岗位繁重工作的同时，认真学习修志的基本业务知识，到各部门，各单位了解情况，搜集资料，保质保量按时地完成了矿志的编写任务。

在此，《临涣煤矿续志二》编审委员会对参与矿志编纂、给予帮助支持的领导和同志们表示衷心的感谢

由于我们的专业知识和编辑能力所限，又缺少编纂经验，加上有些资料短缺，本志书疏漏和失误之处在所难免，恳请读者批评、指正和谅解。我们在此致以衷心的感谢。

《临涣煤矿续志二》编审委员会

二〇一五年十二月